南开学者书系 | 第一辑
主编 宁宗一 冯尔康

思想者的视界

刘泽华 著

河北出版传媒集团
河北教育出版社

图书在版编目（CIP）数据

思想者的视界 / 刘泽华著 . —— 石家庄 : 河北教育出版社 , 2023.11
（南开学者书系 / 宁宗一, 冯尔康主编 . 第一辑）
ISBN 978-7-5545-6918-4

Ⅰ.①思… Ⅱ.①刘… Ⅲ.①史学－文集 Ⅳ.①K0-53

中国版本图书馆 CIP 数据核字 (2022) 第 007829 号

南开学者书系 第一辑
思想者的视界
SIXIANGZHE DE SHIJIE

丛书主编	宁宗一　　冯尔康
作　　者	刘泽华
策　　划	董素山　　王艳荣
责任编辑	王　哲　　张柳然
	王　丽　　石　姮
装帧设计	郝　旭
出版发行	河北出版传媒集团
	河北教育出版社　http://www.hbep.com
	（石家庄市联盟路705号，050061）
印　　制	河北新华第一印刷有限责任公司
开　　本	787毫米×1092毫米　　1/16
印　　张	32
字　　数	448千字
版　　次	2023年11月第1版
印　　次	2023年11月第1次印刷
书　　号	ISBN 978-7-5545-6918-4
定　　价	88.00元

版权所有，侵权必究

选编者导语

刘泽华教授（1935—2018），河北石家庄人，当代中国著名史学家，中国政治思想史研究著名学者。曾任南开大学历史系主任、南开大学学术委员会委员，教育部人文社科重点研究基地中国社会史研究中心首届主任，"985工程"三期建设重点项目"中国思想与社会创新基地"主任，兼任国内多所高校的客座教授和十几个学会理事。代表作有《中国政治思想史（先秦卷）》《中国传统政治思想反思》《中国的王权主义》《中国政治思想通史》等。创建"王权主义反思"学派，在学术界享有盛誉。

这部文集精选了刘泽华先生二十余篇作品，大体分为三类。一是关于"王权主义"理论重头文章；二是研究传统思想文化暨中国政治思想史的思路、方法等心得之作；三是反思中国传统政治思想与政治文化的代表性论著。

"王权主义"作为首创性理论是刘泽华先生治学多年的心血凝练，用以概括古代中国君主政治体制及相应的思想文化。刘先生认为，所谓王权主义"既不是指社会形态，也不限于通常所说的权力系统，而是指社会的一种控制和运行机制。大致说来又可分为三个层次：一是以王权为中心的权力系统；二是以这种权力系统为骨架形成的社会结构；三是与上述状况相应的观念体系"①。这一理论从历史学和政治学学科交叉的视角审视中国传统政治与思想文化，是对中国传统社会政治、经济、思想文化的总体性把握，刷新了关于中国传统社会政治与思想文化的既有认知，突破了封建主义、皇权主义、君主政治、君主专制等传统理论框架。"王权主义"学说立论扎实，学理逻辑严谨，独具学术个性，在反思中国历史与文化传承方面开出了一条新路径。诚如我在《刘泽华全集·序》中的评说："实则构成了

---

① 刘泽华：《中国的王权主义》，上海人民出版社，2000，第2页。

一种认知范式。"

如果说，衡量一位学者的贡献有多种指标，譬如当下盛行的，学者拥有的名号、头衔，发表文章的数量，发表刊物的国别、刊物等级，获得奖项的级别与多寡，等等，这些无非是当下社会性的评价，得到高校和有关部门的认可。如若从人类文化发展和人类文明的层面看，衡量学者的贡献则在于其能否给人类社会千百年积淀而来的知识添加新的篇章——就这一点而言，泽华师做到了。

刘泽华先生治学以"反思"为原则，他坦言"我是强调分析，强调反思……我自己也认为我是反思派，是分析派，而不是一个弘扬派，我主张在分析当中，在反思当中，来区分问题"①。可以说，对于传统中国社会政治与思想文化的反思贯穿了先生全部学术生涯。子曰"君子坦荡荡"，刘先生的自我剖析令读者真切感受到一位以学术为生命的历史学家无私且坦然的胸怀。

人类的历史无非是经历了的过往，逝去了的，无不湮没在历史长河中。或许出于忘却的恐惧，远古就有传说中的"结绳记事"，上古三代有史官"记言""记行"。历史学家记述历史，希冀从过往的经历中有所收获，以为今人镜鉴。聪明的史家更要站在当下，反思过往，不只传承优良，还要洞悉愚昧与丑恶，为后人指明覆车之鉴。我以为，史家笔下的历史往往是英雄的历史，如被称为"帝王将相史"的二十四史。平凡个体即一般社会成员的人生经历、感悟及其所思所言则是历史的真实承载。故而史家个人的痛定思痛，对自家心路历程的剖析，较之秉笔直书的宏大叙事更为难得。一粒沙中看三千世界，个体经历折射的世界更真切，更具有可信度和参照性。如果说，所有逝去了的于今无不沉寂，积垢蒙尘，那么，如果没有相应的反思和忏悔，历经时日，难免会沉渣泛起。君不见，帝制推翻百余年，与帝制相伴行的身份等级观念并没有随风飘散。兹不赘言。对于黄钟毁弃、人性泯灭的正视和反思是涤荡灵魂、呼唤人性和德行重构的必要环节，刘先生为

---

① 王申等：《独立思考，突出学术个性——刘泽华先生访谈》，《中国研究生》2011年第4期。

后学做了表率。

泽华师一生著作等身，发表文章数百篇，从中选出代表作颇费斟酌。最终选入的不过二十余篇，均有典型性，代表了先生相关研究论域的特色。这里不能逐篇介绍，仅撮其要。

刘先生作为历史学家，于先秦两汉史用功尤勤。文集收入了《论战国时期"授田"制下的"公民"》(《南开学报》1978年第2期)一文，这篇文章突破了战国时期土地私有化的成说，率先提出战国时代已经实行"授田制"。据先生回忆，这一观点他在1972年就已经提出，1975年湖北云梦睡虎地出土秦简为这一观点提供了确证。1978年该文发表后，得到了学界普遍认可。有学者断言，"战国时期的基本土地制度是国家授田制，这一结论已被大多数史学工作者所接受。成为研究战国历史的一个新的立足点"[1]，并公认是先生最早提出的[2]。这篇文章是刘先生对中国古代史研究的一大贡献，最为津津乐道。他曾自我评价说："我发现的是一个影响中国历史进程的大制度，如果学术史的事实无误，这个发现，无疑是我学术生涯中最称意的一件事。"[3] 当然这一发现也为王权主义理论的"政治权力支配社会"提供了经济史依据。

刘泽华先生有着鲜明的学术主体性与独立人格，他的治学理念正如其自言："我一直主张独立思考，强调学术个性。"[4] 体现了作为历史学家理应具有的学术理性与自由思维。这里说的自由思维是学理认知的自由和学理逻辑的自由，内含着深刻的怀疑与批判精神。《史家面前无定论》(《书林》1988年第12期)是最有代

---

[1] 刘泽华：《八十自述》，载《刘泽华全集》第十二卷，天津人民出版社，2019，第303页。
[2] 袁林：《两周土地制度新论》，东北师范大学出版社，2000，第215页。注释：最早提出战国授田制这一概念并加以系统论述的是刘泽华《论战国时期"授田"制下的"公民"》，见《南开学报》1978年第2期。
[3] 刘泽华：《八十自述》，载《刘泽华全集》第十二卷，天津人民出版社，2019，第303页。
[4] 王申等：《独立思考，突出学术个性——刘泽华先生访谈》，《中国研究生》2011年第4期。

表性的文章，体现了刘先生的学术人格。其核心理念是坚持站在当下看传统，研究和反思传统思想文化为的是回答现实的拷问。他主张在研究对象面前是没有前提和定论的，也不存在任何不可逾越的权威。他常常教导学生要在前人画句号的地方画上一个问号——话说得直白，却内含着现代知识分子的天职——质疑、颠覆和构建。这篇文章是三十多年前的文字，当下读来，仍然贴切和发人深省。

刘先生关于中国政治思想史的著述甚多，主要有一卷本的《中国古代政治思想史》（南开大学出版社，1992年）、三卷本的《中国政治思想史》（浙江人民出版社，1996年）和九卷本的《中国政治思想通史》（中国人民大学出版社，2014年）。对于非专业读者来说，显得有些卷帙浩繁，通读不便。这里选了《先秦民论与君主专制主义》《无为政治思想与君主统治术》《孔子的伦理政治思想及其对专制制度的维护》等多篇文章，以见其传统政治思想研究之一斑。这三篇原收录在《中国传统政治思想反思》（生活·读书·新知三联书店，1987年）一书中。这部著作是泽华师的成名之作，1987年问世后，有京城学友告知，这部书在学界影响极大，先生名声大涨。民论、伦理思想为孔儒一脉所倡导，无为则是老子道家的基本主张，学界大多予以褒扬，刘先生则剖析了这些思想与君主政治的内在关联，丝丝入扣，值得一读。

此外还选了《"五经"崇拜与经学思维方式》、《汉代"纬书"中神、自然、人一体化的政治观念》、《论帝王尊号的政治文化意义》等文章。这些论题从政治文化研究的视角，讲论思维方式、政治观念、帝王尊号，选题和切入角度比较新颖，代表了刘先生从政治思想研究向着政治文化研究领域的扩展，这也正是其研究不断深化的体现。

泽华师善于深思，多年潜心书案，提出了政治思想的"阴阳组合结构"说。这是将马克思主义辩证唯物论运用到学术研究中的一大成果。如其所言："马克思说过的一句话,'在矛盾中陈述历史',对我启发很大。"①泽华师发现了传统政治思想的许多命题都具有"结构"性关系,如何概括这种关系?他的思索过程大致为三个阶段。最初,1984年提出"边际平衡"说,稍后提出相反相成观念、"有机的统一体"。1986年提出了"刚柔结构"和"刚柔互补"说。这些认知是其概括得以成型的基础,最终归结为"阴阳组合结构"。

泽华师认为"阴阳组合结构"与对立统一有着原则的不同,"对立统一包含着对立面的转化,但阴阳之间不能转化……居于阳位的君、父、夫与居于阴位的臣、子、妻,其间相对而不能转化,否则便是错位"。"就思想来说,这种结构的容量很大,说东有东,说西有西,既可以把君主之尊和伟大捧得比天高,但又可以进谏批评,乃至对桀、纣之君进行革命。"②在思想层面上,这一思维特点具有"相当宽的自我调整空间和适应性"。作为一种思维定式,影响至深。这一学说的提出具有首创性,较之此前的"混沌"说是一个推进,能够更为准确地把握传统政治思想的特点,进而揭示其实质。这里选了三篇代表作:《王、道相对二分与合二为一》(《东方文化》1998年第2期)、《论中国古代的亦主亦奴社会人格》(《南开学报》1999年第5期)、《传统政治思维的阴阳组合结构》(《南开学报》2006年第5期),以飨读者。

刘泽华先生著述等身,文章难以尽选。这里只是就几个方面择其精要,以观其概貌。或可从中晓悟其对中国传统政治思想与文化的反思和扬弃,领略一位具有强烈启蒙情怀和社会责任感的历史学家的学术个性与独立人格:他始终走在思考的路上。

葛荃
2021年3月2日于巢舍

---

① 刘泽华:《八十自述》,载《刘泽华全集》第十二卷,天津人民出版社,2019,第291页。
② 同上书,第294、295页。

目录

上篇 关于王权主义 \1

王权支配社会 \3

王权主义概论 \78

王权主义的刚柔结构与政治意识
　　——中国传统政治文化特点分析 \84

为什么说王权主义是中国传统思想文化的主干？ \101

中国传统的人文思想与王权主义 \127

中篇 心得、思路与方法 \147

历史认识论纲 \149

历史研究中的价值认识 \165

历史研究中的考实性认识 \177

史家面前无定论 \191

下篇 反思与剖析 \197

中国政治思想史研究对象和方法问题初探 \199

思想自由与争鸣

——战国百家争鸣的启示 \208

论战国时期"授田"制下的"公民" \216

先秦民论与君主专制主义 \232

无为政治思想与君主统治术 \250

先秦礼论初探 \286

孔子的伦理政治思想及其对专制制度的维护 \304

先秦诸子与统治者在政治上的自我认识 \321

先秦时代的谏议理论与君主专制主义 \360

"五经"崇拜与思维方式 \376

汉代"纬书"中神、自然、人一体化的政治观念 \394

论古代中国社会中的贪污 \409

论儒家文化中的"人" \421

论帝王尊号的政治文化意义 \439

王、道相对二分与合二为一 \451

论中国古代的亦主亦奴社会人格 \477

传统政治思维的阴阳组合结构 \493

鸣谢 \499

上篇

关于王权主义

王权支配社会

一、君主专制帝国：政治支配经济运动的产物

公元前221年，秦统一了中国，建立了我国历史上第一个封建君主专制主义的中央集权帝国。其后两千年，代代相袭，而且君主专制越来越强化，成为中国古代政治制度的一个最显著的特点。究竟什么是君主专制制度赖以存在的基础？史学界的说法颇不一致。或曰封建土地国有，或曰地主土地所有，或曰小农经济，或曰水利灌溉事业的需要，或曰抵御少数民族的入侵，或以上数说兼而论之。总之，众说纷纭，莫衷一是。我们想暂且把"基础"问题放在一边，先对统一的封建君主专制制度形成的原因和过程，如实地进行一番考察，进而找出这个制度的特点，庶几对解决这个问题有所帮助。

（一）武力兼并与君主专制制度的发展

更早的历史姑且不论，中国封建君主专制中央集权的矛盾运动是从春秋时期开始，至秦帝国的建立而成定型。

翻开春秋、战国、秦汉的历史，可以清楚地看出：从分封制和分权制，经过各种形式的兼并、掠夺，进而到地区性的统一和地区性的君主集权；地区性的统一和君主集权再经过更加激烈的军事争夺，最后到全国的统一和君主中央集权。从这个历史的变动过程来看，这样一个历史的因果关系是清楚的：统一只是封建君主专制的形式，也就是说，没有君主集权就不会有地区性的统一；没有地区性的君主集权就不会有全国的统一。所以，弄清了君主集权发展演变的基本原因，封建专制统一的问题也就比较容易解决了。

我们知道，国家机器是由许多权力环节联结在一起的成套体系。就其阶级性而言，它是剥削者、统治者压迫被剥削者、被统治者的工具，并维持相应的社会

秩序。但这只是国家的一般性质。就其权力机关的每一个环节来看，又有着特定的性质，体现着特定阶层的利益。因此，一方面国家表现了阶级的对立和相应的秩序，同时国家机器本身各个环节之间又有矛盾。国家权力构成形式的变化不仅受阶级矛盾的制约，还受内部矛盾的制约。在一定条件下，后者甚至会起主导作用。从西周的分封制过渡到战国以后的君主集权制，与其说它是地主阶级夺权的结果，或者说是地主制取代领主制的结果，不如说是各个大小受封者互相争夺的结果。不能忽视这样一个基本事实：战国时期的专制君主，没有一个是分封制以外的来客，都是由原来的受封者扮演的。

西周以来的分封制是权力和财产（主要是土地和人民）分配结合在一起的一种既临民又临土的世袭体制。权力的上下关系同时又体现着财产的占有关系。逐级分封制形成了天子、诸侯、大夫、士对土地和人民的多级所有。这种结构不可避免地造成两种趋向：一是权力越大对财产的支配力就越大，从而要求攫取更多更大的权力，这表现为权力的集中垄断、扩张兼并等；二是分封又造成了一个个相对独立的王国，每个独立王国都具有强烈的排他性和割据性。这两种势头是一个问题的两个方面，既统一又矛盾。西周分封诸侯是当时的历史条件形成的，周天子的本意是"以藩屏周"，但历史的发展却使它走到了自己的反面，各诸侯坐大势强，形成头轻脚重之势，最后周天子形同虚设。到春秋之世，便形成了诸侯各自为政的局面。与此同时，由于生产及商品经济的发展，又为诸侯们扩张兼并注入了刺激活力。

诸侯们每一次争战的导火线虽然极不相同，但有两个相同的目的：一是扩大自己的势力范围，侵占更多的土地和人民；二是争当霸主。如晋国的郤至受聘于楚，对楚令尹子反说："诸侯贪冒，侵欲不忌，争寻常以尽其民。"[1] 当时争夺之激烈，竟至"疆场之邑，一彼一此，何常之有"[2] 的地步。郑攻陈，陈告郑于晋（晋

---

[1] 《左传》成公十二年。
[2] 《左传》昭公元年。

当时是霸主），晋责问郑："何故侵小？"郑反驳说："昔天子之地一折（方千里），列国一同（方百里），自是以衰。今大国多数折矣！若无侵小，何以至焉？"① 据载，春秋之世，齐吞掉三十个小国及一些部落②；楚灭掉四十余国及一些部落③；晋灭掉二十余国，征服四十余国④；秦灭掉二十余国⑤。这种兼并扩张的结果当然是削减了割据势力，扩大了地区性的统一和君主集权。另外，对几个大国来说，争当霸主的目的也是十分明显的。霸主实际是无名而有实的天子，所以争当霸主就是为建立更大的君主集权而进行的演习。

从春秋的历史看，促使君主集权强化的主要角色是诸侯。他们虽然受着传统力量的支配，继续进行着分封，但他们却把较多的注意力放到了打击卿大夫等受封者上面，千方百计加强集权的力量。分封制引起了诸侯与天子之间的矛盾，但人们对这个问题的认识，直到卿大夫以同样的方式起来反对诸侯时才开始。《左传》开篇所载郑庄公与京城大叔的矛盾，使祭仲觉察到受封者势力膨胀是"国之害"，他认为应先发制人，及早除掉，防患于未然。公元前755年，晋封桓叔于曲沃，师服当即指出："吾闻国家之立也，本大而末小，是以能固……今晋，甸侯也，而建国。本既弱矣，其能久乎？"⑥ 公元前531年，楚国的申无宇总结了各诸侯国的大夫犯上作乱的历史事实之后，得出结论："末大必折（折其本），尾大不掉。"⑦以上我们列举的这些论者，虽然都没有从根本上否定分封制，但他们却看到了分封制已成为与诸侯专权相抗衡的力量，主张用大斧砍断斩绝。

分封制是君主集权的主要障碍，这一点已逐渐为人们所认识。但是要一下子

---

① 《左传》襄公二十五年。
② 参见《荀子·仲尼》。
③ 参见《吕氏春秋·直谏》。
④ 参见《吕氏春秋·贵直》。
⑤ 参见《史记·李斯列传》。
⑥ 《左传》桓公二年。
⑦ 《左传》昭公十一年。

消灭分封制是不可能的，因为所有的贵族与执政者都置身其中，既是搞君主集权的主角，又是分封的受益者。而且当时的经济又没有在分封制外产生与分封制相抗衡的社会势力或集团。因此，削弱与破坏分封制的力量不可能来自分封制之外，而只能从分封制内部成长起来。以对权力和土地等的争夺为杠杆，受封者之间的矛盾运动，促成了分封制的衰落和君主集权的形成。春秋时期，在君主集权的运动中诸侯们尚占着优势，他们打击卿大夫等受封者，主要有如下几种方式：

一是消灭大族。周天子分封过许多诸侯，他对这些封国有改封，而很少灭封国。但到了春秋时期，诸侯消灭大夫的事却层出不穷。就晋国的情况来看，晋献公担心桓、庄之族逼宫，仿效"晋士䔍使群公子尽杀游氏之族"的办法，于是"晋侯围聚，尽杀群公子"，并废除了公族，于是晋无近亲公族。① 十多年后，当晋国假道于虞以伐虢的时候，虞国的宫之奇曾追忆过此事，说："桓、庄之族何罪，而以为戮，不唯逼乎？"② 这个"逼"字道出了君主集权与分封者之间的矛盾。晋献公以为消灭了桓、庄之族，其他异姓大夫不会对他构成威胁，不会夺取晋国的君位。但历史的进展表明，异姓大夫强大起来之后，同样虎视眈眈，觊觎君位。正因为如此，所以到晋厉公时，再一次提出"去大族"的问题。事情进行了一半，优柔寡断的晋厉公当决不决，反被栾氏、中行氏杀死了。这说明诸侯王公们在加强自己的权力时所遇到的反抗力量是何等的巨大！以后晋平公又提出过"去大族"的问题。

二是削夺。这种方式与前者不同，它是通过削夺封邑的办法来打击分封者的势力，以加强诸侯的权力。如郑子驷执政时，"为田洫，司氏、堵氏、侯氏、子师氏皆丧田焉"③。楚灵王"夺斗韦龟中犫（韦龟，令尹子文玄孙；中犫，邑名），又

---

① 《左传》庄公二十五年。
② 《左传》僖公五年。
③ 《左传》襄公十年。

夺成然（韦龟子）邑而使为郊尹"①。管仲当政时，"夺伯氏骈邑三百"②。在那些险要的地方，夺封的事更是常常发生。如楚惠王要把梁赏封给鲁阳文子，鲁阳文子说："梁险而在境，惧子孙之有贰者也……纵臣而得全其首领以没，惧子孙之以梁之险，而乏臣之祀也。"③文子的话反映了一个事实：险要之地是难得传世的。

三是转封或改封。这样做的目的在于避免受封者坐大成势，出现不可收拾的后果。春秋时期这类事例甚多，如晋灵公"使解扬归匡、戚之田于卫，且复致公婿池之封，自申至于虎牢之境"④。又如晋国的士会先封于随，后又改封于范，故士会有随武子与范武子之称。

四是减少分封。春秋时期，各国主要世族的受封多在前期，后期就明显地减少了。根据宗法分封制的原则，诸公子都应受封。然而到春秋后期，这种分封也明显地减少了。即便分封，也不再像以前那样容易了。如楚共王时，公子婴齐请求楚王把申、吕封给自己，开始楚王答应了；但后来申公巫臣对楚王说，申、吕是北方边境士卒所需军赋的供应地，假如以此为赏田，就等于没有了申、吕。楚王听从了申公巫臣的建议，收回成命。

诸侯们采取的以上种种措施，都与加强君主集权有关。这些活动越多，原来的分封制所具有的凝固性分解得就越快，君主权力也就日益强化。这绝不是说诸侯们已经变成了分封制的对立物，而是说那种争夺的力量迫使他们不得不这样做。

那么，卿大夫们对分封制与君主集权持何立场呢？这尽管在不同的国家和不同的条件下表现并不都是一样的，但总的说来他们表现为两面性：一方面他们抵触诸侯们的集权，热衷于分封；另一方面他们又在拼命搞兼并，搞集权。

希望得到君主的封邑，这几乎是公子、大夫、有功者及嬖幸等人普遍的愿望

---

① 《左传》昭公十三年。
② 《论语·宪问》。
③ 《国语·楚语下》。
④ 《左传》文公八年。

和要求。这些人不是嫌封邑太多太大,而是越大越好。分封绝不是诸侯单方面的行为,而是存在着普遍要求分封的社会势力,因为分封是利益分配最现实的形式。这种要求分封的普遍性,我们可以从赵简子的誓词中看出。赵简子攻范氏、中行氏,在誓师时宣布:"克敌者,上大夫受县,下大夫受郡!"[①]毫无疑问,这应该是当时最有诱惑力的口号。如果这些上大夫、下大夫不热切地要求分封,那么赵简子的誓词还有什么价值!以上所说只是问题的一方面。另一方面,卿大夫的争夺权利,又为集权开辟了道路。这些卿大夫并不是以割据、坐邑称主为满足,事实上也不允许他们这样做。在那个权力主导一切的时代,单单为了保住既得的封邑权益,还必须出而为官,因此有"弃官则族无所庇"[②]的说法。如果想要扩大自己的利益,那就更不必说了。春秋后期,显赫的大夫们为了争国权、执国政,在政治、经济、军事等各个领域展开了激烈的争斗。齐、晋、郑等国,在这种争斗中许多大族失败,甚至被灭族;而胜利者则比其前任更加专权。大夫争执国命,包含着多种力量的较量,其中有大夫之间的斗争与联合,也有君主与各大夫之间的斗争与联合。尽管力的方向不同,但产生的合力都是朝着君主集权的方向运动。

集权与割据是一个问题的两个方面,凡置身于分封制的人都具有两重性格,只不过因条件不同突出的方面不同罢了。看起来是为了分赃而进行的斗争,为什么都汇向了集权呢?道理并不复杂。瓜分果实中所表现出来的权力的集中,正好意味着集权者权益的扩大。从阶级社会的历史看,生产力水平越低,经济越不发达,权力就越表现出它是攫取经济利益的最有效的手段。权力越大,获利越多。所以,当时追逐权力的斗争是不以某一个人的意志为转移的,那是一个时代的潮流。

根据以上事实,我们可以这样说:在一定的历史条件下,诸侯、卿大夫既是分封的维护者,又是集权的当事人。那种不加分析,一概把诸侯说成是分封的维

---

① 《左传》哀公二年。
② 《左传》文公十六年。

护者、把卿大夫说成是集权者的观点，是不符合历史实际的。

分封制是在诸侯、卿大夫之间错综复杂的斗争中衰落的。与此相伴行，君主集权制逐渐产生和发展起来。君主集权制的主要标志是推广直属的郡县制和实行官僚制，使官治事临民而不领土，官位不世袭。同时军权也更加集中。这个过程相当长，直到战国时期，区域性的君主集权才真正建立起来。当然，这并不是说战国中期以后分封制与分封所造成的割据不复存在了，但分封的势力毕竟是大大削弱了。

集权是手段，攫取经济利益才是目的，所以在集权过程中必然引起财产关系的重大变化。在分封制下，土地和人民的所有权是从属于政治权力的。在分封制被破坏与集权形成的过程中，土地和人民的所有权同样是随着政治权力的变动而变动的。到春秋之世，那种不依政治权力而转移的土地自由买卖的时代还未到来。也就是说，春秋时期还没有形成土地私有。这样说，是不是把政治凌驾于经济之上了呢？从某种意义上说是这样。前面我们已经说过，推动兼并的主要原因是为了占有土地、人口和财产，是为了经济利益；但实现兼并的手段却又不是经济的，而是军事的和政治的。集权是为了消除对土地的多级主权占有。集权者力求使主权与所有权一元化，所以不管是原来的诸侯，还是由大夫上升而成的诸侯，他们都拥有国内土地的最高所有权。怎样支配这些土地呢？君主们除了把一部分土地分赏给亲幸、功臣、属僚之外（这种赏赐已不同于以往的分封），其余的土地便通过授田的方式分配给农民耕种。农民必须向君主交纳赋税和负担徭役。这些赋税和徭役不再像过去那样要经过各级分封者的瓜分，而是直接落入专制国家君主的腰包。

但是历史喜欢同人们开玩笑，你想要进入这个房间，却偏偏走入了另一个房间。君主集权的目的本来是为了把土地连同人口、财产统统控制在自己名下，使土地与主权一元化。但集权的后果之一就是出现了君主集权所无法支配的土地私有及其所有权的转移。在一家一户为单位进行生产的条件下，权力越是高高在上，就越脱离生产实际；越脱离实际，就越容易失去对基础的控制。如果一个政权不对生产进行直接组织与指挥，随着时间的推移，它对土地的所有权不可避免地要发生管理松弛现象。战国时期，个体生产者开始分化。最初，人们只是"捐""弃"土地而走他方，后来就出现了土地买卖的现象。然而，君主集权并没有因土地私有而受阻，而是沿着强化的道路继续前进。原因在于这时的土地私有没有同政权结合在一起，不能形成分权势力，不妨碍君主集权。另外，土地不同于其他商品，它可以买卖，但不能移动。所以不管土地属于谁，只要不影响国家的税收，归谁所有并不是一个主要问题。战国后期发展起来的土地买卖与私有，看上去是使国家即君主失去了一部分土地的所有权，但国家直接征收赋税的权力并没有丧失。所以尽管土地所有权出现了新情况，但对君主集权的运动并没有产生影响。

战国中后期诸侯的兼并战争，是春秋时期兼并战争的继续，只是内容与形式有所不同。春秋时期的兼并在争夺土地的同时还要消除分封制与分权现象，而战国时期的兼并则主要是争夺全国的最高统治权。争夺的结果，最终由秦国完成了统一大业，建立了全国的君主专制主义中央集权。

（二）"以天下恭养"与秦的统一

对秦朝统一的主要原因，大家的看法却很不一致。在各种不同的观点中，最为流行的一种见解是，认为秦始皇统一中国顺应了人民的要求，符合人民的愿望，巩固了封建生产关系，促进社会生产力的发展。这样一来，秦始皇的形象顿时就高大起来，"统一"的形象也顿时高大起来。

果真人们有美好的愿望，就必定会得到甜蜜的果子吗？人们要求什么，社会之神就一定恩赐什么吗？事实证明，历史并不是这样。严格地说，历史不是按照人们的愿望演进的。在阶级社会里，像人们所占物质资料的差异悬殊一样，人们的愿望也极不一样，究竟按谁的愿望走？即使说人们都希望统一，那么到底由谁来统一呢？单单为争统一本身就会引起一场殊死的搏斗。退一步讲，在当时的情况下就是有统一的愿望、要求，也只能处于自发的和分散的状态。这种自发的、分散的愿望和要求，不通过一定的形式集中起来，在任何重大的历史变动中都不可能起什么重大作用。就事实而论，到目前为止，我们还没有发现处于无权地位的人民有过什么为争取统一而联合起来的实际行动。恰恰相反，在战国的史籍中，到处可以看到劳动人民厌战、避战、逃战等反对兼并战争的事实。因此，说秦始皇统一中国是顺应了人民的要求、愿望等，只不过是一种推想罢了。至于说秦始皇统一是为了巩固封建生产关系，促进社会生产力的发展，则更是令人难以信服。如果此说可以成立，岂不是说封建地主阶级已经进入了自觉地、有计划地、有目的地创造历史的自由王国？很显然，这种把秦始皇现代化的做法，根本不符合历史事实。

战国时期犹如飞轮转动式的战争，都是围绕着争夺土地和人口展开的，强者如果不把弱者吞并掉是绝不罢休的。当时的君主及一些思想家和游说之士曾不断谈到统一问题，用他们的语言来说，叫作"霸王""霸王之业""帝""一天下""定于一""天子""兼天下""尽亡天下""并诸侯""吞天下""称帝而治""跨海内制诸侯""地无四方，民无异国""天下为一"，等等。这些不同的称呼反映着一个问题：各诸侯争为天下之主。诸侯们争吞天下的目的是什么呢？除了"天之所覆，地之所载，莫不尽其美，致其用"①之外，不可能有别的目的。

秦始皇也不例外。唯一不同的是，他比他同时代的任何人在这同样的轨道上都跑得快。顿弱说："秦帝，即以天下恭养。"②战国末年其他说客们也都很明白，秦"非尽亡天下之兵，而臣海内之民，必不休矣"③。尉缭甚至在秦国也直言不讳地说，如秦王"得志于天下，天下皆为虏矣"④。在统一以后，秦始皇自己也说得很明

---

① 《荀子·王制》。
② 《战国策·秦策四》。
③ 《战国策·魏策三》。
④ 《史记·秦始皇本纪》。

曰:"六合之内,皇帝之土","人迹所至,无不臣者"。① 这些话与统一前别人对他的分析是完全一致的。

武力兼并运动决定着统一。那么为什么秦始皇能够完成统一,而东方六国国王们统一的美梦却破灭了呢?秦能够统一的因素有很多,但它能严格地按照军功爵和功过进行赏罚,是诸种因素的基础。秦自商鞅以来一直贯彻执行军功爵制度,使全国上下军民都纳入了战争的轨道,而且这种多等级制吸引着每一个人来发挥自己的最大能量。这种制度之所以有威力,关键在于它是由国家不断进行财产和权力再分配的基本形式,各级爵位的实际利益是落实在土地、赋税、徭役的分配,以及个人身份升降等之上的。这正如荀卿所说:"秦人,其生民也狭厄,其使民也酷烈,劫之以势,隐之以厄,钮(习惯)之以庆赏,鳝(制裁)之以刑罚,使天下之民所以要利于上者,非斗无由也;厄而用之,得而后功之,功赏相长也;五甲首而隶五家,是最为众强长久,多地以正。故四世有胜,非幸也,数也。"② 这段话清楚地告诉我们,秦的统治者是怎样利用土地、租税、爵位等调动臣民的战斗力,"使天下之民所以要利于上者,非斗无由"的。用经济手段调动了臣民的力量,打了胜仗又使秦国获取更大的利益,如此循环,这就是秦强和秦始皇完成统一的基本原因及并吞诸侯的秘密。

秦的统一和中央集权制国家的建立是权力支配经济运动的产物,因此统一中央集权更有利于君主对农民的掠夺与压迫。封建统一的中央集权越大,就越有利于当权者宰割那些分散的个体的农民,这是封建统一中央集权的最本质的一般表现。统一后秦始皇的所作所为就是最好的说明。

秦始皇统一中国之功是卓著的,但认为秦始皇统一代表了人民的要求、为了促进社会生产力发展等观点,则是站不住脚的。秦始皇统一后所实行的政策,从本质上与主流看,是他争统一过程中所实行政策的继续和发展。

---

① 《史记·秦始皇本纪》。
② 《荀子·议兵》。

君主集权制与其说是某种形式的土地占有关系（国有或私有）要求的产物，毋宁说是权力支配经济，主要是支配分配的产物。权力的大小与分配的多寡成正比，所以人们都拼命地追逐权力。封建统一与君主集权就是在这种追逐权力的斗争中形成的。这种追逐当然不是个人之间骑士式的角斗，而是以君主为核心、以军事和官僚为基础的集团的行动。人们可以清楚地看到，这种由军事争夺而形成的统一的君主集权制具有两个最明显的特点：一是它的超经济性，二是它是一个军事官僚实体。超经济性决定了它不仅无视经济规律，而且多逆经济规律而行；军事官僚实体决定了它对社会财富的无止境的贪欲和野蛮的掠夺行为。

我们这样说绝不是否认君主专制主义中央集权在其形成过程中所起过的革命性作用。这种革命性作用是一种副产品，主要表现在瓦解分封制和使土地逐渐变为私有方面，对这种变化及其意义应该有充分估计，如促进了工商业的繁荣，引起了社会生活各个方面不同程度的变革，等等。但君主专制主义中央集权是为追求占有更多的土地和人民、征收更多的赋税和徭役而形成的，它不是以社会发展为目的的。

（三）天盖式的权力体系与垂范两千年

秦始皇遗留给后世百代而不辍的是什么？人们可以有种种不同的答案。我则曰：皇帝制度。

秦始皇在短短的十几年里，做了那么多轰轰烈烈的事，把偌大的中国搞得天翻地覆，他靠的是什么？答案也会因人而异。我的答案依然是：皇帝制度。秦始皇的权力无疑有继承的因素，但作为大一统帝国的权力，它同商、周一样，都是从马上得来的，只不过经历了更雄伟、更残酷的争战。正如李斯所说："今陛下兴义兵，诛残贼，平定天下，海内为郡县，法令由一统。"[①] 秦以前可考的历史表明，每一个王朝的政权都是军事权力的转化形式。秦始皇是经历了大战之后建立的皇

---

① 《史记·秦始皇本纪》，以下未注者均引此篇。

帝制度，他把夏、商、周以来逐渐完善的君主专制制度推到一个新的阶段。

司马迁把皇帝为核心的权力体系比作"天盖"，可谓既形象又逼真。秦始皇是这种天盖式权力体系的完成者。它有两个最基本的特征。

第一个特征是：在权力体系中，皇帝是至上的、独一的、绝对的。

秦始皇统一后做的第一件事就是称"皇帝"，宣布万世一袭，"传之无穷"，取消谥法以杜绝"子议父，臣议君"。这三项内容事关根本。皇帝集兵权、政权、立法权和行政权于一身。万世一袭与取消谥法反映了皇帝的至上性与绝对性。在大吉大喜的时刻，把取消谥号同称皇帝、宣布万世一袭并列，不免有点煞风景，然而这正是秦始皇极高明的政治艺术和娴熟的绝妙权术之表现。他规定死后不准人们对自己评头论足，生前还用说吗？在中国历史上，我们经常看到有作为的专制帝王一次又一次为身后立法，秦始皇可谓最突出的一位，他反复宣布一切法令"永为仪则"。

秦始皇把"皇帝"绝对化，主要解决了两个问题。其一，把皇帝的绝对性与官僚任职的相对性和临时性结合为一体。君位一姓相传由来已久。但是在秦始皇以前，由于普遍存在宗亲与勋贵的分封世袭制，在君王旁边存在着一个较稳定的分权力量，这对君主的地位时时都有威胁。秦始皇把分封制一刀切掉，这没有巨大的魄力是做不到的。博士淳于越与李斯关于分封与郡县的辩论，远远超出了事情的本身，应该说，辩论的核心是皇帝的地位与独尊问题。在李斯看来，皇帝绝对"一"化，才可避免权力从内部分化，也才可避免争乱。韩非早就指出，对一个君主而言，来自权力内部的威胁比来自外部威胁更多。秦始皇为突出皇帝这个"一"，不惜使"子弟为匹夫。"除了他本人是绝对的"一"以外，所有的官僚都是相对的；其数量虽多，均受制于"一"。从强化君主专制这一点讲，秦始皇把事情推到了极致。后来的历史一再证明，凡是要加强君主个人集权，无一例外地或快或慢地采取了秦始皇的办法。其二，皇帝独断，官僚承办，全部官僚机构都是皇帝直接的或间接的办事机构。秦始皇是中国历史上少有的勤劳不止的大独裁者。

他无所不管,"皇帝并宇,兼听万事,远近毕清。运理群物,考验事实,各载其名","经纬天下"。每天把政务排得满满的,"天下之事无小大皆决于上。上至以衡石量书,日夜有呈,不中呈,不得休息"。朝中上下,一切听他裁断,"丞相诸大臣皆受成事,倚办于上"。独断与决事的一定程序性虽并不是绝对不相容,但独断的极端化必然破坏一切程序,以至随心所欲,任意而行。秦始皇前期还注意廷议,到晚年,除几位亲信外,无人知其行迹。秦朝的机构是相当完备的,三公九卿之分是否定型,学界尚有争论,但"三公"之号则载之于《史记》。各机构尽管有明确的职掌,但又随皇帝之意由小变大,或由大变小。宦者中车府赵高能翻手为云、覆手为雨则是皇帝极端独断和各种机构职能随帝意而变形的一种反映。把所有政权机构变为皇帝的办事机构不是秦始皇的独创,但他是集大成者,他把尊君抑臣推到一个新阶段,例如《史记·礼书》所云:"至秦有天下,悉内六国礼仪,采择其善,虽不合圣制,其尊君抑臣,朝廷济济,依古以来。"

章太炎在《秦政记》中讲秦政"贵擅于一人","人主贵独者,政亦独制"是十分准确的。但他认为由于"贵擅于一人,故百姓病之者寡,其余荡荡平于浣准矣",以及"世以秦皇为严,而不妄诛一吏也","古先民平其政者,莫遂于秦"云云,真可谓主观臆断。"贵擅于一人"与"百姓病之者寡,其余荡荡平于浣准""民平其政"等,在纯理论推理上或许可通,但在历史过程中,则绝对是相悖的。"贵擅于一人"的机制是君主专制的极端化,这种机制的弊端不会因天子圣明而消失。在辛亥革命之后还鼓吹"贵擅于一人",实在是有悖于时的。

第二个特征是:皇权—官僚权力体系支配整个社会。

秦始皇统一之后,立即宣布"六合之内,皇帝之土","人迹所至,无不臣者"。这种观念从商代甲骨文中已见端倪,到西周而有"溥天之下,莫非王土;率土之滨,莫非王臣"[1]之论。此后成了一种不待而然的思维定式。春秋战国百家争

---

[1] 《诗经·小雅·北山》。

鸣，异说纷呈，然而在政治上却有一个主调，几乎条条思路通向君主专制主义。这种君主专制主义的核心便是君权至上，君权凌驾于社会之上，君主占有天下。秦始皇的大一统及其建立的皇权—官僚权力体系，使这种理论变成了现实。皇权—官僚权力体系对社会的支配，表现在如下两方面：

其一，皇帝的意志通过官僚权力体系直达社会所有的成员，并实现人身占有与支配。秦在全国实行了郡、县、乡、里行政制度和严格的户籍制度。户籍制度不仅仅是一种行政管理，它同时又兼具经济管理、执法、道德裁判及准军事职能等。秦推行户籍制度虽较其他诸侯国为晚，但实行之后比各国更完善、更严密。户籍制度核心是对"民"的占有与支配。《商君书·画策》把问题说得十分清楚："能制天下者，必先制其民者也。能胜强敌者，必先胜其民者也。故胜民之本在制民，若冶于金、陶于土也。"具有职能综合性的户籍制度正是制民、胜民之具。皇帝对民的生、杀、予、夺之权在很大程度上依赖于户籍制度。历来的专制君主都把户籍视为治要。户籍又称为黄籍或黄册。"黄籍，民之大纪，国之治端。"[①]

其二，所有的社会成员都是皇帝的纳税者和服役者。对君主进行纳税与服役是不待论证的理所当然之事。纳税的数量与服役的期限，在理论和政令上均有限定，但实际上，税役之多少从来没有定制。税役的数量不能不受民力有限之事实的制约，但作为君主的欲望则是无穷的。正如《管子·权修》篇指出的："人君之欲无穷。"这样便产生了君主无穷之欲与人民有限之力之间的矛盾，稍有理智的君主会多少注意这一事实。但我们的秦始皇大帝不知怎么搞的，从原先那么注重实际，一下子变成一位极端的主观主义者，这种主观主义同好大喜功、穷奢极欲、极权结为一体集于一身，很快便把全国置于水深火热之中。秦始皇的无限剥削，既说明了皇帝的极权可以达到何种程度，同时也说明这种皇权的核心是对社会成员的人身占有权。

---

① 《南齐书·虞玩之传》。

秦始皇建立的"天盖式"的皇帝—官僚权力体系，不完全是他的独创，而是在先秦君权逐渐强化的基础上，进一步完善、系统和严密化，这样便真正实现了"天无二日，民无二王"的局面。这种"天盖式"的权力体系，不是从某种经济关系中，诸如土地私有制或土地国有制中派生出来的，也不是在剥削与被剥削阶级之间的酷烈斗争中产生的，它是在武力强夺财产分配权的斗争中形成的。当然，除了权力征服之外，长期形成的、被社会成员普遍认同的君主专制的政治文化，无疑是君主专制赖以存在的精神支柱。

秦帝国，这个巍然屹立、使人仰之弥高的大厦，顷刻之间的土崩瓦解，给人们留下了无穷无尽的思考。在诸多评论中，有关秦朝历史合法性问题仍是一个十分突出的历史哲学问题，这个问题同五德终始说与儒家的历史学说紧密相连。

汉代承秦，五德终始说依然是社会大思潮。秦朝在不在五德循环之中，有两种看法：一种意见把秦排斥于五德之外，秦附于周；另一种意见认为，秦为独立一德。关于这个问题顾颉刚、杨向奎两位先生在20世纪三四十年代已有详细辨析，足资参考，不再细论。这里仅指出一点，把秦从五德循环中排除出去，显然是不承认秦作为一个独立朝代而存在，否定了它的历史合理性。

汉代儒家的历史观比较驳杂，但大体而言，是在"质文""三教"的框架中来陈述历史的。"质文"最早由孔子提出。质敝则救之以文，文敝则救之以质。具体到朝代又有不同说法。《礼记·表记》认为，虞、夏尚"质"，殷、周尚"文"，继周者应尚"质"。董仲舒提出的"四法"别为一说："王者之制，一'商'、一'夏'、一'质'、一'文'。"具体到历史过程，舜法"商"，禹法"夏"，殷法"质"，周法"文"，继周者则应法"商"。在董仲舒看来，秦朝不独立，也无独立之法。"三教"论以夏、商、周为模式，夏主"忠"，商主"敬"，周主"文"。董仲舒、司马迁等都论述过"三教"。司马迁称"三教"循环是"天统"。在"三教"循环中，秦朝附于周，是"文"的最坏表现。依"三教"循环论，汉承周，而非承秦。无论是历史的质文论或"三教"论，秦朝都不具有历史的合法性和合理性。

汉代及以后的思想家及各色人物对秦批评甚多，一言以蔽之，秦无道也。秦与道相背，自然也失去了合理性。在这种思想影响下，后来排列王朝系统时，把秦朝摒于"正统"之外，秦朝犹如闰月一样，而被列入"闰位"系列。

以上种种都是一种价值观念，并不反映历史的过程。就事实而论，不但汉承秦制，循而未改，还应该说历代王朝皆承秦制，循而未改。朱熹曾说："秦之法，尽是尊君卑臣之事，所以后世不肯变。"①帝王们是不会摒弃秦始皇那一套的。谭嗣同从批判整个的君主制度角度把问题说得更深刻："二千年来之政，秦政也，皆大盗也。"②

百代承秦，主要指如下两方面：其一，皇帝—官僚权力体系和皇帝权力的至高无上性；其二，皇帝神圣观念。不管儒家及其他派别如何批评秦政，在这两点上又途殊而同归。这里仅以清初几位皇帝的论述为例，说明秦至清一脉相承。

君尊臣卑，是问题的基础，康熙撰《君臣一体论》，论述君臣相需，但它的基础却是："天尊地卑，自然之定位也……君尊臣卑，百王之大经也。"③雍正把问题更加绝对化，以君臣之伦做人兽分别的标志。"夫人之所以为人而异于禽兽者，以有此伦常之理也。故五伦谓之人伦，是阙一则不可谓之人矣。君臣居五伦之首，天下有无君之人而尚可谓之人乎？人而怀无君之心而尚不谓之禽兽乎！"④又说："为人臣者，义当唯知有君。"⑤臣民只能做君主的驯服奴仆，不可有半点怨言："君即不抚其民，民不可不戴其后。"⑥

大一统，权归皇帝是问题的核心。大一统中涉及华夷之辨问题，清初诸帝从天命和德高于种族之分，使问题获得更妥切的说明。关于封建分权问题，雍正几

---

① 《朱子语类》卷一〇八。
② 谭嗣同：《仁学》，载《谭嗣同全集》，生活·读书·新知三联书店，1954，第337页。
③ 《清世祖御制文》二集。
④ 《大义觉迷录》卷一。
⑤ 《大义觉迷录》卷一。
⑥ 《清世宗实录》卷二二。

乎直接承秦。他说："中国之一统，始于秦；塞外之一统，始于元，而极盛于我朝。自古中外一家，幅员极广，未有如我朝者。""今六合成大一统之天下，东西南朔，声教所被，莫不尊亲。"① 雍正对封建说恨之入骨，认为是叛逆行为，破坏了君权一统，一再严令禁止。

如果把眼界放宽些，抛开学派之间的争争吵吵，抓住主线，不妨说，两千年来的政治体制，其基本模式均因秦制；帝王观念，大抵亦袭秦也。

二、专制王权支配社会：从春秋战国封建贵族、地主的形成看政治的决定作用

整个封建体系无疑是以一定经济为基础的。但是封建关系中人们的社会分层，特别是其中的成员，并不是，或者说主要不是通过经济方式"自然"形成的，依我看，政治方式在这里起着决定性的作用。

帝王无须经过任何经济中介，直接凭借武力、暴力、强力、权力便"拥有"和"支配"天下，"六合之内，皇帝之土"，"人迹所至，无不臣者"是也。帝王作为最高的统治者与对全国土地、人民的占有支配权是混合在一起的。中国从西周开始即有私人土地交换的例子，战国以后又兴起土地买卖，但这不意味着人民有独立的土地私有权。大而言之，中国古代的土地所有制是以帝王为最高所有者的混合性的多级所有。土地买卖是土地运动的一种方式，但土地的非动产性决定了它脱离不开王权的控制与支配。王权体系的组合与分配过程，同时也是社会财产、社会地位的组合分配过程。皇帝—贵族—官僚系统既是权力系统，又是一种强大的社会结构系统，是社会各种结构中占主要地位的结构。

关于中国历史上封建地主产生道路问题，是与历史上的社会分期问题胶着在一起的。社会分期问题，这里不作论述，只就某一说作为既定的前提。我认为春秋战国时期占主导地位的剥削方式是封建性质的，中国历史上存在了两千多年的

---

① 《清世宗实录》卷八三。

封建地主阶级到这个时期已形成。换言之，春秋战国时期的封建地主是中国历史上第一代封建地主。下面，就第一代封建地主产生的方式来说明政治的决定作用。

（一）从政治在土地运动中的支配作用看封建地主的形成

春秋时期出现的一个重要历史现象，就是土地占有关系频繁变动。一些学者把这种变动说成是土地私有化运动，还有的人提出土地私有化的标志是买卖。封建地主就是在土地私有化或买卖运动中形成和发展起来的。[①] 事情果真是这样吗？结论是否。

春秋时期，人们把土地视为财富的主要标志，占有土地，也就同时拥有对人民的占有权，从而获得剥削对象。因此，追逐土地成为一种潮流。在追逐土地中有一个特别值得注意的现象，即实现土地占有关系改变的方式不是经济的，而是政治的。也就是说，土地的运动不是通过平等交换或买卖方式进行的，而是政治和军事行动的伴生物。于是出现了这样一个怪现象：有土地运动，却无土地市场。

这个时期土地运动主要是在诸侯与诸侯、诸侯与卿大夫、卿大夫与卿大夫之间进行的。他们正是封建地主的主体。在他们之间土地运动的方式有如下几种：

第一种是封赏。封赏指上一级以主权和所有者的资格，把土地赏赐给自己的臣下。当时的封赏有许多不同的概念，如"赐""赏""授""命""与""复""为""益"等。

第二种是争夺。这里没有什么原则，依靠的是强权。其中有主上对臣下的争夺，也有诸侯之间的争夺。《左传》《国语》把土地的争夺称为"侵""入""取""分"。侵占之后，整顿土地则称之为"疆"。

第三种是迁徙土著，重新分配土地。"楚公子弃疾迁许于夷，实城父。取州

[①] 参见傅筑夫：《中国封建社会经济史》第2卷，人民出版社，1982，第101页；李亚农：《李亚农史论集（下）》，上海人民出版社，1962，第994页；杨宽：《战国史》，上海人民出版社，1980，第152—156页；林剑鸣所作《中国封建地主阶级产生的两条途径》中，关于山东地主的论述，载《历史研究》1984年第4期；等等。

来、淮北之田以益之，伍举授许男田。然丹迁城父人于陈，以夷濮西田益之。迁方城外人于许。"①

第四种是索取。索取与侵夺稍有不同，侵夺直接诉诸武力，索取则通过政治方式。"智伯索地于魏宣子……乃与之万户之邑"，又"索地于赵"。②

第五种是用土地作为实现政治目的的手段。楚为了破坏郑与晋的联盟关系，"使公子成以汝阴之田求成于郑"③。用土地作为政治斗争的砝码，《左传》中多有记载。

第六种是被分封者因某些原因主动把封地的一部分上缴，这种情况多称之为"纳"或"致"。齐晏婴为了避难将一部分邑"纳"于公。陈桓子打败了栾、国二氏，本可吞并栾、国之田邑，经晏婴规劝，陈桓子"尽致诸公"④。

第七种是因政治上的需要而进行的交换。"王取邬、刘、蒍、邘之田于郑，而与郑人苏忿生之田。""郑伯请释泰山之祀，而祀周公，以泰山之祊易许田。"⑤这种"易"又称之"假"。《左传》桓公元年记载："郑伯以璧假许田，为周公祈故也。"杜预注："郑以祈不足当许田，故复加璧。""易"是交换，"假"是借，两者性质不同。《左传》为什么一事两说，未作交代。依《穀梁传》的说法，"非假而曰假，讳易地也"。就事实而论，应该承认上述两例都是交换。不过，内中政治起着主导作用。

第八种是由诸侯或执政者通过政令对土地进行调整和分配。如晋"作爰田"；郑子驷"为田洫"，子产又使"田有封洫"；楚"书土田，度山林"⑥；等等。关于这种制度的具体内容史学界争议甚多，这里不能讨论，要之，都是用政令对土地进

---

① 《左传》昭公九年。
② 《韩非子·说林上》。
③ 《左传》成公十六年。
④ 《左传》襄公二十九年、昭公十年。
⑤ 《左传》隐公十一年、隐公八年。
⑥ 参见《左传》僖公十五年、襄公十年、襄公三十年、襄公二十五年。

行调整或重新分配，对此无有异议。

第九种是"贾"。"戎狄荐居，贵货易土，土可贾焉。"①

在上述九种方式中，第九种是一个特例，以后再分析。其他八种方式都不是买卖，这表明当时的土地运动不是通过经济方式进行的，而是通过政治、军事手段实现的。为什么超经济的方式起了主要作用，这要从当时的历史实际中寻找答案。从目前所接触的史料看，土地运动的范围是有限的，主要在诸侯和卿大夫之间进行。卿大夫以下等级是否进入土地运动的行列，现在还难于断定。个别史料透露了一点消息，有的家臣有食邑，有的士也有田。如郑"子驷为田洫，司氏、堵氏、侯氏、子师氏皆丧田焉"②，杜预注，这些人"皆士也"。即使卿大夫以下某些人加入土地运动的行列，但有两点可以肯定：第一，卿大夫以下的人不占主要地位；第二，他们也受政治权力的控制。

既然诸侯和卿大夫是土地运动的主体，那么，这种运动的本身结构与特性，决定了诸侯和卿大夫们不可能按照经济的原则去操纵土地，而只能借助于超经济的手段。因为诸侯和卿大夫不仅自身发迹靠政治，而且他们又都是政治权力的负荷者。关于诸侯无须多言，卿大夫有必要稍加论述。

卿大夫相对诸侯称之为"私""私家""私门"。于是，有的学者认为这些"私门"是一批"不当权的"人，他们占有和兼并的土地就是"私田"，因此"土地私有权较为完整"，"存在有土地买卖"。③ 这种说法很值得怀疑。且不说秦国，山东各国卿大夫也都是当权者，均是氏族长、食邑主、食邑内政长三位一体式的人物。

卿大夫有与诸侯"公朝"相似的"家朝"和独立的官吏系统。如齐"崔成、崔强杀东郭偃、棠无咎于崔氏之朝"；鲁叔孙氏"朝其家众"④。卿大夫下属有成套

---

① 《左传》襄公四年、襄公十年。
② 《左传》襄公四年、襄公十年。
③ 参见林剑鸣：《中国封建地主阶级产生的两条途径》，《历史研究》1984年第4期。
④ 《左传》襄公二十七年、昭公五年。

的官吏机构，泛称为"大夫""属大夫""家大夫""宰""相""室老""家臣""守臣""臣"等。表明具体职掌的有"傅""宗人""祝""史""司徒""司马""工师""贾正""御驺""圉人""阍人""寺人"等。这些家臣的任免权和使用权，完全由卿大夫掌管，诸侯不能干预。卿大夫既是诸侯的臣属，又是诸侯之下独立性极强的地方行政长官。

卿大夫还拥有自己直接指挥的军事力量，《左传》记述甚多，称之为"私徒""私属徒""私卒""私属"，在标明主人的情况下，又称之为某某之"甲""甲士""卒""徒""族""乘""赋"等。在国与国的争战中，卿大夫率领自己的私卒协助国君作战，因而直接指挥权操纵在卿大夫手中。在国内，常有卿大夫率领自己的私卒与国君交手之事，至于卿大夫之间大动干戈，更是不胜枚举。

春秋时期"君""公""主"并不是诸侯的专称，卿大夫的属下也以"君""公""主"称卿大夫。当卿大夫与诸侯有矛盾时，家臣、私属完全听从家主的指挥。齐崔杼命令家臣杀齐庄公时，齐庄公求饶，崔杼的家臣回答道，我们只听我们主人的命令，除此之外，"不知二命"①，结果把齐庄公杀了。这类事情，《左传》记载达五六起之多。

卿大夫既然是一级政权的主脑，因此就不好把诸侯与卿大夫之间的土地争夺笼统地称之为土地私有。因为在这种结构中，土地的占有从属于政治权力；土地运动主要不是通过经济的方式进行买卖、交换，而是从属于政治和军事行动。因此，把卿大夫视为中国历史上第一代与政治相分离的私人封建地主是缺乏根据的。

春秋时期最为显著的特点之一是错综复杂的争战，这种争战的结果是权力集中化。由于土地所有权是政治的从属物，所以土地占有关系也随着政治权力的集中而集中。如果说在春秋以前由于逐级分封制存在，土地所有权实际表现为多级所有，那么随着战国时期泱泱大国的形成，土地所有权便集中于诸侯国家之手，

---

① 《左传》襄公二十五年。

从而在大范围内表现为诸侯土地国有。

到目前为止，确切记载春秋战国时期土地买卖的只有两条材料，一条是前面提到的晋国用货"贾"戎狄之土。严格地说，这还不是土地买卖，而是晋扩充国土的一种特别方式。另一条材料是人所共知的《史记》所载赵括买田之事，这是真正的土地买卖，但已到了战国末期。有的人把"中牟之人，弃其田耘，卖宅圃"①作为春秋末期已出现土地私有的论据，这是不准确的。文中已点明田与宅圃是不同的，宅圃用"卖"，田则用"弃"。《管子》也有类似记载。②

综上所述，春秋时期土地主要是政治权力的从属物，只是到了战国中期以后才有一部分土地可以开始买卖，但还是比较个别的。因此，土地买卖不可能成为封建地主形成的主要途径之一。

（二）从等级制对社会的控制看封建地主的形成

等级制度无疑需要建立在一定经济基础之上，但是，等级制度本身却是由政治直接造就的。等级制度实行的宽度与广度，标志着政治权力对人身的支配程度。当等级制度不仅决定着人们的社会地位，而且也决定着人们的经济地位时，那就意味着人们很少能在政治之外获得更多的自由。人们从属于政治的成分越大，作为经济主体的可能性就越小。因此，考察一下春秋战国的等级制度，对于澄清本节讨论的问题当会有所帮助。

春秋是个战乱时代，以周天子为中心的等级制度受到了冲击，对于某个人来说，活动余地可能大了些，但是等级制度本身并没有因此而走向衰败，当时所有的人仍生活在等级之中。有关论述甚多："天子建国，诸侯立家，卿置侧室，大夫有贰宗，士有隶子弟，庶人、工、商，各有分亲，皆有等衰"；"天有十日，人有十等。下所以事上，上所以共神也。故王臣公，公臣大夫，大夫臣士，士臣皂，

---

① 《韩非子·外储说左上》。
② 如《管子·小称》载，民恶其上，"捐其地而走"。

皂臣舆，舆臣隶，隶臣僚，僚臣仆，仆臣台。马有圉，牛有牧，以待百事"①；"公食贡，大夫食邑，士食田，庶人食力，工商食官，皂隶食职，官宰食加"；"诸侯春秋受职于王以临其民，大夫、士日恪位著，以儆其官，庶人工商，各守其业以共其上"。②以上记载，有些被称为"先王之制"，其实春秋时期的等级规定基本上亦复如是，在某些方面似乎更趋于烦琐。比如卿，有"一命""再命""三命"之分，命多者更为尊贵；另外又有"正卿""冢卿""上卿""亚卿""次卿""介卿""下卿""少卿""摄卿"之别。在大夫中可分为"上""中""下"三等；另外还有"亚大夫""七舆大夫""五大夫""属大夫"等。

众所周知，食邑制是春秋时期贵族们分享财产的一项主要制度。那么，食邑是按照什么原则分配呢？从理论上讲，不同等级占有食邑的数量是有差别的，且看如下记载，卫公"与免余邑六十。辞曰：'唯卿备百邑，臣六十矣，下有上禄，乱也。臣弗敢闻。且宁子唯多邑，故死。臣惧死之速及也。'公固与之，受其半，以为少师"；齐晏婴有功，齐侯赏他六十邑，不受，辞曰"非恶富也，恐失富也。且夫富，如布帛之有幅焉，为之制度，使无迁也"③；晋叔向曰"大国之卿，一旅之田。上大夫，一卒之田"④；郑胜陈，赐子产六邑。子产辞曰"自上以下，隆杀以两，礼也。臣之位在四……请辞邑"⑤。从春秋实际情况看，并未完全按照上述规定实行，封赏多少食邑，具有很大的随意性，受封者也常常凭借实力扩大食邑范围。不过，在名义上，予夺之权最后是由分封者决定的，正如卫孙林父所说，"臣之禄，君实有之"⑥。

春秋时期，除了最高的统治者外，其他的人都是政治从属物，均构不成独立

---

① 《左传》桓公二年、昭公七年。
② 《国语·晋语》《国语·周语上》。
③ 《左传》襄公二十七年、二十八年。
④ 《国语·晋语八》。
⑤ 《左传》襄公二十六年。
⑥ 《左传》襄公二十六年。

的经济主体。在这种情况下，也就不会有不受政治干预的独立的经济运动和土地买卖。许多赫赫有名的卿大夫，资财富、食邑众，随着政治上的垮台，不只全部财产被剥夺，本人也常常降入皂隶之中。如晋国著名的栾、郤、胥、原、狐、续、庆、伯诸氏，皆"降在皂隶"①。由政治决定经济地位的兴衰，是春秋时期普遍存在的现象。

战国的等级制度于史有阙。不过从一些片断的记载看，爵制仍普遍实行于各国。秦有"官爵"和"军爵"②。官爵情况不清楚，待考；军爵即人所共知的二十等爵。由于全民皆兵，爵又普及于民，如长平之战胜利后，秦"赐民爵各一级"③。当然，社会上也还有人未进入爵制，这些人不是更自由，而是更卑下、低贱，更不自由。从一些零星材料看，山东诸侯的等级也是相当复杂的。比如卿，又分"上卿"和"亚卿"。大夫区分更多，据《荀子》《吕氏春秋》《韩非子》《战国策》《管子》《孙膑兵法》等书记载，有"上大夫""中大夫""下大夫""长大夫""国大夫""公大夫""五大夫""属大夫""州大夫""都大夫""五校大夫""偏卒大夫""五属大夫""列大夫""散大夫"等，这些"大夫"之称，有的指爵，有的指职，可见其繁杂。山东各国的爵制资料尽管零散，但可以肯定，各国都有系统的爵制。例如楚国一位廷理（掌司法的官）立功，楚王"乃益爵二级"④。《墨子·号令》谈到战争期间，某国令、丞、尉的下属有十人逃亡，"令、丞、尉夺爵二级"。韩上党守冯亭降赵，赵除重赏冯亭外，"诸吏皆益爵三级，民能相集者，赐家六金"⑤。

《史记·赵世家》记载略有不同，其文为"吏民皆益爵三级"。《战国策》所言"益爵"仅限于"诸吏"，《赵世家》则包括"民"。从史源上看，《赵世家》抄

---

① 《左传》昭公三年。
② 《商君书·境内》。
③ 《史记·白起列传》。
④ 《韩非子·外储说右上》。
⑤ 《战国策·赵策一》。

于《战国策》。但是，并不能因此而否定爵制未曾实行于黎民。《墨子·号令》谈到，男子守城有功，"爵人二级"，战争期间贡献粮食者，战争结束后，"欲为吏者许之，不欲为吏，而欲以受赐，赏爵禄"。这虽不足证赵国有民爵，但可证山东之国有民爵。另外，山东之国"爵禄可以货得者，可亡也"；"官爵可买则商工不卑也矣"①；"金玉货财商贾之人，不论志行而有爵禄"，"上卖官爵"②。爵位可以买卖，也是有民爵的证据之一。

战国等级制的一个重大发展是实行民爵。《盐铁论·险固》引《易》曰："庶民之有爵禄，非升平之兴，盖自战国始也。"此说大体是不错的。

战国时期的爵制同财产分配有着密切的关系，爵位越高，得到的土地、资财和奴役的人越多。《管子·立政》说："度爵而制服，量禄而用财。饮食有量，衣服有制，宫室有度，六畜人徒有数，舟车陈器有禁。修生则有轩冕服位谷禄田宅之分，死则有棺椁绞衾圹垄之度。"《管子·明法解》说："其所任官者大，则爵尊而禄厚；其所任官者小，则爵卑而禄薄。"商鞅变法有一项就是按等级分配财产："明尊卑爵秩等级，各以差次；名田宅臣妾衣服，以家次，有功者显荣，无功者虽富无所芬华。"③爵制不仅能规定人们的社会地位，还能控制人民的经济生活，所以许多人把爵禄权视为君主的主要权力之一和权威之所在，是君主治国的三大宝物之一，这三大宝物为"号令也，斧钺也，禄赏也"④；把"生之，杀之，富之，贫之，贵之，贱之"视为君主的"六柄"，而六柄的中心就是爵禄的予夺之权。⑤爵禄之权只能由君主独操，"爵服赏庆以申重之"⑥。"仕人则与分其禄者，圣王之禁

---

① 《韩非子·亡徵》《韩非子·五蠹》。
② 《管子·八观》。
③ 《史记·商君列传》。
④ 《管子·重令》。
⑤ 《管子·任法》。
⑥ 《荀子·王霸》。

也","爵禄毋假,则下不乱其上"①。爵禄之权一旦丧失或用之不当,就可能导致身败国亡。韩非子把田氏代齐归之于田氏窃取了爵禄之权,"田常上请爵禄而行之群臣"②,于是夺民而盗国。《商君书·画策》认为"取爵禄者多涂",则国削。由于爵禄至关重要,又被视为政权的代称,孔子形容鲁公失权时说:"禄之去公室五世矣。"③

爵禄又是君主用臣、纳士、使民的基本凭借。臣与君主是什么关系?众多的人指出:爵禄是联系君主与臣下的基本纽带。《韩非子·八奸》说:"明主之为官职爵禄也,所以进贤材,劝有功也。"《管子·明法解》说:"爵禄者,人主之所以使吏治官也。"又说:"百官之奉法无奸者,非以爱主也,欲以爱爵禄而避罚也。"一些人还指出,君主只有用爵禄才能换取臣下尽忠效力。《管子·问》说:"爵授有德,则大臣兴义。"《韩非子·六反》说:"厚其爵禄以尽贤能。"《慎子·因循》说:"先王见不受禄者不臣,禄不厚者不与人难。"

春秋战国争取士人是许多当政者的基本政策之一,而争取士人的主要手段是爵禄。墨子是鼓吹尚贤最激烈的人物之一。他提出"必为置三本"。"何谓三本?曰:'爵位不高,则民不敬也;蓄禄不厚,则民不信也;政令不断,则民不畏也。'"④战国时的君主普遍把高爵厚禄作为招贤纳士的基本手段。燕昭王筑黄金台即是典型一例。

战国时期由于实行民爵,爵禄便成为君主调动民的积极性的主要钓饵。当时许多人把追求爵禄视为人的本性。《商君书·错法》说:"夫人情好爵禄,而恶刑罚。"荀子也认为追逐名利、求荣尊显是人的本性,"夫贵为天子,富有天下,是人情之所同欲也"⑤。连主张人性善的孟子,也把"热衷"于当官看成是人的一种

---

① 《管子·法禁》。
② 《韩非子·二柄》。
③ 《论语·季氏》。
④ 《墨子·尚贤中》。
⑤ 《荀子·荣辱》。

本性。① 基于这种认识，许多人把爵禄视为治民、使民、治国的基本凭借。《韩非子·八经》说："……使其宠必在爵……使其利必在禄，故民尊爵而重禄。爵禄所以赏也，民重所以赏也，则国治。"《管子·明法解》说："明主之治也，县爵禄以劝其民"，又说，"明主之道，立民所欲，以求其功，故为爵禄以劝之"。《商君书·农战》："凡人主之所以劝民者，官爵也。"有的人更指出，设爵禄的目的就是换取民的力量及至生命。"夫上所以陈良田大宅、设爵禄，所以易民死命也。"② 为了控制民，不仅需要以爵禄利诱，还应制造使民仰君之爵禄而生的条件，这个条件就是不要使民富，因为"民富则不可以禄使也"③。如果使民处于贫穷状况，那么，民"皆以其事业望君之禄也"④。

战争频繁乃是战国时期的特点之一。如何调动百姓征战的积极性，乃至不畏苦惧死呢？政治家和思想家们大都认为关键在于行爵禄。《商君书·君臣》说："凡民之所疾战不避死者，以求爵禄也。"《管子·立政九败解》指出："射御勇力之士不厚禄，覆军杀将之臣不贵爵"，必然外流而去他国。《荀子·君道》也指出，只有"县贵爵重赏"，才能招纳善射、善驭之士。如果有人根本不把爵禄视为宝物，甚至相反，视为粪土，那就是危险人物。《管子·立政九败解》指出："轻爵禄而贱有司"者为不牧之民。《商君书·靳令》指出："有饥寒死亡，不为利禄之故战，此亡国之俗也。"《韩非子·难一》说："吾闻布衣之士不轻爵禄，无以易（轻也）万乘之主。"在这些人看来，把爵禄抛在一边，也就等于把统治者抛在一边，脱离了封建政权的控制。因此，必须对这些人施以刑罚，直至灭身。

由此可见，春秋战国时期的等级制席卷了整个社会。居民的绝大多数都由等级制度牵动或成为等级制中的成员。等级制是由政治直接规定的，所以在等级制

---

① 参见《孟子·万章上》。
② 《韩非子·显学》。
③ 《管子·国蓄》。
④ 《管子·轻重乙》。

的桎梏中，人们的经济关系从属于政治关系，不具有独立的意义，随时可能被政治改变。

从整个中国封建社会看，并不是说等级制之外不存在具有相对独立意义的财产占有者。秦汉以后，政治与经济有分途发展的趋势。但在春秋战国，从主流看，等级制度制约着经济关系，除了少数的商人先富后贵，即先拥有财富，然后用钱买爵外，绝大多数拥有财产的人都是先贵而后富，即凭借官爵而获得财富。财产（包括土地在内）的集散，没有摆脱政治的羁绊，没有形成一种独立的运动，财产占有状况多半随政治沉浮而升降。当财产关系还充当等级制的从属物时，就不可能有独立的经济运动和自由的土地买卖。在这种社会条件下，把土地买卖说成是封建地主发家的主要途径，是与当时社会环境相悖的。

（三）从政治支配产品分配看封建地主的形成

社会产品的分配是一个极为复杂的问题，就春秋战国时期的情况看，在分配中具有决定意义的是国家的租税、徭役和财政开支。

前面我们论述了直到战国中叶以前，土地基本上属于国有，农民主要是国家授田制下的依附农，这种情况决定了国家的徭役和租税在分配中占有决定性的地位。对国家直接控制的农民来说，地租和赋税是合二为一的，赋税是第一次分配，而不是再分配。由于地租和赋税尚未分离，所以租、税、籍、征、敛等概念是混用的。除了土地税外，还有户口税、房屋税和牲畜税等。赋税征收多少，在理论上有一定的数量，但实际上完全是任意的。赵简子派人去收税，吏问收多少，简子回答道："勿轻勿重，重则利人于上，若轻则利归于民。"[①] 墨子讲："以其常征，收其租税，则民费而不病。民所苦者非此也，苦于厚作敛于百姓。"[②] 孟子形容征敛无度犹如强盗："今之诸侯取之于民也，犹御也。"[③] 由于"人君之欲无穷"，所以盘

---

① 《韩非子·外储说右下》。
② 《墨子·辞过》。
③ 《孟子·万章下》。

剥也是无限制的；如果说有限制的话，仅在于"地之生财有时，民之用力有倦"①。因此，先秦众多的思想家提出要把征收赋税徭役之多少作为施政的基本手段，用以调节君与民的关系。由此可见，以租税徭役表现出来的分配方式，它的基本属性不是经济，而是政治。

有人可能会提出，难道当时没有私人封建地主吗？我的回答是：有。私人封建地主大体可分为两类：一类是食邑主，一类是私人地主。在这两类中，前一类居多数，后一类还处于萌生状态。食邑主在封邑内所征收的是租税和徭役。这种租税和徭役是国家转让给他们的，在本质上与国家征收地租和赋税没有什么差别。

如果说赋税是第一次分配的主要形式，那么国家开支、君主私养和官吏的俸禄则是再分配的主要内容。众所周知，国家开支和君主私养由政治支配，官吏的俸禄与对官吏的赏赐同样也是由政治决定的。俸禄是给官吏的报酬，赏赐是俸禄之外的赠品。两者虽有区分，但又常常混而为一，有些赏赐就是俸禄。如魏王对公叔痤，"赏田百万，禄之"②。战国时期，禄赏物主要有三类：一是食邑，在当时是普遍的；二是谷物；三是货币。另外还有珍宝服饰等。战国时期的俸禄和赏赐造就了一大批封建地主。

官吏的贪污受贿，可视为一种特殊的再分配的方式。从外观上看，它并不合法，但却是一个普遍存在的事实。史籍中关于官吏贪污受贿的记载比比皆是。这里仅举数例："今人君之左右，出则为势重而收利于民……外内为重，诸臣百吏以为富。"③ 百吏"乃以贪污之心枉法以取私利"。"行财货以事贵重之臣者，身尊家富，父子被其泽。"④"群臣处官位，受厚禄，莫务治国者，期于管国之重而擅其利，牧渔其民以富其家。"⑤"上好贪利，则臣下百吏乘是而后丰取刻与，以无度取于

---

① 《管子·权修》。
② 《战国策·魏策一》。
③ 《韩非子·外储说右上》。
④ 《韩非子·奸劫弑臣》。
⑤ 《管子·明法解》。

民。"① 另外贿赂公行，动辄数百金。这类贪污受贿不只是个别人的道德堕落问题，而是政治特权支配财产分配的一种特殊方式，是官僚封建地主借以扩大财产的一条重要途径。

为了进一步说明政治权力在分配中的作用，这里需要再讨论一下富与贵的关系。春秋以前富与贵是紧密相关的，贵是富的前提。从春秋中后期开始，除了因贵而富之外，还出现了贵与富的分流，贵者一般是富者，但未必都富；富者一般是贵者，但也有富而不贵者。到了战国，贵、富分流又进一步发展，《商君书·画策》载："无爵而尊，无禄而富，无官而长，此之谓奸民。"尽管作者认为无贵而富者属于"奸民"，应加以裁抑，但说明了无尊爵而富者的存在。《管子·立政》说："毋其爵，不敢服其服；虽有富家多资，毋其禄，不敢用其财。"《管子·法禁》说："守委闲居，博分以致众，勤身遂行，说人以货财，济人以买誉，其身甚静，而使人求者，圣王之禁也。"这两段记载从禁的方面说明了有无爵而富者。荀子做过一个假设，说明富与贵的分离："今有人于此，屑然藏千溢（镒）之宝，虽行丐（讨饭）而食，人谓之富矣。"②《韩非子·五蠹》说"无爵而显荣"，也说明了贵富的分途。

但是，这里有两个问题需要进一步讨论：第一，无贵而富者是不是靠经济方式发家的？第二，各种求富道路的关系怎样？

从战国看，无贵而富者不完全是凭借经济方式发家的，有相当一部分仍是政治权力的孳生物。《管子·立政九败解》讲到的"请谒任举"之辈、"无爵而贵""无禄而富"，便属于政治的产儿。许多官僚的后裔虽然失掉了官爵，但却拥有丰厚的财产，正如韩非所指出的，"今之县令，一日身死，子孙累世絜驾"③。"絜驾"，陈奇猷《韩非子集释》云："谓絜举轩驾而乘之。"像县令后代这类富者，从

---

① 《荀子·君道》。
② 《荀子·儒效》。
③ 《韩非子·五蠹》。

根本上说，是政治权力的孳生物。战国时期获富的具体道路有多条，约略而言，不外工商、力农和仕途。由从事工商而成巨富者史书有载，毋庸举证，经营农业者也有成富的，《韩非子·五蠹》说：民勤耕"可得以富"。《管子·侈靡》说："慈种而民富。"《墨子·非命下》中讲到强力耕作"必富"。

关于致富道路之比较，太史公曾引一句谚语作说明："用贫求富，农不如工，工不如商，刺绣文不如倚市门。"① 其实还应加一句：倚市门不如走仕途。如下材料很能说明问题。吕不韦问他父亲："耕田之利几倍？"曰："十倍。""珠玉之赢几倍？"曰："百倍。""立国家之主赢几倍？"曰："无数。"曰："今力田疾作，不得媛衣余食；今建国立君，泽可以遗世。"② 魏公子牟对穰侯曰："君知夫：官不与势期而势自至乎，势不与富期而富自至乎，富不与贵期而贵自至乎。"③ 苏秦说："夫权藉者，万物之率也。"④ 第一条材料说明从政治中得到的利益是不能用经济方式计算的。第二条说明有了权，财富便不期而至。第三条说明权是统帅，有权自然就有财富。这都说明了一个共同的问题，即仕途是获取资财最主要的途径。

当时的诸侯国家是最富有的，不仅拥有土地的最高所有权，而且不受任何限制，可以任意征收租税和征发徭役。诸侯国家是财富的渊薮，谁要想从中攫取利益，谁就必须加入官僚行列。正如范雎所说："臣闻善厚家者，取之于国。"⑤ 苏秦也说："破公家而成私门。"⑥ 韩非子则指出："诸夫饰智故以至于伤国者，其私家必富。"⑦ 当官而后富家，说明政治权力在个人财富积累中具有决定性的作用。

买卖官爵除了说明政治上的腐败之外，还说明官爵确实是一个更为有利可图

---

① 《史记·货殖列传》。
② 《战国策·秦策五》。
③ 《说苑·敬慎》。
④ 《战国策·齐策五》。
⑤ 《战国策·秦策三》。
⑥ 《史记·苏秦列传》。
⑦ 《韩非子·解老》。

的生财之路。战国时期买卖官爵情况比较严重，不仅国家做卖主，还有转卖现象，如韩非子说："父兄大臣上请爵禄于上，而下卖之以收财利及以树私党。"① 买官爵者，有的是为了提高自己的社会地位，但更多的是要借官爵来扩大资财，买官爵只不过是一种特殊的投资。所以，一些政治思想家极力主张让人们从爵禄中获取财富。韩非子提出："令臣不得不利君之禄，不得无服上之名。"② 荀子说："百姓晓然皆知夫为善于家而取赏于朝也"③，使天下人都知道自己所追求和渴望的财富全在国君的控制之下，因此，要设法把人们的欲望都引到追求"高爵丰禄"上来。如何取得高爵丰禄，自然要有一套规定，如秦就规定"使天下之民所以要利于上者，非斗无由也"④。《管子·版法解》提出，要用"富禄有功以劝之，爵贵有名以休之"，来鼓励人们追求爵禄。这对维护君主统治说来是有利的。

从当时的情况看，官爵与财富几乎是同义语。荀子说："使有贵贱之等……然后使怨禄（谷禄）多少厚薄之称。"又说："乡也，胥靡之人，俄而治天下之大器举在此，岂不贫而富矣哉！"⑤ 只要一朝为官，贫贱之人可立刻变为富翁。《管子·君臣上》说："有善者，赏之以列爵之尊，田地之厚。"《韩非子·六反》说："功伐可立而爵禄可致，爵禄致而富贵之业成矣。富贵者，人臣之大利也。"不要说有权可以发财，甚至与有权者多谈几次话，财富也会跟踪而至。"靖郭君相齐，与故人久语，则故人富……况于吏势乎？"⑥ 可谓入木三分的揭露。

有权而致富，也常常失权而失富，此类事例比比皆是，这里仅举吕不韦对秦阳泉君的一段话。阳泉君为秦孝文王华阳夫人之弟，家巨富，与太子有隙。吕不韦对阳泉君说："君之门下无不居高尊位，太子门下无贵者。君之府藏珍珠宝

---

① 《韩非子·八奸》。
② 《韩非子·外储说右上》。
③ 《荀子·王制》。
④ 《荀子·议兵》。
⑤ 《荀子·荣辱》《荀子·儒效》。
⑥ 《韩非子·内储说下》。

玉……王之春秋高，一日山陵崩，太子用事，君危于累卵，而不寿于朝生……子傒（太子）立，士仓用事，王后之门必生蓬蒿。"① 可见财产随权力转移是具有普遍意义的。

总之，这个时期，在社会财产的分配和再分配中，经济原则不占主导地位，通过经济的方式上升为封建地主的虽不能说绝对没有，但并不像一些史家所说的，是一条主要的道路。

（四）从封建地主各阶层的发迹看政治的作用

以上三部分，从社会总体上分析了政治支配经济的历史环境。下面再考察一下封建地主各阶层的发迹道路。就战国时期而言，哪些人是封建地主呢？从当时的称呼看，不外是"诸侯""封君""高爵""大家""大夫之家""豪家""豪杰""士""富人""世家""长家"等。

在所有封建地主中，第一，诸侯是最大的封建地主，其资财几乎完全是靠政治、军事手段攫取的。

第二，封君。战国时期的封君见于记载的一百有余。封君是封建地主中的一个特殊阶层。秦的封君即二十等爵中的最高爵——"列侯"，"列侯"与"君"可以通用。在东方诸国，"君"是一种超级爵号，比正常规定的爵制要高一级。楚国最高爵号为"执珪"，"君"比"执珪"还要殊荣。如庄辛助楚襄王图治有功，襄王除爵以"执珪"外，又封为"阳陵君"，"与淮北之地也"②。三晋、齐、燕爵秩中最高一级为"上卿"，但封君比上卿还要尊荣。如赵先封廉颇为上卿，后因功又封为"信平君"。乐毅在燕为亚卿，后为上将军，拜为相国，又因伐齐有功而被封为"昌国君"。封君中有的是虚封，但多数享有封地。计封的单位有"户""邑""都""城""县""郡"等。封邑大小似无定制，一般在千户与万户之间，所以"万户侯"已成为习惯用语。万户与一个县大体相当，更多者则跨县连

---

① 《战国策·秦策五》。
② 《战国策·楚策四》。

郡，如吕不韦的封地有蓝田十二县、河南洛阳十万户、河间十五城；齐田婴的封地方百里。封君在各自封地内有相对独立的统治权。受封者是封邑内最高的统治者，其下有一套行政设施和官吏，这些官吏通称为"舍人"或"用事者"。受封者可以在封邑筑城，另外还有"邑兵"等。由于封君具有相对独立性，所以常常私相外交，有时还接受他国之封。如赵以灵丘封楚春申君。魏国的山阳君，秦封之以山阳，齐又封之以莒，楚又欲封之。①

战国时期的封君是一个不可忽视的特殊阶层。他们是诸侯之外最高的一层封建地主，其发迹靠的是政治，对邑内进行剥削主要也是靠政治，所谓"邑人"就是"收其国之租税"②。当然，除了靠政治手段征收租税之外，还靠放高利贷和商业等经济方式进行盘剥。但两者相较，前者是主要的。③

第三，关于高官高爵和其他受封者。除了封君享有封邑之外，战国时期对于高官高爵和受到国王青睐的人，也给予一定数量的食邑，或作俸禄，或作赏品。秦国实行二十等爵，据《商君书·境内》，到第九级"五大夫"，"则税邑三百家"。"大庶长"以上至"大良造"，"皆有赐邑三百家"，"有赐税三百家"。但《商君书·境内》的说法只是一种设计，实际情况如何，于史有阙。从一些零星的记载看，高官高爵的封邑数相当可观。如秦将樊於期投敌，秦王设悬格，得樊於期之首者赏"金千斤，邑万家"；姚贾谋划有功，"秦王大悦，贾封千户，以为上卿"；"周佼以西周善于秦，而封于梗阳。周启以东周善于秦，而封于平原"。④

山东诸国封君以下被赏赐食邑的，《史记》中多有记述：虞卿有功于赵，拜为上卿，封万户侯；赵简子赐扁鹊田四万亩；赵烈侯喜爱音乐，赏歌手枪、石二人各田万亩。此外，在《韩非子·外储说右上》《墨子·鲁问》《战国策·燕策三》

---

① 参见《战国策·韩策三》《战国策·楚策一》。
② 《史记·孟尝君列传》。
③ 关于战国封君的详细情况，可参见拙作《战国时期的食邑与封君述考》，《北京师范学院学报》1982年第3期。
④ 参见《战国策·燕策三》《战国策·秦策五》《战国策·韩策三》。

《管子·轻重甲》中也有关于这方面的记载。

除上述食封之外,还有官吏的"禄田"。如齐国,官吏去职,"遂收其田里"①。《商君书·赏刑》说,凡告发官吏违法者,告发者"尸(代替)袭其官长之官爵田禄"。《荀子·荣辱》说:"志行修,临官治,上则能顺上,下则能保其职,是士大夫之所以取田邑也。"

战国时期的官僚队伍很庞大,其中相当一部分靠食邑、禄田收入为生,他们无疑是封建地主。显然,这些人的财产都是靠政治权力来维系的。

第四,关于官宦后裔为封建地主的问题。战国时期封赏给臣下的土地,除了政治剥夺之外是可以传世的。吴起在楚变法规定"三世而收爵禄"②,说明可以传至二、三世。但也有久传的,楚孙叔敖临终嘱咐儿子道:"王数封我矣,吾不受也。为我死,王则封汝,必无受利地。楚、越之间有寝之丘者,此其地不利,而名甚恶。荆人畏鬼,而越人信机。可长有者,其唯此也。"③据《史记·滑稽列传》,楚王封孙叔敖子,寝丘四百户,以奉其祀,后十世不绝。楚项氏世世为将,封于项,故姓项氏,说明其地为子孙承继。④乐羊为魏文侯将,有功封于灵寿,"其后子孙因家焉"⑤。赵封赵奢于马服为马服君,其子赵括又称马服君,承继了赵奢之封。《管子·轻重乙》载,齐桓公问于管子曰:"崇弟、蒋弟、丁、惠之功世吾岁罔,寡人不得籍斗升焉。"这里假管子之语,实际上是指战国的情况。此句不可尽解,但大意是清楚的,即崇氏、蒋氏、丁氏、惠氏因世功享有封地之收入,国家得不到一升一斗之税。当时的封君们有"定身封"和"世世称孤""世世为侯"之说,说明封地可以传诸子孙。韩非子说:"国利未立,封土厚禄至矣……国地虽削,私家

---

① 《孟子·离娄下》。
② 《韩非子·和氏》。
③ 《吕氏春秋·异宝》。
④ 参见《史记·项羽本纪》。
⑤ 《史记·乐毅列传》。

富矣。事成则以权长重，事败则以富退处。"① 这里所说的"国地削"指把土地分封给臣下。文中说的臣"以富退处"虽未指明土地，但不能排除继续占有这些土地。

第五，关于"士"中的封建地主。战国时期士的组成极为繁杂，这里不能细论，但有一点可以肯定，有一部分士拥有一定数量的土地。《管子·问》载："士之有田而不使者几何人？""士之有田而不耕者几何人？""士之有田宅身在陈列者几何人？"《庄子·让王》载，颜回"有郭外之田五十亩。足以给馆粥；郭内之田十亩，足以为丝麻"。可见士中有一部分经济上比较宽裕，属于封建地主之列。比如齐之处士钟离子和叶阴子，他们经济条件相当优裕，乐善好施，钟离子竟能做到"有粮食亦食，无粮者亦食；有衣者亦衣，无衣者亦衣"②。文中虽未指出有土地，但可以推想，如果没有土地是很难做到这一点的。在士中有些人充任老师，广收弟子。有些弟子一边学习，一边为老师服役、耕稼等，这些士人也可视为封建地主的一个组成部分。士这个阶层，一部分是从庶人升上来的，人数较少；大部分是从贵族降下来的，他们的土地可能是从先人那继承过来的，因此他们作为封建地主，仍是政治权力的孳生物。另外，从士的前途看，他们中的多数人追逐的是仕途，即《论语·为政》所谓的"学干禄"。苏秦把问题说得更清楚，苦读的目的就是"取卿相之尊"。范雎也说，士人所求"欲富贵耳"③。以仕途作为追求富贵的主要手段，正说明政治权力对经济的支配。④

第六，在先秦典籍《管子》《孟子》《战国策》《韩非子》《墨子》《庄子》等书中，还有如下一些表明富有的称呼："大家""巨家""委赀家""世家""豪家""十乘之家""百乘之家""千乘之家""良家""长家""富人""豪杰""卖（当为买）庸而播耕者""大族""百钟之家""千钟之家""兼并之家""千金之家""家

---

① 《韩非子·五蠹》。
② 《战国策·齐策四》。
③ 《战国策·秦策一》《战国策·秦策二》。
④ 关于战国时期的士，请参阅拙作《战国时期的"士"》，《历史研究》1987年第4期。

主""私门""私家""大夫之家",等等。这些人都是剥削者,是封建地主。其中有些人是靠政治发家的,有些一时还说不清楚。我们不排除有靠经济途径发家者,但目前尚未获得确证,只有俟来日再研究。

在考察了战国时期封建地主各阶层和各种成员的形成之后,可以得出如下结论:中国历史上第一代封建地主的成员主要是通过政治方式发展起来的。通过土地买卖途径而形成的地主,从春秋战国的历史看,这条道路尚未被开辟,即使有,在第一代封建地主的形成过程中也不占重要地位。土地买卖成为封建地主形成的途径之一,那是秦汉以后的事。赵括买田虽然说明战国后期有了土地买卖,但值得注意的是,他买田的资金并不是靠地租的积累,而是赵王的赏赐。仅从市场一角看,资金从哪里来无关紧要,但是从社会经济关系的全过程考察,就另当别论了。它与地租地产化和商业利润、高利贷利息地产化有着完全不同的性质,是政治特权与买卖相结合的混合物。在中国历史上第一个标明土地买卖的记录,竟是一种在政治特权支持下的买卖,这实际上是整个封建社会中土地买卖普遍存在的现象,由它作为这个记录的开始,再恰当不过了。超经济的方式造就了第一代封建地主,这就是中国历史上的真实情况。

三、专制王权支配社会:政治权力的再分配与封建地主的再生之路

前一节我们论述了中国历史上第一代封建地主的主要阶层与成员是由政治方式造就的。那么其后的封建地主主要阶层与成员的再生之路又是怎样的呢?

(一)政治特权与权力的再分配是封建地主再生的主要途径

从秦汉到清,封建地主阶级稳定地存在了两千多年,但封建地主的成员并不那么稳定,有时简直像走马灯一样转换不已。宋以后有所谓"千年田,八百主""十年财东轮流坐"之说,那么封建地主成员是沿着什么样的道路升降沉浮呢?概括起来有如下三种方式:

1. 暴力和政治的方式

暴力和政治虽然不能创造出封建经济，但在封建经济关系基础上，它可以在很大程度上影响乃至决定封建地主成员的命运及其存在形式。

谈到暴力，首先值得注意的是战争，战争能使封建地主的成员进行大幅度的调整和更换。对封建地主存在的形态也有重大的作用。这里所说的战争包括农民战争、民族战争和封建地主内部不同集团之间的战争。农民战争的重要作用之一是引起了封建地主成员的大换班，并使封建地主的形态发生了程度不同的变化。这是人所共知的事实。东汉以后发生了长期的战乱，在战争的推动下出现了坞壁地主。离开军事和战乱难以说明坞壁地主的产生。一些少数民族入主中原之后，出现了一批别具特色的封建地主。毫无疑问，其中有经济的原因，但离开政治的作用也绝不能把问题说清楚，应该说这些别具特色的封建地主是在一定的经济基础上，用剑戈塑造出来的。有人可能会说，这些不是封建地主的常态，也不是其自身发展的必然环节。的确，如果仅从经济观点考察问题，事情或许是这样。不过在事实上，封建地主成员中的很大一部分从来不是纯经济的产物。因此怎么能用纯经济观点去说明问题呢？另外，在中国历史上各式各样的战争是相当频繁的。战争既然无法避免，那么战争引起封建地主成员更新和形态的变化，也应视为不可避免的事实。总之，在上述情况下，大刀扮演了主要角色，土地买卖是没有用场的。

除了战争之外，通过合法的政治途径也造就了一大批各种不同形态的封建地主。所谓合法的政治途径是指根据皇帝或政府的命令与有关规定直接造就的；所谓各种形态，指的是封建地主的政治身份不同，对土地和劳动者占有的情况也不同。在各类不同的封建地主中，首先应注意的是封建国家地主。封建国家不只是单纯的上层建筑和政治机构，它同时是一种经济实体，是生产关系的一种主体形式。封建国家的主权有至高无上的权威。它不仅可以不受任何经济规律制约直接干预经济中的所有权，同时它又直接控制着大量的土地和农民。封建国家的官田除了荒地、山林、池泽之外，还有为数相当可观的投入生产的土地。如汉代的公田，有的出租，即"假与贫民"①，"与人分种"②；有的由政府直接经营，"水衡、少府、大农、太仆各置农官，往往即郡县比没人田田之"③；有的则利用士兵屯种。西汉以后各代的公田的使用情况大体不外这几种方式。封建国家地主形成主要凭借政治权力，例如汉武帝一道告缗令，国家就从私人手中没收了大量土地，"大县数百顷，小县百余顷"④。各种形式的籍没是历朝历代都有的。虽然也有买卖的事例，如汉成帝时红阳侯王立卖给公家田数百顷，南宋贾似道当权时曾用买卖方式置公田。但这类的买卖在公田的形成中不占什么地位，与政治权力的作用无法相比。封建国家直接掌握的土地各朝各代不尽相同，有的朝代较多，有的较少，但它们的作用却不可忽视。它不仅是封建国家的经济支柱之一，而且是国家手中一项重要的调节器，国家常通过土地吞吐来调整统治者内部和统治者与被统治者之间的矛盾。

封建社会的政治权力分配过程同时也是造就大大小小封建地主的过程。按照官爵等级分配土地和人口是历朝历代普遍存在的事实。等级制是封建社会的基本特征之一，中国的封建社会也不例外。当然中国的等级制有其特点，这就是多元性和成员的流动性。多元性表现在同时存在几种不同的等级系统，如爵制、官品、门第、职业的贵贱及民族的等差等。中国的等级制对于个人来讲不是绝对不变的，在许多情况下有升降之变和贵贱转换，这就是流动性。中国的等级制与财产占有虽不是完全对应关系，不过大体说来，有特权的贵者一般都是富者或因特权而扩大了财产占有。商鞅变法规定："明尊卑爵秩等级，各以差次；名田宅臣妾衣服，以家次。"⑤战国盛行按官爵分封和赏赐食邑。两汉时期的领户制基本上也是

---

① 《汉书·元帝纪》。
② 《后汉书·黄香传》。
③ 《史记·平准书》。
④ 《汉书·食货志》。
⑤ 《史记·商君列传》。

按照等级特权进行分配的。西晋规定官吏按品级占田："品第一者占五十顷，第二品四十五顷，第三品四十顷，第四品三十五顷，第五品三十顷，第六品二十五顷，第七品二十顷，第八品十五顷，第九品十顷。"① 另外还规定占佃客，并荫衣食客和亲属的数量。北魏时期规定："刺史十五顷，太守十顷，治中别驾各八顷，县令、郡丞六顷。"② 隋朝的均田制明文规定按等级占有："自诸王以下至于都督，皆给永业田，各有差。多者至一百顷，少者至四十亩。"③ 唐承隋制，略有变通。宋以后情况有较大变化，但按官爵封赏土地和人口的现象仍然不少。封建社会除按等级封赏土地人口之外，皇帝还经常任意赏赐。总之，通过合法的政治手段造就了一大批封建地主。

与合法的政治分配方式相并行的，还有非法的侵占。非法的暴力兼并虽不是封建地主的起点，但在扩大地产中是主要手段之一。这类的暴力侵夺史不绝书。淮南王的亲属，"得爱幸王，擅国权，侵夺民田宅"，衡山王"数侵夺人田，坏人冢以为田"④。田蚡强夺窦婴之田。⑤ 官宦之间尚且强夺，官对民的侵夺更不待言了。南朝时期官宦大家"兼岭而占"，"占山封水，渐染复滋，更相因仍，便成先业"⑥。"会稽多诸豪右，不遵王宪。又幸臣近习，参半宫省，封略山湖，妨民害治。"⑦ 唐朝初年虽有均田令，但仍有不少人越制强占。高士廉贞观元年出官益州，言："至今地居水侧者，顷值千金，富强之家，多相侵夺。"⑧ 贞观以后强取豪夺的现象更多。永徽年间，贾敦颐任洛州刺史，他从豪富之家"括获三千余顷"土地。⑨ 宋代

---

① 《晋书·食货志》。
② 《魏书·食货志》。
③ 《隋书·食货志》。
④ 《史记·淮南衡山王列传》。
⑤ 《史记·魏其武安侯列传》。
⑥ 《宋书·羊玄保传》。
⑦ 《宋书·蔡廓附子兴宗传》。
⑧ 《旧唐书·高士廉传》。
⑨ 《旧唐书·贾敦颐传》。

土地买卖现象比以前有了明显的发展，但靠暴力侵夺的现象仍每每发生。王蒙正恃章献太后势，在嘉州"多占田"①。杭州钱塘湖"溉民田数十顷"，"为豪族僧坊所占冒"②。越州溉田八千顷，"多为豪右所侵"③。孙梦观说："迩来乘富贵之资力者，或夺人之田以为己物，阡陌绳联，弥望千里。"④王迈说："权贵之夺民田，有至数千万亩，或绵亘数百里者。"⑤明代盛行的投献，实际上是一种变相的暴力兼并，正如赵翼所说："有田产者，为奸民籍而献诸势要，则悉为势家所有。"⑥这类的暴力兼并与买卖原则迥然不同。马端临在总结土地兼并方式时曾做了如下的概括："富者有资可以买田，贵者有力可以占田。"⑦过去学界对土地买卖比较重视，揭发和研究也比较深入，但对有力者可以占田则注重不够，甚至把强力兼并也归入买卖之列，这是一个严重的疏忽。

以上谈到的，不论是战争的方式、非法暴力侵占，抑或合法的政治分配，都是政治支配着经济。在这些过程中，基本上不是地租地产化，而是暴力与特权地产化。

2. 政治暴力与买卖相结合的方式

这种方式同凭借政治手段占有地产不同，它借助了买卖的形式。然而这种买卖又不是建立在市场平等交易的基础上，是刺刀逼迫下的买卖，历史上称之为"强买"。强买是典型的超经济的买卖，是官僚权贵扩大地产的主要方式之一。萧何以"贱强买民田宅数千万"⑧。窦宪"以贱直请夺沁水公主园田"⑨。对公主的田

---

① 《宋史·高觊传》。
② 《宋史·郑戬传》。
③ 《宋史·蒋堂传》。
④ 《雪窗集》卷二。
⑤ 《臞轩集》卷一。
⑥ 《廿二史劄记》卷三四《明乡官虐民之害》。
⑦ 《文献通考·田赋考二》。
⑧ 《史记·萧相国世家》。
⑨ 《后汉书·窦宪传》。

地尚且贱买强买，对一般人更可想而知了。南朝时期的颜延之"买人田，不肯还直"①。唐初"褚遂良贱市中书译语人地，思谦奏劾其事"②。武则天时期张昌宗"强市人田"③。唐玄宗天宝十一年（752年）诏中谈到王公百官及富豪之家"违法卖买，或改籍书，或云典贴，致令百姓无处安置"④。可见当时强买现象十分严重。五代时期，赵光胤曾谈道："先是，条制：权豪强买人田宅，或陷害籍没，显有屈塞者，许人自理。"⑤说明当时强买现象很多。明代大官僚霍韬子弟强以"减价买田"⑥。大官僚杨廷和与陈士杰都用"减价"或"半价"方式强买人田。⑦明魏大中对强买之事曾作如下记述："长兴有乡民王某者，素狡而横，武断乡曲，每设计买人田既成券，仅偿半价。放债则措其原契，既远复索，习以为常，人畏其横，莫敢与争，唯饮恨而已。"⑧强买这种方式可以还原为强占和买卖。于是给人一种感觉，分析了强占和买卖两种方式之后，强占这种现象就无须给予更多的重视了。其实，这是不正确的。强买并不是强占与买卖简单的合成物，它是一定历史阶段和一定历史条件下的一种特有现象，只有在前资本主义时期才有它存在的社会条件。强买不是在自由买卖的身上附加了一点儿暴力，而是暴力的掠夺在商品交换有了一定发展的情况下采取了自我遮掩的方式。从历史进程考察，强买表明政治暴力不得不向经济靠拢，然而它的存在又说明买卖本身还不是自由的，同时说明卖方的人身及其所有权也还不是自主的和完整的。在强买这种形式中，土地还缺乏商品的性质，地价多半只有象征性的意义。在许多情况下与其说是买卖，毋宁

---

① 《宋书·颜延之传》。
② 《旧唐书·韦思谦传》。
③ 《资治通鉴》卷二〇七。
④ 《全唐文》卷三三。
⑤ 《旧五代史·赵光胤传》。
⑥ 《霍文敏公全集》卷五。
⑦ 《西园闻见录》卷二四《田宅》。
⑧ 《最乐编》卷五。

说是买卖形式掩盖下的掠夺。在这个过程中政治暴力居于支配地位。

3. 政治控制大背景下的买卖方式

除了前边讲的政治暴力掠夺和强买之外，也还有经济规律支配下的土地买卖，比如无权无势者必须受经济规律的制约。在有关土地买卖的记载中，确实有一些平等的买卖。很多人对此已做了详尽的论述，这里不再重复。不过这中间有一个问题需要讨论，即在封建时代有没有普遍实行两造平等买卖土地的社会条件？我认为在封建社会是缺乏这种社会条件的。侯外庐对封建社会土地买卖实质的分析，是值得重视的，他说："在封建社会，有土地买卖。在资产阶级社会，也有土地买卖。其买卖的形式都体现着法权的形式。前者以形式的不平等（超经济的）为依据；后者以形式的平等（商品形态）为依据。"① 在整个封建社会里，有的土地以商品的形式出现在市场上，有的土地则与商品不沾边，随权力运转。这种情况大大限制了土地商品化的程度。强买方式的普遍存在，也使土地失去了商品的品格。另外还应看到，在封建社会里的土地买卖是在超经济强制笼罩的环境中进行的，很大部分的买卖在进行之前已被超经济的力量所控制。这表现在如下几个方面：

首先，土地买卖并不是在任何情况下都是自由的，在许多时候程度不同地受到政治权力的干预和限制。西汉时期有关田制的规定虽不甚清楚，但政治上可以干预土地的买卖和兼并，部刺史"六条问事"中的第一条就是禁止"田宅逾制"②。王莽实行王田时，规定土地不准买卖。东汉后期荀悦提出限田议，其中谈到"民得耕种，不得买卖"③。荀悦的限田议虽未实行，但它反映了对土地买卖的强力干预。从北魏到隋唐的均田制都有限制土地买卖的规定。

超经济的人身依附关系是土地商品化的极大障碍。当农业生产者人身还是不自由的时候，这些不自由的人占用的土地是不可能自由地流入市场的，土地不可

---

① 侯外庐：《中国思想通史》（第四卷上册），人民出版社，1959，第17页。
② 《汉书·百官公卿表上》颜注。
③ 《汉纪》卷八。

能比不自由的人更自由。

其次,封建社会的宗族制度和族权对土地买卖也起着超经济的控制作用。宗族长可以利用宗法特权限制族人的土地买卖,或以优先权强买族人的田产。族长还可以通过各种方式侵吞族内的绝产。无锡郑氏宗约规定:"族人有不得已事欲弃祖父所遗之田宅者,必先告于族长及新房长辈,果无设法方许变卖。"① 有些卖地契特别标明,如有亲族事后干预,概由卖主承担责任。这都说明了族权在土地买卖中具有超经济的作用。

有些土地在买卖时看来是两造平等的,但是深察一下就会发现,造成土地买卖的原因不是经济的自然成果,而是政治暴力促成的。史籍中大量记载表明,许多出卖土地者是因为政府强征暴敛和繁重的差役把他们逼到了破产的境地,不得不出卖土地。《管子》中有一段描述很具体:"今人君籍求于民,令曰十日而具,则财物之贾什去一。令曰八日而具,则财物之贾什去二。令曰五日而具,则财物之贾什去半。朝令而夕具,则财物之贾什去九。"② 关于《管子·国蓄》篇的制作时间,学界有争论,但至迟也不会晚于汉代。文中虽没有具体列出土地,但如果土地能买卖,毫无疑问也应包括在其中。从这里看到,一纸令文就把价值规律打得凌乱不堪。武则天时期由于"近缘军机,调发伤重,家道悉破,或至逃亡,剔(贴)屋卖田,人不为售"③。唐德宗时由于"租税皆不免,人穷无告,乃彻屋瓦木,卖麦苗以供赋敛"④。宋绍兴六年(1136年)知平江府章谊奏曰:"民所甚苦者,催科无法,税役不均,强宗巨室阡陌相望,而多无税之田,使下户为之破产。"⑤ 顾炎武在叙述明代力役时指出:"往昔田粮未均,一条鞭未行之时,有力差一事,往往

---

① 《荥阳郑氏大统宗谱》卷三《宗约》。
② 《管子·国蓄》。
③ 《旧唐书·狄仁杰传》。
④ 《旧唐书·李实传》。
⑤ 《宋史·食货志上》。

破人之家，人皆以田为大累，故富室不肯买田，以致田地荒芜，人民逃窜。"① 这是讲差役之祸。明代赋税也同样造成了大批人破产。黄宗羲云："田土之价不当异时之十一，岂其壤瘠与？曰：否，不能为赋税也。"② 清代这类情况也很严重。康熙初年"差役四出，一签赋长，立刻破家……中产不值一文，最美之业，每亩所值不过三钱、五钱而已"③。清代任源祥也说过"征愈急则银愈贵，银愈贵则谷愈贱，谷愈贱则农愈困，农愈困则田愈轻"④。单从市场看，这类买卖或许是自由的，甚至还有乞买的现象。停留在这一点显然未能触及问题的本质。因为这种买卖的背后真正起决定性作用的是政治暴力。封建时代的徭役和赋税是以超经济的权力支配为基础的，它可以不遵循任何经济规律，任意地进行征发。正如《淮南子》所说："末世之政，田渔重税，关市急征，泽梁毕禁，网罟无所布，耒耜无所设，民力竭于徭役，财用殚于会赋，居者无食，行者无粮，老者不养，死者不葬，赘妻鬻子，以给上求，犹弗能澹。"⑤ "上好取而无量，下贪狼而无让。"⑥ 当政治暴力把农民推到了破产死亡之境而出现的土地买卖，很显然，这种买卖与不能补偿成本而造成的破产或为了某种经济利益而出卖土地，是完全不同的两回事。在这里，政治起着决定作用，正如清人黄印叙述了赋税制约地价起伏之后所说："转移之机，盖在朝廷。"⑦

在考察土地买卖时，还应注意买卖资金的来源。官僚们购买土地的资金绝大部分是靠政治特权获得的。如汉朝张禹前后受天子之赐达数千万，于是"多买田

---

① 《天下郡国利病书》。
② 《明夷待访录·财计一》。
③ 《阅世编·田产》。
④ 《皇朝经世文编》卷二九《赋役后议》。
⑤ 《淮南子·本经训》。
⑥ 《淮南子·主术训》。
⑦ 《锡金识小录》卷一《月俗变迁》。

至四百顷，皆泾、渭溉灌，极膏腴上贾"①。唐朝庐垣说："凡居官廉，虽大臣无厚畜，其能积财者必剥下以致之。"②赵匡胤厚赏石守信等人，石守信择便好田宅市之，为子孙立永久之业。这类记载，不胜枚举。单从市场角度看，资金的来源并不影响买卖的性质。不过当这种现象很普遍时，就应另眼看待了。这种买卖与地租地产化和商业利润、高利贷利息地产化有着完全不同的性质。它的资本是靠政治特权获取的。

我们罗列上述种种现象，旨在说明，在封建制度下，自由地沿着一定经济规律的土地买卖不会成为普遍的现象。大部分的买卖在进行之前早已被超经济的特权限制了。这正是封建时代土地买卖与资本主义时代所不同的地方。就买卖本身的性质来说，它排斥一切超经济因素的干涉。但是买卖本身也是一个历史的范畴，因此又应该历史地对待。离开历史条件，把土地买卖抽象化，是难以说清复杂的历史事实的。

我们还应看到，封建社会的经济发展水平与产业结构也决定了不可能形成一个土地自由买卖的市场。土地商品化不仅需要商品生产有足够的发展，而且还必须有新的产业部门作为条件。当资本可以在不同产业之间自由流动时，土地才能真正走上商品化道路。一般地说，只有资本主义有了相当的发展，才可能有这种社会条件。封建社会的主要产业部门是农业。手工业虽然有相当的发展，但远不能与农业相抗衡。在农业中，土地是最基本的生产资料和借以进行剥削他人劳动的主要手段。在自然经济占统治地位的社会里，没有任何一条经济规律能驱使土地走上商品化的道路，从经济运动过程来察，出卖土地是没有出路的，因为得到的资金无法向其他产业转移。事实上土地所有者谁也不愿意出卖土地。广占土地的私人地主在正常情况下是不会主动出卖土地的。地主们清楚地认识到，"土田，

---

① 《汉书·张禹传》。
② 《新唐书·庐垣传》。

衣食之源"①，是长久的"自然之利"。清人张英说："守田者不饥。"② 他们得出了一个共同的认识，即土地只可设法扩大，绝不可轻易出卖或转手。所以人们向来把出卖土地视为败家子行为。对地主来说没有任何一种经济规律能诱使他们进行土地买卖。拥有一小块土地的小农以土地为生命之根，他们做梦都希望有一块土地，这一点连剥削阶级也看得十分清楚。早在战国时孟子就说过，民迫切希望有"恒产"，即土地，他认为民有恒产而有恒心，"无恒产，因无恒心"③。《商君书》的作者说得也很清楚："意民之情，其所欲者田宅也。"④ 农民以土地为生，因此不到山穷水尽的境地绝不会出卖土地，有时卖儿鬻女，也不轻易出售土地。小农经济的基本特点是简单再生产，维持简单再生产的条件容易满足，在当时以人力为主要力源的情况下，只要有一个劳动力就能使生产得以继续。简单再生产的规律一方面使小农缺乏周旋的能力，容易走向破产，另一方面也有使其顽强存在的作用。无论从封建地主方面看，还是从拥有一小块土地的农民方面看，人们都想牢固地占有土地和进一步扩大地产，谁也不愿意出卖土地，因为无论对封建地主抑或农民，出卖土地都是没有出路的。这样一来，在土地买卖中，人们都不愿意充当卖方。出卖土地者不是为了追求更多的经济利益而主动地把土地投到市场，从而给土地市场增加活力。相反，出卖土地差不多都是破产的结果，所以在这种情况下的土地买卖，只能是畸形的。在讲到土地买卖时，有人很强调商品交换的作用。毫无疑问，商品交换是促使土地商品化的强大力量，但是商品交换还不同于商品生产，真正促使土地商品化的是商品生产。可是在封建社会商品生产还没有占主要的地位。

虽然封建社会没有任何一条经济规律能造就一个自由的土地市场，但在实际

---

① 《隆平集》卷七。
② 《皇朝经世文编》卷三六《恒产琐言》。
③ 《孟子·梁惠王上》。
④ 《商君书·徕民》。

上，中国封建社会的土地买卖还是比较发达的。那么是什么力量把土地抛到了市场上？依我看，主要有如下三方面的原因：第一是自然原因。天灾人祸是小农的天敌，一场恶风暴雨就可能造成生产中断，逼迫他们不得不出卖土地。有关这方面的记载史不绝书。西汉汲黯谈到武帝初河南水旱情况时说："人伤水旱万余家，或父子相食。"[①] 淮南王刘安都说："间者（武帝建元之间），数年岁比不登，民待卖爵赘子以接衣食。"[②] 在这种情况下民不会不卖土地。康熙三十六年（1697年）闹饥荒，"赈所不及者持田契求售"[③]。第二，暴力侵逼，苛征暴敛，引起破产，不得不出卖土地。第三，有些地主消费过奢，入不敷出，不得不出卖土地。很明显，出卖土地不是商品生产、商品交换和产业运动的结果。出卖土地既然主要不是由经济原因引起的，因此土地买卖也就不可能是一种正常的经济运动。

出卖土地是被迫的或被动的，市场是狭隘的，但是一些人对土地的追求却是无限量的，于是暴力走到了前台。封建社会的土地运动缺乏经济的根据，可是权势支配土地却有相应的社会条件。众所周知，超经济强制是封建制度的基础，当人本身还是附属物和不自由的时候，他们的财产绝不会比他们本人有保障。另外，小农的简单再生产固然必须首先与土地相结合，但结合的形式是多种多样的。土地所有权问题并不是小农经济的前提，在许多情况下，剥夺了农民的土地所有权并不意味着简单再生产的中断。小农经济的这种特点，为暴力侵夺土地提供了可能。还有，一家一户的小农犹如一个一个马铃薯，他们之间的经济联系较少，每一家可以在极其悬殊的条件下进行简单再生产，所以在一般的情况下各自为政、形不成统一的力量。于是有权有势者就可以像用刀切马铃薯那样，一个一个地对他们施以暴力，侵占他们的土地。小农总希望好皇帝、清官老爷拯救他们，可见他们总也逃不脱贪官污吏、有权有势者对他们的暴力剥夺。这是无法避免的历史

---

① 《史记·汲黯传》。
② 《汉书·严助传》。
③ 《荟章编》卷——《张瑛》。

悲剧。

为了进一步说明政治特权和暴力在封建地主成员再生产中的作用，我们再做一点儿量的估计。

中国历史上的第一代封建地主主要是通过暴力和政治的方式形成的。第一代封建地主的生成方式有它的历史条件，不可当成固定不变的模式，但它对后世的影响无疑是巨大的。只要产生这种方式的社会条件不发生重大变化，这种方式也就不会过时，仍将继续被采用。

从中国封建社会的全过程看，唐以前恐怕主要是暴力和政治方式起作用。土地买卖在某些时候尽管有迅猛的发展，由于以下几个条件使它不可能上升为主要角色。第一，中国历史上的土地多级所有中，国有成分与私有成分犹如两个对向的楔子，唐以前许多时候土地国有居于主要地位，如战国、王莽时期、两晋占田时期及北魏以后实行均田制时期。另外由于土地国有观念影响很深，封建国家总是设法表明自己是一切土地的最高所有者，对于发展起来的私有土地常常施以种种限制，一再命令不准逾制等。第二，中国历史上几个著名的国有土地法规都产生于这个时期。第三，商品经济还不大发展，有时货币几近废弃，在这种情况下土地是难于商品化的。这个时期记载的土地兼并的资料虽然不少，但标明买卖的并不多，多数的材料讲的是强占和侵夺。

从每个朝代看，每朝的初期封建地主的更新，主要依靠暴力和政治手段。比如两汉初年，刘邦下令："其有功者，上致之王，次为列侯，下乃食邑。"[①]这一道命令造就了一大批封建地主。刘邦册封列侯达一百四十七人，每个侯的食户多至上万，少的也有五六百。据《汉书》载明封户的侯有百余人，食户总数达二十三万多户。这一百多个家族一跃而为大封建地主。侯以下八级以上的高爵也都有不等的封邑，形成中小封建地主。各级官吏也乘机广占田宅，刘邦五年（前

---

① 《汉书·高帝纪》。

202年）诏令中透露了这一事实："今小吏未尝从军者多满。"① 所谓"多满"就是指广占田宅。刘邦九年（前198年）下令迁豪，涉及山东诸豪十万口，诸豪原占有的土地是用政治手段剥夺的；迁到关中之后受到优遇，赏赐给一定数量的土地，也同样依靠政治权力。迁豪显然是用政治手段对封建地主进行了一次调整。中国历史上发生过多次农民战争和改朝换代。每次农民战争和改朝换代可以说都是一次封建地主成员的大改组。每个封建王朝初期及其以后一段时间，封建地主的核心部分几乎都是在这种暴力的和政治的改组中形成的。

从封建地主组成的各层次看，中上层封建地主主要靠政治途径形成。从明代情况看，皇帝、诸王、公主、功臣、外戚、大宦官、缙绅构成了封建地主的中上层。皇帝、诸王、功臣、外戚、宦官的庄田和役使的农户几乎全部凭借法律规定、赏赐或霸占而来，与买卖很少有关系。缙绅的情况比较复杂，他们发家初期不一定靠政治特权，但跻身于缙绅之后，特权在扩大地产中就起了重要作用，乃至决定性的作用。谢肇淛说："仕官富室，相竞畜田，贪官势族，有畛隰遍于邻境者。至于连疆之产，罗而取之，无主之业，嘱而丐之，寺观香火之奉，强而寇之。"② "取""丐""寇"说明畜田的途径靠的是政治特权。海瑞巡历松江时，小民"告乡官夺产者几万人"③。这不会是松江一个地区的现象，恐怕是缙绅地主的共同性格。

如果以上估计离实际不太远，那么我们至少可以说，封建地主的中上层的形成主要是通过政治方式达到的。中上层的人数虽然不多，由于他们是封建地主阶级的核心部分，封建地主的性格基本正是由他们决定的。在他们形成过程可以看到政治特权比经济手段更有权威。

---

① 《汉书·高帝纪》。
② 《五杂俎》卷四。
③ 《海瑞集·被论自陈不职疏》。

(二) 封建地主的生态特点: 士人—官僚—地主循环圈

暴力和政治特权是封建地主, 特别是中上层封建地主形成的主要途径。在中国封建社会里, 政治权力掌握在皇帝与官僚手中。皇帝的宝座由一个家族独占, 官僚则具有流动性。在这种情况下, 谁要想广占土地和劳动者, 最有效的办法是设法步入官僚行列。"升官发财""争权夺利"这类口头禅比许多理论的概括更直截了当地揭露了权与利的关系。这里我们不妨引几段古老的议论来说明这个问题。

吕不韦结识了为质于赵的秦公子异人, 并谋求异人回秦继承王位。为这件事吕不韦与他父亲有一段对话。吕不韦问他父亲:"耕田之利几倍?"曰:"十倍。""珠玉之赢几倍?"曰:"百倍。""立国家之主赢几倍?"曰:"无数。"曰:"今力田疾作, 不得煖衣余食; 今建国立君, 泽可以遗世。愿往事之。"①

魏公子牟对穰侯曰:"君知夫, 官不与势期而势自至乎! 势不与富期而富自至乎! 富不与贵期而贵自至乎!"②

韩非子把古代的天子和当时的县令做了一个比较, 他说古时天子事事带头, 无利可图。今日的县令却大不一样。"一日身死, 子孙累世絜驾。"由此他得出一个结论:"轻辞古之天子, 难去今之县令。"③

宋翔凤说:"三代以下, 未有不仕而能富者, 故官愈尊, 则禄愈厚。"④

这几段议论生动说明了权是利的渊薮。在封建社会, 权与利之间的关系同土地与地租、商业资本与利润之间的关系全然不同。后者总要受一定经济规律的制约, 因此有一定的数量界限。权在求利时却不受任何经济规律的限制, 能捞多少就是多少。如果说权与利之间有什么轨迹可循的话, 只能说权越大, 获利越多, 身为天子则富有天下。正如《吕氏春秋·为欲》篇所说:"天子至贵也, 天下至富

---

① 《战国策·秦策五》。
② 《说苑·敬慎》。
③ 《韩非子·五蠹》。
④ 转引《论语正义·述而》。

也。"秦始皇在统一前夕便有人指出："秦帝，即以天下恭养。"①统一之后，秦始皇立即宣布，"六合之内，皇帝之土""人迹所至，无不臣者"②。刘邦身为庶民之时，不事生产，他父亲骂他不能治产业，当他登上皇帝宝座之后，惬意地对他父亲说："始大人常以臣无赖，不能治产业，不如仲力。今某之业所就孰与仲多？"③诚如《庄子》所云："万乘之主，以苦一国之民以养耳目鼻口。"④黄宗羲也说过，人君"视天下为莫大之产业"⑤。皇帝凭借权力把天下视为自己的产业，官僚同样凭借权力侵占和扩充自己的资财。地租地产化无疑是封建地主扩大地产的途径之一，官僚凭权力地产化比前者要更为有力。

官僚凭政治权力地产化可以是直接的，如根据有关法律的规定和赏赐，其间不受任何经济规律的制约，官僚依仗权势的侵夺也不必经过经济的媒介。除此以外，还有间接的方式，即先用政治权力获取大量的货币，然后再通过买卖方式购置土地。官僚积累货币的办法，一种是来自官俸。官俸与资本主义社会的工资不同。工资是由一定的经济规律决定的。官俸是由政治权力决定的，与社会的经济规律关系较小。另一种办法是贪污、私求和中饱。这是普遍现象。大小官吏无不如此。贪污受贿之所以公行，根源在于特权支配着经济。贪污是封建特权的经济表现之一。这个问题下节专门论述。

中国封建社会官僚的来路很多。在和平时期主要来自文人，所以学而优则仕与官僚制是孪生子。官僚制形成于春秋战国，与之相适应，学习之风也开创了历史的新局面，能者为师，广招生徒。为了学习，许多人含辛茹苦，屈身就学，如同仆隶。例如墨子的高足禽滑釐"事子墨子三年，手足胼胝，面目黧黑，役身给

---

① 《战国策·秦策四》。
② 《史记·秦始皇本纪》。
③ 《史记·高祖本纪》。
④ 《庄子·徐无鬼》。
⑤ 《明夷待访录·原君》。

使，不敢问欲"①。有的人为了读书把家产都变卖了。"王登一日而见二中大夫，予之田宅，中牟之人弃其田耘、卖宅圃，而随文学者邑之半。"②最令人惊叹的要数苏秦刺股苦读了。推动这场学习运动的原因很多，其中主要的刺激因素是学而能仕。西汉以后士人参政逐渐制度化，相继出现了察举、征辟、对策等制度。汉武帝罢黜百家，独尊儒术，设太学，置"五经"博士，招收弟子，作为官吏的候补者，"自此以来，则公卿大夫士吏斌斌多文学之士矣"③。隋唐以后开科取士，为文人参政开辟了更宽广的道路。汉代夏侯胜说："士病不明经术；经术苟明，其取青紫如俯拾地芥耳。"④"满朝赤紫贵，尽是读书人"，基本上符合历史事实。帝王为了维护自己的统治也需要把有知识有才干的士人吸收到官僚行列中来，正如叶适所说："化天下之人为士，尽以人官。"⑤

读书为了当官，当官则为了捞取资财名位。正如范雎所说，士所追求的目标即"以己欲富贵耳"⑥。吕祖谦明白地指出，科场考试"以一日之长决取终生之富贵"⑦。李贽也说过："读书而求科第，居官而求尊显。"⑧"读、读、读，书中自有黄金屋。读、读、读，书中自有千钟粟。"事实上也正是这样。正如《西园闻见录·谱系》中所云："士大夫一旦得志，其精神日趋于求田问舍。"由文人而官僚，由官僚而为地主，这是相当一部分地主，特别是大地主形成的基本道路之一。公孙弘是这条道路上一个极为典型的人物。他直到四十岁时，还是个穷光蛋，"家贫，牧豕海上"。四十以后努力从学，"乃学《春秋》杂说"。经过近二十年的刻苦

---

① 《墨子·备梯》。
② 《韩非子·外储说左上》。
③ 《史记·儒林列传》。
④ 《汉书·夏侯胜传》。
⑤ 《水心集》卷三《科举》。
⑥ 《战国策·秦策三》。
⑦ 《历代制度详说·科目详说》。
⑧ 《焚书》卷一。

攻读，到了六十岁时，"以贤良征为博士"，以后屡升，位在三公，封为平津侯，成为一个大封建地主。① 匡衡与公孙弘的情况近似，"父世农夫，至衡好学，家贫，庸作以供资用"。匡衡加入官僚行列之后，步步高升，官至丞相，封乐安侯，也成为大封建地主。② 实行科举之后，无立锥之地的书生，通过科场而为官僚，由官僚而为田连阡陌的大地主的现象更为普遍。明末陈启新做了如下形容："尝见青衿子朝不谋夕，一叨乡荐，便无穷。举人及登甲科，遂钟鸣鼎食，肥马轻裘，非数百万则数十万。"③ 沿着这条道路而为地主的究竟占多少，我们还说不清楚。不过明代《醉醒石》中有段描述颇可注意，作者说："大凡大家，出于祖父，以这支笔取功名。子孙承他这些荫籍，高堂大厦，衣轻食肥，美姬媚妾，这样的十之七。出于祖父，以这锄头柄博豪富，子孙承他这些基业，也良田腴地，丰衣足食，呼奴使婢，这样的十之三。"④ 这是小说家的语言，未必可信。但以笔杆而官僚而地主的道路恐怕是地主形成的基本方式之一。

总之，要想成为地主或进一步扩大产业，最有效的办法是当官。为了当官首先必须读书。这样一来，文人—官僚—地主三者之间形成一个生态循环圈。这个生态循环圈把社会的经济、政治、文化贯穿为一体。文化可以直接转化为政治，政治权力又可以直接转化为经济。封建社会的许多现象都与这个生态循环圈有极为密切的关系。这里只说几点。

这个生态圈造成了中国封建社会官僚地主的兴旺和发达。实行官僚制度以后，官职一般说来既不能世袭，也很少终身，多半是你方唱罢我登场。一个官位就像一个铸模，铸出了一个又一个的封建地主。南齐时有人这样形容广州刺史这块肥缺："广州刺史，但经城门一过，便得三千万。"唐时代仆射、尚书、侍郎的

---

① 《汉书·公孙弘传》。
② 《汉书·匡衡传》。
③ 《明季北略》卷一二。
④ 《醉醒石》第八回。

职位有限，可是任过职的人很多，据《唐仆尚丞郎表》统计，有唐一代累计任过职的人数达一千一百多人。且不说尚书，当个侍郎就不得了。李噔和李彭年在任侍郎期间都大发横财，"噔丰于产业，伊川膏腴，水陆上田，修竹茂树，自城及阙口，别业相望。与吏部侍郎李彭年皆有地癖"①。为官者未必尽如二李，但因官僚而为大地主者绝非少数，正如张嘉贞所言："比见朝士，广占良田。"②隋唐以后实行科举取士，累计在一起的官僚数量相当可观。如明清两代中进士的就达五万三千多人。这些人中的多数在中举之前虽已是地主，但由于他们充任了中上层官吏，又获得了特权，从而迅速地扩大了地产，上升为更大的地主。另外，历朝的官僚机构大都是沿着由简而繁的道路运转。随着机构的增加，官僚越来越冗滥。例如西汉初年官僚机构比较简练，官吏人数相应也比较少，到了武帝时期机构和官员大增，"无用之官……无功而食县官者众"③。到了哀帝时"吏员自佐史至丞相，十二万二百八十五人"④。赵翼《廿二史智记》卷二五《宋冗官冗费》条云："宋开国时，设官分职，尚有定数。其后荐辟之广，恩荫之滥，杂流之猥，祠禄之多，日增月益，遂至不可纪极。"明初的官员仅八千，到了中叶增至两万。官僚机构的增加和官员的不断增多，同时也意味着官僚地主的增长。从史籍看，沿着经济轨道而上升为地主，乃至大地主的虽不乏其例，但是更多的地主与官吏有内在的牵连，特别是中上层地主，主要是凭借权势形成的。大官僚而为大地主的事例比比皆是，中下层官吏借盘剥而为大地主的也多有记载，南朝时期的阮佃夫身为小吏，而他的"宅舍园池，诸王邸第莫及"⑤。唐懿宗时许州长葛令严郜罢任回乡，置"良田万顷"⑥。一个不大的县令竟能吞噬这么多的资财，成为这么大的地主，在唐代虽

---

① 《旧唐书·李噔传》。
② 《旧唐书·张嘉贞传》。
③ 《盐铁论·园池》。
④ 《汉书·百官公卿表上》。
⑤ 《宋书》卷九四《阮佃夫传》。
⑥ 《三水小牍》。

是不多见的，但也确实惊人。

有的人认为，在中国封建社会，非身份性的庶民地主是地主阶级的主体。如果从人数上考察问题，这种说法是可以成立的，但这没有多大意义。如果从政治经济实力等方面考察，我们认为勋贵官僚地主才是地主阶级的主体，因为勋贵官僚地主是地主阶级的中坚。

勋贵官僚地主在政治上是地主阶级中的当权派。他们除了用权势扩充财产外，还享有许多非身份性地主所没有的特权，如免除徭役、赋税等，社会地位也高人一头。

勋贵官僚地主的人数虽少，但他们拥有的经济实力远在一般地主之上。西汉民户约有一千二百多万，仅宗室王侯与勋贵、外戚封侯者受封食户，累计即达三百六十多万。再加其他官僚所占土地人数，其总数不会少于全国土地与人口总数的一半。宋代垦田八百万顷上下，北宋末人口在一亿左右。占全国人口不过百分之六七的地主阶级，占有全部土地百分之六七十，而其中占人口不过千分之二三的大地主，主要是大官僚和一部分大商人，则占全部土地的百分之五十上下。[①] 像朱耐那样的贪官竟有"田至三十万亩"[②]。

官僚地主是一般地主追逐的目标。非身份性的地主总是想方设法加入官僚地主行列，有的通过科举，有的通过捐纳，有的通过投靠，方式不一。非身份性地主设法向官僚地主迈进，说明官僚地主是地主阶级中最能图利的一个阶层。

勋贵官僚地主又是许多中小地主或非身份性地主的母体。有许多官僚由于种种原因失去了权力和地位而变成非身份性的地主。还有更多的官僚地主在本人死后，经过诸子析产而转化为中小地主。陆贾晚年便将家产分给五个儿子，每子二百金。陆贾死后，他儿子的情况未见史籍，显然在政治上衰落了。陆贾这样一个大官僚地主就分成五个一般地主。当时中产之家不过十金，他的儿子们无疑还

---

① 参见漆侠:《求实集》，天津人民出版社，1982，第32页。
② 《宋史·朱耐传》。

都是大家。到了孙子辈，肯定会有变为中小地主的。① 我们可以说，勋贵官僚大地主的财产多半不是沿着地租地产化的道路由小地主积累而成的，但是许多中小地主却是官僚大地主分衍出来的。

官僚地主是地主阶级的主体，由此我们还可以说，封建社会的土地兼并并不只是一种经济现象，应该说主要的是政治支配作用在经济中的一种表现。兼并的主体不是非身份性的有资者，而是贵戚官僚和有权有势者。关于这种事实，历代都有总体性的描述。西汉初萧何凭借权势兼并土地，但为了长久之计，他避富饶之地，以避免身后"为势家所夺"②。他说的势家即官宦。在西汉盐铁会议上，文学之士指出，"权家"是兼并的主要人物③，所谓"权家"即官僚权势之家。成帝在永始四年（前13年）诏中说："方今世俗奢僭罔极，靡有厌足。公卿列侯，亲属近臣，四方所则，未闻修身遵礼，同心忧国者也。或乃奢侈逸豫，务广第宅，治园池，多畜奴婢，被服绮縠，设钟鼓，备女乐。车服嫁娶葬埋过制。吏民慕效，浸以成俗。"④ 这里指得很清楚，官僚权贵是兼并的带头人和主体。宋代孝宗以后"大抵田产皆归官户"⑤。谢肇湖在讲到明代福州土地兼并情况时说："郡多士大夫，其士大夫又多田产，民有产者无几耳。"⑥ 明末陈启新也说，全国资财"今何不幸而尽夺于中之缙绅乎"⑦。陈启新视为不幸，其实这是封建社会中的必然现象。官僚权贵所进行的兼并，不管是直接的暴力侵占，还是披上一层买卖外衣的侵占，内在起决定作用的都是政治强权。

勋贵官僚地主的发展既加强了封建政权，又壮大了封建地主的势力。当然从

---

① 参见《史记·陆贾传》。
② 《史记·萧相国世家》。
③ 参见《盐铁论·刺权》。
④ 《汉书·成帝纪》。
⑤ 《宋会要辑稿·食货五》。
⑥ 《五杂俎》卷四。
⑦ 《明季北略》卷一二。

另一方面讲，又加剧了与农民之间的矛盾。

封建地主成员的升降沉浮与这个生态圈有极为密切的关系。一方面，这个生态圈是大部分封建地主，特别是中上层封建地主的生命圈；另一方面这个生态循环又打破了身份性封建地主与非身份性地主之间的严格界线，还打开了贫贱与权贵之间互相转化的渠道。许多出身低贱的人，通过学文，步入官僚行列进而成为大地主。战国时期出现了许多布衣卿相，封建地主要想长期维持自己的地位，单靠经济是不行的，必须依靠这个生态圈。只有能长久地保持这个生态圈的正常运转，才能牢固地保持住封建地主的地位。东汉以后一些世家大族之所以能长久不衰，最重要的原因是保持住了这个生态圈的良性循环。众所周知，汉武帝实行独尊儒术，为儒生进仕开辟了广阔的道路。人们为了挤进官僚行列，必须学儒，于是儒学更为昌盛。班固对此看得很清楚，他指出造成这种局面的原因"盖禄利之路然也"[①]。当时儒学的传授有一定的规范，"各以家法教授"[②]。于是逐渐形成了儒宗、官僚和封建地主三位一体的格局，弘农杨氏、汝南袁氏就是其典型。从整个封建社会的历史看，一个家族要想长期保持这个生态的良性循环是件不容易的事。在这个循环圈中，官职是一个最不稳定的因素。且不说其他原因，单是官场的角争就能引起很多人暴起暴落。胜利者青云直上，一夜之间可以变为大地主，失败者可能顷刻之间家破人亡。政治上的沉浮是引起许多地主身份变化的直接原因。在这个循环圈中，文化因素也很不稳定。土地可以垄断和遗传，由智能和知识构成的文化既不能垄断，更不能遗传。没有相当的智能和知识很难久居官位。失去官职，地主的地位也就失去了保障。所以，教子读书，以诗书传家成为许多人的信条、家规。汉代已出现这样的谣谚："遗子黄金满篇，不如一经。"[③]明代的缙绅地主大起大落的现象很普遍，造成这种情况的原因无疑是多方面的。明人王士性

---

① 《汉书·儒林传》。
② 《后汉书·儒林列传》。
③ 《汉书·韦贤传》。

有一种说法，很值得注意，他认为："缙绅家非奕叶科第，富贵难于长守。"①也就是说，缙绅地主的子弟文化知识衰落了，无法进入科场，因此也再难跻身权贵之列。缙绅是靠权贵发家的，失去权贵也就失去了持家的凭借，门第败落就成为不可避免的了。在以往的许多著作中，对封建地主的起落比较多地着眼于经济因素的分析，如消费、析产等，这无疑是必要的。不过只注重经济是不够的。我们认为从生态循环上进行考察更为重要。从决定论角度考察问题，社会的政治、文化只能是社会经济的结果。但在封建地主生态循环中，政治和文化对封建地主的经济作用更多地表现为原因，对中上层地主的影响尤其明显。

这个生态循环带来的另一个结果，是大大促进了封建文化的发展。为了步入官僚行列，一般说来，须先成为文化人。文化人的增多和文化人之间开展的智能竞争又促进了封建文化的发展。由于当时学文化是为了当官，文化从属于官场的需要，于是政治伦理文化极为发达，构成了中国古代文化的主流。先秦诸子为中国古代文化奠定了基础，并提供了基本的思维模式。先秦诸子中除了"庄学"之外，其他诸子几乎都是为了"干世主"②而作的。司马谈的《论六家要旨》把各派在政治上的作用基本上勾画出来，指出各派都是统治者维护统治所不可缺少的："阴阳、儒、墨、名、法、道德，此务为治者也，直所从言之异路，有省不省耳。"③四部中收录的书籍是中国古代文化的记录和集中反映。占首位的经学除小学外，几乎全部是政治伦理学。史部的著作绝大部分是政治史，多数的著作可以说是以历史为题材的政治伦理学。子部和集部的情况要复杂些。由于儒家思想的指导，大部分著作也都渗透了封建的政治伦理内容。中国古代高度发展的政治伦理文化对维护封建统治起了极大的作用。在这种文化中虽然也不乏民主的精华和精深的认识，但从历史进程考察，政治伦理文化的局限性是比较大的。它的功能主

---

① 《广志绎》卷四。
② 《史记·孟子荀卿列传》。
③ 《史记·太史公自序》。

要是维护封建统治，其中缺少普遍的认识价值，缺乏真理性的命题和认识。所以当历史向更高阶段迈进时，这种文化的阻力作用显得格外地顽强，中国近代的历史完全证明了这一点。

由于封建官僚绝大部分是读书人，官僚队伍的文化构成是当时整个社会中最高的。再加上官僚队伍的不断更新和政治思想的竞争，使中国古代的政治生活具有许多特点，其中最显著的特点是富有理性。天帝皇神虽然一直受尊于庙堂，但重大的政治决策很少用神明做支柱，多半诉诸理论的论证。在处理重大政务活动时，差不多都贯穿着智谋竞赛，对于一件事情，常常会提出几种不同的方案，以供比较和选择。这对加强封建统治起了重要的作用。另一个值得注意的特点是，中国古代封建政治的应变能力比较强。官僚制度具有一定的灵活性，人员的更换为政策的变通提供了可能。在官僚政治中还有一个特别值得注意的地方，官僚们为了争权夺利施尽了阴谋诡计，官场中充满了尔虞我诈，与此相伴的是引朋结党，所以一部官僚政治史同时又是一部朋党斗争史。在朋党之争中不乏是非之分，但更多的是混沌。因为煮豆燃豆萁，本是同根生！

这个生态循环还使封建地主，特别是官僚地主具有阴阳两面性格。正如李贽所说："阳为道学，阴为富贵。"① 表面看去，都举着孔孟的旗帜，高唱着仁义道德、和平爱人、克己奉公、为民父母等。翻开另一面则完全是另一派景象，到处是假公济私、贪污受贿、广占田宅、仗势欺人。这种阴阳两面性格不是中国封建官僚地主所特有的，一切剥削阶级都具有这种性格。但相比之下，中国的官僚地主们表现得格外突出，娴熟无隙。

末了，我们对这个生态循环的主线再做一点说明。地主的目的是收取地租和役使劳动者。当官的任务主要是征收赋税和治安，对个人则是凭借权力掠夺土地和资财。文化的主流是官僚文化，维护王权。因此在这个生态循环中，封建政治

---

① 《续焚书》卷二。

是主体，社会经济处于从属地位。经济只有服务于封建政治时才有存在的价值，否则便是多余的。在涉及经济的地方，关心的是分配，生产又处于从属的地位。这种生态循环造就了一支庞大的封建官僚队伍，创造出了发达的封建官僚文化，培植了大批的封建官僚地主。这个生态循环把人们的聪明才智几乎全吸引到官场。这个生态圈对维护封建统治十分有用，对社会经济的发展则少有积极意义，是造成中国封建社会经济长期停滞的基本原因之一。

最后说明一点，上边讲的生态循环不能包括封建地主生活的全部过程，而且封建地主也不止这一个生态圈，比如还有商人、高利贷者与地主的循环，官僚、地主、商人之间的循环等。不过我们认为文人、官僚、地主这个生态圈是主要的，可以把封建地主中上层的主要生活过程包纳进去，而中上层封建地主在整个封建地主的生活中起着主导作用。

四、专制王权支配社会：政治因素在第一代小农形成中的决定作用

封建社会的两大主要阶级是地主阶级和农民阶级，但是封建社会的阶级是等级的阶级，所以这两大阶级的具体组成又很复杂，特别是战国时期更是如此。

就战国时期的农民阶级而言，史籍上称呼他们的概念十分繁杂。但从他们的政治、经济地位看，大体可分为四类：一是依附于封建国家的农奴，当时称之为"公民"[1]，我称之为编户小农；二是依附于私人地主的农民，这些人与"公民"相对，称为"私人"[2]；三是拥有一小块土地的自耕农；四是庸夫，即雇农。本文所要讨论的是依附于封建国家的"公民"。

（一）战国"授田"制与编户小农

西周土地的最高所有权名义上属周天子，实际上是由周天子、诸侯、大夫等不同等级多级占有。一入东周，周天子地位一落千丈，诸侯不再买他的账，诸侯

---

[1] 《韩非子·五蠹》。
[2] 《韩非子·五蠹》。

把自己所占有的土地归己所有；到春秋后期，一些诸侯国的大夫，势力超过了诸侯，再也不把诸侯放在眼里，他们所占的土地也归自己所有了。再往下，一部分士也占有一部分土地，但为数不多。所以，当时土地私有的主体是诸侯和大夫。

战国时期各封建诸侯国的君主，一部分是春秋时的诸侯蝉联而来的，如楚、秦、燕等；另一部分是春秋时的大夫经过夺权而形成的，如齐、韩、赵、魏等。但无论前者或后者，都继承春秋既有的地位而拥有大量的土地。由于这些诸侯是封建政权的主脑和中心，他们所占有的土地同时也就是封建国家的土地，韩非称之为"国地"①。我们可称之为封建国有制，或王有制。

除封建国有土地外，也有一部分土地落入了私人手中，不过在整个战国时期，封建诸侯一直拥有最大数量的土地。这可从如下几方面得到证明：

一是从赏赐臣属巨额土地看：

赵简子"赐扁鹊田四万亩"②。

赵烈侯喜爱音乐，要赏给著名歌手枪、石二人各"万亩"③。

魏国的公叔痤打了胜仗，魏惠王论功行赏，一次赏赐土地总和达一百八十万亩。④

卫嗣君为留薄疑仕卫，爵薄疑为上卿，并"进田万顷"⑤。

王翦领兵出征前，向秦王政请求田宅，为子孙留作产业。⑥

《韩非子·诡使》篇记载韩国政治腐败，赏罚无法，出现了"女妹有色、大臣左右无功者，择宅而受，择田而食"的情况，说明韩国君主手中有大量田宅可供这些人选择。

---

① 《韩非子·孤愤》。
② 《史记·赵世家》。
③ 《史记·赵世家》。
④ 参见《战国策·魏策》。
⑤ 《韩非子·外储说右上》。
⑥ 参见《史记·王翦列传》。

二是从以田作为臣属的俸禄看:

"楚邦之法,禄臣再世而收地。"①

齐国也有禄田,官僚"去之日,遂收其田里"②。

"武阳君郑安平死,收其地。"③

甘罗出使有功,秦王"复以始甘茂(甘罗的祖父)田宅赐之"④。

"禄田"有授有收,战国时期官僚队伍很庞大,"禄田"不会很少。

三是从用田宅赏赐军功看:

魏实行选兵制,"中试则复其户,利其田宅"⑤。

吴起任魏西河守,不经君主批准可以用田宅明法赏功,证明这些田宅属封建国家所有。⑥

秦规定,能得敌"甲首一者,赏爵一级,益田一顷,益宅九亩"⑦。

当时各国都备有大量田宅用来作赏赐品。韩非子说:"夫陈善田利宅,所以战士卒也。"⑧"夫上所以陈良田大宅,设爵禄,所以易民死命也。"⑨

《管子·八观》中也说:"良田不在战士,三年而兵弱。"

封建国家用来赏赐军功的土地有授也有收,《韩非子·诡使》中讲,战士"身死田夺"。

四是从用田宅招徕他国之民和鼓励增殖人口看:

《商君书·徕民》中提出,用分给田宅的办法,招三晋之民来秦。

---

① 《韩非子·喻老》。
② 《孟子·离娄下》。
③ 《史记·赵世家》。
④ 《史记·甘茂列传》。
⑤ 《荀子·议兵》。
⑥ 参见《韩非子·内储说上》。
⑦ 《商君书·境内》。
⑧ 《韩非子·诡使》。
⑨ 《韩非子·显学》。

梁惠王说:"寡人之于国也,尽心焉耳矣。河内凶,则移其民于河东,移其粟于河内。河东凶亦然。察邻国之政,无如寡人之用心者。邻国之民不加少,寡人之民不加多,何也?"梁惠王话中虽未涉及土地,但从中可分析出:第一,他来回移民,手中无田宅是难于实行的;第二,他希望邻国之民逃到他这里来,肯定得有土地进行安置。因此,不妨认为,梁惠王手中握有田宅是他讲这段话的前提。

《管子·入国》篇提出:"取鳏寡而合和之,予田宅而家室之。"这是主张用田宅鼓励鳏寡结婚以增殖人口。

以上事实足以证明封建国家占有巨量土地。封建国家的土地用作赏赐的只是一部分,更多的土地是用来授予农民,以资进行剥削。

封建国家把土地分给农民,当时叫作"授田"("受田")"行田""分地""均地""辕田"等,我们可总称之为"授田"制。受田的农民叫"公民"。

"授田"是在封建生产关系萌芽过程中出现的,春秋后期战国前期普遍实行。"授田"是从统治者方面说的,"受田"是从农民方面说的。从文献看,最早讲"授田"的是《周礼》。另外,《汉书·食货志》《公羊传》《韩诗外传》等,也有授田的记述。这些书的作者都认为"授田"制实行于周代。许多史学工作者引用上述材料也多用来作为周代存在农村公社,进行平均分配土地的证据。至于战国封建国家是否实行过"授田"制,尚未见有人具体论述。

战国是否有"授田"制呢? 1975年湖北江陵出土的秦简中,有"受(授)田"二字。该段文字是:"入顷刍、藁,以其受(授)田之数。"[①]这批秦简反映的主要是秦统一前的事。这一记载极为重要,它无可争辩地证明了在战国时期,秦实行过"授田"制。

魏国的"行田"也是"授田"。《吕氏春秋·乐成》引魏襄王的名臣史起的话:"魏氏之行田也以百亩,邺独二百亩,是田恶也。""行田"就是分给土地的意思。

---

① 《田律》。

《汉书·高帝纪》:"法以有功劳行田宅。"苏林注:"行……犹付与也。"根据《乐成》的记载,魏国是普遍实行过"行田"的,它应是李悝"尽地力之教"的主要内容。如果把"行田"同前边引述过的梁惠王关于凶年移民之事一并加以考察,我认为,说梁惠王(即魏惠王)的移民以"行田"为基础是并不勉强的。

孟轲到齐国,对齐宣王讲的关于"制民之产"一段话也很耐人寻味。"制"即制定、规定之意。"产"指什么?即文中所讲的"恒产"——"百亩之宅""百亩之田"。"制"的主体是谁呢?文中已点明是君主。民产由君主规定,那么把它解释为类似秦的"授田"、魏的"行田",我想是可以说得通的。①

《汉书·地理志》中记载秦商鞅变法有一项是"制辕田"。再早,晋在春秋时曾"作爰田"②。辕与爰通用。关于"爰田"历来有不同解释。孟康的注是,把土地分成上、中、下三等授给农民,上田每户百亩,中田二百亩,下田三百亩。根据孟康的注,"制辕田"也就是"授田",同秦简中的"受(授)田"是吻合的。

另外,《管子·国蓄》中讲的"分地",《管子·臣乘马》中讲的"均地",《商君书·算地》中讲的"分田",我认为都是"授田"的别称。

关于战国存在"授田"制的事实,还可从许行到滕受廛一事得到旁证。农家学派的许行自楚到滕,对滕文公说:"愿受一廛而为氓。"③ 滕文公给了他"廛"。廛是住宅,属封建国家所有。许行受没受田,种不种地呢?文中没有明讲,但在孟轲与陈相的对话中,谈到了许行之徒是从事耕种的。许行等耕种的土地从哪里来的?同廛一样,一定也是从滕文公那里领受的。

给一个农民授予多少土地呢?大体是一百亩(约合今三十一亩多)。在当时,这同一个农民的劳动力是适应的。《管子·臣乘马》说:"一农之量,壤百亩也。"《管子·山权数》说:"地量百亩,一夫之力也。"先秦文献中关于一夫百亩的记载

---

① 参见《孟子·梁惠王上》。
② 《左传》僖公十五年。
③ 《孟子·滕文公上》。

很多：

"一农之事，终岁耕百亩。"①

"百亩之田，勿夺其食，数口之家可以无饥矣。"②

"家五亩宅，百亩田，务其业而勿夺其时，所以富之也。"③

《汉书·食货志》记述魏李悝变法，实行尽地力之教，也是按一夫治田百亩计算。

授田百亩是当时的惯例，所以又有"分地若一"之说。④

先秦文献普遍讲一夫百亩绝不是偶然的，它是当时实行"授田"制的反映。

"百亩"是指标准地。土地有好有坏，具体实行时会五花八门。如前所引，魏一般分给百亩，邺这个地方土质不好便分配二百亩。另外，各地亩大小也不一致，《商君书·算地》记载："故为国分田，数小亩五百。"江陵出土秦简中的"受（授）田"，则是按顷计算。

受田的农民有没有土地所有权，能不能私自转送或买卖呢？关于这一点无明文记载，但以下材料从侧面说明农民没有土地所有权。

"王登一日而见二中大夫，予之田宅，中牟之人弃其田耘、卖宅圃而随文学者，邑之半。"⑤这里对田用的是"弃"，对宅圃（宅旁园地）用的是"卖"，从侧面说明土地不能卖。

《管子·小称》记载，民恶其上，"捐其地而走"。"捐"是放弃的意思，与前一条材料意思相同。

"士之仕也，犹农夫之耕也；农夫岂为出疆舍其耒耜哉？"⑥照理土地比农具更

---

① 《管子·轻重甲》。
② 《孟子·梁惠王上》。
③ 《荀子·大略》。
④ 《管子·国蓄》。
⑤ 《韩非子·外储说左上》。
⑥ 《孟子·滕文公下》。

为重要，如果土地属农夫，绝不会不卖土地，扛上农具就到他国去。显然，农具属农夫所有，土地不属农夫。

战国文献有多处讲到民无法生活时嫁妻卖子，但没有一条言及卖土地。这同汉以后多把卖田同嫁妻鬻子连在一起，有明显的不同。民如果拥有土地所有权，通常总是先卖土地而后卖子女。战国时的材料只讲民嫁妻卖子，说明民不能卖土地。

《庄子·徐无鬼》篇讲："夫民，不难聚也；爱之则亲，利之则至，誉之则劝，致其所恶则散。"这段文字形容民之来去未免太自由了。但在当时民逃来逃去的现象的确很普遍，这些逃亡之民被称之为"氓"。造成这种现象的原因很多，我认为，民无土地所有权是重要的原因之一。这些逃亡之民只要不被原主人捉住，便可在新主人那里领受一小块土地。民大量的逃亡，使统治者很头痛。为了把民固着于土地，一些地主阶级代表人物，除提出加强行政管理外，在经济上还提出了种种方案。孟轲提出要使民有"恒产"，有了"恒产"才能有"恒心"。《吕氏春秋·上农》篇提出："民农则其产复（即富），其产复则重徙，重徙则死其处而无二虑。"大约到了战国后期，农民对所受之田有了较稳定的占有权。

总之，终战国之世，由封建国家控制的"公民"不能买卖所受的土地。有关战国买卖土地的记载，我认为只限于私人地主和为数不多的自耕农。战国时文献明确记载卖地者有一处，见于《战国策·赵策一》。情况是这样的：秦要攻韩之上党，韩自感无力抵抗，应承把上党献给秦。上党郡守冯亭不奉命，私自献上党于赵。赵为奖励冯亭，要赏给他三万户。这时冯亭说了一句"卖主之地而食之"。显然，这并不是真正的买卖，不过它也说明了两个问题：一是上党之地原属韩国君主；二是反映了有买卖土地的现象，所以冯亭才用了"卖主之地"这句话。另外记载战国土地买卖的还有两条，一是《史记·廉颇蔺相如列传》记载赵将赵括"日视便利田宅可买者买之"。由于文字简约，不能证明"公民"可卖土地；二是《汉书·食货志》说商鞅变法之后，土地"民得买卖"。可是秦简中明文记载秦有

"授田"制,《汉书》的记载显然把事情夸大了。依据这两条材料,还不足以证明当时的农民普遍有土地所有权。

(二) 编户小农人身隶属于封建国家

封建国家通过"授田"把农民控制起来,以进行剥削和奴役。这些受田的"公民"与受私人地主,特别是那些"有威之门"所控制的农民,所承担的义务是不一样的。其区别表现在:第一,有威之门控制的农民不服国家徭役赋税;[1] 第二,有威之门的民不服兵役;[2] 第三,对权势之门控制的民,封建国家有时失去行政管理权。

这里概述一下"公民"与私人地主控制的农民的区别,是为了说明封建国家的赋税、徭役主要是由"公民"承担。由于"公民"是封建国家赋税、徭役和兵役的源泉,所以封建国家对"公民"的控制是非常严的。郡县制的基层组织——户籍制,便是控制和管理"公民"的一项主要制度。

对各户人口、劳力状况、财产,"户籍"均有详细登记:

"四境之内,丈夫女子皆有名于上,生者著,死者削。"[3]

"常以秋岁末之时阅其民,案家人比地,定什伍口数,别男女大小。其不为用者辄免之,有锢病不可作者疾之,可省作者半事之。并行以定甲士,当被兵之数,上其都。"[4]

"皮革筋角,羽毛竹箭,器械财物,苟合于国器君用者,皆有矩券于上,君实乡州藏焉。"[5]

"户籍田结者,所以知贫富之不訾也。"[6]

---

[1] 参见《韩非子·诡使》《韩非子·备内》。
[2] 参见《韩非子·五蠹》。
[3] 《商君书·境内》。
[4] 《管子·度地》。
[5] 《管子·山至数》。
[6] 《管子·禁藏》。

地方官吏的一项主要任务便是核查、核对户籍,《管子·立政》中提出要"三月一复,六月一计,十二月一著"。农民不准自由迁徙,《商君书·垦令》中提出:"民不得擅徙。"《管子·禁藏》中提出:"伍无非其人,人无非其里,里无非其家。故奔亡者无所匿,迁徙者无所容。"逃亡者被捉住要给以严厉的惩处,"逃徙者刑"①。魏设有《奔命律》,便是专门惩治逃亡的法律。江陵出土的秦律中有一条规定:"有为故秦人出,削籍,上造以上为鬼薪,公士以下刑为城旦。"②这条的大意是:秦国原来的人(以别外来户)逃亡被捉住,上造(军爵中的第二级)以上罚服三年砍柴苦役,公士(第一级,最低的)及以下之民,要罚服四至五年筑城的苦役。惩罚多么严酷!

民出入邑里,都有有司、里正、伍老之类的小吏监督。《管子·立政》有如下的描述:邑里"筑障塞匿,一道路,博出入。审闾闭,慎管键,管藏于里尉。置闾有司,以时开闭。闾有司观出入者,以复于里尉,凡出入不时,衣服不中,圈属群徒,不顺于常者,闾有司见之,复无时"。看,多么严格啊!

对农民的生产劳动也有严格的监督。文献中多有记述,择其要者抄录于下:"贤者之治邑也,早出暮入,耕稼树艺聚菽粟……"③

"行乡里、视宫室、观树艺、简六畜、以时均修焉。劝勉百姓,使力作勿偷,怀乐家室,重去乡里,乡师之事也。"④

"相高下,视肥晓,序五种,省农功,谨蓄藏,以时修顺,使农夫朴力而寡能,治田之事也。"⑤

《吕氏春秋》和《礼记·月令》按季、按月提出对农民生产进行监督。《吕氏春秋》中还具体地提出,春天令"耕者少舍",夏天"命农勉作,无伏于都",即

---

① 《管子·治国》。
② 《秦律杂抄·游士律》。
③ 《墨子·尚贤中》。
④ 《管子·立政》。
⑤ 《荀子·王制》。

一律搬到田野庐舍中去住。秦律中规定："百姓居田舍者毋敢蕴（酤）酉（酒）。田啬夫、部佐谨御之，有不从者皁（罪）。"① 监督是何等的严啊！

为了保证国家税收有源头，农民必须有收成。《吕氏春秋·孟春》中主张，开春要"先定准直"，即规定产量。李悝实行"尽地力之教"，也规定了每亩的标准产量。各国还有专门法律规定惩罚不勤力耕种者。《管子·大匡》中提出耕者"用力不农（义为勉）"，"有罪无赦"。《吕氏春秋·上农》中说"民不力田，墨（没收）几家畜"。更有甚者，商鞅变法中规定"怠而贫者，举以为收孥"②。"公民"还常常作为君主的赏品，赐给功臣权贵宠幸。这中间又可以分为几种不同情况：

一是连同土地和部分行政权一同赏赐，这叫"赐邑"。

二是把"公民"向国家交纳的租税赐给受赏者，这叫"赐税"。

三是作为受赏者的"隶家"。秦规定军士斩敌"五甲首而隶五家"③。这种"隶家"并不是奴隶，而类似《商君书·境内》篇中讲的庶子。庶子每月无偿地服役六天。

总之，"公民"没有人身自由，完全依附于封建国家。

（三）封建国家对编户小农的超经济剥夺

封建国家向"公民"征收的赋税是很重的。秦汉以后租与税逐渐区分开来，租指向地主交纳的田租，税指国家的征敛。但对战国时期的"公民"来说，租、税是一个东西。另外又称之为"籍""征""赋""敛"等。

封建国家对"公民"征敛的种类很多，计有：

1. 田租

秦简公七年，"初租禾"④。"广辟土地，著税伪材。"⑤ "著"，孙诒让认为是

---

① 《秦律·田律》。
② 《史记·商君列传》。
③ 《荀子·议兵》。
④ 《史记·六国年表》。
⑤ 《墨子·公孟》。

"籍"字之误。"伪",毕沅认为是"贩"(古"货"字)之误。"今农夫入其税于大人……"①"易其田畴,薄其税敛,民可使富也。"②"以田亩籍。"③"布法出宪……一亩之赋,尽可知也。"④"吏之所税,耕者也。"⑤

凡此等等,都是指向农民征收土地税。

2. 户口税

户口税起源于何时,还有待深入研究,但绝非起自秦汉,在战国已有了。《史记·商君列传》记载商鞅变法令:"民有二男以上不分异者,倍其赋。"这里征赋的对象显然不是土地,而是男丁。《史记·秦本纪》又载,秦"孝公十四年,初为赋"。孝公十三年起用商鞅变法,十四年的"初为赋"当是变法内容之一。"初为赋"之"赋"与"倍其赋"之"赋"应是一回事,都是征户口税。《汉书·食货志》载:"秦时,田租、口赋,二十倍于古。"晁错讲到秦军士时,"死事之后,不得一算之复"⑥。晁错说的"算"便是人口税。秦的人头税至晚从商鞅变法时就有了。

《管子》一书中有许多篇,如《海王》《国蓄》《轻重乙》《山至数》等,对户口税均有具体的记载。

除按人头征税外,还有按户征的,《管子·国蓄》中讲的"正户籍"即是。孟轲说:"有布缕之征,粟米之征,力役之征。"⑦粟米、力役自不待言,征布缕的对象是谁?似应是户口。

---

① 《墨子·贵义》。
② 《孟子·尽心上》。
③ 《管子·国蓄》。
④ 《管子·君臣下》。
⑤ 《韩非子·显学》。
⑥ 《汉书·晁错传》。
⑦ 《孟子·尽心下》。

孟轲曾建议："廛，无夫里之布。"① 所谓"夫布"就是按人头征的税。

荀子说："厚刀布之敛，以夺之财；重田野之税，以夺之食。"② "刀布之敛"与"田野之税"相对，"刀布之敛"当属户口税之类。

3. 山林池泽之税

山林池泽属封建国家，打柴采木、捕鱼都要纳税。"贤者之长官也，夜寝夙兴，收敛关市山林泽梁之利，以实官府。"③ "命水虞渔师，收水泉池泽之赋。"④

4. 房屋税

《孟子·公孙丑上》所谈"里布"即住宅税。《管子》中《山国轨》《国蓄》也讲到征收房屋税。

5. 桑蚕税

"蚕事既毕，后妃献茧。乃收茧税，以桑为均。"⑤《管子·轻重乙》中也讲到有纺织丝缠之税。

6. 牲畜税

"六畜有征。"⑥《管子·国蓄》篇的作者不赞成征牲畜税，认为"以六畜籍，谓之止生"。

以上是列出名目者，此外还有无穷无尽的暴敛。如邺一带贪官污吏借河伯娶妻大搞搜刮。李悝为民算的收支账中，有祭祀征敛一项。《韩非子·外储说右下》记载秦襄王患病，百姓为他祷告，并"訾其里正与伍老屯（疑为"出"之误）二甲"。总之"民士竭力于家，百官精克于上"⑦。

---

① 《孟子·公孙丑上》。
② 《荀子·富国》。
③ 《墨子·尚贤中》。
④ 《吕氏春秋·孟冬》。
⑤ 《吕氏春秋·孟夏》。
⑥ 《管子·八观》。
⑦ 《韩非子·难三》。

关于地租形式，主要是实物地租，但也有劳役地租。《吕氏春秋·审分》所载："今以众地者，公作则迟，有所匿其力也；分地则速，无所匿迟也。"又《商君书·垦令》中所述："农民不饥，行不饰，则公作必疾而私作不荒，则农事必胜。"两处所谈"公作"便是劳役地租。不过地主阶级从实际经验中已认识到实物地租更为有利。正如《管子·乘马》篇所总结的，实行"与民分货"，不必监督，农民会全家出动起早贪黑地干。

抽取租税的办法有两种：一种是按土地好坏抽租，叫"案田而税"①，"相地而衰征"②；另一种是按收成好坏，即"訾（义为'量、计算'）粟而税"③。

关于税额，文献有不同记载。

二十税一："田租百取五"④；白圭曾主张"二十而取一"⑤。

什一税：文献中多处谈到，不一一征引。

什五："民食什伍之谷。"⑥

另外，《管子·大匡》篇提出根据年成好坏抽税："上年什取三，中年什取二，下年什取一，岁饥不税。"

这些定额实际是虚设，征多少凭主人之意。赵简子派人去收税，吏问收多少，简子说："勿轻勿重。重则利入于上，若轻则利归于民。"⑦《墨子·辞过》篇说："以其常征，收其租税，则民费而不病。民所苦者非此也，苦于厚作敛于百姓。"总之，不把农民的脂膏榨净绝不会罢休，其方式如强盗："今之诸侯，取之于民也，

---

① 《管子·大匡》。
② 《荀子·王制》。
③ 《商君书·垦令》。
④ 《管子·幼官》。
⑤ 《孟子·告子下》。
⑥ 《管子·臣乘马》。
⑦ 《韩非子·外储说右下》。

犹御也。"①"君之衡籍而无止，民食什伍之谷，则君已籍九矣。"②农民血汗所得十分之九被剥夺去。

征收的东西无所不包。粮食、布缕、刀布、牲畜；另外，薪柴③、蔬菜④，牛皮筋角也在征收之列，这是做甲盾弓箭不可缺少的。

各种赋敛剥夺了农民的劳动成果，徭役则直接榨取了农民的劳动力。当时徭役与兵役混杂在一起，总称"力役之征"。征役的对象，有的按年岁，如秦、赵长平之战，秦把河内之民，凡十五岁以上的都征发来投入战争；有的按身高，如楚、齐对峙，楚大司马照常驻守楚东地，他对齐使臣说："我典主东地，且与死生，悉五尺至六十，三十余万弊甲钝兵，愿承下尘。"⑤妇女也在征发之列。

征役的时间，许多人提出不要伤农事，实际却征发无时。如《墨子·节用上》所说的："久者终年，速者数月，男女久不相见。"齐宣王"为大室，其大益百亩，堂上三百户。以齐国之大，具之三年而弗能成"⑥。这该有多少农民服役啊！"起一人之繇（徭），百亩不举，起十人之繇，千亩不举。"⑦成千上万的农民被征召，造成了无穷无尽的灾难！

赋税、徭役一齐落在农民头上，农民怎能承受？孟轲形容过当时农民的悲惨境遇："有布缕之征，粟米之征，力役之征。君子用其一，缓其二。用其二而民有殍，用其三而父子离。"⑧用其一的"君子"是没有的，用其二、三的比比皆是。农民生活在水深火热之中！

---

① 《孟子·万章下》。
② 《管子·臣乘马》。
③ 参见《吕氏春秋·季冬》。
④ 参见《管子·轻重乙》《吕氏春秋·仲秋》。
⑤ 《战国策·楚策二》。
⑥ 《吕氏春秋·骄恣》。
⑦ 《管子·臣乘马》。
⑧ 《孟子·尽心上》。

（四）余论

秦汉以后两千年国家编户小农的状况有这样和那样的变化，但就大体而论，基本上没有突破战国"公民"的形态。

国家的户籍制度始终如一，极为严密。户籍的性质一直是国家实现控制人身的组织，是实现国家对小农人身支配和占有的机构。编户小农实际上是国家的农奴。

编户小农虽然占有一小块土地，甚至还可以进行买卖，但在观念上土地最高所有权一直属于皇帝，诚如唐代陆贽所说："土地，王者之所有；耕稼，农人之所为。"① 当编户小农人身还是被占有的时候，他们的土地占有权的意义是不会超过他们的人身的意义的。

较之土地占有权，更重要的是分配权。名义上各朝各代对编户小农的税收和徭役都有定数，但实际上没有一个朝代按定数实行，几乎无例外的都实行横征暴敛，《礼记》中的《苛政猛于虎》和柳宗元的《捕蛇者说》把苛征暴敛最形象地表达出来了，无须再置一词。

封建国家与编户小农之间既不存在法定关系，更没有契约关系，其间只有支配和被支配、占有和被占有关系。在这种关系下，编户小农一直处于生死线上，几乎没有什么发展。

用纯经济的方法根本无法说明国家与编户小农的关系，只有用"超经济强制"才能揭示其间的关系。

---

① 《陆宣公集》卷二《均节赋税恤百姓》。

王权主义概论

马克思在谈到法国中世纪的特点时，曾说过这样一句话："行政权力支配社会。"虽然马克思没有详细展开论述，但这句话对我认识中国传统社会起了提纲挈领的指导作用。我稍加变通，把"行政权力"变成"王权"二字。我认为中国传统社会的最大特点是"王权支配社会"。与"王权"意义相同的还有"君权""皇权""封建君主专制"等。

从历史的总过程看，我仍相信生产力的发展状况与生产关系决定着社会的基本形态。这是最基础性的看法。王权支配社会问题是在此基础上提出的一个具体的社会运行机制问题。这是既有联系又有区别的两个不同层次的问题。前者要回答这个社会何以是这样，后者则是回答这个社会运动的主导力量是什么。就中国古代社会而言，我认为区分这两个不同层次对更真实地把握历史过程是有意义的。

在社会生产力发展缓慢的历史时期，在生产力还没有突破现有的社会关系以前，社会的运动主要是受日常的社会利益矛盾驱动的。这里所说的日常利益是指形成利益的社会条件没有什么大的变化，利益的内容大体相同，利益分配和占有方式大体相同。社会利益无疑有许多内容，但主要的还是经济利益。在长达数千年的中国传统社会中，经济利益问题主要不是通过经济方式来解决，而主要是通过政治方式或强力方式来解决的。这样，政治权力就走到历史舞台的中心，并在相当长的时期内成为社会运动的主角。

中国从有文字记载开始，即有一个最显赫的利益集团，这就是以王—贵族为中心的利益集团，以后则发展为帝王—贵族、官僚集团。这个集团的成员在不停地变动，而其结构却又十分稳定，正是这个集团控制着社会。这是一个无可怀疑的事实，我的问题就是以此为依据而提出的。

这种王权是基于社会经济又超乎社会经济的一种特殊存在。它是社会经济运动中非经济方式吞噬经济的产物，是武力争夺的结果，所谓"马上得天下"是也。这种靠武力为基础形成的王权统治的社会，就总体而言，不是经济力量决定着权力分配，而是权力分配决定着社会经济分配，社会经济关系的主体是权力分配的产物；在社会结构诸多因素中，王权体系同时又是一种社会结构，并在社会的诸种结构中居于主导地位；在社会诸种权力中，王权是最高的权力；在日常的社会运转中，王权起着枢纽作用；社会与政治动荡的结局，最终是恢复到王权秩序；王权崇拜是思想文化的核心，而"王道"则是社会理性、道德、正义、公正的体现。过去我们通常用经济关系去解释社会现象，这无疑是有意义的；然而从更直接的意义上说，我认为从王权去解释更为具体，更为恰当。

王权主义是上述现象的总称，我所说的王权主义既不是指社会形态，也不限于通常所说的权力系统，而是指社会的一种控制和运行机制。大致说来又可分为三个层次：一是以王权为中心的权力系统；二是以这种权力系统为骨架形成的社会结构；三是与上述状况相应的观念体系。

王权为中心的权力系统有如下几个特点。其一，一切权力机构都是王的办事机构或派出机构。其二，王的权力是至上的，没有任何有效的、有程序的制衡力量，王的权位是终生的和世袭的。其三，王的权力是无限的，在时间上是永久的，在空间上是无边的，六合之内，万事万物，都属于王权的支配对象；或者说，王权的无限并不是说它包揽一切，而是说，王权恢恢，疏而不漏，它要管什么，就可以管什么；就某些人事而言，可以同它拉开一定距离，所谓"不事王事"，但不能逃脱它。其四，王是全能的，统天、地、人为一体，所谓的大一统是也。

在王权形成的过程中，同时也形成相应的社会结构体系。王权无须经过任何中介，直接凭借武力便可以拥有与支配"天下"，所谓"溥天之下，莫非王土；率土之滨，莫非王臣""六合之内，皇帝之土""人迹所至，无不臣者""天子以四海为家""土地，王者之有也"等，并不是虚拟之词，而是历史事实的反映。在那个时代，政治统治权和对土地与人民的最高占有、支配权是混合在一起的。也可以这样说，对土地和人身都是混合性的多极所有，王则居于所有权之巅。这种观念和名义上的最高所有，有时是"虚"的，但它随时可以转化为"实"，"虚""实"结合，以"虚"统"实"。因此权力的组合与分配过程，同时也是社会财产、社会地位的组合与分配过程。王权—贵族、官僚系统既是政治系统，又是一种社会结构系统、社会利益系统，集政治、经济、文化为一体。这个系统及其成员主要通过权力或强力控制、占有支配大部分土地、人民和社会财富。土地集中的方式，主要不是"地租地产化"，而是"权力地产化"。这个系统在社会整个结构系统中居于主要地位，其他系统都受它的支配和制约。

在观念上，王权主义是整个思想文化的核心。各种思想，如果说不是全部，至少是大部，其归宿基本都是王权主义。春秋战国的百家争鸣可以说是中国历史上的思想文化转型时期，诸子百家创立的学说和思维方式开其后两千多年的先河。后来者虽不无创造，但直到近代以前，基本上没有突破那个时代创造的思想范式和框架，以至可以说，承其余绪而已。因此对诸子百家的思想做一个总体估计，对把握其后两千年的思想是极有参考意义的。这里我只提两个问题。第一，诸子百家思想的主流和归宿是什么？应该说是政治。对这一点，司马谈有很好的概括："《易大传》：'天下一致而百虑，同归而殊途。'夫阴阳、儒、墨、名、法、道德，此务为治者也，直所从言之异路，有省不省耳。"[1] 班固的看法承司马氏，他认为诸子是"王道"分化的结果，归根结底又为王服务，"使其人遭明王圣主，得其所折中，皆股肱之材已"[2]。诸子百家所论，可以说是上穷碧落下黄泉，无所不及，但最终归于一个"治"字，这应是一个不可怀疑的事实。我们可以从现代学科分类出发对过去的思想进行相应研究，但不能忽视当时的思想是一个整体，它有自己的特定的逻辑和结构，而政治思想则是其核心或主流部分，忽视这个基本事实，就

---

[1] 《史记·太史公自序》。
[2] 《汉书·艺文志》。

很难贴近历史。道家中的"庄学"颇有排除政治的意味，主张回归自然，那么从哪里回归呢？最主要的是要抛却政治才能谈回归，为此就必须不停地讨论如何同政治拉开距离，也就是说，必须议论政治，应付政治，庄子的千古名篇《应帝王》就是既想离又离不开的一篇奇文。第二，政治的中心是什么？我认为只能有一个结论，这就是王权和王制。在中国的历史上，除为数不多的人主张无君论以外，都是有君论者，在维护王权和王制这一点上大体是相同的，而政治理想几乎都是王道与圣王之治。

作为观念的王权主义最主要的就是王尊和臣卑的理论与社会意识。

我们的最伟大、最杰出的思想家几乎都在为王尊编织各种各样的理论，并把历史命运和开太平的使命托付给王。

天、道、圣、王合一，简称"四合一"，置王于绝对之尊。"四合一"是传统思想中的普遍性命题，只要是能称得上是思想家的，几乎没有不论述"四合一"的。关于这些问题我在多篇文章中进行了讨论，这里仅撮要说几点："四合一"把王神化、绝对化、本体化，把王与理性、规律一体化，把王与道德一体化，把理想寄希望于王。从历史评价上看，天、道、圣同具体的王不一定契合，甚至相背，但是同理想的王或圣王则是一体关系。人们尽管在"四合一"中包含了无限的美好理想，并以此为依据对许多具体的君主进行了批评，甚至鞭挞，可是归结点依然是王权和"王制"。只要没有超出这个大框框，也就说明还没有走出王权主义。这不是苛求古人，而是对一种事实的判断。理想的王权主义同现实的王权没有不可逾越的界限。历史似乎同人们开了一个玩笑，越是寄希望于圣王，就越难摆脱现实的王。"四合一"是传统思想文化的一个支脉，不可忽视。现在有些学者离开具体历史内容大谈"天理""心性"，使人如坠十里云雾，我期期以为不可也。

传统思想文化对帝王的社会与历史定位几乎也是一致的。首先，人类的文明和制度都是那些圣王们创造的，没有圣王，人就不能成为人，王是社会秩序的体现。其次，王只能有一个，一切权力只能集中于王之手，这就是所谓的"天无二日,民无二王"和"大一统"。王贵"独":天下独占,地位独尊,势位独一,权力独操,决事独断。这"五独"同君主要开明、要纳谏、要虚心、要用贤、要听众、要有罪己精神等并存不悖。后者对前者无疑有某种制约和规范意义,但更主要的是完善和补充,即使最严重的"革命",也没有突破"五独"体制。再次,王为民之父母。从表面看,这是极高的要求,也充满了脉脉的温情,然而恰恰在亲情的帷幕下所有人都变成了王的子民,变成被养育者,于是"皇恩浩荡、臣罪当死"成为不移之论。还有,开太平的历史重任也只有通过王才能实现。在中国的历史上,众多的思想家编织了太平盛世的理想,那么如何实现呢?大都寄希望于圣王。正是在这种无限的寄情中,帝王变得更加伟大和神圣。

与王尊相应的是臣卑的理论和观念。

臣民卑贱是天秩决定的。所谓天秩是指宇宙的结构或万物秩序之类的事物关系。在各式各样的结构和秩序中,君主都处于至尊至上之位,臣民与君主相对而处于卑下之位。"君臣相与高下之处也,如天之与地也。"① 千姿百态的阴阳论无一例外地把君王置于阳位,把臣民置于阴位,虽然阴阳相对相成而不可分,但同时又有主次,阳为主,阴为辅。于是臣民为地、为阴、为卑、为下,这是天秩,是命定,是必然。

臣民在社会与历史上只能为子民、为辅、为奴、为犬马、为爪牙、为工具。"主者,人之所仰而生也。""为人臣者,仰生于上也。"君主是天下人的衣食父母,生养万民。既然臣民是被君主恩赐才能生存的下物,那么属于君主自然是理中之事。以至像柳宗元这样有个性的大文人在皇帝面前也说这样的话:"身体发肤,尽归于圣育,衣服饮食,悉自皇恩。"这类的话不仅仅是谀辞,而是一种社会认同的政治文化和观念。正如臣下对君主自称"犬马"一样,是一种无意识的自然的文化认定。社会硬件(权力、等级等)对君臣主奴地位的规定无疑具有强制的性质,

---

① 《管子·明法解》。

而成为习俗的主奴观念则使人变为自觉的臣仆。从这个意义上说，成为习俗的政治文化对人的规范作用更为突出。

面对君主，在认识上臣下虽然有某种自主性，比如以道事君、以道谏君等，但这种认识的自主性是有限的，绝没有在认识对象面前认识平等的意义。相反，在文化观念和心理上深深存在着一种错感和罪感意识。从理论和社会观念上说，君主是圣明的，无所不知，无所不通，臣下只能是君主的学生和受教育者；在是非的判断上，君主是最高的裁决者，因此臣下的进谏固然包含着对君主的批评，然而这种批评在观念上又是一种错误和罪过，于是在臣下的上疏中，开头、结语常常有这样一些语句，诸如"昧死以言""臣某诚惶诚恐，顿首顿首""愚臣""愚见""兢惶无措""唯圣心裁鉴""臣不胜倦倦之至""彷徨阙庭，伏待斧领"等。这绝不是空洞的客套话和形式主义，而是社会和认识定位的真实写照。历史上无数因进谏而致罪的事实便是这类词语的历史内容和证据。如果说到臣民的认识能力和知识从哪里来，在君主面前大抵都要归功于君王，正如韩愈所说："得备学生，读六艺之文，修先王之道，粗有知识，皆由上恩。"就事实而论，韩愈的知识与皇帝何干？可是他必须把自己的知识归功于君王。这就是那个时代的臣民的精神！在君王面前，臣民生就的错感和罪感意识对传统的思想文化有着巨大的影响，是造就思想贫乏、缺乏创造力和想象力，以及人格普遍萎缩的重要原因之一。

中国传统社会的运行机制和历史过程，无疑比以上所说的要丰富得多，但就"主要的"而言，我自信，我的看法离历史真实不远！

（原载《锦州师范学院学报》，2001年第3期）

王权主义的刚柔结构与政治意识[①]
——中国传统政治文化特点分析

一、中国传统政治文化的总体特征

"政治文化"作为专门研究课题已近30年，然而，关于政治文化的内涵，却人异其说，殊无定论。原因之一是各国学者多以本民族的历史、文化、政治环境和思维方式作为依据来把握政治文化的含义，赋予特定的内容。例如，欧美学者理解的政治文化多以个人为本位，注重人的社会政治心理。中国台湾学者马起华列举了西方学者的14种定义，就这些观点的共通之处做了归纳："政治文化是个人对于政治系统及自我在系统中所任角色的心理取向……一般地和稍详细地说，政治文化乃是政治系统成员所内化的对于政治系统及自身在政治系统中所担任角色的信仰、感情、认知、评价、认同、观念、判断、兴趣和态度。"[②] 这样的认识显然不适于概括中国传统政治文化。在界定政治文化的多种思路中，我们倾向于如下认识：

所谓"政治文化"是政治中的主观因素，是政治思想、政治信仰、政治观念、政治价值标准、政治意识和政治心理的总和。它的表现形式有理论形态、心理趋向和情感倾向等。以一定的社会环境为背景，它的形成可能源于个人，也可能源于某一阶级、阶层、集团、团体或全体社会成员。因之，政治文化本身兼具个人、阶级、社会等多重属性。政治文化与政治机构和制度互为因果，对于政治运行具有直接的影响。

从这样的认识出发，总览中国传统政治文化，可以发现两个显著的特点：一是中国传统政治文化的组成呈多层次性；二是在多层次结构中有一条主线起着主

[①] 本文与葛荃合作。
[②] 马起华：《政治学原理》，大中国图书公司，1985，第250页。

导作用。

所谓"多层次性",是说中国传统政治文化内容丰富,包罗甚广,主要可分为四大层次。

第一,王权主义。这是传统政治文化的核心,其特点是宣扬君权至上;君主是全社会的最高主宰,神圣不可侵犯。王权主义的形成是中国古代社会君主政治的需要;反过来,王权主义又巩固和强化了君主专制统治。在政治运行过程中,王权主义直接促进君主专制政治系统的建立和完善,是指导政治输入和输出体系,即政令法规的制定与实施的理论依据。

王权主义的表现形式以理论形态为主,本质上是统治阶级的政治价值体系。在长期的社会政治实践中,王权主义通过多种社会化渠道,直接控制和影响着人们的政治意识。

第二,宗法观念。宗法观念是普遍存在的社会政治观念,其主要内容是父家长权威至上,严格的血缘宗亲观念,人伦等级意识,重男轻女意识和一系列相应的道德准则。宗法观念的形成有着深远的历史根源和社会基础。在中国传统社会,宗法观念为一系列社会和政治组织、机构的建立提供了广泛的文化—心理基础,并直接影响到国家法律和政令的制定与实施。宗法观念既有完整的理论体系,如儒家经典中有详尽的论述,"三礼"和《孝经》尤为集中;又形成了相对稳定的社会政治心理和情感倾向;同时,又有相应的法规(法规、乡规、族规等)强迫人人遵行。作为一种政治文化现象,宗法观念的社会性大于阶级性。

第三,清官思想。清官思想与其说是政治思想,不如说是一种政治理想的体现。对于不同社会阶层有不同的意义。对于政权系统成员而言,清官思想是个人在政治活动中的行为准则,表现为一种积极的政治参与意识;对于社会下层来说,对清官的向往和崇拜,体现着人们的政治期盼,其中又隐含着人们对于时政的评估。这种思想本身有着深刻的阶级性,却迎合了社会各阶层的不同需求。

第四,平均主义。平均主义主体上是一种社会政治理想,它的形成至少有三个渠道：一是某些政治思想家的社会政治理想，譬如儒家"不患寡而患不均"和"大同"理想，墨家的"交相利""兼相爱"的政治理想等；二是某些宗教思想中的"平等""平均"观念。如佛教的"众生平等"，道教的"太平"理想；三是小生产者基于社会贵贱贫富不均而凝成的生活向往。平均主义的基本内涵是主张社会地位和社会财富的平均化，即"等贵贱、均贫富"。作为一种政治文化现象，更多地体现了社会下层成员对于特权的极端不满和对抗心理。平均主义具有鲜明的阶级性，在一定社会范围内形成潜在的政治参与意识，在一定条件下有可能直接作用于政治的运行。

以上所列举的仅仅是构成中国传统政治文化最主要的内容。此四者皆自成体系，又紧密交融在一起，相互作用和影响，使中国传统政治文化呈现出十分复杂的局面。

所谓"多层次结构中有一条主线"，是说中国传统政治文化层次虽多，王权主义却是其主体，其他文化层次均为王权主义的从属、派生、支流或补充。

宗法观念虽有广泛的社会性，但它又是王权主义的从属。宗法观念的中心价值观是父家长崇拜，但与王权主义相比，父家长的权威要从属于王权。《礼记·大传》说："君有合族之道，族人不得以其戚，戚君位也。"宗法观念有内涵严格的血缘宗亲意识，但作为政治文化来看，血缘宗亲意识只能是君臣等级观念的基础。《礼记·昏义》说："男女有别，然后夫妇有义；夫妇有义，而后父子有亲，而后君臣有正。"其中，君臣等级高于血缘宗亲《中庸》所讲的"五伦"以及后来的"三纲"，均以君臣关系列在榜首。宗法观念既受王权主义支配，又是王权主义的社会、心理基础。

清官思想是王权主义的派生。清官思想内涵的主要价值标准，如清廉不贪、执法公允、为民请命、爱护百姓、搏击豪强、惩治贪官等，均能在王权主义体系中找到其理论根源，本质上不过是传统的"仁政"思想和"君民舟水"说的人格化。清官思想既能满足社会下层求温饱、抗欺凌的政治期盼，又符合王权主义维护君主政治的总体要求,因之,这种文化层次是王权主义内在调节理论的派生。

平均主义在外观上与王权主义是对抗的。王权主义要求一切权力和利益归君主支配,与之相对,平均主义则要求社会财富的平均占有。但是,平均主义一般只是潜在的政治意识,非在特定条件下不会触及君主政治的运行。平均主义体现着小生产者的政治希求,这种希求的实现又寄希望于好皇帝。因而,平均主义的政治归宿是皈依于王权主义,作为君主政治运行的外部社会调节机制而发挥作用。

由此可知,王权主义是中国传统政治文化的主体与核心,认识传统政治文化必须从解剖王权主义始。

二、王权主义的刚柔结构

王权主义的体系庞大而完备,它的内在构成呈一种刚柔二元结构。刚是指王权主义的绝对性而言,柔指的是王权主义的内在调节机制。下面分别述之。

王权主义的主题是宣扬君权至上,围绕着这个主题,主要形成了三层认识。

(一)王是沟通天人的中枢

中国传统的思维方式之一是"一体化",就是把天地自然与人类社会看作一个统一体。人既是天地间一种特殊的类存在,所谓"天地之性人为贵,明于天性,知自贵于物"[①],同时又与天地自然紧密相连。董仲舒说:"何谓本?曰天、地、人,万物之本也。"[②] 人与天地同是构成人类社会的基本要素。那么王处于什么样的位置呢?一言以蔽之,王是沟通天人的核心人物,处于把握自然,统属人类的特殊地位。如董仲舒所说:"古之造文者三画而连其中谓之王。三画者,天、地与人也。而连其中者,通其道也,取天、地与人之中以为贯而参通之,非王者孰能当是。"[③] 传统思想关于圣人有多种解释,其中之一是把理想的王称作圣人。理想的王

---

① 《汉书·董仲舒传》。
② 《春秋繁露·立元神》。
③ 《春秋繁露·王道通三》。

具备不同寻常的聪明才智,能通晓和把握自然与社会的运行变化规律:"圣人知必然之理,必为之时势"①,"明君守始以知万物之源,治纪以知善败之端"②,又能洞悉政治的治乱与兴衰,"明于治乱之道"③,"审于是非之实。"④因而,唯有王能驾驭自然:"人君,统治天地阴阳者也",⑤也唯有王能代表普天下芸芸众生直接与天对话:"圣人参于天地,并于鬼神以致政也。"⑥王与天地结成三位一体,"作乐以配天,制礼以配地"⑦,化育天下万民。荀子说:"天下者至重也,非至强莫之能任;至大也,非至辨莫之能分;至众也,非至明莫之能和。此三至者,非圣人莫之能尽,故非圣人莫之能王。"⑧"天下之治无不统主"。⑨

在传统思想中,常常把天视作王的上司。如"《春秋》之法,以人随君,以君随天"⑩"唯天子受命于天"⑪,等等。神秘主义的权威基本被用作巩固君权、愚弄人民的手段,所谓"君子以为文,而百姓以为神"⑫。天与王相提并论的主要目的是神化君权,论证君权合理,"王者,天之所予也"⑬,从而突出了君主的地位。

在实际政治生活中,王的最高主宰地位主要体现在两个方面。其一,王处于社会政治等级的顶端。早在春秋时代就有"天有十日,人有十等"⑭的认识。后来

---

① 《商君书·画策》。
② 《韩非子·主道》。
③ 《管子·正世》。
④ 《韩非子·奸劫弑臣》。
⑤ 《徂徕石先生文集·十一·水旱责三公论》。
⑥ 《礼记·礼运》。
⑦ 《礼记·乐记》。
⑧ 《荀子·正论》。
⑨ 《徂徕石先生文集·十一·水旱责三公论》。
⑩ 《春秋繁露·玉杯》。
⑪ 《礼记·表记》。
⑫ 《荀子·天论》。
⑬ 《春秋繁露·尧舜不擅移汤武不专杀》。
⑭ 《左传》昭公七年。

经过思想家们不断完善,等级被视为社会的普遍规律,成为一种基本的政治价值观念。荀子说:"少事长,贱事贵,不肖事贤,是天下之通义也。"① 韩非也说:"臣事君,子事父,妻事夫"是"天下之常道也"。② 任何人都能在遍及社会的等级中找到自己的位置,王则矗立在等级金字塔的宝顶之上。"天子无妻(齐),告人无匹也"③。王的地位至高无上。越强调等级,君主的权位越牢固。君主实际上统属着整个等级系统,"人君者,所以管分之枢要也"④。其二,王是政治运行的中枢和主导力量。从总体上说,历史的运行并非个人意志可以逆转;可是在君主专制条件下,王的特殊地位和巨大权力使之成为举足轻重的人物。传统思想认为政治运行基本受王权支配,肯定王在政治生活中的决定作用。孔子认为君主能"一言而兴邦","一言而丧邦"。⑤ 荀子说:"君不贤者,其国乱"。⑥ 古佚书《经法·论约》说:"无主之国,逆顺相功(攻),伐本隋(隳)功,乱生国亡。"董仲舒讲得更明确:"君人者,国之元,发言动作万物之枢机。"⑦ 王是政治生活中的主导力量,治乱兴衰系于君主一身,"治天下者唯君,乱天下者唯君"⑧。"其人存则其政举,其人亡则其政息。"⑨ 君主既然决定着全部政治生活的运转,当然成为全社会的最高主宰。

(二)王拥有统属社会一切的巨大权力

王权主义肯定了君主的崇高地位,又赋予其巨大的权力。在理论上,君主拥有对全体社会成员的人身统属权。封建时代的政治集团往往是家庭或家族的扩

---

① 《荀子·仲尼》。
② 《韩非子·忠孝》。
③ 《荀子·君子》。
④ 《荀子·富国》。
⑤ 《论语·子路》。
⑥ 《荀子·议兵》。
⑦ 《春秋繁露·立元神》。
⑧ 《潜书·鲜君》。
⑨ 《中庸》。

大,"天子者,天下之父母也。"①"臣之于君也,下之于上也,若子之事父,弟之事兄。"②君主是全社会最大的父家长,"视天下人民为人君囊中之私物"。君主有权随意处置他的臣民,喜怒之间便决定了人们的命运。

在观念上,君主是全国土地和财富的最高所有者,所谓"溥天之下,莫非王土"③,"邦者,人君之辎重也"④。君主"视天下为莫大之产业,传之子孙,受享无穷"⑤。就实际历史过程来看,君主除了直接占有一部分土地,还拥有最高赋税征收权,通过超经济强制,实际享有全国最大的财富。君主作为国家元首,他所拥有的巨大权力又集中体现在政治权力方面。主要有如下几种:

第一,君主拥有政治权力的独占权。古代许多思想家都论及这一原则。孔子早就提出"唯器与名不可以假人,君之所司也"⑥。这里的"器与名"指的就是权力。其后,《商君书》指出:"权者,君之所独制也。"⑦《管子》说:"权势者,人主之所独守也。"⑧韩非讲得更全面,认为凡政令财务人事诸权"此人主之所以独擅也"⑨。君主独揽大权是保持其绝对地位的重要前提,"主之所以尊者,权也"⑩。否则君将不君。

第二,君主拥有最高决断权。如果把政治权力分解为参政、议政、决断、监督诸种,决断权无疑最重要。孟子在回答齐宣王如何鉴选贤才时,曾涉及决断权的归属问题。他认为,君主做重大决策时,要广泛听取劝诫,不可轻信左右或群

---

① 《盐铁论·备胡》。
② 《荀子·议兵》。
③ 《诗经·北山》。
④ 《韩非子·喻老》。
⑤ 《明夷待访录·原君》。
⑥ 《左传》成公二年。
⑦ 《商君书·修权》。
⑧ 《管子·七臣七主》。
⑨ 《韩非子·主道》。
⑩ 《韩非子·心度》。

臣。假如国人众口一词，君主还要亲自调查，情况属实，再做最后裁决，"如此，然后可以为民父母"①，最高决断权要始终操在君主手中。《管子·明法解》也说："明主者，兼听独断。"韩非讲得最清楚："人主不亲视听，而制断在下，托食于国者也。"②君主独揽最高决断权，就在政治决策中掌握了主动，其他人只能顺着君主的指挥棒行动。

第三，君主拥有刑赏大权。这是君主维护其权威，控制臣民的重要手段。韩非把"杀戮"和"庆赏"作为君主控制臣下的工具，说："明主之所导制其臣者，二柄而已矣。"③《管子·任法》说："明王之所操者六：生之，杀之，富之，贫之，贵之，贱之。此六柄者，王之所操也。"《吕氏春秋》也说："赏罚之柄，此上之所以使也。"④孔孟儒家以倡导"教化""仁政"为旗帜，却从未否定君主的刑杀之权，无论"教"或是"杀"，权力仍为君主所有。

第四，君主拥有最高军事统辖权。传统社会里，"国之大事在祀与戎"，"君之所以卑尊，国之所以安危者，莫要于兵"。⑤因而传统思想强调君主要亲自把握军事大权。《管子·参患》说："主不积务于兵者，以其国予人也。"《管子·地图》明确规定："宿定所征伐之国，使群臣、大吏、父兄、便辟左右不能议成败，人主之任也。"荀子也说："凡受命于主而行三军。"⑥孔孟虽不言阵战之事，但从总体上看，他们并没有否定君主的最高军事统辖权。

传统思想把一切权力都奉献给君主。

（三）王是认识的最高权威和终极裁决者

在传统思想中，王是人们崇拜的对象，也是认识的对象。多数思想家曾就君

---

① 《孟子·梁惠王下》。
② 《韩非子·八说》。
③ 《韩非子·二柄》。
④ 《吕氏春秋·义赏》。
⑤ 《管子·参患》。
⑥ 《荀子·议兵》。

主的起源、地位、职责以及君主与天地、臣、民的关系进行了广泛的讨论。有些思想家还依照自己的价值标准给君主分类，寄托了对理想君主的热切向往。对君主进行再认识意义重大，其中内含着社会一般成员与统治者之间某种心理上的对等。然而，另一方面，传统思想又确认王是认识的最高权威和终极裁决者。其中一个重要的理论依据是：人们认识和行为的最高准则——道，是由圣王制定的。

在传统思想中，道的内涵宽泛，其中之一是从具体的政策、法则和事理中抽象出一般理性原则，称为"道"或"人道"。秦汉以后儒学被尊为官学，礼制和伦理道德准则就成为道的基本内涵："道也者何也？曰：礼义辞让忠信是也。"①"亲亲、尊尊、长长，男女之有别，人道之大者也。"②道用于规范人的行为和认识，成为人们必须遵行的最高准则，所谓"君子义以为质，礼以行之"③，"谁能出不由户，何莫由斯道也"④。传统思想认为道的产生源于圣王，《中庸》说："虽有其位，苟无其德，不敢作礼乐焉；虽有其德，苟无其位，亦不敢作礼乐焉。"朱熹"集注"引郑氏曰："言作礼乐者，必圣人在天子之位。"荀子说："礼义者，圣人之所生也。"⑤张载也说："礼者，圣人之成法也。除了礼，天下更无道矣。"⑥王能定道，亦能主宰道，"圣人也者，道之管也"⑦。既然道是人们行为和认识的最高准则，那么道的主宰者王就成为认识的最高权威和终极裁决者。正如董仲舒所说："圣人之所命，天下以为正。正朝夕者视北辰，正嫌疑者视圣人。"⑧

从历史过程来看，帝王的权威高于认识。秦始皇"禁绝百家，以吏为师"，运

---

① 《荀子·强国》。
② 《礼记·丧服小记》。
③ 《论语·卫灵公》。
④ 《论语·雍也》。
⑤ 《荀子·性恶》。
⑥ 《经学礼窟·礼乐》。
⑦ 《荀子·儒效》。
⑧ 《春秋繁露·深察名号》。

用权力裁决认识；汉武帝"罢黜百家，独崇儒术"，依靠行政钦定认识的统一标准。儒家学说之所以列为经典，成为封建时代的政治指导思想，正是缘于汉代及历代君主的确认。当思想界出现重大分歧，只有君主有权做最后裁决。汉代的石渠阁会议和白虎观会议就是典型的例证。就连编纂国史，注疏儒经多数也须由君主钦定。君主还可以随意指斥思想异端，判定思想罪。中国历史上文字狱比比皆是，恰恰说明帝王是认识的最高权威。

总结上述，我们看到传统思想从各个方面肯定了君主至高无上的权威，把王权推向绝对。可是在具体政治实践中，却往往出现另一种极端。君主在运用权力过程中，常常受到个人才智、情欲等各种条件和因素的限制或影响，有时很难在个人意志和权力之间保持平衡。这不仅会造成政治混乱，在一定条件下还会招致亡国之患。夏桀、殷纣及秦二世亡国的事实令人触目惊心。为了防范王权走向极端而失控，思想家们又提出一系列调节王权的理论。兹择其要，列以下五种。

1. 天谴说

传统思想中关于天的认识并不一致。有人强调天的神秘主义性质，有人把天解释为自然。但总起来看，天基本上是一种超人间的支配力量。天谴说认为天与人事有着必然的联系，因为"物固以类相召也"①。当君主的行为引起政治混乱，导致某种危机时，天就会通过灾异示警："国家之失乃始萌芽，而先出灾异以谴告之"②，继而"乃见怪异以惊骇之"；君主尚不知改过，"其殃咎乃至"。君主见到"五行变至，当救之以德，施之天下，则咎除"③。天谴说利用超人的神秘权威制约君权，看来似乎荒诞不经。然而在君权至上的时代，直言不讳批评君主常常会大难临头，利用荒诞约束谬误在特定时期不失为一种可行的办法。

---

① 《春秋繁露·同类相动》。
② 《春秋繁露·必仁且智》。
③ 《春秋繁露·五行变救》。

2. 从道说

道作为一般理性原则用于政治领域，就成为确定和把握政治运行的一般准则，体现着统治阶级的普遍利益。"道也者，所由适于治之路也。"[①]"道也者；治之经理也。"[②] 以孟、荀为代表，提出"从道不从君"[③]，运用理性原则调节王权。"从道不从君"说允许臣采用某些激烈方式约束其君，为了"尊君安国"臣可以"抗君之命"，"反君之事"。对个别失去君主资格的无道昏君，甚至可以废黜或杀掉，称作"有道伐无道"。具体方式有"易位""变置""诛一夫"等。这显然是调节王权的极端形式，只有在特殊条件下，只有具备大德或受天命者才能行其事。在具体历史过程中，"有道伐无道"表现为王朝更迭，"夏无道而殷代之，殷无道而周代之，周无道而秦代之，秦无道而汉代之"。[④]

从道说把具体的王放在道的准则面前进行衡量，臣以道作旗帜，在一定条件下可以对君主政治的运行进行积极主动的调节。

3. 圣人和尊师说

传统思想中圣人的内涵极纷杂，最主要的一种认识是将圣人看作人的完美形象。圣人上通天地，"穷神知化，与天为一"[⑤]，下体万物，是大智大慧的化身和人伦道德的集中体现。"圣人，人伦之至也。"[⑥] 圣人尽善尽美。在政治生活中，圣人是理想的统治者，肩负实现理想政治的重任，如孟子即期待着"圣人之治天下，而民焉有不仁者乎！"[⑦] 实际上，圣人已成为各种理想政治准则的集合体。在君主专制时代，个人在崇高的王权面前十分渺小，于是批评时政者大多举出圣人的旗

---

① 《汉书·董仲舒传》。
② 《荀子·正名》。
③ 《荀子·臣道》。
④ 《春秋繁露·尧舜不擅移汤武不专杀》。
⑤ 《易说·系辞下》。
⑥ 《孟子·离娄上》。
⑦ 《孟子·尽心上》。

帜。这倒不只是为了壮胆，也是为了加强批评的说服力，使"乱世暗主高远其所从来，因而贵之"①。圣人是调节王权的理论工具。

比圣人低一级的是贤人君子。孔子说："圣人，吾不得而见，之矣。得见君子者，斯可矣。"②贤人君子是道的积极追求者，学习并掌握着道的原则。传统思想认为贤人君子与君主的关系不同寻常。在政治上，贤人君子是君的臣属，但在道德和知识方面又高出君主，应是君之师。孟子把这个问题讲得很清楚，说："以位，则子，君也；我，臣也；何敢与君友也？以德，则子事我者也，奚可以与我友？"③师的职责是传道、授业、解惑，君主能从中学到不少治国之术，"是故古之圣王，未有不尊师者"④。贤人君子凭着这种特殊条件，能在一定条件下对王权有所调节。孟子说："唯大人为能格君心之非"⑤；"务引其君以当道，志于仁而已"⑥。尊师说利用知识和道德约束权力，试图把王权纳入理性的轨道。

4. 社稷和尚公说

君主专制政治的特点是君主与国家权力合二而一。可是在实际政治运行过程中，君主的倒行逆施有时会导致政权倾覆，君与社稷即国家政权又不完全同一。有些思想家对这种现象进行甄别，提出社稷利益高于君主利益。晏子曾就臣、君和社稷的关系首发议论："君为社稷死，则死之，为社稷亡，则亡之；若为己死而为己亡，非其私昵，谁敢任之？"⑦孟子也提出"民为贵，社稷次之，君为轻。"⑧社稷是统治阶级整体利益的体现，当君主利益与统治阶级整体利益发生冲突，人们

---

① 《淮南子·修务训》。
② 《论语·述而》。
③ 《孟子·万章下》。
④ 《吕氏春秋·劝学》。
⑤ 《孟子·离娄上》。
⑥ 《孟子·告子下》。
⑦ 《左传》襄公二十五年。
⑧ 《孟子·尽心下》。

便可以举出社稷约束君主，对君的行为进行调节。

与社稷说相近的是"尚公"。传统思想中的"公"有多种解释，或以君主利益为公，或以执法公平为公，也有以国家法规礼仪为公。这里说的"公"指最后一种。"公"代表着国家和统治阶级的共同利益，君主个人利益则为私。公私相较，公高于私。《吕氏春秋》说："昔先圣王之治天下也，必先公，公则天下平矣。"[①]君主运用权力须遵循"任公不任私"[②]的原则。尚公说要求君主接受公的检验，从而对君主个人的意志行为有所调节。

5. 纳谏说

思想家们在对君主进行再认识过程中，觉察到君主本人并非十全十美，"物固莫不有长，莫不有短，人亦然"。君主个人的才智，见闻均有限度。这种矛盾极易造成君主与整个社会之间形成某种隔阂或壅塞，下情难以上达。"主德不通，民欲不达"[③]，"则过无道闻"[④]。以致造成统治失灵，政治混乱。因而，君主必须依靠众人的才能智慧，"夫取于众，此三皇五帝之所以大立功者也"[⑤]。"故天子立辅弼，设师保，所以举过也。"[⑥]历史上的圣王都曾广泛纳谏，如"尧有欲谏之鼓，舜有诽谤之木，汤有司过之士，武王有戒慎之鞀"。纳谏说从君主自身认识的有限性，为调节王权提供了根据。

以上这些认识从不同角度论证了调节王权的必要性，提供了制约王权的理论依据。这些认识交互融贯，构成王权主义内在的理论调节机制。

王权主义的绝对化理论与调节理论有机地融为一体，呈现出一种刚柔互补状态。其中，维护君权至上的刚性原则是王权主义的主体，这些原则是坚定不移，

---

① 《吕氏春秋·贵公》。
② 《管子·任法》。
③ 《吕氏春秋·达郁》。
④ 《吕氏春秋·壅塞》。
⑤ 《吕氏春秋·用众》。
⑥ 《吕氏春秋·自知》。

不可动摇的。董仲舒说:"道之大原出于天,天不变,道亦不变。"① 石介说:"圣人之作,皆有制也,非特救一时之乱,必将垂万代之法","皆为万世常行不可易之道也"。② 王权主义的基本原则是永恒的。调节王权理论本质上是对王权绝对性的理论补充,其立论的前提无一不是对君权的肯定。道所内含的等级伦理规范就是王权赖以生存的制度保障,天又是道的本原,"故圣人法天而立道"③。圣人则是道的最高体现。天、道、圣人对王权的调节并不触犯君主政治制度本身,调节的对象是那些倒行逆施、背离原则、有损于统治阶级整体利益的昏君暗主。王权调节理论的出发点和归结点只能是使君主政治体制更加巩固。

政治的运行有其内在规律,政治现象本身却是千变万化的。王权主义的刚柔二元结构使之具有较强的应变性和调节性。刚性原则决定着君主政治的基本方向,柔性理论则根据具体情况不断地积极地进行自我调节,以保证君主政治正常运行,减少政治失误。刚柔二元结构使王权主义本身具有顽强的生存能力。

三、王权主义刚柔结构下的政治意识

王权主义作为中国传统政治文化的主体,对于人们政治意识的形成有着深刻的影响,直接关系到人们与政治系统的关系,及其在政治生活中的地位和作用。由于王权主义内在结构的作用,人们的政治意识分成不同类型。下面略做分析。

(一)非参与意识

"现代政治参与意识"指的是人们对于自身在政治生活中的主体地位有着高度的自觉,对于自己与政治运行,政治输入与输出的关系,有着高度的认识。形成现代政治参与意识的前提之一是个人具有独立人格和独立意识。王权主义控制下的中国传统社会,人们畏惧王权,又崇拜王权。对于广大社会下层和一般民众来

---

① 《汉书·董仲舒传》。
② 《徂徕石先生文集·六复·古制》。
③ 《汉书·董仲舒传》。

说，只能伏在君主脚下做顺民。在王权主义束缚下，个人没有独立的人格和意识，没有对于自身权利的自觉。人们对于自己在政治生活中的地位和作用的认识只限于服从政令法规，即对于政治输出有所认知；至于个人与政令法规的制定，即政治输入的关系则毫无知觉，所谓"民日迁善而不知为之者"①。因此，安分守己是普遍的美德，人们的义务是完粮纳税，应役当差。至于国家政治，绝非细民百姓可以干预的，国家兴亡自有"肉食者谋之"。

在王权主义束缚下，除了入仕为臣，没有其他参政途径可供选择。人们的政治期盼是世事太平，风调雨顺，"仰足以事父母，俯足以畜妻子，乐岁终身饱，凶年免于死亡"②。对王权的服从和崇拜，在人们的政治意识中形成高度的"强制因素"。易言之，人们从顺从王权，而至于对所有的权威都选择服从崇拜的态度，下至家长、族长、地方三老乡官，州府县各级官长，无一不对其畏惧而顺从，由此而形成遍及社会的权威人格。他们把自己的利益寄托在各级权威身上，这就必然形成对好皇帝和清官的向往。好皇帝能带来"太平盛世"，清官能"为民请命"。

非参与意识一般形成于文化层次较低的阶层，人们知识的获取主要来源于习惯，家长（族长）的训诫和政府法令。不过非参与意识不止限于低文化层次，高知识阶层中也有可能形成。还有，某些人出于种种原因隐姓埋名，归隐山林，他们的政治期盼是自然主义的田园生活，对于政治运行采取不闻不问的逃避态度。

总起来看，非参与意识是王权主义绝对化影响的结果。这种意识的长期存在，又为君主专制政治提供了广泛的社会心理基础。

（二）无主体性参与意识

无主体性参与意识表现为：有积极进入政权系统的愿望，对于自己在政治输出过程中的地位和作用有一定的自觉，对于政治运行的全过程，特别是对于政治输入即政令法规的制定过程则采取消极的顺从态度。

---

① 《孟子·尽心上》。
② 《孟子·梁惠王上》。

无主体参与意识的形成一般限于政权系统内部,其来源主要有二途。其一是以财谋官的有产者。在权力至上的社会政治环境里,占有权力是进而占有更多财富的捷径。有产者为攫取更多的财富便交通王侯,捐买官爵,进入政权系统。其二是以道谋官的儒生。儒家文化自始至终走着与政权相结合的道路,依附王权不仅能提高社会地位,还能带来高官厚禄。"学而优则仕"为谋富贵的儒生指明了方向,儒生们纷纷通过科举,"以一日之长决取终生之富贵"[1],进入政权系统。这两种人进入政权系统,他们真正的兴趣和目的是求富贵,捞利禄,"趣于求田问舍"[2]。由于他们的政治期盼是取得君主宠幸,以谋高官厚禄,封妻荫子,永沐皇恩,因此,他们一进入政权系统便紧紧依附在王权周围,对于君命或是上司之命多采取迎合态度,缺乏政治主动性。例如汉代以布衣拜相封侯的公孙弘便是典型。他"每朝会议,开陈其端,使人主自择,不肯面折庭辩"[3],由此得到君主赏识,一岁数迁。

无主体性参与意识是王权主义绝对化的产物。

(三)有限主体性参与意识

有限主体性参与意识一般产生于较高文化层次,表现为对于政治运行的全过程均持有积极参与的态度,对于自己在政治系统中的地位和作用具有较为清晰的认知,自信"任重而道远"[4]。他们的政治期盼是理想政治的实现,如"仁政""有道之世"等。即使被排除在政权系统之外,他们也不会对政治运行抱漠视态度,反而横议时政,臧否人物,所谓"不任职而论国事"[5]。一旦进入政权系统,这些人在一定时期和一定范围内能坚持原则,忠于职守,敢于直言进谏,"当理不避其

---

[1] 《历代制度详说·举目详说》。
[2] 《西园闻见录·谱系》。
[3] 《汉书·公孙弘传》。
[4] 《论语·泰伯》。
[5] 《盐铁论·论儒》。

难,临患忘利,遗生行义,视死如归"①。对君主个人的意志和行为敢于表示异议,甚至对抗。历史上的忠臣、循吏大多属于这种参与意识的体现者。

有限主体性参与意识是王权主义内在调节机制的产物,这种意识在实际政治运行中,从根本上起着维护王权、提高君主政治安全系数的作用。这些为实现道而积极参与的人仍然处在王权主义的覆盖之下。他们的参与意识本身并不内含人的个体独立人格和意识,因而不能与现代民主政治的参与意识同日而语。

(四)特殊的参与意识

特殊的参与意识曰"革命"。当统治者难以继续推动政治系统正常运转,社会的对立与冲突日益激化,便会有人呼出"替天行道"的口号,以期推翻现政权。

"替天行道"体现着一种积极的政治参与意识。这种意识的形成很复杂,它可以源于王权调节理论中的"有道伐无道",也可能是源于平均主义而形成的潜在参与意识的突然爆发,还可能源于因王权主义的极端化而形成的政治逆反心理,等等。

这种参与意识具有鲜明的指向性和短暂性,一旦阻碍政治系统正常运转的障碍被铲除,参与的势头会迅速减弱。因为"替天行道"的目的就是重建理想的君主政治,平均主义在当时条件下只能达到"反皇帝不反皇权",冲击个别地主而不反地主阶级。所以究其实质,"替天行道"不过是通过极端形式对君主政治的运行进行调整,所表现的参与意识仍在王权主义的束缚和影响之下,其最终结果仍是重建王权体系。

王权主义对于中国传统政治意识的形成作用至深,政治成为极少数人的事,绝大多数人受非参与意识支配,甘心做王权统治下的顺民。这样的政治文化土壤只能结出君主专制政治之果。近代民主政治成长的前提是必须更新这种土壤,新的政治文化只能在批判旧的政治文化中发展起来。

---

① 《吕氏春秋·士节》。

为什么说王权主义是中国传统思想文化的主干？

中国传统思想文化的主旨是什么？五四时期许多哲人有过清晰的总体概论，那就是专制主义，儒家思想的核心部分是宗法等级思想，也是专制主义。不过，五四新文化运动的倡导者和中坚力量并不否定古代文化传统中蕴含的优秀因素。

"五四"稍后兴起的"新儒家"的观点与上述判断有很大差别，一些人把孟子说的"民为贵，社稷次之，君为轻"等称为"民本主义"，并与民主主义混为一谈。再后来，钱穆认定古代民主是中国式的民主，指斥说专制者是民族自卑、自贱。而后又有人文主义、人道主义、和谐主义、天人合一、优秀主义等说法。

"民本"是不是"民主"，在学术界分成两大派：一派说是民主，一派否定。陈独秀最早指出："所谓民视民听，民贵君轻，所谓民为邦本，皆以君主之社稷——即君主祖遗之家产——为本位。此等仁民爱民为民之民本主义，皆自根本上取消国民之人格，而与以人民为主体，由民本主义之民主政治，绝非一物。"[①]

认为中国民主思想很发达者，甚至认定其在理论上具有至上性，比如，"民贵君轻"论、"道高于君"论、"从道不从君"论、"革命"论等。如果离开整个思想体系，单从一个孤立的命题推论下去，似乎不无道理。但在中国传统思想文化中，这些命题都不是"元"命题，也不能从这一点无限推演。从整体上说，这些命题都是"副"命题，或辅助性的命题。因此，我提出中国传统政治思想是一种"阴阳组合结构"。在20世纪80年代我提出传统思想的特点是结构性，曾提出是"相反相成"的有机"统一体"，是"刚柔结构"，到20世纪90年代又概括为"阴阳组合结构"。在传统的政治思想中，几乎所有的命题都是在"阴阳组合结构"中存

---

① 陈独秀：《再质问〈东方杂志〉记者》，载《独秀文存》，安徽人民出版社，1987，第220页。

在，没有单独的"元"命题。对此我在多篇文章中做了论述，这里只说一个例子，即"君本"和"民本"的关系。两者互相为定义，但"君本"是目的和主导。"阴阳组合结构"具有普遍性，这个问题以后另说。

从整体上看，我依然认定五四时期的哲人们对传统思想文化主旨判断是符合历史实际的，我所做的是接着走，进一步进行理论剖析，当然也有与新儒家进行辩论的内容。

从理论上，我从多角度对君主专制主义亦即王权主义进行了剖析，具体请看拙作《中国政治思想史集》①。我敢自诩，所有文字都不是简单复述前人之论，大的思路固然跟踪前贤，但具体理论论述与史料搜集都有我自己的独到之见和独立之功。

我说的王权主义与普遍流行说的君主专制主义的确很相近，也可以说大致相同，但我对王权主义的概述也还是有我自己的个性，我曾做过如下的表述："我所说的王权主义既不是指社会形态，也不限于通常所说的权力系统，而是指社会的一种控制和运行机制，大致说来又可分为三个层次：一是以王权为中心的权力系统；二是以这种权力系统为骨架形成的社会结构；三是与上述状况相应的观念体系。"②再简化，我说的王权主义就是我多年一直重复的六个字：王权支配社会。

在观念范围内，说中国传统思想的主旨是王权主义，自认为如下诸方面是我所突出的，也可以说是我的学术个性。

这里先说一下王权时代的开始与相应的观念。我认为，中国自有文字记载以来就是王权时代，王权是最高的权威。一些学者说中国的早期文化可称之为"史官文化""巫史文化""神权文化""巫术文化"，等等，这些看法都有相当的依据和认识意义，不过我认为称之为"王巫文化"更为确切。我之所以曰"王巫文

---

① 刘泽华:《中国政治思想史集》，人民出版社，2008。
② 刘泽华:《王权主义：中国文化的历史定位》，《天津社会科学》1998 年第 3 期，第 60 页。

化",依据是王、巫是合二为一的,王是最高的巫,其他的神职人员都属于王之下的臣属。而王的权力又是最高的,这只要看看政治文献的开篇《盘庚》就一目了然。王的独尊与神化有两个概念即可以证明:一是"余一人";二是殷王与上帝相对应称"帝"或"下帝"。这两个称谓背后有成套的观念进行支持,王的观念居于社会观念的统领地位。因此,说"王巫文化"或许更接近事实。

王的独尊观念一直被传承下来,并不断强化,西周出现的"溥天之下,莫非王土;率土之滨,莫非王臣"①,把王的权威推向极致。春秋时期周王固然走向衰落,但君主专制观念一直在发展,突出表现为君主只能"一",不能"二",更不能"多"。到了老子,说王与天、地、道并列为"四大"②。天、地、道是虚的,落实在人世间只有王最大。继后,孔子又说,"礼乐征伐,自天子出"③,"天无二日,民无二王"④,思想界的两位巨擘都为王权至上定下基调。下边沿着老、孔的思路,从几个方面论述本文标题所提出的问题。

一、春秋战国诸子争鸣与君主专制主义理论范式的形成

在传统认识中,诸子百家是"王官之学"的衍化和扩展,从历史联系上说,大体是可以成立的。从政治观念来说,诸子争鸣所争的是实行什么样的君主专制制度和君主应该实行什么样的政策,认识主流没有超越君主专制体制,因此,其总体结果更加强化了君主专制观念。

20世纪70年代后期我开始撰写《先秦政治思想史》⑤。我认为,从商代开始君主专制思想就居于主导地位,继起的周代君主专制思想更加完备。春秋虽然处于乱世,在乱中却有一条思想主线在强化和发展,这就是君主专制主义。春秋晚期

---

① 《诗经·北山》。
② 《老子·第二十五章》。
③ 《论语·季氏》。
④ 《孟子·万章上》。
⑤ 刘泽华:《先秦政治思想史》,南开大学出版社,1984。

到战国出现了诸子争鸣局面,在我看来,除农家一支外,占主流的诸子基本都是主张君主专制制度的。全书没有对任何思想家使用过"民本主义"或"民主主义"的字样,最多仅仅说有某种程度的"因素"而已。

1982年我在《战国时期的百家争鸣》①一文中有个总论:

> 从平面上看百家相争,很有点民主气氛。但如果分析一下每家的思想实质,就会发现,绝大多数人在政治上都鼓吹君主专制,思想上都要求罢黜他说,独尊己见,争着搞自己设计的君主专制主义。因此,百家争鸣的实际结果不可能促进政治走向民主、思想走向自由,只能是汇集成一股强大力量,促进了君主专制主义制度的完善和强化,把握了这一点,才能把握住百家的政治归宿。

我在《先秦政治思想史》一书中,对诸子君主专制主义的多样性进行了梳理,主要归纳为以下几种:一是儒家的以伦理为基础的君主专制主义;二是法家以法、术、势为基础的君主专制主义;三是道家的无为无不为的君主专制主义;四是墨子的"兼爱"与"尚同"二元结构的君主专制主义;五是《管子》中"轻重篇"以商(垄断工商业)治国的君主专制主义;六是综合性的(兼收各家)的君主专制主义。

1986年《学术月刊》第12期发表了我的《战国百家争鸣与君主专制主义理论的发展》②一文,综论了诸子争鸣与君主专制主义的关系,文章一开头是这样立论的:

> 一般地说,百家争鸣总是与思想自由和社会民主互相促进的。但是翻开

---

① 刘泽华:《战国时期的百家争鸣》,《文史知识》1982年第2期。
② 刘泽华:《战国百家争鸣与君主专制主义理论的发展》,《学术月刊》1986年第12期。

战国一页，我们会发现一个令人瞠目的现象：争鸣的结果不是政治民主的发展与民主思想的活跃，相反，却极大地促进了君主专制主义理论的发展与完备。实际政治发展与思想的这种趋势相一致，各诸侯国君主专制制度不断强化，最终汇合为秦朝高度的君主专制主义。

这是怎么一回事呢？原来各家各派，除少数的人，如农家，曾悄悄地向君主制提出疑问和挑战外，几乎都把君主制度作为当然的理论前提来对待。几个主要派别热烈的争论不涉及要不要君主制及用什么制度取代君主制，相反，他们争论的是如何巩固、强化、完善君主制。结果，越争就越促进君主专制主义理论的发展。

文章分四个问题进行了剖析：宇宙的本根同君主相配合与合德论；君主赞天地之化、成历史之变、握必然之理；君主一人独裁论；道高于君、内圣外王与强化君权。

下边说几个突出例子。

多位大家论述墨子是民主主义，我很不以为然，1961 年我的处女作《论墨子政治思想的几个问题》[①]就提出墨子的政治思想归宿是君主专制主义，其"尚同"论，"上之所是，必亦是之；上之所非，必亦非之""一同于天子"就是证明。后来得知，胡适很早以前也有类似的论断。我属陋见，但不是抄袭。

1982 年《南开学报》第 1 期刊载了我与王连升合写的《先秦时代的谏议理论与君主专制主义》[②]一文。我们不同意谏议是民主说，我们认为"谏议是君主专制的一种补充"。

---

① 刘泽华：《论墨子政治思想的几个问题》，《河北日报》1961 年 8 月 11 日第 3 版。
② 刘泽华、王连升：《先秦时代的谏议理论与君主专制主义》，《南开学报》1982 年第 1 期。

以上种种谏议理论无疑都具有一定的民主气味。但是，所有这些理论又都没有从政治制度上提出解决矛盾的方案，相反，都是把希望寄托在君主的开明上。孟子的易位论，也只限于同姓家族有此权利，还是以家天下为基础。乍然看去，进谏是对君主个人专制的削弱或否定，然而进谏必须通过君主纳谏来实现，所以纳谏的品格高于进谏，进谏的命运完全取决于君主的态度。因此，从根本上看，这些理论是对君主专制主义的维护与肯定。许多颂扬进谏与纳谏的文章没有揭穿这一点，模糊了事情的本质，这是需要加以澄清的。

综上所述，我们的结论是：应把进谏、纳谏这类政治现象放到产生它的历史环境中去考察。进谏与纳谏本身尽管具有某种民主色彩，但从它在中国历史上出现的那一天起，就绝不是一种民主制度，不应盲目肯定。

1984年我在《先秦人性理论与君主专制主义》①的结论部分论述了重民思想与君主专制主义的关系：

> 当然，先秦思想家在强调君主专制理论的同时，也强调为民，这就是通常人们所说的重民思想。但是，在他们那里，君与民并不是对立的两极，而是调和成一种统一体。这种统一体的理论逻辑就是，为民而归之于君，为君又须重民。这种以君为中轴的君民关系论，是贯穿各种具体文化思想内容的主要线索。例如，在哲学上，虽然存在着唯心与唯物的分界，但引申到政治上，无论哪一派，总是与君主相对应；在道德上，大肆渲染的是尊亲事君；在文学上，主张文以载道。屈原的《离骚》被公认为古代爱国爱民的杰作，但诗的主旨仍如司马迁所说："系心怀王"，"冀幸君之一悟，俗之一改也。其存君兴国而欲反覆之，一篇之中三致志焉。"所以爱民最终是为了拥君。

---

① 刘泽华：《先秦人性理论与君主专制主义》，载丁守和、方行主编《中国文化研究集刊》第一辑，复旦大学出版社，1984。

人性学说的产生，是历史进步的标志。在当时的历史条件下，它又发展成君主专制主义理论，成为社会发展的桎梏。喜剧是以悲剧为终结的。

孟子的"民为贵"，以及法家的"以人为本"，也不是民主主义。这里只是说"民""人"在政治兴衰中具有"载舟""覆舟"的作用。孟子讲"民为贵"固然很有冲击力，但他又主张君权神授，赞成孔子说的"天无二日，民无二王"。[①]法家主张君主专权是明摆的、毫无疑问的，但也能说出"以人为本""以民为本"这样熠熠发光的经典话语。如前所述，这类论述只能放在"为民而归之于君，为君又须重民"的"统一体"中才能各得其所。从"民为贵""以人为本"单一无限推理是不符合事实的。

战国诸子争鸣的总体结果奠定了中国其后的思想"范式"，又随着秦汉大帝国的建立，君主专制制度也定型化，社会观念基本上被君主专制制度捆绑得死死的，更难突破君主专制主义观念。

二、帝王"五独"观念的至上性与社会控制性

对君主专制观念前人有许多论述，在论述政治思想的经历中，我更全面和进一步论证了这一观念。

帝王贵"独"，独一无二，独断专行，总之，"独"是其主要特点，我则简要概括为"五独"观念与相应的政治社会关系。我在《战国百家争鸣与王权主义理论的发展》一文对"五独"诸项做了概述，在其他文字中以"王权支配社会"为主题，对君主的独断性进行了全方位的论说。在《专制权力与中国社会》[②]一书中有一段话，概述了王权支配社会：

---

① 参见《孟子·万章上》。
② 刘泽华、汪茂和、王兰仲：《专制权力与中国社会》，吉林文史出版社，1988。

古代政治权力支配着社会的一切方面，支配着社会的资源、资料和财富，支配着农、工、商业和文化、教育、科学、技术，支配着一切社会成员的得失荣辱甚至死生。在这里，从物到人，从躯体到灵魂，都程度不同地听凭政治权力的驱使。各种从理论到实践的对人的关心和对民生的重视，都是实现政治目标的手段，而不是目的。而在庞大的权力结构中，又是要求地方服从于中央，下级服从于上级，最后一切听命于君主。

在哪篇文章中最早概括为"五独"，我自己一时也找不到。2000年，在《王权至上观念与权力运动大势》[①]一文中的第一节"权力一统于天子的'五独'观念"中，对"五独"有如下的论述：

权力观念与权力体制是两个不同的范畴，但又有密不可分的联系。权力体制无疑有其自身的运动规律，然而在总体上它受制于权力观念的规范，或者说，权力观念如果没有出现突破性变化，权力体制也不会有大的改变。因此，要研究政治制度及其功能和运动趋势，首先应研究政治制度原理，即有关政治制度思想和观念。政治制度思想和观念又有不同层次，我这里只论述最高权力思想和观念。因为最高权力思想与观念具有全局控制意义。

在中国古代有关权力的思想观念中似乎没有一个明确的、集中的、稳定的表达"最高权力"的概念。只能说最高权力观念隐含在"王""天子""皇帝""帝王""君主"等最高政治元首的观念之中。中国传统政治体系最重要的一个特点是"人治"。因此，"最高权力"还没有从政治元首的身份中分离出来，而是政治元首的从属物，体现在政治元首的地位、职能、命令中。帝王的权力特征可以用一个"独"字来概括，具体说来有"五独"：天下独占，

[①] 刘泽华主编《中国传统政治哲学与社会整合》，中国社会科学出版社，2000年。

地位独尊，势位独一，权力独操，决事独断。所谓帝王"贵独"，大致说来也就是这"五独"。

接着文章对"五独"逐一做了概述，这里分述如下。

天下独占指的是君主是全社会最高和唯一的主人。世上的一切存在物、全部资源及所有的人都归王所有，而且王权的实施范围在时间与空间上都是无限的。《诗经·小雅·谷风之什·北山》最早把上述观念做了最明确的表述："溥天之下，莫非王土；率土之滨，莫非王臣。"秦始皇统一中国之后几乎以同样的语言宣布："六合之内，皇帝之土""人迹所至，无不臣者"。[①] 刘邦称帝后也同样把天下视为自己的"产业"。连君临一隅的陈后主在即亡时还声称："朕君临宇宙""朕临御区宇"。[②] 皇帝虽然像走马灯一样轮换不已，但上述观念却一脉相承。这不仅是皇帝的一厢情愿，同时也为整个社会所认同，形成全社会的普遍意识。《春秋·公羊传》提出的"大一统""王者无外"，以及宋儒程颐说的如下一段话可作为典型代表："天子居天下之尊，率土之滨，莫非王臣……凡土地之富，人民之众，皆王者之有也。"[③] 应该说"王有天下"是中国传统社会最高权力观念的核心内容。也许有人会对"王有天下"的"有"提出这样与那样的疑问，是"实有"还是"虚有"？是政治管辖权，还是经济所有权？在我看来，王有天下是一个无所不包的综合性的最高权力观念，而且这种权力有不受任何限制的绝对性。不管社会任何成员地位如何，也不管他们拥有什么，只要与"王有"发生矛盾，必须无条件地服从王有，所谓"君于臣有取无假"是也。"王有天下"好像一个其大无外的穹庐，死

---

① 《史记·秦始皇本纪》。
② 《陈书·后主纪》。
③ 《周易程氏传·大有》。

死地扣在社会之上。君主们"无法无天"的种种作为的理论依据就是"王有天下"。

地位独尊这是说在一切社会关系中，在社会身份普遍化的等级关系中，唯有君主的地位至高无上，至尊至贵。关于这一点无须论证，有关资料比比皆是。这里仅引《礼记·坊记》称孔子之语为例以示其要："天无二日，土无二王，家无二主，尊无二上。"传统社会是一个等级社会，中国的等级制度有其特点，概括而言有二：其一是等级的多元性，即有几种等级制度并存、并行；其二是成员的流动性，这不仅表现在朝代更替过程中等级中的成员会出现大起大落，在一个王朝内部等级中的成员也不停地轮换。这两个特点无关帝王，因为帝王处于社会等级金字塔之巅。那么，帝王是否属于等级中的一级呢？在儒家体系中历来有两说：一说认为属于爵位中最高一级（如孟子，汉代几部纬书，《白虎通》，郑玄、顾炎武等有此主张）；另一说不把帝王列入爵位系列（如《礼记·王制》等）。就历史实际而言，帝王从来没有纳入实行的等级系列之中，不是等级序列中的一级。相反帝王是凌驾于多元等级之上的主宰。正如《白虎通·号》所言："或称天子，或称帝王何？以为接上称天子者，明以爵事天也；接下称帝王者？得号天下至尊言称，以号令臣下也。"又说臣下称帝王为"一人"何？"所以尊王者也，以天下之大，四海之内，所以共尊者一人耳。"等级制度无疑有其社会和历史的依据及其跨朝代的连续性，但每朝每代几乎都要做程度不同的修订、厘正，皇帝就是修订者、厘正者。同时帝王又是等级中成员轮换的决定者。所以，帝王的至尊和至贵是不能与等级系列中的成员相提并论的，等级中成员的尊与贵有相应的规定，而帝王的至尊至贵是没有限制与边界的。顾炎武等之所以主张把帝王纳入等级系列，其初衷就是想通过等级的规定对帝王有所限制和限定，以改变绝对化的至尊与至贵。

势位独一指的是在权力体系中帝王是独一无二的。在中国的历史上有否"二元"或"多元"权力结构，学界有不同的看法，比如，有人依据春秋以前有所谓"副贰"现象，便认为诸侯的权力是二元结构；有人依据国有大事要"询于国人"，便认为有民主制制度。关于这些问题另行讨论。这里我要说的是，至晚到春秋初已提出"国不堪贰"的问题。当时的政治家与思想家纷纷提出"国不可贰"，晋大夫狐突说："内宠并后，外宠二政，嬖子配嫡，大都耦国，乱之本也。"①齐悼公说："君异于器，不可以二。器二不匮，君二多难。"②思想巨擘老子与孔子从宇宙体系上论证了君只能"一"，老子把王与"天""地""道"并列称为"四大"。孔子说："天无二日，民无二王。"③其后所有的思想家几乎都在这个思想圈子中颠三倒四，从不同角度论述只能有一个君主。慎到说："多贤不可以多君，无贤不可以无君。"④《管子·霸言》说："使天下两天子，天下不可理也。"《吕氏春秋·执一》说："王者执一，而为万物正……国必有君，所以一之也；天下必有天子，所以一之也；天子必执一，所以搏之也。一则治，两则乱。"荀子说："君者，国之隆也。……隆一而治，二而乱。自古及今，未有二隆争重而能长久者。"⑤董仲舒说："天之常道，相反之物也，不得两起，故谓之一。一而不二者，天之行也。"⑥帝王就是人间的"一"。在传统思想界除了少数人主张无君论以外，都是"君一"论者。这个"一"不仅要凌驾于一国之上，而且要凌驾于天下之上。总之，权力结构的一元论是不移之论。历史上的先哲们关于政治结构的聪明才智在"一"面前可以说是走到了尽头。他们只知"一而治"，除极少数人如黄宗羲略有质疑外，基本上没有人深思过"一而乱"的问题，自然也没有想过从"一"中走

---

① 《左传》闵公二年。
② 《左传》哀公二年。
③ 《孟子·万章上》。
④ 《慎子·逸文》。
⑤ 《荀子·致士》。
⑥ 《春秋繁露·天道无二》。

出来。

　　权力独操显而易见，这是说一切权力属于帝王。孔老夫子率先教导："唯器与名，不可以假人，君之所司也。名以出信，信以守器，器以藏礼，礼以行义，义以生利，利以平民，政之大节也。若以假人，与人政也。政亡，则国家从之，弗可止也已。"①《周礼》中"五官序"把帝王的大权概括得更为清楚："惟王建国，辨方正位，体国经野，设官分职，以为民极。"《礼记·曲礼下》说："君天下曰天子。朝诸侯、分职、授权、任功，曰予一人。"《管子·七臣七主》说："权势者，人主之所独守也。"《商君书·修权》说："权者，君之所独制也。"董仲舒说："君也者，掌令者也，令行而禁止也。"②又说："国之所以为国者，德也；君之所以为君者，威也。故德不可共，威不可分。德共则失恩，威分则失权。失权则君贱，失恩则民散。"③宋儒陈亮说，人主之职是"辨正邪，专委任，明之大体，总权之大纲"④。这一类的论述比比皆是。总之，权力独占是政治的核心问题。

　　决事独断指的是在政治决策过程中，君主是最高、最后的决断者。中国传统政治决策过程特点可以用"兼听独断"四个字来概括，这一点早在先秦已形成公论和定势。韩非引申不害语："独视者谓明，独听者谓聪，能独断者故可以为天下主。"⑤李斯说君主"独制于天下而无所制也"⑥。大儒蔡邕作《独断》专门论述君主独断之义。宋儒司马光有一段话也很典型："古人有言曰：'谋之在多，断之在独。'谋之多，故可以观利害之极致；断之独，故可以定天下之是非，若知谋而不知断，则群下人人各欲逞其私志，斯衰乱之政也"，

---

① 《左传》成公二年。
② 《春秋繁露·尧舜不擅移汤武不专杀第二十五》。
③ 《春秋繁露·保位权第二十》。
④ 《龙川集·论执要之道》。
⑤ 《韩非子·外储说左上》。
⑥ 《史记·李斯列传》。

"终决之者,要在人君"。① 司马光在此提出了"断之独""谋之多""定天下之是非"、"人人"之"私志"、"衰乱"几者的关系,不难看出,君主的"独断"是决定性的,所谓"终决"就是最高与最后决断权,只归君主独有。陈亮在《论执要之道》中对宋代帝王的独断做了如下的描述:"发一政,用一人,无非出于独断;下至朝廷小臣,郡县之琐政,一切劳圣虑。"康熙说得十分绝对:"天下之权,唯一人操之,不可旁落"。② 乾隆也反复这样说:"本朝家法……一切用人言,大权从不旁落"③,"权衡悉由朕亲裁"④。

以上讲的君主"五独"是中国传统政治的基础和基本原则。帝王们自然不会放弃"五独",臣民中除极少数主张无君论者外,几乎所有的人都认同君主的"五独",连出家的和尚、道士也难逃其外。我们研究中国古代的权力运动和权力结构的变迁、调整等,绝对不可忽视君主"五独"观念的全局控制意义。在我看来,直到西方近代民主政治思想传入中国之前,君主"五独"观念从总的趋势上一直在强化,这应是一个无可否认的事实。在"五独"观念的控制下,权力结构的调整、政治制度的变迁大体与君主"五独"是相适应的。⑤

君主"五独"观念具有普遍性,并对整个社会具有控制性。对君主的批判从来没有停止过,甚至把帝王视为大盗、大私、桀纣,等等,但这些大都有一个局限,即没有从君主体制中走出来,即使无君论者也没有超越对圣王、明君的幻想。

---

① 《司马温公文集·上体要疏》。
② 《清圣宗实录》卷二五九。
③ 《清高宗实录》卷三二三。
④ 《钦定大清会典事例(嘉庆朝)》卷一四。
⑤ 参见刘泽华:《中国政治思想史集》第三卷,人民出版社,2008。

张分田的《中国的帝王观念——社会普遍意识中的"尊君—罪君"文化范式》[1]一书对此进行了详尽的论证，很值得一读。

三、天、道、圣与王合而为一与王的绝对化

天、道、圣三个字是中国传统思想文化中的最高、最美和最神圣的概念，是全部思想文化的核心，犹如基督教中的"上帝"，撇开这三个词，整个传统观念就会散架。很多学人认为这三者是高于"王"的，从一隅而言，是有相当的依据的。但从整体上说，这三者与王不仅是有相分的因素，但更有合一的内容，天、道、圣成为王的护身符和最高证明，从20世纪80年代以来我在文字中多有论述。其要点是：本体性相同；功能相同；天、道、圣、王互相转化；王就是现实的天、道、圣。

1986年我的《战国百家争鸣与君主专制主义理论的发展》一文，对此前分散论述天、道、圣与王关系的问题进行了综合论述，初步奠定了以后提出天、道、圣、王"四合一"的理路。文章分四节：宇宙本根与君主相配合与合德论；君主参天地之化、成历史之变、握必然之理；君主一人独裁论；道高于君、内圣外王与强化君权。其中第四节集中阐述了天、道、圣如何导向强化君主专制。

1987年与葛荃合写的《道、王与孔子和儒生》[2]论述了"道与王的统一和矛盾"，文中指出独尊儒术"无非是要统一人们的思想认识，实现道的标准化。在这个过程中，王权决定取舍予夺"。

1988年《社会科学战线》第1期刊载了我与葛荃合作的《论儒家文化的"人"》，其中第三节"道德理想人格与王权主义"从道德至上论论述了圣人与专制主义问题。

---

[1] 张分田：《中国的帝王观念——社会普遍意识中的"尊君—罪君"文化范式》，中国人民大学出版社，2004。

[2] 刘泽华、葛荃：《道、王与孔子和儒生》，《天津社会科学》1987年第6期。

1990年我在合著的《中国传统政治思维》①一书前言中有这样一段论述：

> 先秦时期政治思想发展的基本过程可以概括为：从神化到圣化。殷周是神化时期，从春秋开始，发生了从神化向圣化的转变，战国诸子的百家争鸣将圣化推向登峰造极，随着秦汉大一统达到实现，圣化也如瓜熟蒂落一般得以最后完成。所谓神化，是指政治思维过程中的最高范畴和最终的决定力量是神（上帝、天和祖宗等），人的一切行为都必须从神那里获得并由神来确证其合理性，神成为人的意志的和理性的主宰。而圣化则显示了政治思维从神向人的转变，是春秋以来众人思想的集中、升华和极致的发展。圣人成为政治思维过程中的最高范畴和最终的决定力量，是理性"理想"智慧和真"善"美的人格化，它不仅是社会和历史的主宰者，而且在整个宇宙体系中也居于核心地位，成为经天纬地"扭转乾坤""赞天地之化育"的超人。
>
> 由先秦诸子所发起、在百家争鸣中充分展开的"造圣"运动建构了一个以圣化为中心的政治思维的普遍范式。这一范式以"究天人之际"为起点，终于圣王合一。

《中国传统政治思维》一书是依照上述框架来展开的。其后为了集中表达上述看法，我在20世纪90年代先后写了《天人合一与王权主义》②《王、圣相对二分与合而为一——中国传统社会与思想特点的考察之一》③等文章，详细论证了天、道、圣与王的相对二分与合二为一。为了明快，我常常称天、道、圣、王为"四合一"，"四合一"也就是"王道"。

---

① 刘泽华主编《中国传统政治思维》，吉林教育出版社，1991。
② 刘泽华：《天人合一与王权主义》，《天津社会科学》1996年第4期。
③ 刘泽华：《王、圣相对二分与合而为一——中国传统社会与思想特点的考察之一》，《天津社会科学》1998年第5期。

"四合一""王道"是传统思想文化中理想与现实的巧妙结合,在整个观念中具有至上性和全局控制性。天、道、圣是观念,而王是现实,"四合一"中的"王"是"天、道、圣"的体现和活的因素,传统的君主专制体制的牢固性和合理性,就在于"四合一"。

诸子争鸣时期,天、道、圣大体由先王承担,当时的诸侯王没有一个被视为天、道、圣的,更多是被批评者,但诸子又期望有新的圣王出现,把希望寄予新的圣王。果真,新的圣王真的来了,这就是秦始皇!1994 年我写了《秦始皇神圣至上的皇帝观念:先秦诸子政治文化的集成》[①]一文,秦始皇与博士们,其中有很多儒士,他们共同做了一件事:把天、道、圣戴在秦始皇头上。秦朝虽然很快覆灭了,但天、道、圣、王的合一却留给后世,成为一种思维定式。

近期我写了一篇总论"四合一"的文章——《论天、道、圣、王四合一——中国政治思维的神话逻辑》,开宗明义:

> 学界主要是新儒家或推崇儒学者,认定天、道、圣高于王,是制约和规范王的理念,不认为与王有合二为一的一面。我认为这是片面之论,并认定合二为一是主导面。

"四合一"的含义很多,限于篇幅,本文只就功能问题进行讨论。中国传统观念对天、道、圣、王的崇敬都具有宗教性,但信仰意义较淡,而对其功能更崇信。天、道、圣、王在功能上有很高的一致性,主要表现在下边几个方面:

天、道、圣、王是万物生成的本源;养育万物与万民;共同创制了社会秩序;共同规范道德;称谓混通与"四合一";万能的君主与绝对化的专制主义。

---

① 刘泽华:《秦始皇神圣至上的皇帝观念:先秦诸子政治文化的集成》,《天津社会科学》1994 年第 6 期。

文章结尾有两段话引述于下：

"四合一"造就了政教合一的总态势。君主神化为超然的绝对，与神同列，同时又是世俗最高的统治者和规制者。教主与政主高度一体化，所以中国的传统社会一贯的是政教合一。这不是说社会仅仅是单调的，在实际上社会仍有多元化的因子，但这些多元的因子必须认同或遵从王是最高的存在和唯一的至尊。如果不承认这一点，那就必然要被禁绝和面临被杀头的危险。所以社会多元的因素是王权之下的一种低级的存在物。

"四合一"制造了圣王崇拜。其实"四合一"可以约化为圣王崇拜。中国传统观念里把一切美好的希望都凝结在圣王理想中。只要圣王出世，就能给天下带来太平盛世。在漫长历史长河里，我们最伟大的思想家基本上都是在圣王和暴君中打转转，批判暴君，寄希望于圣王。黄宗羲等试图跳出这个怪圈，但终于没有跳出来。这个怪圈虽有很大的空间，但终归是一具桎梏，窒息了民主与公民观念萌发，真是中国历史进程中的一大遗憾。①

四、君尊臣卑是传统思想文化的主脉

前边说的都是尊君，与尊君相对的是臣卑。有学者曾著文只强调君尊臣卑是法家的思想，这有很大片面性。君尊臣卑是传统思想的主流，除少数无君论者外，儒、法、道、墨等都是主张君尊臣卑的。近三十年来，凡是论及君臣关系的，我都从不同角度论述了君尊臣卑是主流的、控制性的观念。我还写了多篇文章论述这个问题。如《论帝王尊号的政治文化意义》②《君主名号穹庐性的政治文化意义》③

---

① 刘泽华：《论天、道、圣、王四合———中国政治思维的神话逻辑》，《南开学报（哲学社会科学版）》2013年第3期。
② 刘泽华、侯东阳：《论帝王尊号的政治文化意义》，《学术月刊》1993年第11期。
③ 刘泽华、张分田：《君主名号穹庐性的政治文化意义》，载《中国政治思想史集》第三卷。

《臣民卑贱论》①《论臣民的罪感意识》②《论中国古代的亦主亦奴社会人格》③等,从不同角度具体论证了君尊臣卑观念。

我以韩愈、柳宗元的上奏为典型,从政治文化角度对君尊臣卑进行了剖析。文章的题目是《从韩愈、柳宗元的表奏析君尊臣卑观念的普遍性》④。我所以选择韩、柳,一是两位都是历史上的思想大家,二是他们都有深切同情臣民的名作。而正是他们把君尊臣卑观念做了充分的表达。文章分三个问题进行了实证性的论述,一是"君:神化、自然化、皇化的统一";二是"臣:卑贱、无知、谬误、罪过的载体";三是"君尊臣卑是传统思想文化的大框架"。

君尊臣卑不是小问题或局部问题,它是中国传统思想文化的主干和思维前提性的、社会整体控制性的普遍观念,深入民族心理和骨髓,是君主专制体制的基础和支柱,也是帝王本位的核心。

五、君主对士人与"学"的控制与支配

新儒家和一些学者认为,在传统思想观念中,"学""道"和所谓担道义的士人等是独立人格、独立思想,并高于王权的社会独立力量。我认为这是一个重大的误断,不符合历史事实。在我看来,政治思想和政治文化是中国传统思想文化的主流,其核心是王权主义(或称君主专制主义等)。由于王权主义居于主导地位,或者说占统治地位。因此在中国历史上,君主对士人与"学"起着控制与支配作用。

20世纪80年代由我主写的《士人与社会·先秦卷》⑤和由我主编的《士人与

---

① 刘泽华、张分田合作,参见《中国政治思想史集》第三卷。
② 刘泽华:《论臣民的罪感意识》,《社会科学战线》2004年第4期。
③ 刘泽华、张分田:《论中国古代的亦主亦奴社会人格》,《南开学报(哲学社会科学版)》1999年第5期。
④ 参见刘泽华:《中国政治思想史集》第二卷,人民出版社,2008。
⑤ 刘泽华:《士人与社会·先秦卷》,天津人民出版社,1988。

社会·秦汉魏晋南北朝卷》①均有专章论述了士人对王权的依附。尽管战国时期与秦汉以后士人对王权依附的程度有很大不同,但大的趋势是一致的,在我写的多篇文章中从不同角度均有所论述。1998年我写了《帝王对士人与"学"的控制与支配》一文,把观点集中了一下,我认为:"政治思想和政治文化是传统思想文化的'主流',这是王权支配社会的必然产物。"它包括两个方面:

(一)王权对"学"的支配与控制

春秋以前学在官府,其后"官学"解体,分化出诸子之学,"学"在王权之外获得了自由。然而这仅仅是一时的现象,从中国古代历史的大势看,"学"没有获得自由发展和存在的空间,应该说,"学"基本是由王权控制,或依附、投靠于王权。西周的学在官府,春秋战国诸子的"干世主",秦始皇的以吏为师和汉武帝的独尊儒术,可以说是王权与"学"结合过程中依次发展的四种方式,其精神是一脉相承的。汉武帝的独尊儒术则是集大成者,其后延续了两千多年。

西周的学在官府,自然"学"由官府垄断。所以当时的"学"又称"王官之学"。依照班固的说法,春秋战国的诸子之学都是从"王官之学"中分化出来的。诸子之学在学术上无疑是多元的,然而在政治上却又有惊人的一致性,这主要表现在两点上:一是都热衷于政治,诸子之学的目的都是"干世主";二是在鼓吹君主专制这一点上是殊途同归。这两点十分重要,说明诸子之学压根是为政治、为王权服务的。秦始皇的以吏为师无疑是太粗糙了。但仔细分析一下,此举也不是脱离历史逻辑的任意之为。其一,诸子之说几乎都没有什么宽容的雅量,都要求尊自己,排他说。其二,战国诸侯们对诸子之说虽有相当的宽容,但也有选择和排斥的一面,对自己不利的书也屡屡禁绝和焚烧。其三,诸侯们已经开始摸索办法把"学"置于自己控制之下,如赵烈侯的尊儒、齐国设学宫等。其四,诸子之学几乎都在呼喊要吏师合一、圣王合一。这在理论上为以吏为师做了准备。其

---

① 刘泽华主编《士人与社会·秦汉魏晋南北朝卷》,天津人民出版社,1992。

五，诸侯国的官办学校就是以吏为师。秦始皇实行以吏为师，就事实而言，就是实行学校官办，取缔私人办学，实行思想垄断和思想统一。以吏为师与战国诸子的学术精神并无大违，甚至可以说是诸子之学内在的专制主义精神的一次实现。

汉武帝的"独尊儒术"是秦始皇的"以吏为师"的继续和发展。李斯是"以吏为师"的倡议者，董仲舒是鼓吹"独尊儒术"的重要人物之一（在他之前鼓吹者多多）。乍然看去，韩非、李斯与董仲舒的政见差别很大，可以说是敌对的，韩非、李斯要打击儒家，董仲舒则要独尊儒术。可是换一个角度看，分析一下他们的出发点和要解决的问题，应该说又是基本相同的，甚至所用语言也雷同。他们的目的都是为了尊王，实现大一统；在政治思想上一个讲"定一尊"，一个讲"持一统"，实行思想统一和专制；所尊之外一律排他，取消私学。李斯提出，对非所尊之学实行"禁""烧""族"，董仲舒提出"皆绝其道"。所以我认为，汉武帝的独尊儒术与秦始皇的以吏为师是一脉相承的，又都是学在官府的再建。当然，汉武帝比秦始皇高明，他有成套的措施，最主要的是他找到了一种思想文化的依托，这就是儒术。秦始皇所尊的是法令，是自己的直接意志，汉武帝则通过儒术做缘饰。

汉武帝独尊儒术、罢黜百家，同秦始皇的以吏为师一样，意在把社会的思想文化置于王权控制之下，使思想文化降格，成为王权的从属物。且不说被"罢黜"者，就被"独尊"的儒术而言，恰恰因被尊而失去了原有的独立性格。因为它的被尊是皇权决定的，它被皇权宣布独尊的同时，也就被置于皇权控制之下。儒术变成皇权政治的组成部分，成为皇帝需要的政治原则，儒家的"经典"是由皇帝钦定，最高解释权也归皇帝。在这种局面下，儒家特别是儒家的"经典"体系，不是御用之物又是什么？

我认为，儒学既是官学，也就是官方的意识形态，这种官方意识形态借助帝王的政治力量推向全社会，从而使整个社会观念儒家化。儒家的社会化无疑有自身的儒化因素，但更主要的是政治推动的结果。特别是以经取士，把士人的多数吸引到儒家的轨道，并成为维护帝王体系的学人或政治工具。

（二）王权对士人的支配与控制

在中国古代，士很难作为一个独立的社会阶层而存在。当时社会分化还不充分，或分化还没有充分地独立化。因而，士面临着无可回避的现实抉择：靠什么职业谋生？自春秋战国以降迄于近代，士的主要出路是当官，成为社会中的官僚阶层。以"选贤任能"为特征的中国传统官僚制度的产生在古代中国造成了一个特定的社会阶层，这个阶层充当着君主安邦治国的工具，是君主的爪牙。

士除了当官以外很难有其他出路。隐士，是指不肯当官或者辞官隐居的知识分子。真正的隐士，其生活处境相当困难，一般的士人难以接受。……李斯看到厕所与粮仓的老鼠大不一样，厕所的老鼠又脏又瘦又胆小，粮仓的老鼠硕大无朋而且胆大。由此联想，士人如同老鼠，不入仕则如厕所的老鼠，入仕为官则如粮仓之鼠。在李斯看来，"久处卑贱之位，困苦之地，非世而恶利，自托于无为，此非士之情也"①。可见，士人一般是不走隐士这条路的。士人也有经商的，称为商贾之士。中国古代重农抑商，由学致商的例子并不是很多，不具有普遍意义。

中国传统知识分子的特征可概括为三个字：士大夫。中国传统士大夫的品格可以概括为社会地位的臣仆化与思想文化的主体化这样一种混合型的结构。这种品格结构是由中国特定的社会历史背景造成的。

士大夫的臣仆化可以从两个方面做出说明。从帝王这一方面看，所有的人都必须是臣仆，只有当他们为王所用时才有存在的价值。从士人的角度看，他们大抵自觉地把自己视为臣仆。中国传统知识分子历来都认为必须有圣王才能治天下，没有圣王，社会将会一团黑暗，时刻都期待着明君圣王。在中国思想最为辉煌灿烂的战国诸子学说那里，思想上百家争鸣的结果非但没有否定专制王权，反而从理论上丰富和完善了王权主义理论。即使像儒家学者所谓的"君者，舟也；庶人

---

① 《史记·李斯列传》。

者，水也。水则载舟，水则覆舟"，以及"民为本"等，并非什么民主思想，而是在处心积虑地为专制君主着想，告诉君主应该明白自己生存的条件。当然，中国的士人也并非没有理性和批判精神，但在强大的专制权力下，政治理性不得不妥协和屈服。焚书坑儒、党锢之祸、文字狱造成了中国历史上一次又一次非理性的政治真空。在这种轮回不已、万劫不复的政治迭兴中，士人只能做忠臣、谏臣、股肱，更有甚者是做犬马，唯独不能做首脑。所谓"用之则为虎，不用则为鼠""效犬马之劳""臣罪该万死"云云，几乎成了人类政治史上的文化奇观。黄宗羲是明清之际的杰出思想家，他提出"为天下之大害者，君而已矣"，认为"天子之所是未必是，天子之所非未必非"。然而，他终究还是未能跳出传统政治的魔圈，不得不寄希望于明王，晚年也认定康熙帝是明君，他虽不出仕，但让他的儿子跟进。

伴随着士人的臣仆化还出现了学术的御用化，儒术独尊之后成了御用学术。从表面上看，似乎专制帝王很重视学术知识，然而仔细考察不难发现，学术不过是任凭权力牵着鼻子走的羔羊。

但是，士大夫同时又是古代中国思想文化创造的主体，或者说古代中国占主流地位的思想文化主要是由这些人创造的。知识和理性蕴含在思想文化中。任何一个人，只要他认真思考问题，就有可能导致独立的自主意识的产生。独立的自主意识在很大程度上决定着自我人格独立可能达到的程度。

这样一来，在士大夫身上承担了两种角色：在社会生活中，他们是君主的臣仆；在思想文化领域，他们是理性和道德的主体；在理论上，他们陷入了是臣还是主人的悖论；在实践中，他们处于进退维谷的窘境之中。这种二律背反导致了中国传统知识分子的双重人格：行为与思想乖离，口头说的是一套，实际做的是另一套；在朝说的是一套，在野又说另一套；飞黄腾达时多阿谀，失意之时多牢骚。

因此，中国士大夫所创造的思想文化缺乏一以贯之的学理性和逻辑性。我把这种情况称之为中国士大夫思想文化"精神病"。从不同身份时期看，他们无一贯学理，前后矛盾，昨亦是，今亦是，堂而皇之曰："彼一时也，此一时也""识时务者为俊杰"。从当官时期的情形看，他们多言行不一，阳奉阴违，口是心非。这是中国思想文化的一个重要现象。患上了这种"精神病"而不自知，或知而不悟，或悟而不改，是中华民族的悲剧。①

帝王控制了士人的多数和"学"的主流，也控制了社会思想文化的主体。这是造成中国社会长期处于帝王控制社会的主要原因之一。

六、帝王垄断思想观念中枢纽概念与社会思想控制意义

我在前边提到的《从韩愈、柳宗元的表奏析君尊臣卑观念的普遍性》②一文论述了帝王垄断思想枢纽概念与对社会思想的控制意义，现把其中的一段引述于下：

> 传统思想文化中的尊君之论多多，大致说来，诸种理论基本是围绕君主神圣、万能、仁慈而展开的。神圣问题涉及君主与传统思想最深奥的本体、本性、本根等问题的关系；万能问题是说君主的功能与作用是无限的；仁慈讲君主普度众生，是道德的化身，洒向人间皆是爱。其实这三者之间并没有界限，在传统思想文化中，本体的东西一定是万能的，也一定是善的、美的；反过来也是一样。在理论上和人们的希望中，君主应是完美无缺的；说到具体君主，自有高下、善恶之分，韩、柳的表奏专门称颂君主的无限伟大、光荣、正确和完美。
>
> 任何一种成形态的思想文化都有一套纲纽性的概念来表达和支撑，中国的传统思想文化也不例外。那些正面的纲纽性概念集中表达了真、善、美。韩、柳的表奏几乎把这些纲纽性的概念统统用上，以神化和美化君王。诸如

---

① 参见刘泽华：《帝王对士人与"学"的控制与支配》，《炎黄文化研究（增刊）》1998年第6期。

② 刘泽华：《从韩愈、柳宗元的表奏析君尊臣卑观念的普遍性》，载《中国政治思想史》第二卷，人民出版社，2008，第225—227页。

表达超人的或本体性概念，有神、上帝、天、天地、乾坤、日月、阴阳、五行、四时等；表达理智的，如聪、明、睿、智、英、谋、理、文、武等；表达道德的，如仁、义、德、惠、慈、爱、宽、恭、让、谦、休等；还有一些包容上述诸种含义，如天、圣、道、理等。中国传统思想文化的精神，都是靠这些纲纽性概念来集中、来表达的。在韩、柳的表奏中这些同帝王统统结为一体。把纲纽性的概念帝王化，由来已久，不是韩、柳的发明，但是一窝蜂似的把这些纲纽性概念同帝王胶结在一起，在前人中还是不多见的。纲纽性概念帝王化现象是中国传统文化的一个重要特点。帝王拥有、占有了这些纲纽性的概念，也就控制了思想文化的命脉，反过来又成为控制社会和人们的灵魂的法宝。把这些真、善、美的纲纽性概念献给帝王，也就把自己的灵魂奉献给了帝王。

上述这类概念用处很广，有些由帝王垄断，臣民绝对不可沾边；有些虽不独用于帝王，但是只要在君臣对比中，这些概念必定一股脑戴在帝王头上。正是从这个意义上说，表现为帝王纲纽性概念的独占显示出高乎所有人之上和对整个思想文化的控制性。文中接着论述：

> 君主神圣是尊君论之纲。神是超人类、超自然的，固不待言；圣本来是在神之旁出来的一个突出人的意义、突出理性的概念，但没有走多久，就和神连结为一体。如果细分，神和圣虽然还是有某些细微的区别，但一进入形而上，两者就难分难解了，神和圣混同，也就是神性和理性混同。从中国的历史进程看，殷、西周时期神与王是混合的。春秋、战国时期在神与现实的王之外创造出了一个观念性的、体现理性的圣王，可谓神、圣、王三者鼎立。实际上，在三者分析的同时，也就开始了混同。从秦、汉开始，现实的帝王与神、圣逐渐形成一种特别的混合体。所谓"特别"指三者是又即又离、不

即不离式的怪物。这个怪物随着人们不断地打扮、涂抹，越来越五彩缤纷，越来越模糊不清，真可谓一个巨大的混沌。它像《庄子》中的混沌一样，是不可分析的，一分必死，更准确地说，一旦君主与神、圣分开，它就失去了合理性和绝对性。中国历史上的叛逆者、革命者总是要以这种分析作为自己的起点。韩、柳不是叛逆者，他们是沿着神、圣、王混合一体的道路接着走的，在混沌上加混沌，君主被神圣到了无以复加的地步。他们两人真不愧为超级文字大师，文章写得那么洒脱，那些生硬的概念在他们手中，一下子变成粉彩，对君主浓妆艳抹，斐然成章。同时又像痴呆的老妪，就是那么几层意思翻来覆去地唠里唠叨，没完没了！

....

人与神的差别既表现为"存在"形式上，更表现在功能上，而后者更为重要。任何东西一旦被赋予超人的功能，它就是神；比神更神者，无疑是神中之神。在韩、柳的表奏中，神化、自然化、皇化是三位一体的，甚至是超神的。严格地说，在传统思想文化中占主流地位的并不把帝王视为神，或者说不以神的形式来定位帝王；神化帝王主要是通过无限夸大其功能来表现的，由于功能相同，于是帝王与神相同或相通。

以上的颂扬大抵还是泛论，放在历史上如何呢？在韩、柳的笔下，这几位帝王的功业是超历史、超列祖、冠将来的。

....

这些阿谀奉承、歌功颂德、拍马屁的文字是王权至上的派生物和王权主义观念的组成部分，对帝王而言由此进一步获得了合理和权威的论证。在中国的历史上，建功立业、行德泽民一直是帝王合理性的重要依据之一。这种认识原本是极有意义的。但是在实现过程中却变了味，不管帝王们有没有功德，都必须编织一大套颂功的虚辞加在他们的头上，从而形成一种具有形式主义性质的颂扬文化。从历史的过程看，越是形式意义的东西越具有规范意义，只要没有对它提出异议，它就成为人们的当然前提。因此，这种颂扬文字不只是在重弹一种老调，而是在强化一种社会规范。面对伟大、英明、仁慈的君主，臣下除敬仰、服从之外还能做什么呢？臣下对君主的敬仰和服从意识是君主专制权力强化的必要基础和条件。所以，这些颂扬文化绝对不是可有可无的事，而是专制王权的重要精神支柱，也是专制权力运转的必要条件之一。

颂扬者、拍马屁者或许从中得到某种利益，但在颂扬中同时也把自己丢失了、湮没了。作为一种文化，丢失的就不仅仅是个人，而是把所有与自己地位相同的人统统给丢失了。

君尊的理论与观念凌驾于所有社会理论与观念之上，并对其他的思想与观念形成居高临下的控制之势。因此，是思想文化史中一个具有全局性问题，不可不察。

以上几个方面不仅是思想文化的制高点，同时对整个思想文化具有控制性。由此，我说王权主义观念是传统思想文化主干，能说是违反历史事实的吗？

（原载《政治思想史》2013年第3期）

中国传统的人文思想与王权主义

在中国传统文化再认识过程中，有些学者提出，中国传统文化的特点是人文主义，理由是中国传统文化注重世俗而不追求神学。就此而论，我认为是可以的，并想就其表现再补充几句。但在论者之中还有人提出，以儒家为代表的传统人文思想是提供天下为公、人格平等、人格尊严、个性独立、道德理性、民主政治的基础，则不敢苟同。以我之见，中国传统的人文思想，其主导方向恰恰是王权主义，并使人不成其为人，兹试言一二。

一、传统人文思想的表现

夏、商、西周基本上是神的世界。从春秋开始，神的地位逐渐下降，人的地位逐渐上升。老子与孔子是人文思想发展中的两位巨擘，是中国历史上思维方式转向的标志，他们二人把先前零星的人文思想上升为理论，老子把人还给自然，孔子把人还给社会，从而奠定了中国历史上人文思想的基础。中国传统的人文思想如下几方面值得注意。

第一，在人与神的关系上，倡导先人而后神。

在中国古代思想史上，除少数人外，绝大多数思想家都没有把神赶出庙堂。相反，或多或少都给神留下了一席之地。老子认为道是最高的存在，并支配一切。他从本体论上抛弃了神，可是在信仰的范围内仍然保留着神。孔子讲"祭神如神在"，也是从信仰上说的。从传统思想看，神不限于信仰，有时也会侵入本体论和决定论中来。但终究人更重要，并以人的需要和精神改造神。以民情知天命，先人而后神、敬鬼神而远之和神道设教诸思想是人文思想对神道观念的改造和修正。

以民情知天命早在西周初已提出来，是"德"的这一观念发展的伴生物。德包含着对神的崇敬，但更注重人事。德把敬神与保民统一起来。"天畏棐忱，民情大可见。"①"民之所欲，天必从之。"②"天视自我民视，天听自我民听。"③这类话巧妙地把神、人结合为一体，并成为传统中认识神人关系的指导思想。这种认识实际上把神人文化。在儒家中，董仲舒是把神学推向极致的人物之一。然考其基本精神，天神的目的仍是为人谋利益，天"生育养长，成而更生，终而复始其事，所以利活民者无已。天虽不言，其欲赡足之意可见也"④。天人感应、天谴论大抵也是以人事为根据的。

人既然是神的目的，因此在处理神人关系或当两者发生矛盾时，众多的思想家主张先人而后神。这种思想虽不是孔子的发明，但他做了更确切的论述。"季路问事鬼神。子曰：'未能事人，焉能事鬼？'"⑤"务民之义，敬神鬼而远之，可谓知矣。"⑥庄子也讲："六合之外，圣人存而不论。"⑦即对神的问题不做理论的深究。把神作为工具，是进一步把神人文化的表现。墨子把这种思想阐述得十分明确。他认为，天神犹如"轮人之规，匠人之矩"⑧，是人手中的工具。

《易·象传》提出的"圣人以神道设教"，对后来的思想影响更大。"神道设教"，在解释上虽然可以走入神秘主义，但更多的是把神道作为工具来看待。只要把神作为工具，不管神在外观上有多尊严，它已失去目的意义，真正的目的是人。而以人为目的的实用主义正是人文思想发展的标志之一。

第二，在人与自然的关系上，倡导人与自然相谐和，并利用自然，为人造福。

人是从哪里来的？西周以前认为是神的产物。道家、阴阳家、《易经》的出现

---

① 《尚书·康诰》。
② 《左传》襄公三十一年。
③ 《孟子·万章上》。
④ 《春秋繁露·诸侯》。
⑤ 《论语·先进》。
⑥ 《论语·雍也》。
⑦ 《庄子·齐物论》。
⑧ 《墨子·天志中》。

改变了这种认识。他们从不同角度酿出了一种共同看法,即人是自然的产物,人是自然的存在。《易·序卦》说:"有天地然后有万物。有万物然后有男女。有男女然后有夫妇。有夫妇然后有父子。"《庄子·知北游》:"人之生,气之聚也。聚则为生,散则为死。"人作为自然的存在,是人文思想的理论基础。

思想家普遍认识到,人的活动要受到自然的制约。自然的力量比人的力量在总体上更富有威力,"逆天(指自然)者亡",正反映了这一认识。然而人在自然面前并不是无能为力的,人可以通过主观努力和探索,求得与自然的谐调,"法天""法地""法四时"①,是取得人与自然谐和的基本方式。只要能取得谐调,人不仅可以利用自然,自然简直是为人而存在。"万物同宇而异体,无宜而有用为人,数也。"② "天地之生万物也,以养人。"③

在传统认识中,一方面强调了自然对人的制约,要把"法自然"作为人类安身立命的起点,但同时又指出人可以"制天命而用之"。指明人是自然界的主人,可以利用自然为己造福,这样在人与自然的关系上突出了人的价值。

第三,在人的社会生活中,强调人性,并以人性为基础推演社会的人际原则。

传统思想深入探讨了人性问题。关于人性问题的实质,近人多归结为道德善恶问题。毫无疑问,这是人性问题中十分重要的内容。不过细研究起来还有更深层的含义,这就是人的自然性与社会性的关系问题,即生理本能、物质需求与社会关系、社会意识形态的关系问题。对两者关系,不同流派有不同的见解,大体有四种思路。

一种用自然性排斥社会性,如老、庄、魏晋玄学中的一些代表人物。他们认为现存的社会制度和道德观念等,都是对人性的桎梏和破坏,特别是儒家的仁义

---

① 《管子·版法解》。
② 《荀子·富国》。
③ 《春秋繁露·服制象》。

道德，是戕害人性的刽子手，是吃人的"虎狼"[①]。他们要求把人还给自然。

另一种则用一定社会制度和社会观念排斥人的生理本能和物质需求。孟子及宋明理学基本上是沿着这一道路思考问题。他们认为人性是善的，这种善即儒家的道德规范。人的欲望和物质追求是给道德完善造成麻烦的根源。在孟子及理学家们看来，人欲是破坏善的罪魁。因此要发扬善，必须与人欲做斗争。

第三种看法，认为人的自然性与社会性是统一的。法家持此说最力。法家认为，人的本能需要与社会追求是一个东西，即名和利。这种本性无须改，也改不了，改了反而有害。关键是如何利用这种本性以为统治者服务。

第四种认为，两者既有统一又有矛盾。此论以荀子的性恶说为代表。荀子从礼义道德来衡量人欲，认为人欲与礼义相悖，因此宣布人性恶。不过他没有走到极端，一方面主张限制和改造人性的恶，另一方面又要适当满足人的起码生活需求，礼便是调节两者之间关系的准绳。

关于人性的讨论，从根本上说，是探索人类怎样认识自己，以及人应该有什么样的价值。在道家看来，人的价值与回到自然的程度成正比，越是自然化，价值越大。法家则认为人的价值是在追求名利中表现出来的。道、法两种价值观虽有很深的影响，不过在传统思想中占主要地位的是孟子的性善论。另外，在汉代，荀子的性恶论也有一定的影响。孟、荀两家看起来截然相反，但归结点却是一致的。孟子认为仁义礼智是人的性善的逻辑展开，荀子认为仁义礼智是改造人性恶的结果。孟、荀都尊尧、舜为圣人，尧、舜是人的价值最高体现，是人的典范。孟、荀从不同角度出发，都提出了人皆可以为尧、舜的主张。孟子教导人们说，性善自我发扬，就能上升为尧、舜。荀子教导人们说，用礼义改造自己的尽头就会变成尧、舜。他们认为人的价值是在同自己的欲望斗争中提高和发展的。宋明理学沿着孟子的方式进一步论述了人的价值只有在道德化的道路上才能充分显示

[①]《庄子·天运》。

出来。

道德完善并不是个人的私事。在儒家看来，个人道德完善是社会完善的基础和起点。"修身—齐家—治国—平天下"这一公式集中表达了他们的见解。在这一公式中，个人的价值与作用被置于崇高无上的地位，不但神被抛到九霄云外，社会的其他关系与因素也被排挤到次要地位。

这里，我们不去评论上述思想的得失，但有一点是可以肯定的，人文思想获得了充分的展开。

第四，人们在自我追求中主要是求圣化而不是神化。

在古代传统思想中，不是没有自我神化的追求，但占主流的是追求圣化，即通过自我修养和完善，成为圣人、贤人、仁人、大丈夫、成人、君子、善人。这些人的共同特点是道德模范。圣化和神化的道路虽然并非水火不容，比如在修养过程中有共同点，但终结点有着原则的区别。神化追求超越自我，最后变成一个彼岸世界中的一员；圣化则力求最大限度地实现自我，在充分发挥自己的主观能动性和执着的追求中，把社会的一切美集中于一身，从而上升为一个超人。传统中的圣贤，特别是儒家中的圣贤，都以悲天、悯人、救世为己任。因此对圣贤、仁人的追求，促进了人文思想的发展。

第五，把自然、社会和人自身作为认识的对象和实践的对象。

前边所讲的几点，在逻辑上必然导出把自然、社会和人自身作为认识的主要对象和实践对象。在认识史上虽然也有对天国的幻想，但人们普遍关心的是现实生活中的人，以及与人相关的自然界。老、孔之后两千年，知识界讨论的主要问题，几乎一直是围绕天人关系、历史之变、心性、治乱、道德、民生等问题开展的。在这里，认识对象与实践是一致的，诚如章学诚所言："古人未尝离事而言理。"[①] 由于把现实生活作为认识和实践对象，从而为人文思想开辟了广阔的道路。

---

① 《文史通义·内篇·易教上》。

以上从不同角度对传统人文思想的具体内容做了说明。那么，传统人文思想思维方式最主要的特点是什么呢？这就是人们常说的一体思想，即把自然、社会和人视为一个谐和的统一体。这种统一是通过自然的人化、社会化和人与社会自然化达到的，简称自然的人化和人的自然化。在自然的人化与人的自然化观念中，有一些合理的，甚至包含着一些科学的因素。比如人与自然存在某种统一性。诚如荀子所言：" 水火有气而无生，草木有生而无知，禽兽有知而无义。人有气、有生、有知，亦且有义。故最为天下贵也。"① 即在气、生、知上，人与自然有某种统一性，这种看法是很有道理的；但在自然与人统一的理论中，还有许多是通过人为的对应模拟生造出来的。《易传·系辞上》说："天尊地卑，乾坤定矣。卑高已陈，贵贱位矣。" 接着论述乾代表"天""君""金""玉"，坤代表"地""母""众"（臣民）"布"等。《易传·文言》则讲"地道""妻道""臣道"属阴，阴应顺天从阳。在这些论述中，人分贵贱，天地乾坤阴阳也分贵贱，而且在论者看来，人的贵贱倒是从天地贵贱中引申出来的。中国古代各派思想家都讲"公"，公本是道德观念，但各家都说公是"天道"的本性，并外化而为道德之"公"。把天道道德化，反过来又用道德化的天道论证人世道德，这是古代天人合一的重要内容之一。

人自然化，自然人化的思维方式，把一切个体都视为恢恢天网中的一个结。个体在关系网中只有相对的地位，君主是人间最尊贵的，独一无二。但君主也只是关系网中的一环。他只有顺天、从人，才能保障自己的安全和尊贵。这种观念无疑具有合理的一面，从现代的系统论观点看，古人是把自然、社会、人视为一个有组织的严密的大系统，每个事物都受系统关系的制约。但是古人在构筑这个大系统时，对系统的认识不是建立在分析科学的基础之上，而是以直观的模糊认识来完成的，因此所谓的系统关系有许多是虚构的、臆想的。另一方面，这个系

---

① 《荀子·王制》。

统结构本质上是按照社会现实的等级结构来组织，并且都贴上了道德的标签。人自然化，自然人化的结果，既使人不成其为人，又使自然不成其为自然。自然与人都因此而失真。但由此却得到一个对当时君主政治非常实惠的东西，即大一统。在天、地、人大一统中，君主具有承上启下、圆通万物的作用。

二、王权主义

有一种意见认为，人文思想与民主、自由相联系。其实无论从逻辑上还是从历史上看，这种说法都难于成立。从逻辑上讲，专制主义可以包括在人文思想之中；从历史上看，中国古代的人文思想很发达，君主专制主义也很发达，专制主义恰恰以具有浓厚的人文色彩的儒家思想为理论基础。另外，从内容上看，中国古代人文思想的主题是伦理道德，而不是政治的平等、自由和人权，当时的伦理道德观念最终只能导致专制主义，即王权主义。在古代的传统思想，特别是儒家思想中，虽然有不少重民、爱民、利民、惠民、恤民、爱民如子、民为邦本等主张和理论，这些常被人们誉为民本主义和民主主义等。其实，事情的本质未必如此。古代的重民、爱民并不是目的，一般地说，它只是一种手段，孔子讲得很清楚："惠足以使人。"① 不管人们就"爱民"问题讲了多少美好语言，民基本上是被恩赐和怜悯的对象。民从来没有比这个地位更高。那么谁是目的呢？谁是操握民这个工具的主人呢？是君主、是帝王。人们常爱把范仲淹的"先天下之忧而忧，后天下之乐而乐"作为民主思想的典型加以征引，其实不应忘记他前边说的两句话："居庙堂之高则忧其民，处江湖之远则忧其君。"这两句正说明君主是目的，民只是被怜悯的对象。

我们说君主是目的，并不是说君主是不受任何制约的。从理论体系上看，君主也是被规定的对象。他不仅要受到天、人的制约，还要受名分、伦理道德的制约，即受到道统的制约。中国传统的名分、道德和道统确实对君主的行为有规定

---

① 《论语·阳货》。

和制约作用，但是我们不能忽略这样一个基本事实：在总体上，这些理论又是对君主地位的肯定和维护。对君主严格的要求正是为了保证君主地位的巩固与稳定。道德自然化，恰恰成为君主因自然而为必然的证明。另一方面，君主尽管只是整个关系网中的一个结，但是他在这个网结中非同一般的网结，而是处于枢纽和指挥地位的纲。如下一些理论从各方面论证了君主的绝对性：

第一，君主能参天地，是调节人与自然的中枢。

天地化育万物是古人的共同认识，在天地化育万物过程中，人并不是纯粹的外在物，他们可以参加到天地育化万物的行列中来。《荀子·天论》说："天有其时，地有其财，人有其治，夫是之谓能参。"人虽具参天地之才能，但并不是人人都能做到的，只有圣人君子才能做到这一点。《中庸》说：圣人"能赞天地之化育"。荀子说："君子者，天地之参也，万物之总也，民之父母也。无君子，则天地不理，礼义无统。"① 中国传统思想中的圣与王在理论上不完全一致，但一般说来又是"内圣而外王"，正如董仲舒所说："古之造文者三而连其中谓之王。三画者，天地与人也，而连其中者通其道也。取天地与人之中以为贯而参通之。非王者孰能当是。"②《礼记·乐记》说："天高地下，万物散殊，而礼制行矣。流而不息，合同而化，而乐兴焉。"意思是说，礼乐原本于天地，但是礼乐又不是纯自然的产物，它是圣人根据天地的本性而制作出来的："故圣人作乐以配天，制礼以配地。礼乐明备，天地官矣（郑玄注，官犹事也，各得其事）。"只有经过圣人之功，天、地、人才能和谐相配。圣人、君主参天地的理论，把君主抬到超人的地位，君主不但被圣化，而且也有神化的意味。

第二，君主体现着自然与社会的必然性，把握着必然之理。

中国古代的思想十分注重自然与社会的必然性，他们把这种必然性称之为"道""理""时""势""必""然""节""序""数"等。传统思想认为，"天道"

---

① 《荀子·王制》。
② 《春秋繁露·王道通三》。

与"人道"在原则上是统一的。人道本于天道。"君子尚消息盈虚，天行也。"① 天行即天道，君子重视消长盈虚，因消长盈虚是天道，是自然规律。《荀子·王制》说："君臣父子兄弟夫妇，始则终，终则始，与天地同理。"这里所说君臣、父子、兄弟、夫妇指人伦，始终指世代相传而不变。人伦与天地同理。人的一切规范几乎都本于自然之理。《易经》就是天道与人道相统一的文化表现。《易传·系辞上》说："《易》与天地准，故能弥纶天地之道。"圣人作"易"体现了天人的统一和必然。

人们都要受到自然社会的必然性的制约，但对人来说有自觉和不自觉之分。"百姓日用而不知"②，是"作而行之者"③，处于浑浑噩噩的自发状态；君主、圣人的专职是"坐而论道"④，只有他们知"道"，并把握着必然性。"圣人者，明于治乱之道，习于人事之始终者也。"⑤ "道不同于万物，德不同于阴阳，衡不同于轻重，绳不同于出入，和不同于燥湿，君不同于群臣。凡此六者，道之出也。"⑥ 君主是道在人间的体现。君主也只有"体道"⑦ 才能成为君主。所以又说："道者，万物之始，是非之纪，是以明君守始以知万物之源，治纪以知善败之端。"⑧ "天者，理也；神者，妙万物而为言者也；帝者，以主宰事而名。"⑨ 帝王是把握天理引诸人世的中枢。

帝王体现着规律，体现着必然，人们要遵从规律和必然，首先必须遵从帝王。

第三，君主是政治治乱的枢机和决定力量。

---

① 《易传·剥·彖传》。
② 《易传·系辞上》。
③ 《周礼·冬官·考工记》。
④ 《周礼·冬官·考工记》。
⑤ 《管子·正世》。
⑥ 《韩非子·扬权》。
⑦ 《韩非子·解老》。
⑧ 《韩非子·主道》。
⑨ 《二程遗书》卷一一。

中国古代的各家各派，从不同的角度出发，几乎一致认为君主在国家治乱中具有决定性的作用，这种认识同君主专制制度的不断强化是一致的。在君主制制度下，君主个人具有无上的权力。由于权力支配着社会，君主的一言一行都会对社会政治局面产生重大的影响，于是就出现了鲁定公与孔子关于"一言而可以兴邦"和"一言而丧邦"问题的讨论。① 孔子对这两句话虽然做了一些具体分析，附加了一些条件，但最后还是基本同意的。在这一言可以兴邦、一言可以丧邦的体制下，君主在国家治乱兴衰中，无疑具有决定性的作用。"君不贤者其国乱。"② "君者，民之源也。源清则流清，源浊则流浊。"③ 基于这种认识而有"观国，观君"④ 之说。儒家主张人治，对于君主更寄予厚望。《中庸》说："文武之政布在方策。其人存，则其政举；其人亡，则其政息。"在整个封建时代，几乎所有的思想家，都把希望寄予圣明君主身上。事实上，君主并非都是圣明，相反，众多的君主是残暴之徒，于是出现了矛盾。基于这种情况，对君主进行品分的理论在各家各派中都占有显著地位。每位思想家都按照自己的理论标准，把君主分为圣主、明主、昏主、周主、残主、亡主等。

对君主进行品分，在认识上具有重要意义。它说明君主是认识的对象，可以分析，孟子在评价梁惠王时就表现得相当勇敢："不仁哉，梁惠王也。"⑤ 荀子把当时所有君主放在他的理论面前衡量时，得出一个彻底否定的意见，认为当时的君主皆"乱其教，繁其刑"⑥ 之辈。

传统思想一方面把君主视为治乱之本，另一方面又把君主作为认识对象，进行无情地分析。这两种观察问题的方法，看起来是矛盾的。如对君主的理论要求

---

① 参见《论语·子路》。
② 《荀子·议兵》。
③ 《荀子·君主》。
④ 《管子·霸言》。
⑤ 《孟子·尽心下》。
⑥ 《荀子·宥坐》。

会与君主现实表现发生某种冲突；然而两者又是统一的，对君主的品分不是对君主专制制度的否定，而是从更高的角度对君主专制制度进行肯定，在对昏君的批评中衬托着对明主的热切希望。从理论上考察，对君主寄予希望越多，臣民的历史主动性失去的就越多，从而越有利于君主专制制度的稳固。

第四，君主拥有全面所有权。

自从《诗经·北山》提出"溥天之下，莫非王土；率土之滨，莫非王臣"之后，遂成为形容王权至上的口头禅。从经济过程上看，全国的土地与臣民是不是属于王有，这里不去讨论。但作为一种观念却几乎是无可置疑的。秦始皇统一中国之后即宣布："六合之内，皇帝之土……人迹所至，无不臣者。"[①] 刘邦称帝之后即宣布天下为己业。黄宗羲曾指出，人君"视天下为莫大之产业"[②]。《管子·形势解》甚至给君主下过这样的定义："主者，人之所仰而生也。"

与这种最高所有权思想相对应的，是恩赐思想的盛行。一切阳光和雨露，都属于圣明君主，甚至连处死都称为"赐死"，而且成为死者的一种殊荣。

全国一切的最高所有权属于王，臣民的一切是王恩赐的，这两种观念的结合，把君主置于绝对的地位，为君主专制提供了强有力的理论根据。

第五，君主是认识的最高裁决者。

权力和认识本来属于两个不同范围内的事。在古人的认识中，坚持和提倡权力和认识二元者虽时有其人，但在传统中占主要地位的是把两者并为一元，君主是认识的最高裁决者。《尚书·洪范》关于王道皇极的论述颇有代表意义。"无偏无陂，遵王之义；无有作好，遵王之道；无有作恶，遵王之路；无偏无党，王道荡荡；无党无偏，王道平平；无反无侧，王道正直。"这几句话是传统思想中的最高信条之一，它的妙处在于把王权、认识、道德和行为准则四者结合为一，而且以王权为核心，其中的王虽然是抽象的王，但上升为具体时，则表现为对王权的

---

① 《史记·秦始皇本纪》。
② 《明夷待访录·原君》。

肯定。思想家倡导的"内圣外王"理论，为王之权力、认识、道德的统一做了更具体、更深入、更巧妙的论证。圣和王虽然常常有矛盾和冲突，但圣的最后归宿是王。因此，王高于圣。荀子把君主说成"居如大神，动如天地"①，就是把君主视为认识和道德的最后裁决。郑玄说："言作礼乐者，必圣人在天子之位。"②也说明天子高于圣人。法家提倡的"以吏为师"从政治实践上就权力裁决认识做了规定。在秦以后，法家虽然被排斥于正宗之外。但他们的许多思想，其中包括"以吏为师"却被统治者视为法宝而加以使用。儒家虽然不停地强调道德及相关认识的独立性，但是当理论分歧不可开交时，最后还是皇帝加以裁定，石渠阁和白虎观会议便是由皇帝裁决认识分歧最为典型的两次举动。朱元璋删《孟子》也证明权力高于认识。历史上连续不断的文字狱是权力与认识发生尖锐冲突的表现。中国的经学有着非常丰富的内容，但它作为官学，不仅为维护王权和封建秩序服务，同时又受王权的支配。哪些列为"经"及标准注疏，都是皇帝下令确定的。其实何止经学、史学的主干部分，所谓正史等，多半是遵照官方的旨意来编写的。到了清代，连版本都由皇帝"钦定"。从理论的认识过程和逻辑来看，未必都以王为中心，但实际上王权高于认识过程和逻辑。中国古代不存在独立的认识主体，这一点就决定了难以有独立的认识。

王权主义与人文思想不是两种对立的思想体系，王权主义属于人文思想的一部分。从历史上考察，中国古代人文思想相当发达，同时君权专制也十分发达，而且专制君主正以人文思想很浓的儒家思想为统治思想。这种情况与西方近代的历史过程有极大的不同。近代西方的人文思想与封建专制是对立的。中、西之所以会有这样大的差距，关键是人文思想所背靠的历史条件不同。近代西方人文思想的发展以商品经济发展为基础；而中国古代的人文思想是建立在自然经济基础上的。在以小农为主的自然经济基础上，不可能产生民主思想，只能产生家长主

---

① 《荀子·正论》。
② 《中庸集注》引郑氏注。

义。家长主义是王权主义的最好伴侣。

三、使人不成其为人

王权主义与人格平等、个人尊严、个性独立是对立的，前者的存在以压抑后者为前提和条件，两者冰炭不可同炉。正如马克思所说："专制制度唯一的原则就是轻视人类，使人不成其为人。"那么，为什么一些人说中国传统文化导向了人格平等、个性独立呢？因为在古代传统人文思想中，确实有强调个人尊严和人格独立的一些词句，如，"三军可夺帅也，匹夫不可夺志也"[①] "事君者从其义，不阿其惑"[②]"从道不从君"[③]"大人当否，则以道自处，岂肯枉己屈道，承顺于上？"[④] 沿着这条路线走，确实培养出了不少志士仁人和不惧万难的硬汉子。但是从历史上来看，我们只能说这是个别现象。中国古代的人文思想从总体上不是把人引向个性解放和人格平等，而是引向个性泯灭，使大多数人不成其为人。造成这种结果的重要原因是王权至上和道德至上的理论及其相应的规定。

关于王权至上的理论前节已论述。这里再讲如下一点，即等级制及其相应的理论对人的束缚。等级制及其相应的理论把王抬到了金字塔顶，并使所有的臣民变得既不自立，又无自由。有人说中国缺乏等级制。的确，乍然看去，中国古代的等级制不像西欧中世纪那样僵化和稳固。其实中国古代的等级制也是相当发达的，只不过有自己的特点罢了。其特点就是多元性和成员的流动性。多元性表现在不同的等级系统，如爵制、官品、门第、户等、职业贵贱，以及民族等差等；流动性指等级中的成员因种种原因有升降和贵贱对流。等级的多元性和成员的流动性不是打破了等级，反而使等级制更加顽固，成为中国历史上的一个痼疾。由于等级制的顽固存在和发展，在观念上论证等级合理性遂成为统治阶级代言人的

---

① 《论语·子罕》。
② 《国语·晋语一》。
③ 《荀子·臣道》。
④ 《伊川易传》卷一《象》。

一大任务。古人论证等级合理的理论十分发达,这集中反映在关于礼的理论中。礼的本质就是讲"分",讲"别",讲"贵贱"。

等级贵贱的理论与规定,首先使人丧失了独立的人格,人一生下来就是他人的从属物。人没有独立的人格,个人的尊严和自由从何谈起?

人的自由首先应表现在思想自由上,因为思想这种东西难于以有形的方式被他人占有。但是在中国的古代,代表统治者的思想家们却绞尽脑汁,想方设法去束缚和限制人们的思想自由。礼的规定与理论在这方面起了极为恶劣的作用。这集中表现在,把礼作为思想的藩篱、思维的前提和判断是非的标准。《论语》中的如下两句话颇为典型。一句话是:"君子思不出其位。"① 另一句是:"非礼勿视,非礼勿听,非礼勿言,非礼勿动。"② 按照认识的规律,一切客观存在的事实,都应作为认识的对象。人们的认识与思考只对对象负责,人人都有认识的权利。然而在礼的束缚下,人们不能超越自己的社会地位去探索问题,表现在政治上就是"不在其位,不谋其政"。孔子讲的"四勿"把礼当作认识的前提,为认识划定了圈子。这样一来,人的认识结论在认识未进行之前已被确定。正如荀子所讲:"非察是,是察非,谓合王制与不合王制也。天下有不以是为隆正也,然而犹有能分是非治曲直者邪?"③ 荀子的王制即礼。《礼记》的作者把问题说得更加明确。《礼运》说:"礼者……所以别嫌明微。"《曲礼》说:"夫礼者,所以定亲疏,决嫌疑,别同异,明是非也。"当连属于自己的思想也失去自由时,还有什么个人的自由与尊严可谈?专制王权的发展是以对社会上除王之外的每个人的剥夺为前提的;专制王权愈发展,剥夺的就愈多。

在传统思想中,与王权主义并行的是道德至上的理论与规定。儒家的道德理论是典型的人文思想。这种理论从外表上看,特别注意发挥人的主观能动性、主

---

① 《论语·宪问》。
② 《论语·颜渊》。
③ 《荀子·解蔽》。

观修养与自我完善,然而问题恰恰藏在其中。按照儒家传统道德的教导,主观能动性越充分地发挥,就越导向对自我的剥夺;达到自我完善,也就达到了自我泯灭。鲁迅先生把传统的仁义道德归结为"吃人"二字,有些人不以为然,认为是形而上学,是虚无主义。静心思之,从理论角度上看,鲁迅先生的说法未必十分准确(按,鲁迅讲这话时是以文学家的面目出现的,而不是以理论家面目谈问题),不过在我看来,鲁迅先生的话更接近事情的本质。本来是讲求人的完善的道德,怎么会变成"吃人"呢?看起来有点蹊跷,然而妙道正在其中。

我不否认儒家的道德理论在中国历史上曾起过有益的作用。在人的自身完善中曾充当过善良的导师。但最后的归宿仍不免是"吃人"。对此可以从两方面考察。

其一,儒家把道德看成人们生活的最高层次,从而限制了人的全面发展。

道德是任何时候都不可缺少的,是维系社会正常生活所必需的。但是道德并非人们唯一的社会生活,而且在复杂的社会生活中也不具有决定意义。儒家的错误恰恰是把道德视为人类社会生活中最根本的东西。人之所以为人,人与动物的区别就在于人有伦理道德,最早提出这个问题的是孔子,他认为,只有礼才是区别人与动物的标志。孟子讲:"人之所异于禽兽者几希。"[1] 意思是,人不同于禽兽的地方就那么一点点,这一点点即"不忍人之心",亦即仁、义、礼、智。荀子说:"人之所以为人者,非特以二足而无毛也,以其有辨也。"[2] "辨"即"别","别"是礼的核心和本质。《礼记·冠义》说:"凡人之所以为人者,礼义也。"朱熹也认为,人之所以为人,在于具备仁、义、礼、智等道德。[3] 把道德作为人与动物区分的标准,在理论上有重要意义,它从根本上论证了道德是人的本质。

人的本质既然是伦理道德,由此推演下去,要做一个人,首先必须把道德

---

[1] 《孟子·离娄下》。
[2] 《荀子·非相》。
[3] 参见《孟子集注》。

修养放在首位,人的价值要由道德的高低来决定。因此做人的第一要义就是"立德"。在人的活动中,德是"体",是"帅",是目的,其他都是为德服务的。正像司马光所说:"德者,才之帅也;才者,德之资也。"北宋刘彝对此也有过论述:"臣闻圣人之道,有体、有用、有文。君臣父子仁义礼乐历世不可变者,其体也;诗书史传子集垂法后世者,其文也;举而措之天下,能润泽斯民,归于皇极者,其用也。"① 在刘彝看来,全部社会文化只不过是道德的表现形式。

关于道德与经济的关系,在历史上表现为义利之争。在儒家的传统中,义是第一位的,利是次要的,因此贵义而贱利,甚至把利当作抨击的对象。孔子讲:"君子喻于义,小人喻于利。"② 孟子讲:"亦曰仁义而已矣,何必曰利。"③ 董仲舒说:"正其谊不谋其利,明其道不计其功。"把经济生活置于可有可无的地位。宋代理学家对义利之辨看得很重。程颢说:"天下之事,唯义利而已。"④ 朱熹认为义利是"处事之要"⑤。在义利关系上,理学家有一个基本倾向是重义而轻利,甚至排斥利。总之,在儒家看来,经济生活对人无关紧要,首要的是道德。

把道德视为人的生活最高层次,从表面上看,很难说它是一种低劣的理论。但问题也正在于此。人们的社会生活是多方面的,在各种活动中最具有决定意义的是生产和经济生活。儒家的道德至上论颠倒了社会生活的关系。由此引出的关于人的价值观念必然是错误的、片面的。把道德视为一切生活的统帅和本体,限制了人的全面发展,扼杀了充分施展才干的可能性。

其二,从道德具体规范上看,它把人变成畸形的人,使人不成其为人。

儒家所倡导的伦理道德,有着特定的历史内容,它的主旨是什么?仁者见仁,智者见智,莫衷一是。不过在我看来,"三纲五常"可谓儒家道德的真谛。"三纲

---

① 《宋元学案》卷一"安定学案"。
② 《论语·里仁》。
③ 《孟子·梁惠王上》。
④ 《二程遗书》卷第十一。
⑤ 《朱文公文集》卷七四《白鹿洞书院揭示》。

五常"所表示的是一个完整的关系网,每个人都不过是这个关系网中的一个小结,在这个关系网中,没有个人的独立价值和地位,每个人只是当作一个从属物而存在。

"三纲五常"理论导出的最为明显的后果之一,是把人作为工具。从表面看,儒家道德十分强调个人主体意识,强调个人修养和个人追求,如"我欲仁,斯仁至矣"①。然而这只是起点,真正的归结点是成就道德。在儒家道德中最富于温情的要数孝道。父母子女是人间至亲,提倡孝道最能打动人的心弦,也符合人情,然而正是孝道使人一生下来就失去了独立的意义。因为在儒家孝道中,儿女是作为父母的从属物而存在的。孔子对孝有过不少论述,归纳起来主要有如下三个层次的内容。最低层次是"养",比养更高一层次是"敬",在孝中最高层次是"无违"。孟懿子问孝,子曰:"无违。"所谓"无违",即"生,事之以礼;死,葬之以礼,祭之以礼"②。"父在,观其志;父没,观其行。三年无改于父之道,可谓孝矣。"③在孝中,养与敬有其合理的意义,但无违则纯属悖谬了,而后者恰恰又是后来儒家所极力提倡的。《中庸》说:"夫孝者,善继人之志,善述人之事者也。"又说:"事死如事生,事亡如事存,孝之至也。"《礼记》许多篇都讲到孝,孝的最本质的规定是"顺"。孝道的主旨是儿女对父母的服从,而这种服从以盲从为前提。由此可以看到,儒家正是在最富于人情的关系中,巧妙地取消了人的独立性。儿子只是父亲的工具,他本身不具有目的的意义,推而广之,这样的人无疑是君主专制的最好的群众基础。这正是专制君主为什么大力倡导孝道的原因。

把人变成道德工具的基本办法是强调和倡导自我净化,时时处处把自我当作斗争对象。当客观与主观发生矛盾时,当社会与个人发生冲突时,当人与己发生不睦时,首先反思自己是不是符合礼义道德。礼义被视为超越一切的绝对,个人

---

① 《论语·述而》。
② 《论语·为政》。
③ 《论语·学而》。

主体在礼面前，只有相对的意义，个人一切言行都要以礼为准，孔子讲的"四勿"充分说明了这一点。为达到"四勿"，时时要克己，克己而后能复礼。孔子一再教导人们，处处要"约之以礼"①，要自戒，要自讼，要"自省"，要"自责"，要"慎言""慎行"，要"不争"。克己有其合理的一面，因为每个人都是社会中的一个成员，自己应该时时考虑自己应以什么方式存在于社会。但是孔子的克己走得太远了。他不是引导自身在适应社会中改造社会，而是处处克制自己安于现状、安于传统，通过自我斗争、自我克制从主观上消弭各种矛盾。

为了彻底克制自己，并使人彻底变为道德工具，儒家对欲望发动了猛烈的抨击。在儒家看来，人欲是破坏道德的罪魁祸首；无欲而后人道德。这种思想在孔子那里虽然还未形成系统理论，但已包含了这种思想的萌芽。他说："君子谋道不谋食。"②颜回则是典型。"贤哉，回也。一箪食，一瓢饮，在陋巷，人不堪其忧，回也不改其乐。贤哉，回也。"③孟子的人性善说从根本上把道德与欲望视为对立的不可两存之物，要存心、尽性，就要向欲望斗争。只有"寡欲"才能道德化。荀子的人性恶论实际上宣布人生来的感官欲都是坏的，必须用礼义加以遏制和改造，人才会变成尧舜，才能道德化。《礼记》明确提出"天理"与"人欲"的对立。"天理"即礼，作者主张存天理灭人欲。宋明理学把这一思想做了极致的发展。张载说："徇物而丧心，人化物而灭天理者乎？"④为此提出"灭人欲""立天理"。程颐也提出："灭私欲，则天理明矣。"⑤还提出，人的本质即"天理"，"人只有个天理。却不能存得，更做甚人也？""人只要存一个天理"。⑥正是从这一点出发才得

---

① 《论语·颜渊》。
② 《论语·卫灵公》。
③ 《论语·雍也》。
④ 《正蒙·神化》。
⑤ 《二程遗书》卷第二十四。
⑥ 《二程遗书》卷第十八。

出"饿死事极小，失节事极大"①。存天理，灭人欲，从某种意义上看，是要充分发挥人的理性，作为一个完全自觉的人；但是他们忽略了一个基本事实，人是有血有肉、有七情六欲的人，一句话，人是物质的。排除人的物质性而要纯理性的人，这种人是不存在的，如果有，一定是个异化的人，畸形的人！当我们把儒家所说的天理还原为历史时，那就不难发现，天理只不过是封建秩序的抽象化。天理从最高意义上肯定了封建秩序。正如二程所说："父子君臣，天下之定理，无所逃乎天地之间。"②"居今之时，不安今之法令，非义也。"③教人安于封建秩序的道德，不管其中人文思想多么发展，在本质上它只能是人的桎梏。

中国传统的人文思想，是历史留给我们的一份厚重遗产，但其中的精华，有时也夹杂着糟粕，作为特定的文化形态，两者几乎是很难分解的。因此，在建设社会主义新文化过程中，我们不可能采取简单的拿来主义。其中的精华也不可能原封不动地移植，必须经过再认识、再消化，而后才会变成有益的营养。目前有一种议论，认为西方的现代技术加上儒家思想，就是东方起飞的道路。在我看来，这是绝对不可能的。翻开历史，何曾有过超时代的文化？每个时代文化的主体精神，都是由该时代塑造出来的。新时代的文化不管与传统文化有多少联系和承继关系，它的基本精神都是新时代的产物，是由新时代的人创造出来的。以儒家为代表的传统文化在现实生活中虽然还有广泛的影响，但这不能证明它具有不变的永恒价值；西方文化中的衰落现象也不能证明儒家文化就包含着更多的真、善、美。以近一百年为例，中国人的观念发生了何等重大的变化？一百年以前，儒家思想还被奉为道体，而今情况何如？马克思主义只是在"五四"前夕才传到中国，现在已成为指导我们思想的理论基础。这一点足以证明传统的、民族文化的主体不是不可变的，恰恰相反，不仅可以变，而且必须要变！

---

① 《二程遗书》卷第二十二。
② 《二程遗书》卷第五。
③ 《二程遗书》卷第二上。

随着中国社会主义商品经济的发展，中国传统的文化观念定将发生根本性的变革。我们应该力促这种变革一定要沿着马克思主义方向，并吸收人类一切先进的文化，向前滚动。而不是寄希望于所谓传统儒家人文主义的复兴。马克思主义与儒家思想具有两种完全不同的文化基础，随着马克思主义的社会主义新型文化的形成与发展，儒家文化的影响只能越来越小才是正常的。把中国新时期文化的发展寄希望于儒学的再兴，不过是老调重弹而已。近代史既然已经证明，儒家文化过去不曾救中国，它怎么可能在经历了没落之后又会胜任救世的角色？！

（原载《南开学报》1986年第4期）

中篇

心得、思路与方法

历史认识论纲[①]

爱因斯坦有一句名言:"认识论如果不同科学接触,就会成为空洞的图式,科学如果脱离认识论,就会成为粗俗的、混乱的东西。"历史学是以人类社会既往运动发展过程为认识对象的科学,它也应该与一般认识论相结合。这就是历史认识论。

历史认识论研究历史认识活动的形式、特点、规律等问题。学术界虽然已有一些有识之士予以重视,但是,关于它的具体内容却还是一片待开垦的处女地。本文试图从以下五个方面略加探讨。由于篇幅所限,每个问题皆未能展开论述,故题曰"论纲"。

一、关于历史认识的特点

认识是主体对客体的反映,主体直接作用于客体,这是直接认识;主体间接作用于客体,这是间接认识。历史认识都是间接认识。因为在历史认识活动中,史家这一认识主体与客观历史这一认识客体之间并没有直接的联系。活生生的客观历史一去不复返,不可能直接介入后世史家的认识过程。换言之,史家要认识的是昨天和前天,而史家本人却生活在今天。这种时间上的限制把认识主体(史家)与认识客体(客观历史)截隔开来,这是历史认识不同于现实认识的重要特征。

那么,史家依据什么去认识历史呢?这就是各种历史材料,包括以物质形态存在的文物、遗迹和以精神形态存在的文献、口碑,这些我们统称为史料。史料虽然并不是历史,却是史家认识历史的中介体,是唯一能展示客观历史面貌的中

---

① 本文与张国刚合作。

介体。史家的认识活动是直接作用于也只能作用于史料的。因此，从这个意义上说，史料乃是史家历史认识活动的客体。我们称之为中介客体。而活生生的客观历史则成为历史认识所反映所描述的原本客体，这就构成了历史认识客体的二重性，这是历史认识的又一特点。

或曰，文物、遗址等物质形态的史料，固然可以作为认识客体，难道精神形态的文献、口碑也能够称之为客体吗？我们的回答是肯定的。马克思在《关于费尔巴哈的提纲》中所说的"思想客体"就具有类似性质。当前兴起的科学学不也是以精神产品作为自己的认识客体吗？某种用语言文字符号等为载体的知识体系虽然不是物质，但却反映物质，它从来就是人们的认识对象之一。

从历史认识过程中二重客体的相互关系看，一方面中介客体并不能完全覆盖原本客体，因为不管史料如何丰富，也只是保存了客观历史的部分片断和痕迹。因此，中介客体总是"小"于它反映的原本客体的。但在另一方面，中介客体主要指文献、口碑，又"大"于原本客体，因为不管史料记载如何凿凿有据，但它毕竟是当事人或传述者主观反映的记录，除了一些简单的记述如人物的姓氏乡里、生卒年月、事件的时间、地点、典制的名称沿革等（尽管这方面也有不少讹误）比较容易确定之外，很难说它就完全正确地记录了客观历史的真实过程。由于当事人和传述者的阶级立场、个人感受、认识水平和条件等的影响，总要在所做的历史记述中不可避免地掺进一些外在的成分和主观的因素。对此梁启超有一段坦率的自白："吾二十年前所著《戊戌政变记》，后之作清史者记戊戌事，谁不认为可贵之史料？然谓所记悉为信史，吾已不敢自承。何则？感情作用所支配，不免将真迹放大也。"[①] 这里说的是当事人的记述，尚不免如此，至于一再转手的史料，更如"古史辩"派所指出的"层累地构造的历史"那样，加进了更多的东西。所以说，中介客体往往又"大"于原本客体。

---

① 参见梁启超：《中国历史研究法》，东方出版社，1996，第110页。

历史认识二重客体之间的上述非偶合关系对历史认识活动产生了极为重要的影响。它限制了历史认识的内容，即当中介客体过于小于它反映的原本客体时，就无法开展这部分历史的认识活动。它规定了历史认识的特殊方法，即通过考证，以减少二重客体之间的误差。它还决定了历史认识检验中的实践标准具有多种多样的途径和形式。因此，它也就决定了历史认识活动既要遵从认识论的一般规律，又具有自己特殊的运动形式。

二、关于历史认识的一般形式与过程

历史认识活动作为一种科学研究工作，是一种有目的有计划的认识活动，它以探索未知的新领域、新知识为自己的直接目的，而不是漫无目标地去反映和认识客观对象，但认识的目的又是在"问题"这一情境中加以确定的。也就是说，"问题"是历史认识过程的起点，而不是一般认识论中的感觉经验。历史认识活动是一个知与不知的矛盾运动过程，"问题"正是知与不知的中介点，是这一矛盾的产物。而正确的历史认识成果，就是这一矛盾的解决。

不同的历史"问题"规定了历史认识活动过程中所要把握的具体对象，规定了历史认识方式和解答程式。由于客观历史的极其复杂性，历史认识也远比其他认识活动更为复杂。要弄清历史的真实发展过程，要找出历史发展链条中的环节和纽带，要掌握历史现象在历史上和现实中的价值，等等，都是历史科学所面临的"问题"。要解决这些不同性质的"问题"，便需要采取不同的认识形式。概括地说，主要有考实、抽象、评价三种。

关于考实性认识。这种认识形式在于确定历史人物、现象的存在形态，判断史料与客观历史之间的契合与差别，从而达到二重客体的相对一致性，还历史以"本来面目"。

恩格斯说："不论在自然科学或历史科学的领域中，都必须从既有的事实出发"①。但不同学科获取"既有事实"的方式各有不同。在现实认识活动中,人们主要是采取调查取证的方式,在自然科学中,则一般通过实验或解剖的手段以确定研究对象的客观实在性。然而在历史认识活动中,其"既有事实"是否确实不诬,是否清楚无误,一般来说是无法进行调查(考古、访古除外)或实验的。因而"考实"便成为不可或缺的认识手段,只有通过考实性认识,才能确定历史现象的真实存在形态,保证史家获得正确的历史认识。

自从有了史学,就有了对史学的考订,就有了考实性认识。这是我国史学史上尤其具有的优良传统。其方法一般是通过确定某一历史现象与其他历史现象之间的联系,来确定该历史现象的存在形态。一种联系即一个证据,列举证据又分事证、物证、理证,每一证大多又从本证、旁证、反证方面去求索。考实性认识一般包括以下四个方面的内容,即训释、辨伪、考证、考古。训释是解决史料与史家这一认识主体之间,因时代久远或空间隔膜而产生的认识障碍,如训释文字、疏释典章、考释名物等。辨伪是排除史料与客观历史之间的讹误,确定史料反映客观历史的真实程度,如史书的辨伪、辨析等。考证是对史料中那些隐晦不明、含糊不清或语焉不详的历史现象进行爬理梳抉,钩沉索隐,以反映出它们的存在形式及变迁痕迹。考古或访古则是通过对文物、古迹的鉴定,以确认和寻找历史的遗存。总之,考实性认识是历史认识的初始阶段,也是全部历史认识的基础和前提。

关于抽象性认识。一般来说,考实性认识所达到的高度,只是确定历史现象个别的外部形态特征。但是,在历史的表象背后,还蕴藏着它的本质;在纷繁复杂的历史过程中,还有规律性在起作用;在偶然的个别的历史事实中,还包含着必然的共性的内容。要探讨历史的统一性、规律性和本质,就需要做抽象性认识。

马克思说:"分析经济形式,既不能用显微镜,也不能用化学试剂,二者都必

---

① 参见《自然辩证法》,载《马克思恩格斯选集》第4卷,人民出版社,1995,第288页。

须用抽象力来代替。"① 中国古代有着重视抽象性认识的悠久传统，即所谓"究天人之际，通古今之变"。近代以来随着科学的昌明，特别是由于马克思主义的诞生，为抽象性认识提供了有力的武器。抽象认识的形式是多种多样的，诸如历史比较的形式、分析概括的形式、归纳演绎的形式、典型解剖的形式，等等，不管哪一种形式，都表现为一个"概念、规律等的构成，形成过程"②。

抽象性认识注重研究历史的必然性、统一性和规律性，这就要求它不能纠缠在由无数人物、无数事件组成的异常复杂的巨大历史画卷的每一个局部和细节，而要进行全局的和整体的考察。而全局、整体又是一个相对的概念，它可以是人类社会发展的历史，也可以是某一国家的历史，某一断代的历史，还可以是某一时期社会的侧面如政治史、经济史、军事史，或者是某一重大历史事件。总之，尽管考察对象的时空跨度大小有别，但只要是发掘历史的内在联系，都属于抽象性认识。

根据抽象性认识所反映的历史规律的程度，可以分为初始抽象和规律抽象两个层次。所谓初始抽象，是以考实性认识所确定的"既有事实"为直接起点的一种低层抽象。考实认识反映的是个别的特殊的，如某个地主或某家手工作坊。初始现象所反映的则是事物的共性，如某个历史时期的地主阶级或某个地区某一历史时期的手工业的一般情况。但初始抽象又是与考实认识比较接近的一种低层抽象，仍具有一定程度的"可感性"。规律抽象是在初始抽象基础上形成的一种深层抽象，它所把握的是事物的因果关系和规律性联系。这种抽象的结果往往表现出较浓厚的理论色彩。例如古史分期问题的观点，对中国封建社会长期延续原因的探讨，关于资本主义萌芽问题的理论成果，等等。与初始抽象相比，规律抽象比考实认识所确定的"既有事实"相距更远，很难说有什么"可感性"。但是，它却

---

① 参见《资本论·序言》（第一版），载《马克思恩格斯选集》第 2 卷，人民出版社，1995，第 99—100 页。
② 参见列宁：《哲学笔记》，载《列宁全集》第 38 卷，人民出版社，1958，第 194 页。

更深刻、更正确、更完全地反映着客观历史，是人们历史认识过程中的飞跃阶段。

然而纯粹的理论抽象并没有完成抽象性认识的全部任务，更不是历史科学的认识目的。它只是史家认识历史现象的一个阶段，还必须把抽象的概念、范畴、规律上升到思维中的具体，亦即不仅要从具体到抽象，而且还要进一步从抽象到具体，才是我们所说的抽象性历史认识的全过程。从具体历史事实达到理论抽象，我们获得了关于历史现象的一些抽象规定，而从抽象上升到具体，则是要在思维行程中把历史现象的具体性充分地展示出来。它从最基本的抽象范畴出发，在概念与概念之间的辩证否定过程中，通过一个一个的中介环节，一层一层地向具象升华，从而最终形成一个丰富的、由许多具体规定关系所组成的整体——思维中的具体。正如马克思所说的："具体之所以具体，因为它是许多规定的综合，因而是多样性的统一。"[①] 正是这种"多样性的统一"，才最具有历史认识的特点，它既不同于历史唯物论和社会发展史般的抽象概括，也不同于缺乏内在联系的零散的具体历史事实的堆积，而是抽象与具象、一般与个别的高度辩证统一，是抽象性历史认识中的最高阶段。

关于评价性认识。这种认识方式主要研究历史现象在历史上和现实中的价值。也就是说，它在回答了历史人物、事件，思想"是什么""为什么"等问题之后，还要进一步对它的存在意义和价值做出认识判断。

评价性认识主要包括以下三方面的内容：一是评价某一历史人物的功过，某一事件的意义，这些历史人物或事件在历史上有什么作用，是应该肯定，还是否定。二是判定历史上的认识活动的真谬，如某种政治观点、经济思想、军事见解、文艺理论等，究竟有没有真理性或科学性。三是分析各种历史现象（人物、事件、思想等）在现实生活中的意义、影响和价值。显然，评价性认识是在确定了历史现象的存在形式、抓住了历史现象的内部联系之后，通过史家的知识、感受和现实环

[①] 参见《马克思恩格斯选集》第 2 卷，人民出版社，1972，第 103 页。

境的影响等得出的一种价值理解，它更深刻也更鲜明地打上了时代和阶级的烙印。

对于历史的价值应如何判断，学术界有不同的认识。我们认为任何历史现象都是当时价值与衍生价值的统一。当时价值是指它在产生它的那个时代的影响，是在与同时代其他历史现象的关系中确定的，应该贯彻历史主义的原则，评价时不能离开一定的时间、地点和历史条件。衍生价值是指它在人类社会发展的长河中所产生的作用和影响，体现的是现实主义的原则，这不仅是因为评价时不能摆脱认识者的阶级立场和思想感情的影响，还因为只有在总的历史运动过程中才能确定其价值意义。一个史家的价值认识，可以是一种独立的表现形式，如"太史公曰"，王夫之《读通鉴论》，但更多的则是渗透在史学著作的字里行间。

综上所述，历史认识从问题开始，经过考实、抽象、评价，反映了历史认识的一般形成过程：考证事实—抽象规律—做出评价。但对于每一个具体认识活动来说，它们又各自构成一个单元性认识，分别解决着不同的"问题"。历史认识是一个社会现象，每一个史家都可以在不同认识层次中找到自己的位置。

三、关于历史认识的认知结构

认识是主体对客体的反映，客体的内容及存在方式决定了主体的认识内容。但是，主体并不是像照相机那样机械地把客观事物照搬过来，而是能动地去反映，总带有一定的认识"图式"或"框架"。这种"图式"或"框架"不决定认识内容，而决定主体认识的兴趣、角度、侧面、水平和程度。史家总是要用一定的"图式"或"框架"去划定自己的认识对象，我们把它称之为历史认识的认知结构。客观历史是凝固的、永远不会改变的，但是由于人们的认知结构不同，人们对于历史的认识并不凝固，并产生出千差万别的历史认识来。

史家的认知结构大致包括四个方面的内容：第一，历史观；第二，认知环境；第三，史家的知识构成与思维能力；第四，史家的情感与性格等个性因素。历史观是史家从事认识的指导思想。历史观简单地说有唯心史观和唯物史观，具体来讲，还包括二者的各种不同表现形式和中间状态。古往今来的任何一个史家，不管他承认不承认，他都是在一定的历史观指导下从事历史研究的。历史观虽然主要表现为对人类社会历史的总体的概括的认识，但是却渗透到具体的历史理论、方法和研究工作中。因此，即使是不从事宏观历史认识的史家，也不可能完全超脱历史观的潜在支配作用。

认知环境形成历史认识的情境条件，是时代需要、社会知识背景、现实环境等各种因素的总和。在现实认识活动中，对象的存在环境与认知环境广义地说是一致的，但在历史认识过程中，对象的存在环境与认知环境是不一致的。因此，认知环境对历史认识有不可忽视的影响。首先，它影响到史家的认知兴趣和认知角度，不同时代、不同社会、不同国度的史家会从不同角度、范围去选择自己的认识课题。其次，影响到史家的认识水平与高度，如古代史家与当代史家对历史上商品货币关系的理解就有深浅的不同；处在变革时代的史家与处在和平环境的史家对历史上的变革很可能有不同程度的理解。同时，由于认识的情境条件的触发，还能使今天的史家对过去史家百思不得其解的问题豁然开朗，深化人们的历史认识。再次，认知环境还影响到历史认识的方法和手段，现代的史家已能运用电子计算机和系统论等现代科学成果来进行历史研究，而在一个世纪以前甚至几十年以前则是不可能的。

史家个人的知识构成与思维能力对历史认识的影响也是十分明显的。历史认识活动是已知与未知的统一。历史认识的过程，就是通过已知求答未知的过程。个人知识构成是史家解答历史难题的已知条件之一，而思维能力则是史家解答历史难题的"演算程序"。有什么样的"已知条件"，就规定了叩击什么样的未知领域；"演算程序"如何，也直接影响到解答的正确。因此，一个哲学修养较好、理论思维能力较强的人，在哲学史、思想史和宏观历史研究中可能别出机杼；一个经济理论深厚、数学素质好的人，在经济史、财政史研究中将会得天独厚；一个不懂外语的人研究外国史将如同一个古文蹩脚的人研究古代史一样感到勉为其难;而一个缺少文艺细胞的人就不大可能产生研究艺术史的奇想。可见,史家的知识构成与思维能力不仅影响到历史认识水平,而且也影响到史家的认知兴趣。

情感、性格等个性因素在历史认识活动中的作用更为微妙,许多人不承认这一点,但它却实实在在是史家认知结构中的重要因素。恩格斯说:"在社会历史领域内进行活动的,全是具有意识的、经过思虑或凭激情行动的、追求某种目的的人。"① 历史认识活动像所有其他认识活动一样,是一个十分复杂而又生动的运动过程,其中既有概念、判断、推理等逻辑思维成分,也有情感、性格、灵感等非逻辑因素。这乃是人这个活生生认识主体不同于机器人这些机械"认识主体"的区别所在,否认人的情感等因素在历史认识中的作用,就不能说明"在齐太史简,在晋董狐笔"的史坛佳话;也不能理解司马迁的"愤"而著《史记》,刘知几的"退"而著《史通》。列宁说得好:"没有'人的感情'就从来没有也不可能有对于真理的追求。"② 总之,把个人情感、性格等非理性因素排除于史家认知结构之外,将如同否认其他认知条件一样,永远无法理解和说明史家历史认识的个性、丰富性和复杂性。

当然,史家的情感、性格、灵感等,并非不可捉摸的脱离实际的主体的自我感受,它归根到底还是一种主体对客体的体验关系,是以沉淀着的理性认识为基础的感性形式。这方面的具体内容是哲学、心理学的研究课题,我们只想强调一个不容回避的事实:史家无论在选择研究课题时,还是进入研究过程以后,以至在表述研究结果时,都要受到个人情感、性格等非理性因素的影响。这是造成史家认识千差万别的极为微妙的原因之一。

应该指出,史家的认知结构并不是一成不变的,它除了随着本身每一个构成条件的变化而变化外,史家本人历史认识的深化和发展也会产生反馈作用。史家认知结构的改善与调整是一个相互作用的循环往复的发展过程。

---

① 参见《马克思恩格斯选集》第 4 卷,人民出版社,1995,第 103 页。
② 参见《列宁全集》第 25 卷,人民出版社,1998,第 117 页。

四、关于历史认识的基本方法

方法是一个含义十分广泛的多层次的概念。在科学认识活动中，方法主要指研究中的理论、原则、方式和手段。由于认识对象不同，具体的研究课题不同，也就有不同的认识方法。但是，任何一个确定的认识对象、任何一个客观事物，它都蕴藏着普遍的东西、特殊的东西与个别的东西，是普遍性、特殊性与个别性的辩证统一。因此，这也就决定了人们认识它的理论和方法也必须是一般的、特殊的和专门的理论和方法的统一，由此构成了它的方法论层次结构。例如，我们研究某一个朝代或某一个国家的历史，它作为人类社会的一个阶段，应该服从于哲学和历史唯物主义的规律；作为一个史学课题，它应该有历史的、专门的理论；作为一个复杂的系统，应该符合系统论、控制论、信息论等横断学科的特征和规律；作为具体的科学研究的客体，它应该有一套关于研究手段、步骤等技术方法。根据这种理解，我们可以把历史认识的方法分成以下四个层次：一是哲学指导；二是专门规范；三是思维方式；四是技术手段。

哲学是关于世界观的学问，是自然科学和社会科学的概括和总结。马克思主义的辩证唯物主义和历史唯物主义总结了自然和人类社会最一般的发展规律，用它指导历史认识，具有极为重要的方法论意义。这应该是毋庸赘言的。

专门规范是指适用于历史认识这一特定认识领域的一些概念、范畴或理论。任何学科都有自己的专门规范，如数学、物理、化学等中的公式、定理、原理；政治学、经济学、法学等中的专门概念、通则、范畴，它们都与特定认识范围密切联系在一起，是各专门学科理论成果的表现形式和进步坐标。历史学的专门规范，当然首先应该从历史认识成果中概括提炼出来。新中国成立以来，我们关于古史分期的讨论，关于封建土地所有制的讨论，关于农民皇权主义的争论，关于评价历史上民族关系准则的争论，关于中国资本主义萌芽理论的讨论，等等，都是属于这类专门规范的探讨。在探讨中形成了各种概念、范畴和理论，它既是前一阶段历史认识的总结，又是进一步发展历史认识、掌握各种复杂历史现象之网的网结。正如列宁在谈到自然科学的概念形成时所指出的那样：它是"人类认识世界的过程中的小阶段，是帮助我们认识和掌握自然现象之网的网上纽结"①。历史学的专门规范除了依据于它本身的认识实践以外还有一个广阔的来源——就是充分吸收其他学科的理论成果。这是因为历史学是一门包罗万象的学科。它与政治学、经济学、军事学、文艺学等以某一特定的社会现象为认识对象不同，它以政治、经济、军事、文艺等的既往发展形态，即政治史、经济史、军事史、文艺史和它们的综合社会形态史为认识对象。因此，在我们研究这些专门历史现象时，就必须运用政治学、经济学、军事学和文艺学等学科的概念工具和范畴系统。它们既是这些专门学科领域当代研究成果的结晶，也是当代人们在这些专门领域认识能力、知识广度和深度的集中表现。引进这些学科的概念工具和范畴体系必将在丰富史学研究理论、改善史学研究手段、开拓史学研究领域等三个方面使历史学向前发展。因此，这就要求史学工作者比任何人更积极、更自觉、更广泛地密切注视和吸收当代各门学科的研究成果，并将它们运用到历史研究领域，以发展我们的历史认识。当然，这种运用不是机械的生搬硬套，也不是削足适履的牵强附会，而必须遵行历史主义的原则。研究各学科概念工具与范畴系统在它相应的历史领域中的应用方式，它的范围、程度和条件，把它"还原"成真正的历史专门理论。

思维方式对于任何一门认识活动都具有极为重要的方法意义。历史学领域传统的思维形式是历史的方式、逻辑的方式和二者结合的历史与逻辑统一的方式。历史的方式把事物看成一个发展过程，从时间的不同区间研究其空间存在形态的变化。这是历史学固有和惯用的思维方式。

传统的逻辑方式包括多种形式：有归纳的形式，即从许多个别的事物中概括出关于它的结构和本质的判断。有演绎的形式，即根据已有的理论推导出相应的

---

① 参见《列宁全集》第38卷，人民出版社，1959，第90页。

结论。有抽象的形式，即舍弃研究对象的细节和非本质因素，抓住它的本质和实体。有比较和类比的形式，即将相类或不相类的事物进行对比或联想，包括现象上、本质上、结构上、功能上的比较，找出其间的区别和联系。有分析和综合的形式，即多侧面多层次地解剖历史现象并分别加以考察，在此基础上再把各个方面联系在一起作整体性认识，等等。

除了这些传统思维方式外，历史认识中还应该引进现代系统思维方式和数量思维方式。系统思维方式是一种从系统观点出发，从整体到局部、从系统到元素、从上到下、从总到分的研究事物的途径和思考形式。（我们认为，当代自然科学的成果"三论"对历史学的意义，关键在于系统思维方式的引进，而不是机械地套用它的模式和术语。这一问题有待另文专门论列。）它正好与经典的分析综合方法从局部到整体、先分后总的研究途径和思考方式互相补充。运用系统思维方式来研究历史现象之间的联系和因果关系，有比传统的单线因果分析和矛盾因果分析具有更优越的特点。例如，它认为某种历史结果，不能取决于某一个或几个具体的因素、个别的事件或人物，而是决定于整个系统的状态和结构。某一历史事件的发展趋势也不取决于局部的偏差或暂时的挫折，而取决于系统全局性的动态关系。所以，历史才能在千百次曲折发展中表现出内在必然性。又如，它认为尽管系统的具体因素不同，但由于各要素间的结构及运动状态的作用，那些有明显差异的系统也可能演变出相同的结果，据此可以重新解释历史的多样性统一，说明世界许多国家近代化的不同的结果，据此可以重新解释历史的多样性统一，说明世界许多国家近代化的不同道路。此外，系统思想还强调历史事件之间的互为因果关系（反馈），历史变化中的宏观概然性和微观或然性的统一。这些对于分析理解极为复杂的历史现象具有十分重要的启迪作用。

当代系统思维方式区别于历史上朴素的系统观念的地方，在于它同数字的密切结合，创造了定量化的系统方法，这种定量关系分析包括系统内部信息和状态变换上的变量关系，和系统外部信息输入与输出在影响系统的行为与功能上的变量关系。而系统的变量关系有的是线性的，有的是非线性的，有的是模糊的。国外一些学者曾认为："在各种系统中，再没有比人文系统更难于深入理解的复杂系统，因为这些系统的性能是由人的判断来决定的。按照通常的惯例，这种问题只能通过各抒己见的方式来阐述，而不是用数学严格的方式来陈述。但是可以预料，人物系统研究的未来进展肯定决定于适当的公式化。"[①] 这种预言应该说是有根据的。

数学是研究世界的空间形式和数量关系的科学，具有极为严密的逻辑性、高度的抽象性、精确性和广泛的应用性。历史学在很早就跟数学打交道，但所谓历史认识中的数量化方法，主要指用数学语言描述研究对象，在理论上的概念与数学中的变量之间，在理论上的推测与数学上的方程之间建立起对应关系，把大量不能直接相比的数字换算成可比数字，以便在一定程度上克服历史研究中缺少直接可比数字的困难。此外，还要运用社会统计学方法来研究历史事件的发展趋势，如概率论实质上是必然性和偶然性辩证关系在数量方面的反映，它以最一般的形式研究随机现象的数量关系和变化规律，揭示蕴藏于偶然性现象内部的规律性的形式表现。显然，这种理论和方式是十分适合于认识社会历史领域的复杂现象的，例如，概率论的大数定理证明，如果研究对象在总体上由大量相互独立的随机因素构成，那么，个别因素的偶然误差将会抵销，而表现出共同的作用倾向。根据这一定理，当我们对大量历史事件做综合统计时，就可以比较确切地反映出历史现象的规律性和特点。当然，任何数量方法（更进一步说传统的和现代的一切思维方法）都只是发现必然性、规律性的一种思维方式，它只能总结规律的表现形式，至于事件的本质、规律的性质，则必须借助于马克思主义哲学和历史学的各专门理论规范提供的基础。在历史认识活动中，对历史现象的属性和类别做出正确的判断，是运用数量化思维方式必不可少的前提条件。

[①] C.V. 尼古塔、D.A. 拉莱斯库：《模糊集在系统分析中的应用》，汪浩、沙钰译，湖南科学技术出版社，1980，第 117 页。

历史认识方法论的最后一个方面是关于它的一些具体技术手段，例如史料的搜集与鉴别、历史认识成果的编纂和表述等，在此就不一一叙述了。

五、关于历史认识的检验与发展

实践是检验一切认识的标准，这是马克思主义的基本观点，历史认识当然也要接受实践的检验。但是，由于历史认识活动中主客体关系的特点，决定了它在接受实践检验时具有不同的形式。

认识与实践有如下两种关系形式：一是通过实践获得认识，即实践—认识。这种认识作为实践的结果，可以通过重复这一实践行程去加以验证。例如，某一史家对一个人物生平事迹、一本史书的真伪、一个制度的内容所做的研究。总之，对某一历史现象存在形态的研究，另一史家可以通过相同或不同的认识方式加以验证。二是在某一认识指导下去进行实践，即认识—实践。这种认识作为实践的指导，可以在指导实践过程中得到检验。例如，当我们抽象出对某一历史现象的规律性认识后，如果不仅能够为众多的史家实践证明，而且第一，能够解释和说明众多的历史现象——这就是用它来指导下一个史学实践的过程，或者第二，能够运用这种规律性认识来指导说明当今的社会实践，那么这种认识就有可能包含较多的真理性颗粒。

由此可见，除了那些贯古通今的历史认识必须接受现实社会生活实践的直接检验外（如，人们对历史上"治黄"经验的总结而得来的认识可以在今天的"治黄"实践中得到检验；人们对历史上原始社会的认识，可以在今天的原始民族和部落的社会生活中得到检验），历史认识更多的是要受到史学实践的检验。而史学实践实际上只不过是史家再现历史上人们的社会实践活动的一种形式罢了。因此，可以称之为间接社会实践。史家虽然无法亲身去参加历史上的实践活动，却可以通过自身的实践去重现古人的实践。这种重现是否合乎历史实际，主要是通过实证和逻辑论证的方式来完成的。实证是确定历史事实的手段，事实则是实践的结果，通过确认历史事实，就可以重现历史实践的真实环节，以检验人们的认识活动。逻辑是人类真理性认识的抽象形式，是表现静态的个别的历史事实和各个历史实践环节的内在联系的纽带，只有通过逻辑论证，才能把历史实践环节连接为历史实践轨迹。在历史认识领域里，尽管单纯的逻辑论证未必能证明必"是"，但违背逻辑的却能证明必"非"。因此，在实际的史学评论过程中，总是用实证与逻辑论证相结合的方式去检验史学著作。

强调历史认识可以通过直接社会实践和间接社会实践（史学实践）得到检验，但是并不否定历史上有许多永远也解不开的谜，无法检验。例如，在史料不足以反映客观历史时，人们对这部分的认识只能是具有猜想的性质，尽管符合逻辑验证，却难以断定是非。另外，有些历史问题不能马上判明是非，并非史料不充分，而是囿于认识能力。人们的认识大多数情况下只是包含部分真理性颗粒，必须通过百花齐放、百家争鸣来相互补充、相互完善。这是科学认识中的正常现象，并不影响历史的科学性。再说，检验历史认识的目的并不是要使人们的认识定于一尊，而是要进一步深化对历史的认识。通过众多史家的史学实践，通过百家争鸣，人们对历史问题的认识，表现为一个从不太正确到比较正确、从比较片面到比较全面的发展过程，从而逐渐达到真理性认识的彼岸。这方面的例子很多，例如，关于历史发展的动力问题，过去片面地强调阶级斗争动力说，通过开展百家争鸣，现在又有生产力动力说、生产方式动力说、历史发展合力说等不同看法。这是不同史家从不同侧面认识历史的结果。虽然至今仍然是诸家观点并存，但是，从总体上说，人们对这一问题的认识不是前进了一大步吗？而真理不也因而愈辩愈加明晰吗？又如，关于中国古史分期问题，至少有七种不同的认识，较大的也有西周封建说、战国封建说、魏晋封建说三家，对于具体的各个史家来说，虽然没有统一认识，但是相对于人类这个总的认识主体来说，人们对这段古史的认识却大大深化了。所谓认识的深化，实质上就是认识活动中否定与肯定、片面与全面、错误与正确的矛盾运动过程，人们难以确定的认识，仍在接受一种不确定的"模糊检验"，从而得到进一步发展。

如果说历史认识在接受实践检验时，还有一些中间环节的话，那么历史认识的发展则是直接依赖于史学实践和社会实践。所谓历史认识的发展包括两方面的意义：一方面是指历史的再认识，过去的认识片面了、肤浅了，甚至错误了，后来重新认识，变得比较全面了、深刻了、正确了；另一方面是指历史认识的规模的发展和视野的开拓。这两方面的发展都离不开史学实践和社会实践，它们分别从内部和外部推动历史认识的发展。

社会实践是史家开展历史认识的环境条件，它不断地给历史认识提出新课题、新要求、新角度、新方法，时代的需要推动了史家历史认识的不断丰富和发展，时代的条件规定了认识所能达到的水平。

史家实践不是一个笼统的概念，是由每一个史家运用一定的理论和思维方式，采取一定的方法和工具从事历史研究的具体过程。每一个史家是不是能够积极地响应时代的要求，自觉地改造自己的思维方式和研究方法，这是决定后辈史家能否站在前辈史家认识峰巅上更上一层楼的重要因素。

史学实践是每一个史家的具体活动，但更重要的还是一代史家的共同创造。一个时代历史认识的发展，是由众多史家的实践来共同完成的。因此，提倡"百家争鸣"便成为历史认识发展的重要条件。史学认识发展的历史证明，什么时候有一种"百家争鸣"的局面，什么时候历史学便能繁荣和发展，什么时候扼杀了"百家争鸣"，什么时候历史学便会出现沉寂和畸形。可以预言，只要当前提出的"学术自由"的方针得到认真贯彻，我国的马克思主义历史科学必将得到进一步繁荣和发展。

（原载《文史哲》1986 年第 5 期）

历史研究中的价值认识[①]

黑格尔说过:"假如主角方面没有利害关系,什么事情都不能成功。"[②] 这句话后面还可以补上一句,即历史上人们的任何成败得失,都会产生新的利害关系。利益或利害关系都属于价值关系范畴。历史上人们不仅总是在一定的利害关系舞台上展开其活动,而且其活动后果势必要产生一种新的利害关系即价值关系。历史研究的任务,不仅要弄清历史现象发生的活动舞台,而且还要认识历史现象发生后所产生的价值后果。如果说,前者主要是对历史现象本身的考察,可以称之为事实认识,那么,后者便是对它的意义、影响和作用的判断,可以称之为价值认识。在一个相对完整的认识过程中,人们总是要在考察了历史现象的真实存在形态、内部联系以后,还要对它的价值意义做出判断和分析。事实认识在于把握、描述和解释历史现象,价值认识则是在此基础之上所形成的关于历史意义的评判。事实认识向人们陈述知识,价值认识给人们提供借鉴。总之,历史价值认识是一个基于事实认识又较之事实认识更为深入、更为重要的一个认识层次。迄今为止,我们还没有看到史学界对历史价值论做专文论述,因此撰文略申管见,希望得到批评指正,以有助于对这一问题研究的深入开展。

一

在中外史学史上,价值认识有悠久的传统。我国古代的所谓"春秋笔法",实际就是一种价值认识形式。春秋笔法不主张在史书中直露地阐述修史者的好恶,但并不是不要褒贬是非。恰恰相反,他们主张一字成褒贬、分善恶。春秋笔法把"善善恶恶"的价值判断寓之于字斟句酌的事实陈述之中。《左传》《史记》进一

[①] 本文与张国刚合作。
[②] 黑格尔:《历史哲学》,王造时译,商务印书馆,1963,第62页。

步把历史价值认识发展成修史者"旁白"的独立形式。史家在"君子曰""太史公曰"中评头品足,直抒胸臆,尽情地发表他们所记述的历史人物与事件的价值认识。上述两种价值认识形式,在后来的史学发展中便形成了"史法"(史家笔法)和"史评"两大类型,长期影响着中国史坛。

古代关于历史价值的认识与现实政治有着极为密切的关系。"以史为鉴,可以知兴替"。统治者总是要从历史上寻找解决现实问题的钥匙。臣下用以警譬专制帝王的法宝,除了天地神明,也只有昏君明主的前言往行。与封建政治的需要密切结合,使历史价值认识获得了长足的发展,但也难免出现畸形怪胎。因此,价值认识长期以来成为一个招惹是非的问题,以致被人视为禁脔。在西方,标榜客观主义的历史家极力贬低价值认识,甚至主张把它驱逐出历史研究领域。西方实证主义历史家就认为"历史家的领域是事实的实在性而不是它的价值"[①]。言下之意,历史研究应该只要事实认识而不要价值认识。19世纪德国客观主义史学家兰克就鼓吹历史家只要追求事实真相,不必褒贬是非,对于"人们一向认为历史学的职能在于借鉴往史,用以教育当代,嘉惠未来"的看法,他丝毫不掩饰自己的嘲讽态度。[②] 有类似这些观点的,在我国史学界也不乏其人。

与客观主义排斥历史价值认识相反,唯心主义、相对主义者是通过否认历史价值的客观性,夸大价值认识的主观性来糟蹋历史价值认识的。他们有一句古怪的名言,说历史是"一条被恶魔铺满了毁坏的价值的道路"[③]。克罗齐的"一切历史都是当代史"、卡尔的"人人都是他自己的历史学家"更是众所周知的观点。根据这种观点,历史价值没有任何客观性可言,其结果势必导致人们可以按照各自的主观好恶去记述、说明、评价历史,历史成了一个可以任人打扮、任人涂抹的女

---

① 贝奈戴托·克罗齐:《历史学的理论和实际》,傅任敢译,商务印书馆,1982,第231页。
② 郭圣铭:《西方史学史概要》,上海人民出版社,1983,第156页。
③ 参见《现代西方史学流派文选》,上海人民出版社,1982,第37页。

孩子。我国"文革"期间猖獗一时的"影射史学"正是这种唯心主义历史观的具体实践和表演。

历史研究中的价值认识，不仅是东西方史学界长期聚讼纷争的理论问题，而且是我们每一个史学工作者经常面临的现实问题。人们目睹某一历史人物的评价、某一历史事件的解释，或者是颠来倒去、循环往复，或者是各执一端、莫衷一是，总是感到十分困惑、无所适从。于是否认历史价值客观性和抛弃历史价值认识两种势力就会闯进来干扰我们的历史研究实践。因此，积极开展对历史价值问题的研究，便成为当前史学理论研究中不容回避的重要课题。

二

历史价值是一个关系范畴，是客体与主体之间一种特定的关系。历史领域中的主客体关系与现实生活中的主客体关系有很大的不同。在现实生活中，实践主体与认识主体往往是一致的，但在历史领域里，历史活动的主体与历史认识的主体是完全不同的：在现实认识中，对象（客体）的存在环境与认识主体的存在环境是一致的，但在历史认识中，对象的存在环境与主体所处的认识环境是截然有别的。历史认识中主客体关系上的这些特点给历史价值问题带来了十分复杂的影响。

历史价值作为一个关系范畴，其构成要素有三：一是历史现象本身的客观属性，它是历史价值的物质承担者；二是这种客观属性所以作用的社会主体，它是历史价值的获得者或实现者；三是主体与客体总是在一定的时空条件下存在的。因此，历史现象的客观属性及其作用对象之间的有机联系与环境条件便成为构成历史价值的第三要素。历史价值是这三种要素的综合统一体。无论是客体属性、主体条件，还是主客体关系环境发生变化，历史价值就会随之而发生变化。因此，历史价值的定义可以这样来表述：某一历史现象的客观属性，作用于一定的对象，在一定的历史环境下所产生的意义关系。显然，一个单纯的、孤立的历史现象是无所谓价值不价值的。

从静态上分析,历史现象有三种意义关系:一是历史现象在其发生的历史环境中的意义关系;二是历史现象在后世历史发展长河中改变了存在环境与条件下的意义关系;三是历史现象经过认识主体的升华在前者的基础上形成的抽象意义关系。这样就构成历史价值的三种形态,即原生价值形态、延伸价值形态和抽象价值形态。这三种价值形态既有联系又有区别,都是历史价值认识的对象。

关于原生价值形态。某一历史现象一旦发生,势必要与当时的环境发生相互作用,进行物质、能量、信息的交换,从而对当时的历史发展产生意义。于是就有了历史的原生价值。历史现象在当时的社会意义可能是积极的,也可能是消极的,也可能近乎于零,还可能是既有积极的一面也有消极的一面。因而历史原生价值形态是多种多样的。例如,隋炀帝开运河,劳民伤财,对当时的社会政治、经济、国计民生都产生了极为恶劣的影响,加速了隋王朝的灭亡,它的社会意义是消极的,原生价值是负值;王充的《论衡》充满了真知灼见,跳动着思想的火花,但在当时并未流传于世,谈不上什么意义、影响,其原生价值近乎零;明治维新对于资本主义生产关系的确立和发展有极为重要的促进作用,在当时具有积极意义,因而其原生价值是正值。总之,历史现象的原生价值依赖于它所存在的现实环境,依赖于它在当时历史发展中的地位。

关于延伸价值形态。历史运动具有连续性,许多历史现象并不会因时过境迁而终止其影响,而是在改变了的环境下继续发生作用。例如,隋炀帝开运河并不会因为炀帝的死亡而失去其影响,在后世一直有其作用,而且时代不同影响也不同。它在唐宋时代的价值、在明清时代的价值和在今天的价值都会有显著的差别。孔夫子学说在汉代、魏晋、宋、明、近代和今天的价值也各不相同,如此等等。历史延伸到什么时代,它的价值也就延伸到什么时代。历史延伸有两种形态:一种是物质延伸,如古运河、古长城等;一种是文化延伸,即用具体物质载体表现出来的或者说物化的思想学说、理论著作、文学作品等。后者实际上就是我们平常所说的文化遗产。文化遗产的继承问题，归根到底是一个价值问题。总之，历史的延伸价值是在历史现象与后世的环境关系中确定的，时代条件在变化，历史的延伸价值也在变化。

关于抽象价值形态。某一历史现象不是以实体形态作用于后世，而是被认识主体抽象为某种道德规范或伦理形象，从而产生了长久的影响，这可以称之为抽象价值。法国女英雄贞德和我国宋代岳飞抗金的事迹，被抽象成爱国主义或民族英雄的范式即是其例。抽象价值是以该历史现象的客观属性为前提，以历史原生价值为基础，同时又受到主体因素及其所处现实环境的作用而生发出来的一种价值形态。例如，我们把"丝绸之路"抽象为中外友好关系的见证，一方面是以"丝绸之路"本身在中外经济文化交流中的历史作用为基础的，另一方面又有现实环境条件和社会需要的投影。总之，抽象价值要受到主体因素及现实需要的影响，但是，它并不是史家纯主观的产物，主体因素也是长期历史运动过程中形成的一种民族的心理积淀，现实需要本身也是一种客观存在。因此，抽象价值是一种既依存于具体历史现象，又超越了具体历史现象的价值形态。

历史价值的上述三种形态各具特点。历史现象的原生价值由于是在当时较为确定的历史环境条件下发生的，因而具有较为稳定的性质。当然，由于认识主体及其他方面的原因，史家的认识并不一致，这是另外一个问题，历史原生价值本身并不因为人们的认识不同而发生改变。与原生价值的比较稳定不同，历史延伸价值则是富于变化的一种价值形态。由于时间的推移，历史场景的变换，社会具体需要的不同，认识主体的参考架构也在发生变化，从而使同一历史现象在历史长河中显示出极为不同的价值意义。仍以隋炀帝开运河为例。它的原生价值是消极的，但是，它在唐宋时代的延伸价值则是积极的，唐宋帝国的繁盛与炀帝开运河的业绩是分不开的。可是，在明清时期它的延伸价值已经不像唐宋时代那么突出，近代以来则变成微不足道的了，在将来的历史时期内，它的价值还要随着社会条件的变化而发生变化。

历史的延伸价值具有多变性，但并不是不可捉摸的。多变性倒是充分说明了历史价值的条件性与具体性特征。即随着环境条件的改变，历史现象联系和作用对象的改变，社会需要的改变，使历史现象的价值意义也会发生改变。但是，历史现象在某一具体历史阶段的延伸价值取决于当时的社会环境条件和社会需要程度，它是客观的，不以人的意志为转移的。历史延伸价值的多变性与历史价值的客观性不仅是不矛盾的，而且是统一的。

历史延伸价值随着时代的变化而变化，除了决定于历史条件、社会环境与需要的变化之外，还为其本身的客观属性所规定。某一历史现象只有它本身具有某种客观属性，在一定的环境条件下，满足一定的社会需要，它才能产生某种价值意义。而历史现象往往是有多种属性的，不同的属性与不同的社会条件结合，便会产生不同的价值意义。这就使得原生价值与延伸价值，以及抽象价值在各个不同的历史阶段有时可能表现为一致，有时则表现出不一致，对此要具体问题具体分析。隋炀帝开运河是劳民伤财的，并不反映当时社会历史的要求，在当时只有消极意义。但是，由于运河本身具有通航运输的内在属性，具有水利工程的性质。因此，在唐宋时代商品经济有了相当发展的情况下，它的这些内在属性便会与当时的社会需要相结合，发挥南北运输大动脉的功能，表现出积极的延伸价值。总之，一个历史现象所包含的客观属性越丰富，越具有必然性（我们在反映社会需要这个意义上理解必然性），那么它的延伸价值就越持久，越具广泛性。例如，孔孟创立的儒家学说，其内容博大宏富，涵盖面比较广泛，能够适应多种社会政治形势和文化心理的需要，因而其影响力是持久而强有力的。反之，墨家学说虽然在当时与儒学并称"显学"，其原生价值十分突出，但是，在后来的历史条件下，却愈益沉寂，影响力也愈益衰弱了。这与它所包含的思想内容的偏激和不切于实际，难以符合后世的社会需要是有密切关系的。

历史现象的内在属性并不是一成不变，而是有隐显、增衰和转化的。历史现象的客观属性的由隐到显和由显到隐的变化过程，也就是它的价值意义的增生与衰变过程。具体地说，历史现象的有些客观属性，在当时或者在后世的某一历史时期不能凸现出来，当它延伸到一个新的历史时期却得到了充分的显现，这样，某些客观属性在新条件下隐去了，相应的价值也就消失了，而另一些客观属性却与新的历史条件和社会需要相结合，从而产生新的价值。例如万里长城，它的原生价值，以及延伸价值在相当长时期内，都是作为防御工事抵抗少数民族入侵中原的，具有一定的积极意义。近代以来，它的这一价值属性丧失了。然而它作为历史文物古迹的价值却充分地显露出来，同时，它又被抽象成中国人民伟大创造精神的体现，而显示出历史抽象价值。

历史现象的抽象价值较上述两种价值形态更为复杂。前两种历史价值都是实体形态。抽象价值则必须根基于其上，不能离开历史原生价值而独立存在。然而，它又是对原生价值的一种抽象、升华，是原生价值的"类比"或"联想"。例如，岳飞抗金的抽象价值不能离开岳飞抗金的历史本身。但是，民族英雄的价值抽象的内涵又大大超越了岳飞抗金这一事件本身的意义，并且反映了主体的感情与现实的需要。总之，一方面，抽象价值是对原生价值进行确认、肯定之后抽象出来的价值形态，这一点保证了抽象价值的客观实在性。另一方面，抽象价值与认识主体所处的现实环境和社会需要有密切的联系，因而具有强烈的主体色彩。抽象价值使那些在现实生活中没有具体作用的历史现象超越了历史时空的囿限，给现实生活以强烈的影响和干预。这样，就使抽象价值也超出了原生价值的范畴。由此可见，历史现象的抽象价值是客观性与主体性的辩证统一，是基于对象又超出对象的辩证统一。

三

历史价值三种不同形态的划分，对于我们解决历史价值判断上的分歧是有所帮助的。

过去有一种观点认为，评价某一历史人物或事件只能根据它在当时的意义和影响。另一些人则认为，应该根据它在后世的意义与影响。前者的理由是历史现象在后世的影响变化不定，而当时的影响则是确定的。后者的根据是，历史活动只有放在较长的历史时段中才能显示清楚其真正的意义，并非当时所能盖棺论定的。这两种看法都有一定道理，但是并不完全。因为它们讨论的，实际上一个是历史的原生价值，一个是历史的延伸价值。而历史的原生价值与延伸价值可以是一致的，也可以是不一致的。笼统地、不加区分地用原生价值或延伸价值去评定某一历史现象都是不正确的。例如，英国历史上的"圈地运动"、世界近代史上的资本原始积累，都有一段血泪斑斑的罪恶历史。但是，它们对后来资本主义生产关系的诞生和发展却产生了极为重要的作用。我们不能因为"圈地运动"迫使大批农民离开家园，资本原始积累充满了血与火的经历而否定它们在后世的积极意义。同样，我们也不应由于它翻开了资本主义生产关系的序章而为那血与火的历史大唱赞歌。

还有一种意见主张从现实需要的角度来判断历史的价值。他们认为，石敬瑭出卖燕云十六州，从今天的角度看，不能算作卖国，凡是今天在中国境内的少数民族政权在历史上也不能算是中原王朝的敌国，如此等等。这实际上是用现实来改铸历史，用现实的需要来偷换历史的需要，是对历史原生价值的一种错误抽象，违背了历史抽象价值必须忠实于原生价值的原则。相反，如果我们把石敬瑭的行为抽象为卖国的典型，尽管历史上的"卖国"与今天的"卖国"意义截然不同，但"卖国"这一价值抽象却是忠于历史、根基于原生价值的，因而是正确的抽象价值。弄清这个问题，还有助于我们正确划清"影射史学"与"古为今用"的界限。"影射"无疑也是一种历史抽象，但是"影射史学"进行历史抽象的基础和前提是影射者本人的不正当目的和动机，丝毫不顾及客观历史的原生价值。因而这种价值抽象是错误的。"古为今用"则要求严格地在历史原生价值的基础上进行抽象，并使之影响于现实社会生活。进一步说，所谓抽象价值的主体性是说它的价值内涵具有民族的、社会的心理文化特征，它的价值意义超越历史时空而作用于主体所处的现实环境,并不是说它可以随心所欲地把主体的现实需要强加给历史的需要——"影射史学"的根本错误,"古为今用"与它的根本区别就在于此。

　　正确认识不同价值形态之间的关系,还有助于我们正确理解文化遗产继承问题。古代的文化遗产,包括思想、理论、学说、艺术等,在它们所由产生的那个时代的价值是一回事,在后世历史中和在现实生活中的价值又是一回事。以孔子学说为例,孔子学说中所包含的科学教育理论与封建需要相结合,可以培养出封建统治者,但是和我们今天的社会需要相结合,则可以培养出现代建设人才。孔子学说中的一些伦理观念,在封建时代起了强化封建等级秩序的作用,但是在当代西方精神生活中,在我国精神文明建设中,某些方面也许还有它的积极意义。文化遗产所涉及的问题较为复杂,需要专门论述。在这里我们只想强调一点,以上这种价值变换,就是由于历史现象(文化遗产)所联系的社会条件;社会需要发生变化的结果。我们不必为社会条件和社会需要的改变而导致的历史延伸价值的改变而惊恐不安,也不要用延伸价值来取代原生价值。孔子学说在过去有什么价值就有什么价值,在今天有什么价值就有什么价值。这样来看待价值变换问题就可以得到比较正确的认识了,即有些历史现象在后世的价值变化,是由于它内在的客观属性与不同的社会需要相结合而发生价值变换的结果,是正常的,也是必然的。

四

　　历史的价值是通过评价来揭示的。评价就是主体关于历史认识对象有无价值;有什么价值,以及有多大价值的判断。历史的价值是客观存在的,拿破仑的功绩不会因为有人否定而被勾销,希特勒的罪孽也不会由于有人辩白而被洗刷。但是,作为主体对客体的一种反映,人们对于历史价值的认识完全有可能偏离历史本来的价值。历史学家由于认识的角度不同,各自的需要不同,利害关系不同,很可能对于同一对象得出不同的价值认识。这种认识有时可能是真的,即符合价值,有时可能是假的，即不符合价值。

价值认识是在一定的价值观念体系指导下，以一定的价值标准为尺度来完成的。那么什么是价值标准呢？马克思说："'价值'这个普遍的概念，是从人们对待满足他们需要的外界物的关系中产生的。"① 也就是说，主体需要是判断价值的标准。当然，"主体需要"中的"主体"应该是社会主体，"需要"应该是社会需要。马克思又说："我们的需要，……是由社会产生的。因此，我们对于需要，……是以社会的尺度……去衡量的。"② 总之，所谓主体需要并不是随心所欲的要求，而是以社会为尺度反映社会发展的要求。人民群众是社会的主体。因此，凡是符合人民的最大利益，促进社会生产的发展，有利于科学文化事业的繁荣，这样的历史人物或历史事件就有价值，应予以肯定；反之，就没有价值，应予以否定。这就是价值标准的客观性与社会性。

价值标准不仅具有社会性，而且还具有历史性。一个时代有一个时代特殊的历史条件，多维的社会背景，也就有特殊的具体的社会需要，因而也就有自己的不同的价值标准。例如对封建社会的农民平均主义与现代社会生活中的平均主义，就会有不同的评价标准。对上升时期的地主阶级与封建社会末世的地主阶级，就会有不同的评价标准，总之，价值标准是历史的、具体的。

强调价值标准的历史性和具体性，并不等于说可以用历史上人们的价值标准为标准，以古人的是非为是非。历史上那个时代认为有价值的，并不一定真有价值，认为没有价值的，也不一定真的没有价值。以妇女缠足为例，尽管历史上曾认为是美好的，但是拿历史发展的尺度来衡量，它是应该予以否定的东西。又如割股疗亲、三年守孝，用当时人的价值标准衡量是应该表彰的，但是以社会进步的尺度来衡量，则是一种愚昧落后的行为，不值得加以肯定。

强调价值标准的客观性，并不等于否定价值认识中的主体性和个体性。不同

---

① 参见《马克思恩格斯全集》第19卷，人民出版社，2009，第406页。
② 参见《马克思恩格斯全集》第1卷，人民出版社，2009，第729页。

的民族，不同的阶级，不同的认识者，都会在自己的价值认识中带有本民族、本阶级和本人的个性特征，从而使价值认识带有个体性特征。价值与评价标准是客观的，但是人们选择什么样的价值标准，提出什么样的价值认识，是具有倾向性和目的性的，这就使价值认识带有主体特征。一个现实的价值认识，并不是一下子就能完成的，总有一个从不太符合客观价值到比较符合客观价值的过程。为了减少历史价值认识中的偏差和失误，关键应该注意以下几点。

首先，要掌握正确的价值标准，并确立与之相应的正确的价值观念体系。价值观念与价值标准有所不同。价值标准是评价的尺度，价值观念则是主客体长期相互作用过程中形成的一种价值取向。它影响到人们价值标准的选择，同时某种价值标准确立以后，又反过来影响到人们价值观念体系的变化。人们的价值观念除与价值标准发生相互作用以外，还要受到主体的社会知识、社会环境、社会地位和所接受的社会传统的影响，是由知（知识、认识）、情（情感、兴趣）、意（目的、要求）等凝结而成的观念结构。只有在正确的价值观念指导下，才能做出正确的价值判断。

其次，价值认识要建立在事实认识的坚实基础之上。事实认识是价值认识的前提条件，在错误的事实认识基础上，不可能得出切实的价值认识。同时，价值认识的确认，又进一步影响到对事实认识的内容、角度、方向的选择。例如，我们对明末农民战争的价值认识，总是建立在对明末社会历史的事实认识基础之上的，对梭伦改革的价值认识，总是建立在对雅典城邦国家发展历史的事实认识的基础之上的。没有这些事实认识做基础，就谈不上有准确的价值认识。同时，当我们对明末农民战争和梭伦改革有准确的价值把握之后，那么我们在进一步研究明末社会历史和雅典城邦历史的其他问题时，就会在研究内容和研究角度上有所侧重和选择。

再次，应该对历史发展规律和趋向有一个比较正确的了解。历史发展规律和趋势是有层次的，有总体历史发展的规律，也有某一时代、某一阶段历史发展的趋势。只有对不同层次的历史发展总趋向有一个较为深切的认识，在把握不同时期内历史评价的具体标准、开展历史价值认识时，才会克服盲目性和主观随意性，做出较为切实的价值判断。例如，我们对岳飞抗金的评价，不仅要对中国历史上民族关系、政治斗争有一个总体的认识，还必须对宋辽金时期历史发展的具体趋势有一个清楚的了解，才有可能对岳飞抗金得出正确的价值认识。我们对罗斯福"新政"的评价也必须既对世界近现代历史和美国历史发展的总趋势有一个总体的认识，还必须对"二战"前后几十年间美国社会矛盾的发展和其时国际关系的基本趋向有一个深切的了解，才有可能对罗斯福推行的"新政"做出恰如其分的价值判断。

最后，要充分发挥主体的积极作用。我们反对把价值看成纯主观的东西，但是绝不否认主体在价值认识中极为重要的作用。我们要把主体与主体意识区别开来。从认识论上看，客体先于意识而存在，但从价值论上看，却不能说客体先于主体而存在。主体具有意识和思维的属性，但是并不等于意识和思维。实际上，主体、主体需要、主体的认识能力本身就具有客观实在性。如果说历史价值是客观存在的、不以人的意志为转移的话，那么，究竟能不能准确地认识和把握它，恰恰是主体的功劳。并不是每一个人都能在历史认识中发掘出正确的价值认识，离开艰苦的探索，单凭几条原则和标准是无济于事的。

价值问题是历史认识中比较复杂的问题，我们不能把历史学看成是可以任凭主观"评价的科学"。但是，历史认识又总是与价值判断紧密联系在一起。如果说历史研究可以不要价值认识而只要事实陈述，可以不要提供借鉴而只要提供掌故，那恐怕才是真正的"史学危机"。

（原载《世界历史》1986 年第 12 期）

历史研究中的考实性认识①

历史研究是个较为复杂的认识过程。在这一认识过程中,由于认识对象、目的、手段等方面的差别,我们将其划分为几个不同的认识层次和阶段。考实性认识便是其中之一。

考实性认识的对象是一些具体的、表层的历史现象(如人物、事件、制度、习俗等),目的则是考察史料对这些现象的反映是否正确无误;而其手段在传统史学中则被概括为训诂、校勘、辨伪、辑佚、考证等诸种形式。②

考实性认识的历史可谓源远流长,它几乎是与人类开始对自身的过去进行反思的现象同步产生的。古往今来,众多的学者不仅对大量的历史问题进行了具体的考实,而且将考实的一些经验方法,也做了他们力所能及的概括和总结。这无疑为我们今天进一步研究这种认识,提供了极其有益的启示与借鉴。

本文将探讨三个问题:一是考实性认识的必要性;二是考实性认识中的几种方法;三是考实性认识在历史研究整个过程中的地位及其评估。不当之处,敬祈指正。

一

实事求是是马克思主义的认识论所坚持的一条最基本的原则,历史认识也应当遵循这一原则。只有以大量的历史事实为基础,历史认识活动才有它得以展开的客观依据。不过,认识历史与认识现实有着非常明显的不同,历史事实的获得

---

① 本文与叶振华合作。
② 广义地说,考古中文物鉴定、年代测定等工作亦当属于考实性认识。但其中有些应用到自然科学的技术手段(如应用碳14测定绝对年代,应用X射线分析鉴别古物真伪等),限于笔者的知识水平,则不拟论列。

并不是一件轻而易举的事。

作为现实认识客体的事实,是直接地呈现在认识主体(人)的眼前、能为主体直接接受和反映。而作为历史认识客体的事实,却是飘然已逝不再复返的"过去",它们无法再直接呈现给主体。实际上,人们对于"历史"的认识,仅仅是通过它自身的某些残骸(如遗迹、化石等实物)和人们对于它的某些记录(文献、口碑)即所谓的史料来进行的。这样看来,历史认识乃是一种间接认识,其认识的主体不是直接地接受和反映客体,而是需要借助一定的中介才完成其反映过程的。

很显然,由于中介的进入,所以在一个间接认识的过程中,要想得到正确的反映结果,就应当具备一个前提——客体同中介的符契。那么,在历史认识的过程中,作为客体的史实同作为中介的史料之间是否有这样的符契关系呢?应当说,它们之间是一种不完全符契的关系,是一种既有"离"又有"合"、离合交错的关系。

我们先来考察二者之"离"。

史实的客观性与史料的主观性是二者相"离"的一个突出表现。史实虽然已经成为过眼烟云,但它们毕竟曾是一些客观存在物。史料却不然,它们是具有主观意识的人对那些客观存在物的反映与记录(这里主要是指文献和口碑史料。关于实物史料的主观性,下文也有分析),因而,在史料画面上就很可能比原史实多出一层或浓或淡的主观色彩。如果稍加分析,这些主观色彩,又有"有意"和"无意"之别。

有意主观是指有些记录由于记录者或蔽于己私,或迫于权势而不惜故意歪曲、颠倒、隐讳、伪造、篡改史实的情况。"王隐、虞予毁辱相陵"[1],"房玄龄董史册,故房彦谦擅美名;虞世南预修书,故虞寄、虞荔有嘉传"[2],这类现象在旧史籍中司

---

[1] 《史通·曲笔》。
[2] 《通志·总序》。

空见惯。上面所举之例，是有意主观在文献、口碑中的体现，这种情况在实物史料中也存在，现今流传于世的赝书、赝画、赝器、赝物真是不知有几多。

无意主观是指有些记录并非由于记录者的有意"加工"，相反甚至是有些人力求忠实地描摹史实，但却在不知不觉中出现了偏差的情况，它比有意主观更为复杂。

"历史和阶级的局限"作用于记录者并渗入记录，就是一种无意主观。董狐是古代秉笔直书的典型，但他那"赵盾弑其君"的记录，今天有谁会说是绝对客观的东西呢？

"感情"又是一种无意主观。对某些身临其事的记录者来说，几乎不可避免地会为感情左右。梁启超就曾说过，他所写的《戊戌政变记》一书，后人不必视之悉为信史，因为书中有"感情作用所支配，不免将真迹放大也"[①]。这确乎是深有自知之明的高见。

"心理状态"也是一种无意主观。刘勰在《文心雕龙·史传》中就曾指出过"俗皆爱奇"这种心理使得一些记录"传闻而欲伟其事，录远而欲详其迹"，因而导致偏差的情形。

当然，无意主观的情况远不止上述所举，诸如史料在辗转传抄过程中所产生的错简、衍夺、谬差，记录外国或少数民族史事时由于习俗不明、语言不通所造成的失误和彼此闻见不同而出现的记载歧异等，也都可归于此类。史实的完整性与史料的零散性是二者相"离"的又一表现。这种相离，在一些时间跨度较长的大事件中更为突出。一般说来，一个大事件是由很多小因素构成，这些小因素之间的各自关联形成一个完整的大事件。而一些史料却很难将这些小因素反映完全，所以它相对零散。造成史料零散的原因是多方面的。

首先，随着岁月的流逝，由于自然侵蚀、人为灾祸等缘故使不少史料变成残

---

① 梁启超：《中国历史研究法》，东方出版社，1996，第110页。

圭破壁、断篇碎简，不能完好地保存下来。距离现实的时间愈久远，发生这种情况的可能性就愈严重。

其次，由于人的记忆能力的限制，没有将全部史实都清晰地记住并记录下来。对此，梁启超也举过例子："例如二十年前，'制钱'为国家唯一法币，'山西票号'掌握全国之金融，今则两名词早已逸出吾侪记忆线之外，举国人能道其陈迹者，殆不多觏也。"①

再次，由于人的视野范围的限制，难于将史实的各个角度和侧面反映完全。实际上，个人对于事物的观察就像是灯光照室，无论灯光悬于何处，室内总要留有阴影。相对于某一较大的史实来讲，记录中也总免不了遗漏。

另外，就是有些史料相对说来比较完整，但由于记录者反映问题的角度不同，所以史料并不集中，而是纷淆散乱的。这在关于古代历史的史料中表现得尤其明显。

史料和史实相离的情况大体即如上述，下面我们再来考察一下二者之"合"是怎样形成的。

首先，由于相当多的一部分史料是对史实的直接反映和记录，更有一些史料还是史实本身的遗存，因而它们尽管与史实存在着一定的差异，但其中的基本内容尚不至完全失真。即或有些史料并非直接记录，但经过一些严肃的史家对其进行过认真的审核，因而也基本可靠。

其次，由于"直书""实录""尽其天不益以人"等理想一直为一些史家所追求，因而他们的记录便力求忠实客观，可以保持大部分的史实真相。即或有些史家有意歪曲某些史实，但这些人无论如何也不能完全摆脱事实的根据，因而这些人的记录中也可能保持一些史实真相。

上面我们对史实和史料二者的离合关系是分别加以考察的，但在实际中，这

---

① 梁启超:《中国历史研究法》，东方出版社，1996，第44—45页。

种"离"与"合"往往是错综交糅地缠在一起，即很多史料相对史实来讲是既离且合。此外还有一种情形，有些史料与其所反映的史实是有距离的，但如果将"某史料失真"记录下来，则这个记录本身又是确凿的。

通过以上的分析，我们可以得出以下的结论：如果史料与史实二者之间是一种只离无合的完全不符契关系，那根本就没有可能进行考"实"，人们也就不能认识真的历史；相反，如果二者之间是一种只合不离的完全符契关系，那便没有考实的必要，历史认识同现实认识也就几无区别；只有二者是既离且合的不完全符契关系（事实正是如此），考实性认识才成为历史认识过程中必不可少的重要一环。而从这错综纷纭的关系中具体辨析哪些史料与史实相合，哪些史料与史实相离，这正是考实性认识的重要任务。

二

作为一种认识，考实有着它一定的方法，这些方法多种多样。前人依据考实对象的差别，将其方法分为训诂、校勘、辨伪、辑佚、考证等诸形式。我们则试图从思维方式的角度，对这些方法重新进行一些分析。

一是比较法。它是搜罗反映同一史实的史料，通过对这些史料的比较，进而区分异同，判断是非的一种方法。考实性认识中经常使用这种方法，校勘、辨伪、考证等都离不开它。比如，陈垣先生曾将校勘总结为"本校""他校""对校""理校"四种方式，这其中的前三种就属此法。再如考证有关少数民族或外国史中的一些人名、地名等，考实家多采取"对音"之法，亦属于此。

比较法的特点在于"易别同异，难定是非"，我们通过下面的假设来说明这个特点。

假设只有三条不同源的史料记载了同一史实，比较这三条史料，就会出现三种情况：一是三者相合；二是三者歧异，相互皆不合；三是其中二者相合，一者相异。在这三种情况中，只有在第一种情况下，才能确定是非，而第二和第三种情况都存在着或然性。第二种情况下有两种可能：要么其中一者为是，则其他二者非；要么三者皆非。第三种情况就更为复杂。其中可能是相合二者为是，则相异者非；也可能是相异者为是，则相合二者为非；还有可能是无论相合二者还是相异者皆非。

对于第三种情况，郭沫若先生曾提出过一种"三占从二"的办法，即相信相合者的记载。① 从我们对比较法特点的分析看，"三占从二"显然是不严密的，如不辅以其他方面的论证，单纯依此作出判断，是非常武断的。

尽管比较法有不易断定是非的局限，但由于它只需直观就能区别同异。因此它很容易发现矛盾，找到问题研究的起始点，再辅以其他方法，还可能有意外的发现。乾嘉学者崔东壁的《考信录》就是在"取经传之文类而辑之，比而察之"的基础上"晓然知传记注疏之失"②，进而蔚为巨著的。王国维的一些考史名著，如《殷卜辞中所见先公先王考》等，也是以地下古物同文献记载相比较的"二重证据法"写成的。陈直先生的《史记新证》《汉书新证》则是新中国成立以来应用比较法的两部代表作。

老一辈史学家之所以重视这一方法，就在于它是史学研究中的基础方法。郑天挺先生不止一次对自己的学生强调读史一定要"比读"，研究问题也应注意"根据具体事实加以比证"③。岑仲勉先生也说过"读史之法，比较之功，万不可少"④。这些都确系深知比较法重要作用的经验之谈。

二是归纳法。它是从大量的史料中抽寻出某些共性，从个别而推求一般的一种方法。乾嘉学者中赵瓯北最擅此法，他的考实名著《廿二史札记》中的许多篇章，如《汉初将相布衣之局》《武后纳谏知人》等，都是运用这种方法的典型

---

① 参见《十批判书·孔墨的批判》。
② 参见《考信录·提要》。
③ 郑天挺：《清入关前满族的社会性质续探》，载《探微集》，中华书局，1980，第16—30页。
④ 岑仲勉：《隋书求是·自序》，商务印书馆，1954，第4页。

作品。

归纳法的特点在于所依据的史料愈充分、愈完备，归纳出的结论就愈可靠。根据这一特点，在应用此法时须注意两点：其一，考实的范围宜窄不宜宽，在较窄的范围内，证据容易搜求完备和充分；其二，归纳出的结论宜有一定的弹性，不轻易作硬性结论。因为史料搜求完备并非易事，如一旦发现一些反面证据，硬性结论就难免偏颇。赵瓯北大概亦明此理，故《廿二史札记》中的一些篇章对上述两点均有注意。

对于归纳法，梁启超至为推崇，认为应用它"可以发现出极新奇的现象，而且发明出极有价值的原则"[①]。这话的确有一定的道理。通过归纳得出的结论是不同于任何具体史料的新结论，而这些新结论由于其具有一定的普遍性。所以，往往对我们认识一些个别事物又起一定的指导作用。例如，王引之就通过归纳法发现了春秋时期人物的名与字的关系有"同训""对文""连类""指实""辨物"五种情况。[②]陈寅恪先生在名著《隋唐制度渊源略论稿》中所提出隋唐制度出乎北魏（北齐）、梁（陈）、西魏（北周）三源的说法，也是经过对大量史料的归纳而得出的新结论，这个结论对于今天的隋唐史研究仍有一定的意义。再如，前人将造字原则归纳为"六书"，无疑对今日的文字训诂之学是有指导性意义的。陈垣先生所归纳的校勘四法，亦是迄今仍为古籍整理工作所遵循的原则。

三是类推法。它是根据两类（或两条）史料中已知的部分属性来推知其中一类（或一条）的不知属性的一种方法。如果用公式表达，即是已知史料 A 有属性 a、b、c，史料 B 有属性 a、b，A、B 二者大体相似，那么，B 也有属性 c。

唐长孺先生在《〈晋书赵至传〉中所见的曹魏士家制度》一文中曾运用过这种方法考证赵至之父的身份。其论证过程如次：《晋书·赵至传》中记载赵至出身士伍，但未记赵至父为兵，仅记其耕田，这难以说明赵父是屯田兵；赵父系曹魏时

[①] 梁启超：《历史统计性》，载《梁启超文集》第14卷，北京出版社，1999，第4045页。
[②] 参见《经义述闻·春秋名字解诂》。

人，曹魏时虽有军屯，但见于记载的只有淮北地区，而赵氏却居于河南缑氏；《晋书·食货志》中载有河南新城有屯田兵；已知晋沿魏制，新城与缑氏同属河南郡，据此推知赵父的身份是曹魏的屯田军户。①

杨志玖先生在《关于马可·波罗离华的一段汉文记载》一文中，考订马可·波罗曾经到过中国，也运用了这一方法。其论证过程如次：《马可·波罗游记》有波斯三位使臣来华的记载；《马可·波罗游记》又载马可·波罗随上述三使一道从华至波斯，而后马可·波罗再由波斯返回意大利；《永乐大典》引《元经世大典》中引录的一篇公文中也载有三使拟由华返波斯事。因以上三者相合处推知三使来华为实；因后两者相合证《马可·波罗游记》记载是实；再推证马可·波罗确曾来华。②

从已知推不知这点来看，类推法与归纳法相似，但其思维方式却是由个别到个别，这与归纳法又有所不同，这种方法的特点是依据的已知条件与结论之间缺乏必然的联系，因而它的结论便有一种不确定性。尽管如此，它毕竟为史料中某些不知的属性提供了一点可知的可能性。所以这种方法也不应忽视。

四是演绎法。它是以某些具有共性的通则推知一些具体属性的一种方法，即从一般引申至个别的方法。

郑天挺先生在《关于徐一夔〈织工对〉》一文中，为了解决《织工对》的著作年代问题，曾两次运用这一方法。一是发现徐氏文集《始丰稿》系依年序编录，其中第一至第三卷之文皆撰写于元朝至正年间，这是一个通例。《织工对》恰恰收入《始丰稿》第一卷中，据此推知《织工对》文系元至正时的作品。二是发现元代的货币单位为"缗"，明代用"贯"，这又是一通则。而《织工对》文记述织工的工值时恰恰以缗为单位，故再推得《织工对》文撰于元代。

演绎法的思维过程是所谓的"三段式"序列，即先选定具共性的"通则"为

---

① 参见《魏晋南北朝史论丛》。
② 参见《元史三论》。

大前提，再以通过核证史料与通则之间的同异关系为小前提，最后得出该史料是否可靠的结论：史料同于大前提者是，异于大前提者非。从这个序列中，我们可以看出，演绎法的前提和结论之间必须具有一致性，违背这种一致性，就会导致前提与结论之间产生矛盾的谬误。在实际考实的过程中，不少史家犯过此弊。比如刘知几将中古时期篡乱成风作为大前提，肯定《汲冢书》中"舜放尧于平阳"为是，而《尚书》所记"禅让"之事为非。① 刘氏的这一演绎过程，大前提是中古，而结论却是上古，实际上就违背了前提与结论一致的原则，犯了以今度古的毛病。另外，由前提与结论的一致性所决定，如果在演绎过程中前提出错，则结论亦会随之而误。不过由于小前提的确定只是直观地比较异同，因而它发生错误的可能性一般要小些，容易失误的是大前提。比如，《考信录》一书虽多精当，但书中以"经"为绝对正确的大前提，并由此轻率否定与经不符者的部分论断，终为该书的白圭之玷。因此可以说，大前提的确否是演绎法应用的关键，在确定大前提时，应当有充足的证明。

与比较、归纳、类推相比，演绎法之长在于其能够做出确证。只要大前提正确，它甚至可以判定"孤证"是否可靠。一些考实大师之所以能"不凭本而凭理"加以"理断"，就是以人所共知的常理作为大前提，依据"孤证"史料与常理的矛盾，从而否定该证的。例如，战国中期的长平之战，从《史记》到《资治通鉴》均载有赵兵败降而被坑杀四十万一事。但朱熹和胡三省却都敏锐地发现此事有悖于常理之处，提出"四十万人安肯束手而死邪"②之疑，做出此事"绝不可信"③的判断。

五是钩沉法。它是将一些长期以来沉没未彰、零散失绪的史料从纷杂的载籍中钩稽出来，并依照一定的原则排次清楚的一种方法。古书之辑佚、年谱之编制

---

① 参见《史通·惑经》。
② 《资治通鉴》卷五，周赧王五十五年系事，胡注。
③ 《朱子语类》卷一三四。

等，基本上是这种方法的实际运用。

钩沉法的主要作用不在于辨析史料的是非，而在于重新发现某些史料以补充不足，它往往对人们加深认识某段历史有很大帮助。比如"江南奏销案"为清初重大事件之一。此案一发，"苏、松、常、镇四属官绅士子，革黜至万数千人，并多刑责逮捕之事"，但由于清政府的有意隐讳，官修史籍中几无反映，以至于"二百余年，人人能言有此案，而无人能详举其事者"。孟森则翻检了大量的清人笔记，比较详细地将此事的脉络勾勒出来，并推断了此案的因由。① 这对于清初统治者残酷迫害江南士子的行径无疑补充了重要的事证。

当然，钩沉法并非只是简单地拾遗补阙，在钩沉过程中也须注意对史料的可靠程度进行审核，否则也会引起一些不应有的失误。

六是溯源法。概括地说，这是通过追索史料的初始形态（源头）进而鉴别记载的真伪、判断其价值的一种方法。训诂中根据较早的字形以推证某字之本义、校勘之重视较早的版本等，都是这一方法。

所谓史料的初始形态，从不同角度看是略有区别的。如果从史料与其所记事的关系看，史料有记录者所历、所见、所闻和所传闻之分。这里，所历之记录为初始。如从记录时间早晚看，则又可分为同时史料与异时史料。这里，同时史料为初始形态。当然还可以从其他角度做更多的划分。但总的说来，与史实的距离是近是远、相隔的中间层次和环节是少是多是划分史料的初始形态和后起形态的基本原则。

在一般情况下，初始形态的史料较后起形态的可信度要高。我国史学家很早便注意及此。司马迁曾以张骞未见为由（亲历），指出《禹本纪》关于昆仑山的记载不可信。② 刘知几也认为"传闻多失"③。但这些还都是一些简单的认识，更多的

---

① 参见孟森：《奏销案》，载《明清史论著集刊》下册。
② 参见《史记·大宛列传》。
③ 《史通·采撰》。

考实则是通过理清史料的演化过程，找出某些史料的致误之由。以顾颉刚先生为代表的"古史辨派"发现了"累层地造成的古史"这一情形。于是利用溯源法做了大量的考实工作，对中国上古史做了比较系统的清理，可以称为善于溯源的集大成者。其他学者也常用此法进行考实，兹举两例：其一是陈寅恪先生考证曹冲称象之事。此事自《三国志》成书而迄于清初，千余年无人怀疑，乾嘉学者何焯、邵晋涵虽有异议，但未能确考。陈先生则以其渊博的学识证佛经中已有称象故事，由于佛经故事传入中国后几经辗转而多所附会，最终被陈寿写进正文。① 其二为明末李岩其人事，顾诚同志考订李氏系"乌有先生"，考订过程如次：与明末农民战争同时的一些著作，如顾炎武的《明季实录》、彭时亨的《中兴制寇策》、刘尚友的《定思小记》之中，记有与李岩名字相近的若干人（李炎、李兖、李严、李延），不过这些人均指李自成；顺治初，一些小说中李岩"独立"出现；康熙时，计六奇据小说传闻将李岩写进《明季北略》；至官修《明史》，李岩就血肉丰满地活跃于史家心目之中了。②

可见，应用溯源法的确会取得较为可观的成绩。前辈的史学家们对这一方法的重要性也是有所认识的。乾嘉学者阎百诗就说："读书不寻源头，虽得之殊可危。"③ 陈垣先生也说："考寻史源，有二句金言：毋信人之言，人实诳汝。"④ 为此，他为学生特地开设史源学一门课程。不仅如此，有的学者还对于如何溯源进行过一些方法性的总结，如明代胡应麟在《四部正讹》中所提出的"八核"，梁启超在《历史研究法》中提出的辨伪书方法中，都含有溯源法的内容。

当然，溯源法亦非完美，其不足主要在于史源所载也不见得完全可信，对史源本身也还需要从其他方面做一定的分析。

---

① 参见《寒柳堂集·三国志曹冲华佗与佛经故事》。
② 参见李岩：《李岩质疑》，《历史研究》1987年第5期。
③ 参见阎咏：《左汾近稿·先府君行述》。
④ 陈垣：《史源学杂文·前言》，人民出版社，1980，第2页。

上述六种方法，只能说是考实性认识过程中的一些基本的和常用的方法，而且我们又采取的是简单分析的方法加以评价的，实际上，每一个具体的考实过程，并非都是如此单纯。考实家们面对的历史问题，往往是纷杂万状的。因而，更多的考实过程是根据所考问题的范围宽窄、程度难易的不同情况采取相应的方法加以综合运用的。考实家们反对那种"偏举一隅"[①]的做法，而主张在对材料"遍为搜讨"[②]的基础上融会贯通，参伍比证，力求考实的成果确凿精当。从我们对以上六种方法的分析来看，每种方法都有其不同的局限，相互之间也的确需要取长补短。不过从总体上讲，考实性认识的一般形式只不过是通过"存疑—搜证—考求"的三段式，发现史料中的矛盾点与契合点，从而证其是非的过程而已。

三

考实性认识作为一个层次和阶段，它在历史认识的整个过程中处于怎样的地位？我们应当如何对它进行评估呢？这两个问题，需要与历史认识的其他层次和阶段中的一些因素加以比较分析，才能得出明确的答案。

除了考实性认识之外，历史认识的过程中还包含有抽象性和价值性等几种认识形式。这几种认识形式之间的关系是相互区别、又相互联系的。当然，它们之间的这种关系可以从各个不同的方面表现出来。若从"任务"的角度来分析，考实性认识可以说是其他认识形式的基础。

考实性认识的任务是确定史料所反映的历史现象是否真实；抽象性认识的任务是探索历史的各种本质及各种规律；价值性认识的任务则是评估历史从各个层面所体现出来的价值意义。明确了这些，我们就可从这一角度探讨考实性认识与其他认识形式的联系了。

从与抽象性认识的关系看，没有史实的确定，不可能准确地认识历史的本质

---

① 戴震:《毛郑诗考证》卷二。
② 王引之:《经传释词·自序》。

及其规律。历史的本质与规律是通过一系列的抽象才被发现的。但无论哪一种抽象，都必须以准确的事实为始点，离开基本史实的抽象必定会流于穿凿。马克思正是通过对资本主义社会里天天发生的经济现象进行研究，才揭示资本主义的本质及价值规律的。反过来看，假若搞不清农民起义的事实和过程，哪里还能再认识农民起义的本质与规律呢？

从与价值性认识的关系看，没有史实的确定，同样不可能对历史的某些价值做出正确的评估。我们以历史人物的评价为例来说明。明代抵御后金的将领袁崇焕，以通敌之嫌被崇祯帝处死，在明末，他一直背着"叛逆"的罪名，直到编纂《清太宗实录》时才披露出"通敌"之说乃是皇太极所施的反间计。有了这一史实，袁崇焕才得到了正确的评价。这里所举的只是一个极简单的对历史人物定性的价值评估之例，但无论评估有多么繁复，都必须以确定的史实为其基本条件。

总之，考实性认识为其他诸种认识提供可靠的史实根据，其他诸种认识依赖考实性认识的存在而存在，离开考实性认识的其他认识只能是海市蜃楼般的幻想，考实性认识在整个历史认识过程中处于一种基础的地位。

认识到考实性认识的这种地位，未必就能对它做出恰当的评价。在如何评价它的问题上，历史存在着分歧。长期以来，在关于"史"与"论"关系的研究中，有"以论带史"还是"论从史出"这样两种不同的观点。这两种观点从某种意义上讲包含着"史"与"论"二者孰轻孰重之争。从历史认识的角度看，这个争论也可以说是对考实性认识与其他认识形式的轻重程度如何评估的问题。我们认为，这二者实在没有什么轻重之分。

从历史认识的总过程看，考实性认识同其他认识形式一样，都不会完结和终止。历史是一个不断向前延伸的过程，只要有人类存在，历史就会发展，人的历史认识活动也不会停滞不前。新的一段历史一旦产生，史料与史实间的新矛盾亦随之出现，考实性认识也就有其必然存在的条件。依此而推，它与其他认识形式相较孰轻孰重之争便永无休止。试问，这种永无定案的官司打起来有何意义呢？

另外，没有考实性认识，历史认识就失去了可靠的基础；而没有其他形式的认识，历史又仅仅成了杂乱无章的史实堆积，不能给人以任何启迪。这样看来，考实性认识与其他认识形式之间又是一种相互依存、相互补充的关系，离开哪一种认识形式，历史认识都会失去它完整的意义。

从作为个人的认识主体的认知能力分析，擅长考实与擅长抽象各有其长，又都各有其短。马克思主义关于"人有无限的认识能力"这一概括，是将"人"作为一个总和来看待的，具体到每一个人，则其认知能力肯定是有限的。实际上，每个具体的历史研究工作者，其认知能力各有各的局限，善于细而微的思索者未必能善于广而阔的包容，相反也是如此。《史通》与《文史通义》之中都存在着一些史实的错误；王西庄与钱竹汀又都免不了琐细零碎；章实斋曾经讥笑擅长考实者是"但知聚铜，不解铸釜"[①]。但在实际中，如无人聚铜，又安能铸釜！所以，擅长考实与擅长抽象的二者之间的正确态度，应当是互相尊重，取长补短，不可厚此而薄彼。只有这样，才能共同促进历史研究水平的不断提高。在这方面，梁启超、王国维、陈寅恪三位大师的交谊，堪为后世之表。

当然，由于考实性认识的对象是具体的、可感的和表象的东西，与其他认识形式相比，它们有认识层次上的差别，这是无可否认的。但是，评价历史研究成果的标准，不在于认识层次上是否有差别，而在于认识结果是否正确。因为只有正确的历史认识才能充分发挥其社会功能。

（原载《文史哲》1989 年第 1 期）

---

① 《文史通义》外篇三《分邵二云书》。

史家面前无定论

在从事历史研究时，常常在研究之前会浮现出如下一些习惯之论，如"历史早已结论""盖棺论定""已有定论"以及某某机关和权威已做出"结论"或"决议"等。在这些结论面前，许多史学工作者常常把这些作为前提和遵循的准则，对这些历史问题只作顺论，与己见不合，或却步不前，或绕道而行。

针对这种现象，我提出这样一些疑问：在史学家研究之前，应不应该把某些"定论"作为前提呢？如果作为前提，它是建立在什么基础上呢？如果不能作为前提，又如何对待那些确实已存在的"定论""结论"呢？从历史认识上看，这些"结论""定论"处于什么地位呢？等等。

历史的"定论""结论"很多，约略而言，可分为如下几种情况：

一是由法律对某些事件、人物等做出的判决性结论或定论。

二是由会议对某些事件、人物等做出的决议性结论或定论。

三是由权威人物对某些事件、人物等做出的个人判断。

四是公众道德和传统习惯性的所谓"公论"或舆论。

有关这方面的事例举不胜举，作为史学家如何对待这些结论或定论，特别是如何对待社会主义运动中这类历史现象，是个十分复杂而麻烦的问题。在这方面，几乎整个史学界曾有过长期的、惨痛的经验与教训。在这些结论或定论面前，史学工作者不仅失去了主体意识，一切要以此为准，而且还要顺着这个方向广搜材料为这些结论与定论作证，甚至有意无意地阉割、歪曲历史事实顺从或迎合这些结论或定论，其结果导致历史失真，并由此带来一系列荒谬。当前史学界虽然冲破了许多禁区，过去不能摸不能碰的问题，现在可以摸可以碰了；过去不能进行异向思考的问题，现在可以进行异向思考了。这是很大的进步，然而时至今日，历史的大门并没有敞开，许多领域仍被封闭，一些史学工作者仍认为某些结论、定论是不可更改的，只能进行顺向注释、解说和论证，把某些结论视为前提、出发点和必须遵循的原则。

历史研究常常会涉及许多与现实生活纠葛在一起的复杂问题，从这个意义上说，对一些问题的研究要慎重，以至做出某种限制也是可以理解的。但是在理论上必须辨清，所谓的"结论""决议""定论"等，是不是史家所必须遵从的前提？我的看法是否定的，道理如次：

第一，历史上的一切，包括所谓的"结论""定论"等，同史学家的关系只能是认识客体与认识主体的关系，而不是领导与服从的关系，更不是某种硬性规定关系，一句话，两者之间不存在行政化、组织化的关系。认识主体与认识客体之间只能是反映与被反映关系。反映与被反映之间除了应遵循反映规则外，它排斥任何其他原则。认识客体除了作为一种存在外，它对认识主体没有任何约束。认识主体在认识客体面前是能动的"上帝"，他除对认识对象负责外，不应接受任何外来的干涉。

反映与被反映的结果最好是一种映象，但是在实际上这一点是很难做到的，且不说客体的复杂性，单是认识主体就是一个无穷的变项体，除了通常所说的立场、观点、方法之外，还有认识结构、情感、价值取向等因素。认识主体的变项性质势必造成认识结果的多样性。那么能不能对认识主体的认识轨迹做出硬性规定，以确保反映的结果是一种真切的映象呢？我个人非常盼望这一天的到来，但到目前为止，人类的智慧远没有达到这一步。在这一点上，我是个悲观主义者，我怀疑这一天能否到来。迄今为止，唯物主义的反映论是最科学的，它虽指明了前进的方向，但对认识主体的变项问题仍束手无策。在这种情况下，我认为认识主体对认识客体的自由认识是唯一有可能接近真切反映的保证。作为认识主体反映的结果，可能人人各异，但认识的总和则毫无疑问会接近认识客体。如果有人硬把作为认识对象的某种"结论""定论"等变为认识主体认识的前提，其结果势必破坏认识主体的自由认识。认识主体失去了自由认识，唯物主义的反映论首先就被破坏了，其结果只能南辕北辙。

过去有一种十分流行的说法：首先做革命者，然后做学者。在很长的时间内，我未加深思地接受了这种观念。现在静下来沉思一下，它的含义究竟是什么呢？对这个问题可以从不同角度去理解，如果与本文所谈问题联系在一起，这种提法就很值得再思了。我认为，学者，作为认识主体，没有什么比自由认识更神圣了，任何东西都不宜凌驾在它之上，否则认识就会受到扭曲。首先做革命者，而后做学者的提法对科学认识的发展不但无补，还常常使认识降为政治的婢女或低劣的工具，其结果，既有损于认识，又对科学的政治有害。

这样讲，是不是学者、史学家不能与某种"结论""定论"相一致呢？当然不是。不过这种一致只能是研究的结果，而不是出发点。

第二，历史在其发展过程中，常常是诸种因素的重新组合，这种组合会赋予某些"定论""结论"和"决议"以新的意义，从而导致对它们的重新认识。

历史不可逆转决定了历史事件、人物行为、定论的确定性。然而许多事件、人物行为、言论等又不是随历史翻开新的一页而消失，它们常常作为某种遗存而加入新的历史行列中去，表现出新的意义，或者说，在历史发展的全过程中才能充分展现它的意义。比如秦始皇修万里长城，作为秦始皇的活动与决定，随秦始皇去世而结束。但是修长城是中原农耕为主的汉族（当时称华夏）与草原游牧族之间矛盾的一种产物。这一矛盾存在，长城问题就总有它的意义。所以伴随着塞北与塞南民族矛盾，秦始皇修长城问题一直是人们议论的一个题目。近代的洋务运动在很长一段时期内，人们都遵循着一条基本否定的认识路线去看待。但是中国走向开放的新历史，又唤起人们重新去认识近百年前那一次特定环境下的开放活动。总之，较为重要的事件人物等的作用与意义，需要经过相当长的时间才能充分完整地表现出来。

与上述情况不同的是，许多有关历史事物的"决议""结论""定论"等，不是基于历史的评价，而是基于现实的某种迫切的政治、经济需要而做出的，一般说来，是由政治家们决定的。政治家活动的一个重要特点就是临事而断。如果他们不对某些急迫的问题适时做出结论、决断和处理，局势就无法驾驭和控制。在这里利益可能高于一切，道德、公正、合理，等等，只能退避三舍。高明政治家的决断，一般经得住历史的检验，低劣的政治家则可能立即遭到历史的惩罚。正是在这一点上，显示了政治家们的高低之分。

历史常常开人们的玩笑。由于种种原因，某些"决议""结论""定论"一时间靡然向风，受到多数人的支持和拥护，似乎与历史的发展相符合，获得了历史的通行证；反之，对"决议""结论"等持不同见解的人则遭到批判、孤立，似乎被历史抛弃。一时间似乎各自都被置于稳定的历史位置。然而历史却是这样的无情，随着时转运迁，曾被多数人接受拥护的"决议""结论"，越来越成为历史发展的障碍；一时被批判、受孤立的少数人的主张却显示了强大的生命力。现在多数人才清醒过来，在农业合作化中被批判的"小脚女人"，恰恰是站得住脚的历史硬汉。

既然许多历史事件和人物的作为包括所谓的"决议""结论"，在历史的发展中不断与新的历史条件重新组合，展现新的意义，那么，"决议""结论"等怎么能成为历史学研究的出发点或必须遵从的原则呢？

政治家们要求人们，包括史学家，遵从"决议""结论"之类，是合乎政治家的秉性与政治的功能的。但是作为史家的独立研究与自主认识，他完全有权拒绝政治家的这种要求。在这个问题上，求同存异、平等对话是唯一合理的方式。我们应尊重这样的事实：在不同的领域，有不同的主宰。比如，在政治领域，可能是某个机关或某位首脑出任主宰；在认识领域，特别是在研究领域，认识主体就是主宰。主宰多元化比主宰一元化是历史的进步！

我这里说某些"决议""结论"的一时的利益性，绝不是贬义，而是指当时对于历史全过程而表现出来的局限性。这种局限性是任何人都无法避免的，当然有高低之分。史学家对这些说三道四,似乎很高明,但多半是事后诸葛亮;如果把他放在当事者的地位,可能更蹩脚。不过绝不能因此而不准史学家说三道四。史学家所做的不是处理实际事务,而是鉴往知今和文化建设,这是提高整个民族和人类素质所不可缺少的。换句话说,这叫作分工不同、所司不一。

这里附带说一句分工问题。我们天天讲社会分工、劳动分工。但是我们又常常缺乏真正的分工意识和相应的行为准则。在很长时期内,强调的是认识一元化,不承认认识上的分工,要求所有的认识统一和服务于一种规定性的认识,或用一种认识统辖一切认识。其结果只能是僵化、教条,甚至引出造伪。我认为应该切切实实承认在认识上没有什么人掌握了一通百通的"一"。世界上根本不存在一通百通。过去搞的一通百通是借权力实现的,这种情况无论如何要改变。关于这个问题我将另文讨论。

第三,价值标准的变化也会引起不同的评价。有关历史的"结论""决议""定论"等,不仅仅是价值判断,但无可否认,其中也包含着某种价值判断。关于历史认识中的价值问题,我曾与张国刚同志写过一篇专文讨论[①],这里从略。价值问题的一项重要内容是主、客观的复杂结合。简单地说,讨论价值问题首先需要确定价值标准。价值标准有许多,对历史事件、人物做"决议""结论",与历史学家研究这些问题,对价值标准的选择可能是不一样的。标准不同,认识就不可能相同;即使是同一个标准,由于对形势、程度的估计不同,也会得出不同的认识。远的不要说,新中国成立以后,围绕着以阶级斗争为主,还是以发展社会生产力为主,就有数不清的争论与相应的"决议""结论"等。

价值问题具有非常明显的主观性,也可以说有很大的随意性。这是谁也没有办法避免的。有些人标榜完全的客观主义,摒弃价值论,其实,他们所谓的纯客观主义恰恰也是一种价值论。价值问题是人的社会化活动的一部分,反过来说,

---

① 参见刘泽华、张国刚:《历史研究中的价值认识》,《世界历史》1986 年第 12 期。

只要是社会化的人，参与社会的交往，就不可能消除价值关系。道家讲的"无"，佛家讲的"空"，似乎抛弃了一切，然而在社会交往中这正是一个价值项。

我强调价值的主观性、随意性及其不可避免地存在于人的活动之中，无非是要说明关于历史的任何权威性的"结论""决议"都是相对的，都是可以重新认识的，可以重新评价的。

基于上述三点理由，我认为在历史家的面前，没有任何必须接受的和必须遵循的，并作为当然出发点的"结论"与"定论"。我的这篇短文只是想从理论上说明这个问题。至于在实际上人们怎样安排自己，完全有自己的自由。有人愿意把某种"决议""结论"作为自己研究的前提，不仅无可厚非，还应受到一视同仁的尊重。

有人可能会问：不遵循权威性结论，岂不众说纷纭、莫衷一是？对，从认识规律上看，众说纷纭，莫衷一是，是认识的常态。反之，舆论一律，认识一致，则是变态，前者是认识的自然表现，后者则是权力支配与强制的结果。求"一是"的思想和心态，说明自己还不是认识的主体或主体意识还很淡薄，还没有从中世纪中走出来，程度不同地存在着贾桂气。

众说纷纭是把认识推向深入的唯一之路，它的总和更接近真理。如果有那么一个人穷尽了一切真理，其他人不必动脑子，只要听唱就行，那自然省了很多事。然而，上帝至今还没造就出这样一个人，似乎永远也不会创造出这样的人。当然，历史上并不是没有人想充当这样的角色，其结果几乎都没有推进真理，大凡都适得其反。诚可哀痛！

（原载《书林》1989年第2期）

下篇

反思与剖析

中国政治思想史研究对象和方法问题初探

中国政治思想史的研究被冷落了三十年。这几年，随着政治学的重新建立，中国政治思想史的研究又提到日程上来。不少院校有关系科开设了这门课程，有一些研究者，陆续撰写论文和专著。但是关于政治思想史研究对象和方法问题，还有很多不清楚的地方，亟须深入讨论。本文试就这个问题发表一点儿浅见，以就教于同志们。

一

关于政治思想史研究对象问题，苏联学者有过清晰的概括："政治学说史作为一门学科，要阐述政治思想的发生和发展所固有的规律性，证明政治思想的历史是国家和法的学说有规律的积累过程，而这个过程是在代表不同阶级利益的思想派别的斗争进行的。"[①] 中国学者也有相近的看法，他们说："政治思想史的研究对象是：历史上各个阶级和政治集团对社会政治制度、国家政权组织以及各阶级相互关系所形成的观点和理论体系，各种不同政治思想流派之间的斗争、演变和更替的具体历史过程，各种不同政治思想对现实社会政治发展的影响和作用。"又说："政治思想最主要的就是各个阶级对待国家政权的态度和主张，即关于国家的产生、性质和作用，以及如何维持国家政权的理论观点和政治主张。"[②] 上述的说法，我认为是相当深刻的，作为政治思想主要内容之一是被抓住了。我同意上述概括，但又感到尚有不足的地方。在我看，问题主要是把政治思想史的对象规定得过于狭窄，有碍于视线的展开。根据我的粗浅认识，政治思想史除了研究国家

---

① K. A. 莫基切夫主编《政治学说史》，中国社会科学出版社，1979，第14—15页。
② 徐大同、陈哲夫、谢庆奎等编著《中国古代政治思想史》，吉林人民出版社，1981，第2—3页。

和法的理论外，如下一些内容也应列入它的研究范围。

首先，是关于政治哲学问题。就中国先秦的政治思想理论看，政治思想与哲学思想浑然为一体。人们常说"哲学是时代的精华"。所谓精华是说哲学的认识是深刻的，且具有普遍性。在政治思想史的研究中，我们不难发现，各个流派和不同人物的认识有深浅精粗之分，这种认识上差别最明显的标志之一是哲理化的程度不同。缺乏哲理的政治思想，一般地说属于直观性的认识。先秦诸子中的多数，为了充分和深入论述他们的政治思想，特别注意哲理性的认识。就目前的认识状况，究竟把哪些命题视为政治哲学，或怎样才能更清楚地抽出政治哲学性命题，是一个需要展开讨论的问题。从先秦政治思想史看，至少如下一些问题，都可以算为政治哲学。如天人关系，人性论，中庸、中和思想，势不两立说，物极必反说，理、必、然、数、道等必然性理论，历史观，圣贤观，等等。这些问题与政治思想有极为密切的关系，其中一些问题是政治思想的理论基础。许多思想家把这些问题与政治理论、政策等交融在一起。例如，孟子的仁政理论就以人性善说为基础，荀子的礼治主张是针对人性恶而来的，法家主张人性好利，他们认为这种本性既改不了，也无需改，改了反而有害于政治。从这种理论出发，他们认为在政治上应该实行利用、利诱、利导、利惩等政策，超脱利害之民是不治之民，应加以铲除。诸子对天的看法也很不相同，有的认为是神，有的认为是自然，有的认为兼而有之，但他们又有一个共同点，都认为天制约着人事。由此出发，除神权政治外，法自然的政治思想在许多派别中都占有突出的地位。如果细加分析，在法自然上又有各种不同的主张。有的主张天人契合，有的主张天人相分，有的主张有合有分，有的主张天而不人，即绝对的自然主义。于是在政治思想上就形成了明显的分歧。从先秦政治思想史看，政治哲学问题具有特殊重要的意义，是应该花大气力研究的课题之一。

其次，关于社会模式的理论（又可称为理想国的理论），也应是政治思想史研究的重要内容之一。社会模式思想与国家政权组织形式的思想，虽有密切关系，但范围不同，两者不是一回事。社会模式或理想国理论是关于社会总体结构与相互关系的理论或设计，它包括社会生活的各个方面，在政治思想史中具有独特的意义。就先秦情况看，这一类的论述是相当丰富的，许多有关的思想和设计别开生面，耐人寻味。孔子的"有道"之世的模式，老子关于"小国寡民"的设想，庄子的"至德之世""无何有之乡"的幻境，孟子的王道世界，《礼记·礼运》篇中的"大同"境界，荀子的"王制"社会，农家人人劳动、自食其力、不分君臣的美境，杨朱童子牧羊式的田园生活等，都属于理想国范围内的课题。在这些五花八门的理论中，有异想天开的幻想，有对现实生活深刻观察后的升华，还有切近实际的描绘，有的是现实主义的，有的则属批判现实主义的，有的是浪漫主义的，还有现实主义和浪漫主义的结合。在这些理论中，有奇想，更有深刻的思考和哲学的思辨。就庄子的"至德之世""无何有之乡"而言，乍然看去，作者一本正经、绘声绘色讲述的理想世界，使人感到荒唐。他要求人类彻底回到大自然中去。在庄子看来，人们的社会性生活，不仅包括国家、政治，还包括一切知识文明以及仁义道德等，不仅是多余的，而且都是祸害，是束缚人的桎梏，应加以灭除。人类应该像牛马在草原自由漫步那样，过着"天放"的生活。对这种荒唐的追求，似乎可以一笑了之。其实，在作者到达这个荒唐的结论之前，还有深刻的思想作为先导，这就是人的自然性与社会性的关系及其矛盾问题。作者深刻地揭露了在当时历史条件下两者的对立，可惜没有看到两者历史的统一，而对于两者的对立，又缺乏一副科学的头脑去对待，于是走向极端，用人的自然性去否定和排斥人的社会性，推导出纯自然化的无何有之乡的幻境，从而也走到了绝境。作者怒斥了当时社会关系对人们生存权利的剥夺，可是他又企图让自然剥夺人类的社会生活的权利。他谴责当时社会关系对人的自由的限制，呼唤还人以自由，可是他所向往的自由只不过是牛马自然生活式的自由，结果用自然的自由取消了社会性的自由和人的创造自由，人类反而失去了一切自由，人不再是人。在庄子的理想国理论中，到处是一片荒漠，可是在荒漠中又蕴藏着黄金。对先秦诸子各式各样的理想国理论，我们需要进行分析，沿着他们走过的思路，寻找他们的得失，这是非常有意义的。所以研究和分析社会模式思想和理论，应该是政治思想史的重要内容之一。

最后，治国的方略和政策也应是政治思想史的研究内容。国家和法与治国方略和政策有密切的关系，但两者又有区别。我们从先秦政治思想中不难发现，一些人在国家组织体系和法律规定上并没有什么原则区分，但在治国方略和具体政策上却有明显的不同，甚至形成水火之势。比如在农商关系上，有的主张重农抑商，有的主张唯农除商，有的主张农工商协调发展，有的主张以商治国，凡此等等，在政策上分歧甚多，各有一套理论。政治思想是一个复杂的领域，包含有多方面的内容，并且具有多层次性。不同的方面和不同的层次与政治实践有远近之分，有关治国方略和具体政策方面的主张与实际政治最为接近。实际的政治家常常从这些主张中选择行动方案。在政治思想史研究中应特别注意这方面的研究，从中可以得到许多可借鉴的东西。

在政治思想史的研究中，还应把伦理道德问题作为重要内容之一。从学科上划分，伦理道德应该是另一个独立的领域。伦理道德不同于政治思想，比如在法家那里，他们便把政治与道德分为两种不同的事情。不过在中国政治思想史上，有些派别把伦理道德政治化，这一点在儒家那里表现得十分突出。比如"孝"，早在周初，周公就明确地把它作为一种政治规定，在《尚书·康诰》中宣布"元恶大憝，矧惟不孝不友"，对不孝不友者"刑兹无赦"。儒家继承和发展了这种思想，孔子把孝视为直接的政治。有人问他，你为什么不当官从政。孔子回答道："我宣扬孝道，就是从政。"[①] 儒家把修身、齐家、治国、平天下贯通为一，也就是把道德与政治合而为一。把道德政治化，以道德治国虽不是中国古代所独有，但由于儒家在封建社会占正统地位，因此伦理政治在历史上起过重大作用，有着深远影响，

---

① 参见《论语·为政》。

应给以足够的重视。

关于政治实施理论以及政治权术理论也应是政治思想史研究的内容。进行政治决策以及如何把政策、政治规定和各种行政措施付诸实现，这是政治思想家们经常讨论的问题，比如关于进谏、纳谏、庭议、兼听、独断、考课、监察等，都属于这方面的问题。

在君臣关系方面，人们喜欢讲忠义，其实内中充满了利害之争和尔虞我诈。这一点被法家彻底揭露出来。这种关于权术的种种论述，就是官场争斗的理论表现。比如在君主专制的情况下臣子如何进说就是一个经常被人议论的问题。韩非子的《说难》是专论这个问题的名篇。其实，他的论说脱胎于他的老师荀子的观点。荀子在《非相》中有一段论述，应该说是《说难》的根本。在先秦诸子中，有关政治实施和政治权术理论是相当丰富的，具有独特的意义，很值得研究。

以上几项还没有把政治思想史的研究内容说完全，但这几项大抵都是不可缺少的。

基于上述内容，政治思想史的研究对象，大体可概括如下：研究历史上不同阶级、不同阶层、不同学派和不同人物关于国家和社会制度、社会改造，以及通过国家机关和强力处理人与自然的关系和人与人的关系的理想、理论、方针和政策，研究这些理想、理论、方针和政策提出的社会背景及其对实际政治的影响，研究它们之间的相互关系及其发展、演变过程和规律。这里要着重说明的是，在阶级社会，政治思想的核心部分具有最明显的阶级性质。但从政治思想的总体看，又不能全部归入阶级范畴，比如关于处理人与自然的关系的理论，除有阶级烙印外，还有人类与自然的共同关系问题；关于社会生活的认识，也有一些超出了一个阶级的范围，如调和阶级关系的某些论述，便包含了不同阶级、不同阶层的要求；还有一些社会规范是人人需要遵守的，也不好简单地划入某一个阶级范畴之中。就每个思想家而论，情况更为复杂。虽然每个人都无法游离于阶级生活之外，但在观念上，并不妨碍某些人会提出超阶级理论和主张。对于思想家的这些主张，从本质上看，无疑是掩盖了事物的本质，歪曲了事物的真相，从而在客观上形成欺骗。但就思想家的主观而论，则不能一概斥之为虚伪，或存心欺骗，不能排除有些人是出自真诚，并为之而献身。应该说，阶级的存在，恰恰又为某些人制造超阶级的幻想和理论提供了根据。在政治思想史的研究中，一定要坚持阶级分析，但阶级分析方法并不是要求人们简单地把每一个人和每一个思想命题都统统编排到阶级的行列中。比如说某个人代表某个阶级，于是便认为他讲的每一句话都代表某个阶级，每个命题都是阶级意志的体现。在过去一段时间内，有些人在这方面做得很彻底，结果如何呢？常常是捉襟见肘。比如，有人把庄子视为没落的奴隶主代言人，把庄子的话尽量还原为奴隶主的意志，这种分析尽管很入微，可是离庄子实在太远了。实际上，庄子的主旨并不是站在这个或那个阶级立场来讨论政治问题，而是站在自然主义的立场看社会。

在这里不是讨论阶级分析方法问题，目的在于说明，即使在政治思想史范围内，也不能把每一种思想命题统统还原为阶级的命题，因为政治思想的对象本身并不都是阶级的。

二

政治思想史的研究目前尚处于探索阶段。为了加快研究步伐，一方面要注意学科自身的认识规律循序而进；另一方面还要借鉴思想史和哲学史研究的经验与教训。根据个人粗浅的体会，应该像广角镜那样，从多方面着眼，用多头并进的方式开展研究。

首先，需要进行的是按思想家或代表作进行列传式的研究。思想史不同于其他史的一个重要特点是思想家个人占有特别重要的地位。每个思想家虽然都是社会历史的产物，但一定的思想又是思想家个人认识的产物。因此，一定的思想，一方面不可能不以产生它的历史条件为基础；另一方面又具有明显的个性。在古代，由集体智慧而凝结成为统一认识成果的现象虽不乏其例，但主要的是个人的认识。因此，列传式的研究，是研究思想史（包括政治思想史在内）的基本方式之一。甚至可以这样说，列传式的研究是基础性的研究。对思想家和代表作研究不够，也就难于进行其他方面的研究。以列传式研究为基础的中国哲学史和思想史著作已有好多部，正是这些著作使哲学史的研究获得了广阔而坚实的基础。为了把中国政治思想史的基础打得宽广深厚，恐怕也需要几部或十几部不同风格的以思想家为基础的中国政治思想通史、断代史和专人史。

其次，进行流派研究。政治思想领域存在着流派是不会有疑义的，但是划分流派的标准却是一个尚待深入讨论的问题。就目前的认识来看，有的以阶级为标准，比如奴隶主的政治思想、封建地主的政治思想、农民的政治思想等；有的以在社会历史进程中的作用为准，如划分为先进、落后、改革、保守等；有的以思想理论特点为准；有的采用传统的说法，如儒、法、道、墨等。这些标准都有它的价值和意义，不过在实际的运用中又常遇到困难，常常捉襟见肘。从思想史看，只有形成流派的思想，才能把认识推向深入，才能构成一种强大的社会力量。流派对历史的影响比之个人要大得多。在历史上，某些思想领袖之所以显得格外突出，也是以流派为基础的，因此研究流派是十分必要的。

再次，要开展社会思潮和一个时代重大课题的研究。这种研究不以个人和流派为限，而是以每个时代普遍关心的热门问题为中心进行综合研究。比如战国时期，不管是哪家哪派，都对人性与政治的关系问题发表了自己的见解。因此人性与政治关系就可视为一个思潮问题，有必要进行综合研究。又如，先秦诸子从不同立场和角度出发，广泛讨论了君主的产生、品质、作用、品分等，提出了各式各样的理论，因此君主问题作为一个思潮问题也是值得研究的。通过思潮和时代重大课题的研究，既可以对一个时代普遍关心的问题做出总的估计，又可以看到每一个人的认识如何汇成一个时代的文化总体，汇成一种历史文化流，即普遍意识。比如，先秦诸子对进谏与纳谏问题有各式各样的理论和态度，分歧颇多，但通过对这个问题的讨论，形成了一个共同的意识，即进谏与纳谏是政治上的美德和政治兴旺的必要条件。这种共同的意识对实际政治曾产生巨大的影响。关于政治思想史中的思潮和重大课题的研究，应该特别注重。

最后，政治思想中的重要概念、范畴，例如礼、德、法、刑、仁、义、爱、赏、罚、势、术等的研究，也是很重要的。每个学科和学派都有它们的特殊概念和范畴，从而形成特定的思想形式。概念和范畴虽然不是独立的存在，但一经出现，又有相对的独立性，并在认识中作为纽带把前代和后代联系起来。由于时代的变化以及每个人认识上的差别，所用的概念字面上虽然无别，但所表达的客观含义常常有很大的差异，在各自思想体系中的地位也很不同。因此对概念与范畴作总合的研究是剖析普遍的思想形式所不可缺少的。比如"仁"这个概念，差不多先秦诸子都使用，在政治和道德理论中占有重要的地位。但各家对其态度却有很大差别，甚至是对立的。儒家高举仁的旗帜，出公入私，招摇于世。可是庄子对仁却给以鞭驱，《天运》说："虎狼，仁也。"细加分析，在儒家那里，仁的地位也不相同，孟子把仁作为最高的旗帜，荀子则更看重礼，仁从属于礼。研究重要概念和范畴的发展变化，对推进政治思想史认识是极有意义的。

对各种政治思想进行比较研究也十分重要。人所共知，只有比较才便于进行鉴别，评价得失，权衡利弊。比较研究可以从不同角度进行，如人与人之间的比较，不同流派比较，流派内部不同代表人物比较，不同时代的比较，中外比较，等等。比较研究能够开拓人的视野，利于从总体上把握和估价各种思潮。

政治思想与政治实践的关系也应该作为一个专门问题进行研究。政治思想与政治实践是两个不同的学科，后者的历史研究属于政治史。但两者又有极为密切的关系。政治实践是政治思想认识的对象，又是它产生的主要土壤之一，反过来，政治思想对政治实践又有直接或间接的影响，乃至起指导作用。在政治实践过程中，有些政治家把某一种政治思想奉为圭臬，有的则兼蓄并用；还有一种情况，我们难于直接说明一家一派对政治实践的作用，而只能从各种政治思想形成的政治文化总体看对政治实践的影响。

在研究政治思想时，我认为，价值性认识和是非判断性认识，具有特别重要的意义。我们研究政治思想史不能只限于描述，还要考察它的价值。为了判定一种思想的价值，首先要明确价值标准，对我们来说，价值标准是明确的，这就是历史唯物主义。但经验告诉我们，在实际运用中，却又表现为千差万别。比如，同是孔子，有的认为他是反动派，有的认为是革命党。在两种极端认识中间，还有广阔的余地，于是许多人在这个中间地带又找到了各式各样的价值标准。价值问题不只是个阶级定性问题，还有许多其他方面的内容。政治思想史不做价值分析，它就会变成一笔糊涂账。为了更好地判明各种思想的价值，应该探讨一些价值标准问题。在这个问题上，既要借助历史学已获得的成果，又要结合政治思想史的具体情况理出一些自身特有的标准。

是非判断性的认识与价值性的认识有密切关系，但又不相同。在政治思想史中如何判断是非，即判明真理与谬误，实在是一桩更为困难的事。从哲学上说，这个问题已经解决，人所共知，实践是检验真理的标准。但是把这条原则用于政治思想史，就产生许多枝节。政治中的实践具有鲜明的阶级性。在古代，除了某些短暂的革命时期以外，当权的都是剥削阶级。人民群众的许多美好政治理想不能实现，也实行不了。反之，代表剥削阶级的政治思想却付诸实践，而且证明有许多主张在当时是可行的、有效的，甚至起了促进历史的作用。在这种情况下，真理与谬误该如何分辨，代表剥削阶级利益的政治思想中有否科学和真理？实践证明是可行的，起了积极作用的思想是否就是实践检验证明了的真理？人民美好的、但不能付诸实践的政治愿望，与真理是什么关系？凡此种种，是亟须讨论的问题。我体会，把哲学史中判断是非的方法简单地拿过来运用于政治思想史，是难于说清问题的。因此，在这个问题上，需要从事政治思想史研究的同志做些新的探索。

以上所说，带有面面观的性质，而且又只是提出了一些问题，面面观总不免要流于片面。如果能起抛砖引玉的作用，也就感到满足了。

思想自由与争鸣
——战国百家争鸣的启示

思想自由,百家争鸣,认识深化,三者之间既是互为条件、互为因果、互相促进的关系,又是递进关系。有思想自由而有百家争鸣,有百家争鸣而有认识深化。认识深化程度是人类智慧和文明发展的重要标志。

在中国的历史上,三者形成良性循环的时代是不多见的,战国时代诸子百家自由争鸣,可谓最值得称道,本文仅就这个问题谈几点历史的启示。

一、认识主体人格独立

认识主体人格的独立与自主,是进行独立思考的前提,能进行独立自由的思考才可能有百家争鸣。因此可以说,认识主体人格独立自主的程度决定着思维自由的程度,也决定了百家争鸣和范围与深度。反过来则可以说,思想自由的程度又是认识主体人格独立自主的重要标志。

战国时期不是所有的人都获得了人格相对独立和思考自由的机会,获得这种机会与条件的只有"士人"。他们虽然数量不大,但却震动了整个社会。

战国时期,当权者与士的关系一般不是主仆关系,相当多的是主客关系。主仆关系与主客关系是一个很重要的区别。主仆关系具有隶属性,主客关系则不然,客对于主有其相对的自主性和独立性,两者的关系有某种平等性。所谓"分庭抗礼",原意就是指君主和士发生关系时,取消君主之礼,而行主客之礼,表现为君与士之间的相对平等关系。当时社会上一个特点,就是尊士之风甚盛。"礼贤下士"便是当时尊士风气的一个侧面。

我们来看一则材料。《史记·孟尝君列传》曰:"孟尝君曾待客夜食,有一人蔽火光。客怒,以饭不等,辍食辞去。孟尝君起,自持其饭比之。客惭,自到。

士以此多归孟尝君。"作为一个群体而在社会上有如此的地位，这在中国历史上是绝无仅有的。

造成认识主体相对独立性的一个外在因素，是当时多种政权并存的局面。这种局面造成了士的流动性，东家不要到西家。当时的一些著名人物，如吴起、孟轲、苏秦等，都在几个国家做过事。"朝秦暮楚"是当时社会的一个写照。对于战国社会而言，朝秦暮楚是人格自由的表现，士人有选择的自由。

主体独立是认识自由的前提，一个人如果连自身的自主性都没有，何谈认识的自主性。认识没有自主性，就谈不上争鸣。战国时代百家争鸣的形成，恰恰就在于战国时代出现了这么一个环境，形成了一批相对自主的士人。这可以说是战国时代百家争鸣的历史前提和逻辑前提。

二、一切可以作为认识对象

在历史进程中，认识主体与认识对象之间，并不是自由地反映与被反映的关系。更多时候，认识主体是被限制的，不准去自由进行认识；认识客体因种种原因被分割，某些领域和对象不准去认识。而战国时期的认识却几乎是全方位开放，一切都可以置于认识对象之中。

从道理上讲，言论自由不能以统治者允许的范围为界限，而应以认识对象自由认识为标志。战国时期，人们可以用理性判断各种问题，上天是怎么回事，是神吗？天子、君主是怎样产生的？什么样的君主才是合理的？总之，似乎没有什么不可以去认识的问题。

在各种认识对象中，最难认识的要数君主了，但历史毕竟提供了对君主重新认识的机会。庄子从他的理论逻辑推导出，君主是大盗。孟子批评当时的君主们是率兽食人之辈，点名批评梁惠王"不仁"。荀子从他的理论出发，认为当时的君主都不合格等。这些批评虽然不讨君主的喜欢，但君主们也没有动刀问罪。

一切认识对象都可以认识，才可能使认识趋向完整和深入，否则会使认识变成残缺不全的畸形物。

三、在认识对象面前认识主体平等

一切可以作为认识对象对思想解放意义十分重大，但是它仍然可以被局限在少数人范围内。曹刿对鲁公进谏论战时曾谈到这种现象。曹刿的出身可能较贫贱，在当时一般人的观念中，不要说君主这种圣物一般人无权认识，就是国家政务也只有权贵才能发表意见。当曹刿向鲁公言兵事时，有人劝阻说："肉食者谋之，又何间焉？"①肉食者指贵族，只有贵族才能参与国事，下层人是无资格发表意见的。孔子也反对在认识对象面前认识主体平等，他说的"非礼勿视，非礼勿言，非礼勿听，非礼勿动"，就是用礼限制人们的认识自由，而他讲的"民可使由之，不可使知之"，则更明确地宣布取消民的认识权。从人的本性上，孔子曾把人分为"上圣""中人"与"下愚"。"中人以上，可以语上也；中人以下，不可以语上也。"②这里虽主要是讲教育，实际上把"中人"以下的人都排斥在认识主体之外，在认识对象面前自然也谈不上什么认识平等。

先秦诸子也把人分为圣人、贤人、智者与凡人、愚者、贱者两大层次，后者既谈不上认识的权利，也没有认识的能力。墨子认为一切道理只能从贵者、贤者、慧者出；贫者、贱者只能扮演听从者的角色。孟子把人分为劳心者与劳力者，自然劳力者是谈不上什么认识的。荀子同样夸大了圣人、君子在认识中的地位与作用。

不过在论到士时，不少思想家都提出，士应该无所顾忌地去认识一切，事实上许多士人也放开胆量去谈天说地、论人。孟子形容当时情况是："圣王不作，诸侯放恣，处士横议，杨朱墨翟之言盈天下。"③"横议"说明士人讨论的问题是无所

---

① 《左传》庄公十年。
② 《论语·雍也》。
③ 《孟子·滕文公下》。

顾忌的。《庄子·天下》说宋钘、尹文之辈"不忘天下，日夜不休"。也就是说，这帮人不在其位，而要谋其政，孤身孑影却要关心天下事。《庄子·天下》篇的作者于是得出结论说，这帮人"图傲乎救世之士哉"！《吕氏春秋·博志》载："孔、墨、宁越，皆布衣之士也，虑于天下，以为无若先王之术者，故日夜学之。"这也是说，不在其位，而谋其道。《淮南子·俶真训》说："周室衰而王道废，儒、墨乃始列道而议，分徒而讼。于是博学以疑（按，王引之云：'疑读曰凝。'）圣，华诬以胁众，弦歌鼓舞，缘饰诗书，以买名誉于天下。"儒、墨之徒，以道自持，藐视成说，博学广议，招收生徒。圣人在哪里？圣人就在我的笔下！横议，只有横议，才能开拓认识的新领域，把认识推向新高峰！

从战国百家争鸣的实际情况看，争鸣者在认识对象面前可以自由认识和自由选择，从而促进了认识的深化。

四、权与理相对二元化

权力和认识之间的关系问题，是人类历史中一个十分麻烦的问题。以前权力的中心是处理利害关系，认识则重在讨论是非价值问题。然而利害与是非价值经常交织在一起，常常会出现权力干预认识或认识评论权力得失等现象。这样，权力与认识之间就会发生矛盾、冲突。权力膨胀和强化大多要设法对认识加以控制和干预，甚至把认识禁锢在一定范围之内，不得越雷池一步；如果认识一旦触犯权力的规定，掌权者就会施以淫威。这一点从周厉王利用卫巫监谤可以得到很好的说明。

春秋以降，随着周天子的衰落，诸侯林立，互相竞争和争夺，逐渐形成舆论开放的局面。

儒家力求道与王的统一，在道与王发生矛盾时，主张从道不从君，道高于君。道家崇尚自然之"道"，帝王则是等而下之者。《老子》虽然把王看为宇宙四大之一,同时又提出:"王法地,地法天,天法道,道法自然。"① 王是被道、自然制约的。《老子》以道为根本,王只有从道才可安位。这样,在认识上就把君主与道分为二元,并且道高于君。法家在倡导君主专制上可谓诸子之冠。即使如此,他们也依照法家的理论原则对君主进行了品分。《管子·形势解》说:"明主之务,务在行道,不顾小物。"所谓道,即治国方略。墨子的重要主张之一是"尚同",即"天子之所是,必亦是之;天子之所非,必亦非之"②。即便如此,天子与理论仍属二元结构。在墨子看来,君主、天子都必须实行墨家的主张,否则便属暴主。

权力与道理二元化的观点并不是所有君主都愿意接受的,更不愿意在实践上付诸实现。但是在当时的智能竞争中,为了招揽人才,有些君主或主动或被动地在一定程度上接受了这种事实。他们把权力与道理分别为二。战国初年,魏文侯是力图大业、求改革和善招纳人才的君主。当时有位名士叫段干木,魏文侯再三延聘,委以高位,均遭段干木拒绝。魏文侯每次从段干木门前过,均"轼之"。轼,伏轼,装在车前面的横木。"轼之"是一种礼节,伏住车轼,目视马尾,表示敬意。魏文侯的仆人(驾车者)问:"君胡为轼?"魏文侯答道:"段干木不趋势利,怀君子之道……段干木光(广)于德,寡人光于势;段干木富于义,寡人富于财。势不若德尊,财不若义高。"③ 魏文侯把权势、财富与道义、认识分为二元。前者掌握在君主之手,后者则可能为士人之长,是君主所不及之处。掌握权势的君主如果没有这种认识,就不可能起用贤人,也不会虚心听取臣下之见。

孔子之孙子思是当时的著名知识分子之一。鲁缪公有一次问子思:"古千乘之国以友士,何如?"大意是,古代具有千乘兵车的国君若同士人交朋友,是怎样的呢?子思听后很不高兴地说:"古之人有言曰,事之云乎,岂曰友之云乎?"大意是,古代人的话,是说国君以士为师吧,怎么能说与士人交朋友呢?孟子借此

---

① 《老子·第二十五章》。
② 《墨子·尚同中》。
③ 《淮南子·修务训》。

事发挥道："以位，则子，君也；我，臣也；何敢与君友也？以德，则子事我者也，奚可以与我友？"大意是，论地位，你是君主，我是臣下，我哪敢同你交朋友？论道德，你应该向我学习，以我为师，怎么可以同我交朋友？子思、孟子在这里都强调了权势与道义的二元关系。

《战国策·齐策》记载齐宣王与颜斶的一次辩论，可作为权势与道义二元化的又一例证。齐宣王与颜斶相见，齐宣王说："斶前！（你过来！）"斶说："王前！"齐宣王很不高兴。左右大臣说："王，人君也；斶，人臣也。"颜斶与王对呼是无礼的。颜斶答道："夫斶前为慕势，王前为趋士。与使斶为趋势，不如使王为趋士。"齐宣王愤然作色曰："王者贵乎？士贵乎？"于是围绕王贵、士贵，齐宣王与颜斶展开了一场面对面的争论。颜斶纵论古今，阐述了王固然拥有权势，但如果没有士人的辅佐和谋略的指导，多半要归于失败。齐宣王最后折服，说道："嗟呼！君子焉可侮哉，寡人自取病耳！"当即表示愿拜颜斶为师。

关于王与士谁尊贵的争论，实质上是关于权势与道义、认识何者为贵的争论。从战国历史上看，许多君主并不接受权力与认识二元论或把认识置于权势之上的见解，但也有一部分君主接受了这种看法，在行动上则表现为尊士、尊师、尊理。

权力与认识的二元化，对君主的权威和政治的运行可能带来麻烦甚至困难。如果当权者对两者的关系处理得好，对实际政治是绝对有益无害的。战国时期那些有作为、图改革的君主，大抵都是敞开言路、尊重知识分子的。

权力与认识二元化对认识向深广方面发展是绝对不可缺少的。由于战国时期存在着权力与认识二元化的条件与社会气氛，对百家争鸣的发展与深入提供了比较好的环境，也可以说，这是百家争鸣得以开展的前提条件。

五、没有必须遵从的权威

认识发展的动力之一，是不同观点与见解之间的相激，即挑战和应战。认识领域不存在人不犯我、我不犯人的局面。认识的天性之一就是"犯他性"。犯他而后才能有新见。犯他不可避免地要有"破"。"破"与"立"是一个相反而相成的过程。先秦诸子之间既有公开的对阵、指斥、无限上纲，又有娓娓细语的辨析。有的针对整个学派，有的则仅针对个别论点。在争鸣中并不都是壁垒分明，常常是你中有我、我中有你。因人废言者有之，弃取并行者亦有之；有的学派意识很强，有的则全然把学派抛到一边。总之，在争鸣中没有裁判员，自己就是认识的主宰。

战国诸子相激到什么程度，可以从如下两方面考察：

第一，没有任何一个论题是神圣不可批判的。不管哪种论题都没有获得人人共尊的地位。任何理论都是可以讨论的；信仰者有之，但都不是必须的和规定的。儒家对仁和礼尽管有不同解释，但都又把仁、礼作为自己的旗帜。可是在道家看来，仁与礼是造成人世祸害的根源。仁、礼与"道"是对立的，是破坏"道"的恶果。《庄子》认为，仁、礼这类东西不属于人的自然本性，是那些好事的"圣人"（非道家所称的圣人）制造出来的。仁、礼之兴造成了一系列的恶果，它既是人的桎梏，又引起人互相猜忌。带着桎梏而又互相猜忌，既可怜，又可悲，更可恶。以至作者发出这样的谴责："虎狼，仁也。"[①] 法家中的某些人是有限地主张仁、礼的，但也有人把仁、礼比作虱子、蠹虫，而主张加以灭绝。总之，在战国，找不到哪一种理论或论点是不可以再认识、不可以讨论、不可以批判的。

第二，没有不受到批判的权威。在争鸣中形成了流派，也出现了权威。孔子之于儒家，老子之于道家，墨子之于墨家，李悝之于法家，几乎均处于权威和圣人的地位，孔子和老子甚至还有点神味。这些权威是人们选择的结果，而不是行政或宗教性的规定。如果越出派别，这些人就完全变成可以讨论和批判的对象。《庄子·盗跖》的作者把孔子视为"伪巧人"，对孔子进行了全盘否定和批判。孟子除对墨子、杨朱的学说进行批判外，还斥之为"禽兽"理论家。

---

① 《庄子·天运》。

诸子激烈的争论中把认识推向一个又一个高峰。从战国百家争鸣中可以看到，在理论上互相批驳，指名道姓，甚至人身攻击都是常见的现象。争鸣只要深入，这类现象是不可避免的。从总体看，只要不借助理论以外的武器，这种形式对认识的深化也还是有益的。

以上五方面，是战国百家争鸣的条件和自由度的标志，同时也是对我们今天百家争鸣最富有启示的地方。

在开展百家争鸣问题上，我们的教训很多，很值得总结。我认为只从政治上"反左""反右"着眼总结经验教训是不够的。百家争鸣是一种认识运动，我们应从认识规律上来探讨它内在的机制和正常运行的条件。

（原载《开放时代》1989年第4期）

论战国时期"授田"制下的"公民"

我赞同中国封建社会至晚起自战国说。

封建社会两大对立的阶级是地主阶级和农民阶级。但是封建社会的阶级是等级的阶级。所以这两大阶级的具体组成又很复杂,特别是战国时期更是如此。

就战国时期的农民阶级而言,史籍上称呼他们的概念十分繁杂。但从他们的政治、经济地位看,大体可分为四类:一是依附于封建国家的农奴,当时称为"公民"[①];二是依附于私人地主的农民,这些人与"公民"相对,称为"私人"[②];三是拥有一小块土地的自耕农;四是庸夫,即雇农。本文所要讨论的是依附于封建国家的"公民"。

一、"授田"制下的"公民"与土地的关系

西周奴隶社会,土地的最高所有权名义上属于周天子,实际上是由周天子、诸侯、大夫等奴隶主阶级的不同等级多级占有。

人们通常把土地私有作为奴隶制向封建制过渡的一项重要内容。那么私有的主体是谁呢?是从奴隶主脚下新起的暴发户吗?不是。是从事耕种的奴隶吗?也不是。所谓土地私有,不过是原来奴隶主阶级多级土地占有制的等级结构中,下一级剥夺了上一级对土地的支配权。一入东周,周天子的地位一落千丈,诸侯不再买他的账,诸侯把所占有的土地归己所有;春秋后期,一些诸侯国的大夫,势力超过了诸侯,再也不把诸侯放在眼里,他们所占的土地归自己所有了。再往下,一部分士也占有一部分土地,但为数不多。所以,当时土地私有的主体是诸侯和大夫。

---

① 《韩非子·五蠹》。
② 《韩非子·五蠹》。

战国时期各封建诸侯国的君主，一部分是春秋时的诸侯蝉联而来的，如楚、秦、燕等；一部分是春秋时的大夫经过夺权而形成的，如齐、韩、赵、魏等。但无论前者或后者，都继承春秋既有的地位而拥有大量的土地。由于这些诸侯是封建政权的主脑和中心，他们所占有的土地同时也就是封建国家的土地，韩非称之为"国地"①。我们可称之封建国有制。

　　除封建国有土地外，也有一部分土地落入了私人手中（关于私人土地的出现与发展，将另文说明）。不过在整个战国时期，封建诸侯一直拥有最大数量的土地。这可从如下几方面得到证明：

　　第一个方面，从赏赐臣属巨额土地看。

　　赵简子"赐扁鹊田四万亩"②。

　　赵烈侯喜爱音乐，要赏给著名歌手枪、石二人各"万亩"③。

　　魏国的公叔痤打了胜仗，魏惠王论功行赏，一次赏赐土地总合达一百八十万亩。④

　　卫嗣君为留薄疑仕卫，爵薄疑为上卿，并"进田万顷"⑤。

　　王翦领兵出征前，向秦王政请求田宅，为子孙留作产业。⑥

　　《韩非子·诡使》篇记载韩国政治腐败，赏罚无法，出现了"女妹有色、大臣左右无功，择田而受，择田而食"的情况，说明韩国君主手中有大量田宅可供这些人选择。

---

① 《韩非子·孤愤》。
② 《史记·赵世家》。
③ 《史记·赵世家》。
④ 参阅《战国策·魏策一》。
⑤ 《韩非子·外储说右上》。
⑥ 参见《史记·王翦列传》。

第二个方面，从以田作为臣属的俸禄看。

"楚邦之法，禄臣再世而收地。"[1]

齐国也有禄田，官僚"去之日，遂收其田里"[2]。

"武阳君郑安平死，收其地。"[3]

甘罗出使有功，秦王"复以始甘茂（甘罗的祖父）田宅赐之"[4]。

"禄田"有授有收。战国时期官僚队伍很庞大，"禄田"不会很少。

第三个方面，从用田宅赏赐军功看。

魏实行选兵制，"中试则复其户，利其田宅"[5]。

吴起任魏西河守，不经君主批准可以用田宅明法赏功，证明这些田宅属封建国家所有。[6]

秦规定，能得敌"甲首一者，赏爵一级，益田一顷，益宅九亩"[7]。

当时各国都备有大量田宅用来作赏赐品。韩非子说："夫陈善田利宅所以战士卒也。"[8] "夫上所以陈良田大宅，设爵禄，所以易民死命也。"[9]《管子·八观》中也说："良田不在战士，三年而兵弱。"

封建国家用来赏赐军功的土地有授也有收，《韩非子·诡使》中讲，战士"身死田夺"。

第四个方面，从用田宅招来他国之民和鼓励增殖人口看。

《商君书·徕民》中提出，用分给田宅的办法，招三晋之民来秦。

---

[1] 《韩非子·喻老》。
[2] 《孟子·离娄下》。
[3] 《史记·赵世家》。
[4] 《史记·甘茂列传》。
[5] 《荀子·议兵》。
[6] 参阅《韩非子·内储说上》。
[7] 《商君书·境内》。
[8] 《韩非子·诡使》。
[9] 《韩非子·显学》。

梁惠王说："寡人之于国也，尽心焉耳矣。河内凶，则移其民于河东，移其粟于河内。河东凶亦然。察邻国之政，无如寡人之用心者。邻国之民不加少，寡人之民不加多，何也？"梁惠王话中未涉及土地，但从中可分析出：第一，他来回移民，手中无田宅是难于实行的；第二，他希望邻国之民逃到他这里来，肯定得有土地进行安置。因此，不妨认为，梁惠王手中握有田宅是他讲这段话的前提。

《管子·入国》篇提出："取鳏寡而合和之，予田宅而家室之。"这是主张用田宅鼓励鳏寡结婚以增殖人口。

以上事实足以证明封建国家占有巨量土地。封建国家的土地用作赏赐的只是一部分，更多的土地是用来授与农民，以资进行剥削。

封建国家把土地分给农民，当时叫作"行田""分地""均地""辕田""授田"（"受田"）等。我们可总称之为"授田"制。受田的农民叫"公民"。

"授田"是在奴隶制瓦解，封建生产关系萌芽过程中出现的。春秋后期、战国前期普遍实行。"授田"是从统治者方面说的，"受田"是从农民方面说的。从文献看最早讲"授田"的是《周礼》。另外，《汉书·食货志》、《公羊传》（宣公十五年何休注）、《韩诗外传》等，也有授田的记述。这些书的作者都认为"授田"制实行于周代。许多史学工作者引用上述材料也多用来作为周代存在农村公社，进行平均分配土地的证据。至于战国封建国家是否实行过"授田"制，尚未见有人具体论述。

战国有否"授田"制呢？1975年湖北江陵出土的秦简中，有"受（授）田"二字。该段文字是："入顷刍、藁，以其受（授）田之数。"[①]这批秦简反映的主要是秦统一前的事。这一记载极为重要，它无可争辩地证明了在战国时期，秦实行过"授田"制。

魏国的"行田"也是"授田"。《吕氏春秋·乐成》引魏襄王的名臣史起的话：

---

① 《田律》。

"魏氏之行田也以百亩，邺独二百亩，是田恶也。""行田"就是分给土地的意思。《汉书·高帝纪》："法以有功劳行田宅。"苏林注："行……犹付与也。"根据《乐成》的记载，魏国是普遍实行过"行田"的。它应是李悝"尽地力之教"的主要内容。如果把"行田"同前边引述过的梁惠王关于凶年移民之事一并加以考察，我认为，说梁惠王（即魏惠王）的移民以"行田"为基础不是勉强的。

孟轲到齐国，对齐宣王讲的关于"制民之产"的一段话也很耐人寻味。"制"即制定、规定之意。"产"指什么？即文中所讲的"恒产"——"百亩之宅""百亩之田"。"制"的主体是谁呢？文中已点清楚，是君主。民产由君主规定，那么把它解释为类似秦的"授田"、魏的"行田"，我想是可以说得通的。①

《汉书·地理志》中记载秦商鞅变法有一项是"制辕田"。再早，晋在春秋时曾"作爰田"②。辕与爰通用。关于"爰田"历来有不同释解。孟康的注是，把土地分成上、中、下三等授给农民。上田每户百亩，中田二百亩，下田三百亩。根据孟康的注，"制辕田"也就是"授田"，同秦简中"受（授）田"是吻合的。

另外《管子·国蓄》中讲的"分地"，《臣乘马》中讲的"均地"，《商君书·算地》中讲的"分田"，我认为都是"授田"的别称。

关于战国存在"授田"制的事实，还可从许行到滕受廛一事得到旁证。农家学派的许行自楚到滕，对滕文公说"愿受一廛而为氓"③，滕文公给了他"廛"。廛是住宅，属于封建国家所有。许行受没受田，种不种地呢？文中没有明讲，但在孟轲与陈相的对话中，谈到了许行之徒是从事耕种的。许行等耕种的土地从哪里来的？同廛一样，一定也是从滕文公那里领受的。

给一个农民授予多少土地呢？大体是一百亩（约合今三十一亩多）。在当时，这同一个农民的劳动力是适应的。《管子·臣乘马》说："一农之量，壤百亩也。"

---

① 参阅《孟子·梁惠王上》。
② 《左传》僖公十五年。
③ 《孟子·滕文公上》。

《山权数》说："地量百亩，一夫之力也。"先秦文献中关于一夫百亩的记载很多：

一农之事，终岁耕百亩。①

百亩之田，勿夺其食，数口之家可以无饥矣。②

家五亩宅，百亩田，务其业而勿夺其时，所以富之也。③

《汉书·食货志》记述魏李悝变法，实行尽地力之教，也是按一夫治田百亩计算。

"百亩"是指标准地。土地有好有坏，具体实行时会五花八门。如前引的，魏一般分给百亩，邺这个地方土质不好便分配二百亩。另外，各地亩大小也不一致，《商君书·算地》记载："故为国分田，数小亩五百。"江陵出土秦简中的"受（授）田"，则是按顷计算。

受田的农民有没有土地所有权，能不能私自转送或买卖呢？关于这一点无明文记载。但以下材料从侧面说明农民没有土地所有权。

其一，"王登一日而见二中大夫，予之田宅，中牟之人弃其田耘、卖宅圃，而随文学者邑之半。"④ 这里对田用的是"弃"，对宅圃（宅旁园地）用的是"卖"。从侧面说明土地不能卖。

其二，《管子·小称》记载，民恶其上，"捐其地而走"。"捐"是放弃的意思，与前一条材料意思相同。

其三，"士之仕也，犹农夫之耕也；农夫岂为出疆舍其耒耜哉？"⑤ 照理土地比农具更为重要。如果土地属于农夫，农夫绝不会不卖土地，扛上农具就到他国去。

---

① 《管子·轻重甲》。
② 《孟子·梁惠王上》。
③ 《荀子·大略》。
④ 《韩非子·外储说左上》。
⑤ 《孟子·滕文公下》。

显然，农具归农夫所有，土地不归农夫。

其四，战国文献有多处讲到民无法生活时嫁妻卖子，但没有一条言及卖土地。这同汉以后多把卖田同嫁妻鬻子连在一起，有明显的不同。如果拥有土地所有权，通常总是先卖土地而后卖子女。战国时材料只讲民嫁妻卖子，说明民不能卖土地。

其五，《庄子·徐无鬼》篇讲："夫民，不难聚也；爱之则亲，利之则至，誉之则劝，致其恶则散。"这段文字形容民之来去未免太自由了。但在当时民逃来逃去的现象的确很普遍，这些逃亡之民被称为"氓"。造成这种现象的原因很多，我认为，民无土地所有权是重要的原因之一。这些逃亡之民只要不被原主人捉住，便可在新主人那里领受一小块土地。民大量的逃亡，使统治者很头痛。为了把民固着于土地，一些地主阶级代表人物，除提出加强行政管理外，在经济上还提出种种方案。孟轲提出要使民有"恒产"，有了"恒产"才能有"恒心"。《吕氏春秋·上农》篇提出："民农则其产复（即富），其产复则重徙，重徙则死其处而无二虑。"大约到了战国后期，农民对所受之田有了较稳定的占有权。

总之，终战国之世，由封建国家控制的"公民"不能买卖所受的土地。有关战国买卖土地的记载，我认为只限于私人地主和为数不多的自耕农。战国时文献明确记载卖地者有一处，见于《战国策·赵策一》。情况是这样的：秦要攻韩之上党，韩自感无力抵抗，应承把上党献给秦。上党郡守冯亭不奉命，私自献上党于赵。赵为奖励冯亭，要赏给他三万户。这时冯亭说了一句"卖主之地而食之"。显然，这并不是真正的买卖，不过它也说明了两个问题，一是上党之地原属于韩国君主；二是反映了有买卖土地的现象，所以冯亭才用了"卖主之地"这句话。另外记载战国土地买卖的还有两条，一是《史记·廉颇蔺相如列传》记载赵将赵括"日视便利田宅可买者买之"。由于文字简约，不能证明"公民"可卖土地；二是《汉书·食货志》说商鞅变法之后，土地"民得买卖"。可是秦简中明文记载秦有"授田"制，《汉书》的记载显然把事情夸大了。依据这两条材料，还不足以证明当时的农民普遍有土地所有权。

二、"公民"人身隶属于封建国家

封建国家通过"授田"把农民控制起来,以进行剥削和奴役。这些受田的"公民"与私人地主,特别是那些"有威之门"所控制的农民,所承担的义务是不一样的。其区别表现在:

第一,有威之门控制的农民不服国家徭役赋税①。第二,有威之门的民不服兵役②。第三,权势之门控制的民,封建国家有时失去行政管理权。这里概述一下"公民"与私人地主控制的农民区分,是为了说明封建国家的赋税徭役主要是由"公民"承担。由于"公民"是封建国家赋税和兵役的源泉,封建国家对"公民"的控制是非常严的。郡县制的基层组织——户籍制,便是控制和管理"公民"的一项主要制度。

"户籍"对各户人口、劳力状况、财产,均有详细登记:

> 四境之内,丈夫女子皆有名于上,生者著,死者削。③

> 常以秋岁末之时阅其民,案家人比地,定什伍口数,别男女大小。其不为用者辄免之,有锢病不可作者疾之,可省作者半事之。并行以定甲士,当被兵之数,上其都。④

> 皮革筋角,羽毛竹箭,器械财物,苟合于国器君用者,皆有矩券于上,君实乡州藏焉。⑤

> 户籍田结者,所以知贫富之不訾也。⑥

---

① 参阅《韩非子·诡使》《韩非子·备内》。
② 参阅《韩非子·五蠹》。
③ 《商君书·境内》。
④ 《管子·度地》。
⑤ 《管子·山至数》。
⑥ 《管子·禁藏》。

地方官吏的一项主要任务便是核查核对户籍。《管子·立政》中提出要"三月一复，六月一计，十二月一著"。农民不准自由迁徙，《商君书·垦令》中提出"民不得擅徙"。《管子·禁藏》中提出"伍无非其人，人无非其里，里无非其家。故奔亡者无所匿，迁徙者无所容"。逃亡者被捉住要给以严厉的惩处，"逃徙者刑"[①]。魏设有《奔命律》，便是专门惩治逃亡的法律。江陵出土的秦律中有一条规定："有为故秦人出，削籍，上造以为鬼薪，公士以下刑为城旦。"[②] 这条的大意：秦国原来的人（以别外来户）逃亡被捉住，上造（军爵中的第二级）以上罚服三年砍柴苦役，公士（第一级，最低的）及以下爵之民，要罚服四至五年筑城的苦役。惩罚多么严酷！

民出入邑里，都有有司、里正、伍老之类的小吏监督。《管子·立政》有如下的描述：邑里"筑障塞匿，一道路，专出入。审闾，慎管键，管藏于里尉。置闾有司，以时开闭。闾有司观出入者，以复于里尉，凡出入不时，衣服不中，圈属、群徒不顺于常者，闾有司见之，复无时"。看，多么严紧啊！

对农民的生产劳动也有严格的监督。文献中多有记述，择其要者抄录于下：

贤者之治邑也，早出暮入，耕稼树艺聚菽粟……[③]

行乡里、视宫室、观树艺、简六畜、以时均修焉。劝勉百姓，使力作勿偷，怀乐家室，重去乡里，乡师之事也。[④]

相高下，视肥墝，序五种，省农功，谨蓄藏，以时修顺，使农夫朴力而寡能，治田之事也。[⑤]

---

① 《管子·治国》。
② 《秦律杂抄·游士律》。
③ 《墨子·尚贤中》。
④ 《管子·立政》。
⑤ 《荀子·王制》。

《吕氏春秋》和《礼记·月令》按季、按月提出对农民生产进行监督。《吕氏春秋》中还具体地提出，春天令"耕者少舍"，夏天"命农勉作，无伏于都"，即一律搬到田野庐舍中去住。秦律中规定："百姓居田舍毋敢酤（酤）酉（酒）。田啬夫、部佐谨禁御之，有不从者有罪（罪）。"① 监督是何等的严啊！

为了保证国家税收有源头，农民必须有收成。《吕氏春秋·孟春》中主张，开春要"先定准直"，即规定产量；李悝实行"尽地力之教"，也规定了每亩的标准产量。各国还有专门法律规定惩罚不勤力耕种者。《管子·大匡》中提出耕者，"用力不农（义为勉）"，"有罪无赦"。《吕氏春秋·上农》中说"民不力田，墨（没收）几家畜"。更为甚者，商鞅变法中规定"怠而贫者，举以为收孥"②。"公民"还常常作为君主的赏品，赐给功臣权贵宠幸。这中间又可分为几种不同情况：

一是连同土地和部分行政权一同赏赐，这叫"赐邑"。

二是把"公民"向国家交纳的租税赐给受赏者，这叫"赐税"。

三是作为受赏者的"隶家"。秦规定军士斩敌"五甲首而隶五家"③。这种"隶家"并不是奴隶，而类似《商君书·境内》篇中讲的庶子。庶子每月无偿地服役六天。

总之，"公民"没有人身自由，完全依附于封建国家。

三、封建国家对公民的残酷剥削

封建国家向"公民"征收的赋税是很重的。秦汉以后租与税逐渐区分开来，租指向地主交纳的田租，税指国家的征敛。但对战国时期的"公民"来说，租、税是一个东西。另外，又称之为"籍""征""赋""敛"等。

封建国家对"公民"征敛的种类很多，计有：

---

① 《田律》。
② 《史记·商君列传》。
③ 《荀子·议兵》。

（一）田租

秦"简公七年，初租禾"①。

"广辟土地，著税伪材。"②其中的"著"，孙诒让认为是"籍"字之误。"伪"，毕沅认为是"贩"（古"货"字）之误。"今农夫入其税于大人……"③"易其田畴，薄其税敛，民可使富也。"④"以田亩籍。"⑤"布法出宪，……一亩之赋，尽可知也。"⑥"吏之所税，耕者也。"⑦

凡此等等，都是指向农民征收土地税。

（二）户口税

户口税起源于何时，还有待深入研究。但绝非起自秦汉，在战国已有了。《史记·商君列传》记载商鞅变法令"民有二男以上不分异者，倍其赋"。这里征赋的对象显然不是土地，而是男丁。《秦本纪》又载，秦"孝公十四年，初为赋"。孝公十三年（前349年）起用商鞅变法，次年的"初为赋"当是变法内容之一。初为赋之"赋"与倍其赋之"赋"应是一回事，都是征户口税。《汉书·食货志》载："秦时，田租、口赋，二十倍于古。"晁错讲到秦军士时，"死事之后，不得一算之复"⑧。晁错说的"算"便是人口税。秦的人头税至晚从商鞅变法时就有了。

《管子》一书中有许多篇，如《海王》《国蓄》《轻重乙》《山至数》等，对户口税均有具体的记载。

除按人头征税外，还有按户征的，《国蓄》中讲的"正户籍"即是。孟轲说：

---

① 《史记·六国年表》。
② 《墨子·公孟》。
③ 《墨子·贵义》。
④ 《孟子·尽心上》。
⑤ 《管子·田蓄》。
⑥ 《管子·君臣下》。
⑦ 《韩非子·显学》。
⑧ 《汉书·晁错传》。

"有布缕之征，粟米之征，力役之征。"① 粟米、力役不待言，征布缕的对象是谁？似应是户口。

孟轲曾建议："廛，无夫里之布。"② 所谓"夫布"就是按人头征的税。

荀子说："厚刀布之敛，以夺之财；重田野之税，以夺之食。"③ 刀布之敛与田野之税相对，刀布之敛当属户口税之类。

（三）山林池泽之税

山林池泽属于封建国家。打柴采木、捕鱼都要纳税。"贤者之长官也，夜寝夙兴，收敛关市山林东梁之利，以实官府。"④ "命水虞渔师，收水泉池泽之税。"⑤

（四）房屋税

《孟子·公孙丑上》所谈"里布"即住宅税。《管子》中《山国轨》《国蓄》也讲到征收房屋税。

（五）桑蚕税

"蚕事既毕，后妃献茧。乃收茧税，以桑为均。"⑥《管子·轻重乙》中也讲到有纺织丝缠之税。

（六）牲畜税

"六畜有征。"⑦《国蓄》篇的作者不赞成征牲畜税，认为"以六畜籍，谓之止生"。

以上是列出名目者，此外还有无穷无尽的暴敛。如邺一带贪官污吏借河伯娶妻大搞搜刮。李悝为民算的收支账中，有祭祀征敛一项。《韩非子·外储说右下》

---

① 《孟子·尽心下》。
② 《孟子·公孙丑上》。
③ 《荀子·富国》。
④ 《墨子·尚贤中》。
⑤ 《吕氏春秋·孟冬》。
⑥ 《吕氏春秋·孟夏》。
⑦ 《管子·八观》。

记载秦襄王患病,让百姓为他祷告,并"訾其里正与伍老屯(疑为"出"之误)二甲"。总之,"民士竭力于家,百官精克于上"①。

关于地租形式,主要是实物地租,但也有劳役地租。《吕氏春秋·审分》所载:"今以众地者,公著则迟,有所匿其力也;分地则速,无所匿迟也。"又《商君书·垦令》中所述:"农民不饥,行不饰,则公作必疾而私作不荒,则农事必胜。"两处所谈"公作"便是劳役地租。不过地主阶级从实际经验中已认识到实物地租更为有利。正如《管子·乘马》篇所总结的,实行"与民分货",不必监督,农民会全家出动起早贪晚地干。

抽取租税的办法有两种:一种是按土地好坏抽租,叫"案田而税"②,"相地而衰征"③;另一种是按收成好坏,即"訾(义为"量、计算")粟而税"④。

关于税额,文献有不同记载。计有:

二十税一:"田租百取五"⑤;白圭曾主张"二十而取一"⑥。

什一税:文献中多处谈到,不一一征引。

什五:"民食什伍之谷"⑦。

另外,《管子·大匡》篇提出根据年成好坏抽税:"上年什取三,中年什取二,下年什取一,岁饥不税。"

这些定额实际是虚设,征多少任主人之意。赵简子派人去收税,吏问收多少,简子说:"勿轻勿重。重则利入于上,若轻则利归于民。"⑧《墨子·辞过》篇说:"以

---

① 《韩非子·难三》。
② 《管子·大匡》。
③ 《荀子·王制》。
④ 《商君书·垦令》。
⑤ 《管子·幼官》。
⑥ 《孟子·告子下》。
⑦ 《管子·臣乘马》。
⑧ 《韩非子·外储说右下》。

其常征，收其租税，则民费而不病。民所苦者非此也，苦于厚作敛于百姓。"总之，不把农民的脂膏榨净决不会罢休的，其方式如强盗："今之诸侯，取之于民也，犹御也。"①"君之衡籍而无止，民食什伍之谷，则君已籍九矣。"②而农民血汗所得十分之九被剥去。

征收的东西无所不包，粮食、布缕、刀布、牲畜，另外，有薪柴③、蔬菜④。牛皮筋角也在征收之列，这是做甲盾弓箭不可缺少的。

各种赋敛是剥夺农民的劳动成果。徭役则是直接榨取农民的劳动力。当时徭役与兵役混杂在一起，总称"力役之征"。征役的对象，有的按年岁，如秦、赵长平之战，秦把河内之民，凡十五岁以上的都征发来投入战争；有的按身高，如楚、齐对峙，楚大司马照常驻守楚东地，他对齐使臣说："我典主东地，且与死生，悉五尺至六十，三十余万，弊甲钝兵，愿承下尘。"⑤妇女也在征发之列。

征役的时间，许多人提出不要伤农事，实际是征发无时。如《墨子·节用上》所说的："久者终年，速者数月，男女久不相见。"齐宣王"为大室，其大益百亩，堂上三百户。以齐国之大，具之三年而弗能成"⑥。这该有多少农民服役啊！"起一人之繇（徭），百亩不举，起十人之繇，千亩不举。"⑦成千上万的农民被征召，造成了无穷无尽的灾难！

赋税、徭役一齐落在农民头上，农民怎能承爱？孟轲形容过当时农民悲惨境遇："有布缕之征，粟米之征，力役之征。君子用其一，缓其二。用其二而民有殍，

---

① 《孟子·万章下》。
② 《管子·臣乘马》。
③ 《吕氏春秋·季冬》。
④ 参阅《管子·轻重乙》《吕氏春秋·仲秋》。
⑤ 《战国策·楚策二》。
⑥ 《吕氏春秋·骄恣》。
⑦ 《管子·臣乘马》。

用其三而父子离。"① 用其一的"君子"是没有的，用其二、三的比比皆是。农民生活在水深火热之中！

四、结论与一点驳议

前边概述了战国时期"公民"耕耘的土地是从封建国家手中领受来的，封建国家对他们有人身占有权，进行着超经济的残酷剥削。这些"公民"是隶属于封建国家的农奴。

在史学界有一种相当流行的观点：认为随着奴隶制的解体和封建制的确立，战国时期的农业主要劳动者，是拥有土地所有权的自耕农，身份也较自由。只是到了西汉后期，随着世家大族的形成，才开始了所谓农民依附化或农奴化的过程。持这种观点的人中，有一部分也把农村公社的瓦解同封建制的起点衔接在一起。他们认为在奴隶社会，农村公社成员是尽人皆奴隶，但农村公社一直作为土地分配单位而存在。奴隶制瓦解了，农村公社也瓦解了，农村公社成员把公社平均分配使用的土地私有化，于是出现了大量的自耕农。

关于农村公社问题，还有待深入研究。我个人不赞成农村公社与奴隶制相始终这种观点。这个问题另行讨论。这里想说的是，对中国奴隶制的特点无论怎样看，随着奴隶制的瓦解，在战国，农民阶级的主要组成部分绝不是拥有一小块土地、身份较自由的自耕农。

第一，如第一部分所述，春秋时期开始的土地私有，只不过是奴隶主阶级土地多级占有制中，下一级剥夺了上一级对土地的支配权。战国时期的封建诸侯是从春秋时期的诸侯或卿大夫蝉联而来的。这种蝉联就是封建社会初期封建诸侯国家拥有大部分土地的历史根源。这些封建诸侯决不会一下子把土地所有权奉送给农民。

第二，封建社会的农民，绝大部分是从奴隶转化来的；第一代封建地主大部

---

① 《孟子·尽心上》。

分又是从原来奴隶主转化过来的。这两种转化虽都是质变,但这种历史的联系又决定了这种质变不可能是深刻的。我们知道,封建地主对农民具有不完全的人身占有权是封建制度的基本特征之一。由于上述的历史联系,决定了封建社会初期封建地主在对农民的人身占有方面更多地继承了奴隶制因素。

第三,封建制代替奴隶制,是人类历史上所经历的所有社会革命中最浅薄的一次革命。由于这两种制度有较多的统一性,因此从奴隶制自发地、没有外因影响而脱胎出来的封建制只能是"粗暴的农奴制"。它同奴隶制是很接近的。我认为中国初期的封建制是原生的粗暴的农奴制。

上述几点还有待具体论述。这里把要点列出来,是为了从中国奴隶制向封建制过渡的总体上说明,在战国时期不可能出现大量的所谓的自耕农。关于奴隶(包括农村公社成员为尽人皆奴隶的观点)—自耕农—农奴化或依附化这种马鞍形的发展图式,我认为不符合中国历史实际情况。

(原载《南开大学学报》,1978年第2期)

先秦民论与君主专制主义

中国历史上的农民战争次数之多、规模之大，的确是世界历史上所仅见的。与此同时，封建统治者统治经验之丰富、应变能力之强，也是世界上所罕见的。统治者这些经验与能力自然不是从天上掉下来的，而是在与农民和被剥削者的斗争中积累起来的。中国历史上的统治者不是一批经验主义者，无论他们对农民与被压迫者采取怎样的政策，在大多数情况下，都有相应的理论为指导，其中最主要的是对民的认识。这里仅就先秦时期统治阶级对民的诸种理论与政策做一初步研究和说明。

一、关于民在政治中地位的诸种理论

民是被压迫者、被剥削者，社会地位低下而卑贱。就分散的单个的个体而言，高贵的统治者很少能把他们放在眼中。然而民的集体行动和自发运动所形成的流向，迫使统治者不得不另眼看待。敏感的政治家与思想家们更从中看到：原来自己的命运是由这些卑贱者的行动和流向决定的。先秦统治阶级的政治家与思想家对民在政治中地位的认识大致经历了如下三个发展阶段：第一，神是决定一切的，民是神的从属品；第二，神、民结合，由民情见神意，神依民情定存亡；第三，政在得民，民的向背决定着政治兴败。

殷代的统治者是中国历史上有史可稽的最古老的统治者。在殷代，被剥削者虽然屡有反抗，似乎殷代统治者没有受到过严重的教训。在殷代统治者眼中，民的动向虽不可忽视，如盘庚提出过"重我民""罔不唯民之承""视民利用迁"① 等初步的重民思想，但指导思想是放在了神上。只要诚心事神，得到神的保佑，便

---

① 《尚书·盘庚》。

可万事大吉。所以当殷王朝面临覆灭危机，祖伊向殷纣王进言，纣王还若无其事地讲："呜呼！我生不有命在天。"①

然而神没有保住殷王的王冠，由于民众逃叛，阵前倒戈，大邦商竟被小邦周一举推翻了，民众在历史上第一次显示了他们的威力。历史向周的统治者提出了两个尖锐的问题：神的权威究竟有多大？民众的力量应该怎样看？聪明的周公巧妙地把两者结合起来，在当时条件下，给了最完满的回答。在周公看来，神无疑仍具有无限的权威，但神的意志已不单单是王的意志的升华和集中，同时还要看民意。民意成了神意志的指示器之一。"天畏棐忱，民情大可见。"②大意是，上帝的威严与诚心，从民情上可以看得到。"弗造哲，迪民康，矧曰其有能格知天命。"③大意是说，如果没有使民明白事理，引导民达到安康之境，怎么能说知天命呢？《泰誓》逸文把上述思想表达得更为清晰："民之所欲，天必从之。"④根据上述道理，周公总结出一条历史经验，叫作"唯命不于常"⑤，就是说神之命不是固定不变的，谁有德，谁能得到民众的支持，上天就会把大命赐给他；反之，就会废弃他。周公还进一步用这个道理解释了夏、商、周三个朝代的更替。周公从历史和现实的经验中得出的政治结论是：尊天、敬德、保民。这三者联为一体，循环补充。

西周后期，民众造反赶跑了周厉王，给统治者以沉重打击。其后，在内外交困中，赫赫的西周灭亡了。春秋是一个更加动荡的时代，有的国君被民众赶跑了，有的因得到民众的支持上了台，还有的因民众不合作或怠工怠战被他国灭亡了。于是具有现实感的政治家与思想家，对民在政治中的作用又有了新的认识。许多人从不同的政治变动中得出了一个大致相同的结论：民的向背决定着政治的兴衰

---

① 《尚书·西伯戡黎》。
② 《尚书·康诰》。
③ 《尚书·大诰》。
④ 《左传》襄公三十一年。
⑤ 《尚书·康诰》。

和国之存亡。楚灭了蓼、六两国，鲁臧文仲总结蓼、六灭亡的教训时指出："德之不建，民之无援，哀哉！"① 梁因民溃被秦灭掉，这件事给统治者以深刻的教训。楚国的尹成在若干年后总结这一历史教训时说："民弃其上，不亡何待？"② 虢国的史嚚对民在政治中的作用概括得更为精辟："国将兴，听于民；将亡，听于神。"③

基于上述的认识，许多政治家与思想家，把当权者对民的政策与态度看作政治预报的信息。吴王亲和其民之时，楚国子西便指出："吴光新得国而亲其民，视民如子，辛苦同之，将用之也。"④ 伍申胥在论述了吴王夫差、越王勾践、楚灵王各自的政策之后指出："悦民者必胜，骄民者必败。"齐襄公为政无常，鲍叔牙预言："君使民慢，乱将作矣。"⑤ 后来果然出了乱子。楚斗且批评楚王搜刮过甚，民心离散时指出："民心之愠也，若防大川焉，溃而所犯必大矣。"⑥

由于民的重要，许多政治人物还经常把争取民众作为策略手段和角斗工具来使用。比如晋大饥，向秦求救，秦国有一派主张支援，一派反对。主张支援的子桑说："重施而报，君将何求？重施而不报，其民必携，携而讨焉，无众必败。"⑦ 这里很清楚，子桑是把援晋作为策略手段来使用的。一次赤狄侵晋，晋是否还击，晋内部有不同意见，中行桓子说："使疾其民，以盈其贯，将可殪也。"⑧ 意思是纵狄之君残民，而后攻之。卫州吁为了争君位，首先"求宠于诸侯以和其民"⑨。宋公子鲍也是先施贷于民，得到民的支持，而后夺取了君位。类似情况，史不绝书。

战国时期社会震荡激烈。从历史上可以看到一个带规律性的现象：越是动

---

① 《左传》文公五年。
② 《左传》昭公二十三年。
③ 《左传》庄公三十二年。
④ 《左传》昭公三十年。
⑤ 《左传》庄公八年。
⑥ 《国语·楚语》。
⑦ 《左传》僖公十三年。
⑧ 《左传》宣公六年。
⑨ 《左传》隐公四年。

荡时代，民众的力量显示得越充分。战国时期除了楚国庄蹻起义，表面上没有震动整个社会的民众反抗运动。但是民众的逃亡就足以使统治者头痛不已。孟子见梁惠王，梁惠王自我吹嘘了一通之后，向孟子首先询问的一个问题就是，为什么"邻国之民不加少，寡人之民不加多"①。至于战争中的士气问题，更是统治者所关切的。政治家们忙于解决实际问题，而思想家们却琢磨着实际问题背后的动因，探索政治兴败的关键。战国时期的诸子从不同立场与观点出发，经过不同的思维道路，最后汇到一点，民的问题是政治中的根本问题。

儒家以宣传仁爱、礼义著称。然而只要论述到政治，他们几乎都把能否得民视为兴败的关键与根本。不管人们对孟子的"民为贵，社稷次之，君为轻"②有怎样的解释，其对民的重视是无可否认的。孟子的基本思想是政在得民，失民必定失败。《孟子·离娄上》说："暴其民，甚则身弑国亡，不甚则身危国削。"又说："桀纣之失天下也，失其民也，失其民者，失其心也。得天下有道；得其民，斯得天下矣。"荀子在许多问题上与孟子多有异议，但对民的作用的认识却十分接近，《荀子·王霸》中说："用国者，得百姓之力者富，得百姓之死者强，得百姓之誉者荣。三得者具而天下归之，三得者亡而天下去之。"

法家主张以法治国，一断于法；他们有许多严刑峻法和刻民之论。可是当他们谈到执法的基础时，差不多又都回到民的向背上来。《管子·形势解》说："人主之所以令则行，禁则止者，必令于民之所好，而禁于民之所恶也。"《管子·明法解》说："明法之道，在民所欲，以求其功，……立民所恶，以禁其邪。"如果法令超出了民力，违背了民情，事情就会走向反面。《管子·权修》说："赋敛厚，则下怨上矣；民力竭，则令不行矣。"《管子·版法》说："民不足，令乃辱；民苦殃，令不行。"法令虽然十分威重，但与民相背，就失去了权威的基础。

对马王堆《老子》乙本卷前古佚书，大家都认为属于战国时期黄老派作品，

---

① 《孟子·梁惠王上》。
② 《孟子·尽心下》。

这些古佚书也十分重视民在政治中的作用。《十大经·观》中指出,"毋乱民功,毋逆天时"是政治的基本原则,只有如此,才能"民〔乃〕蕃兹(滋),君臣上下交得其志。"《十大经·前道》中说:"圣〔人〕举事也,阖(合)于天地,顺于民,羊(祥)于鬼神,使民同利,万夫赖之,所谓义也。"《经法·君正》讲:"号令阖(合)于民心,则民听令。"

《吕氏春秋》许多篇反复强调了民为政之本。《顺民》说:"先王先顺民心。""凡举事必先审民心,然后可举。"《务本》说:"宗庙之本在于民。"

总之,战国诸子从不同角度几乎都把民之向背作为政治兴败的根本原因。实际的政治家和掌权者是否都接受这一理论,在实际的政治生活中是否能把这一点作为处理事情的圭臬,那是另一回事。但是这个思想为多数思想家们所公认,并大事宣扬,无疑具有重要意义。这个思想为统治者指明了政治的安危点是对民的政策与态度,得民者昌,失民者亡。思想家们的这种认识是民在历史中实际作用的反映。没有民众的波澜壮阔的斗争,代表剥削阶级利益的思想家与政治家是不会自觉地产生这种认识的。所以说,这种思想是民众的革命斗争打出来的。统治阶级承认民众在政治斗争中的最后决定作用,并不改变他们的阶级性质,相反,谁愿意接受这种认识,并在实践中注意这个问题,那么谁就能得到更多的主动权。这种认识也绝不损害统治者的利益,相反,更利于他们的长治久安。

二、君主与民关系的诸种理论

从殷周开始,政治制度是沿着君主专制制度不断强化的轨道向前运转的。在这种制度中,君主是统治阶级的最高政治代表,拥有无限的权力。对君主和民的关系持怎样的认识,无论是对君主还是对民,还是对整个统治阶级,都有十分重要的意义。从先秦的情况看,关于君民关系的认识,大体是沿着如下两条道路展开的。

一种观念是,把君主说成是民的救星、保护者和天经地义的主人,民只能跪拜在君主脚下充当奴仆，不得有任何违抗行为和心思。这种观念在传世的最早文献《尚书·盘庚》篇中表达得已相当充分。盘庚对民众说："予迓续乃命于天，予岂汝威，用奉畜汝众。"大意是，你们的生命是我从天神那里请求下来的，我不是用势压你们，是为了畜养你们。既然民众的生命都是殷王从天神那里请求来的，由此自然得出另一个结论，那就是一切都必须听从殷王指挥和决断，这就是文中所说的"勉出乃力，听予一人之作猷"，"暨予一人猷同心"。如果不听我殷王的指挥和命令，我就要把你们都杀死，使你们断子绝孙，"我乃劓殄灭之无遗育"。这种君主专制思想随着君主专制制度的加强而不断地充实和发展。这里我们不能详细论述具体发展过程，只想指出这种思想发展的两个方向，一是神化君主，二是圣化君主。所谓神化，就是把君主说成是超人类的异己力量，说成是神或神的化身或神的嫡系。殷代早期的王是神的代言人，但本身似乎还未神化。到殷后期，殷王称为"下帝"或"王帝"，最后两个王则直接称"帝乙""帝辛"，显然本身已具有神的性质。周初之王并不称天子。成康以后除称王外，还称天子，显然也具有神性。这一类的神化，在以后一直层出不穷。圣化与神化不同。先秦时期的圣与神有别。圣指极端聪明、才能超群、明达事理。《诗经·桑柔》说："维此圣人，瞻言百里。维彼愚人，复狂以喜。"这里圣与愚相对，圣人能登高望远。《洪范》说："思曰睿（借为容），睿曰圣。"大意是思考通达就可以称之为圣。因此，"圣化"就是指把君主说成具有超乎一般人之上的才能与智慧。正像《管子·正世》所说："圣人者，明于治乱之道，习于人事之终始者也。"《韩非子·奸劫弑臣》说："圣人者，审于是非之实，察于治乱之情也。"《易传·系辞上》说："天生神物，圣人则之；天地变化，圣人效之。天垂象，见吉凶，圣人象之。"先秦诸子几乎都宣扬圣人，所以圣人有各种不同的形象与品质。但都是超乎一般人之上的人，这些人虽不等于君王，但在政治上都可以成为君主帝王，君主也应该具有圣人的品质。神化与圣化是两种不同的认识道路，圣化具有明显的理论思维特点。它宣扬君主居于人类认识之巅和才能之巅。尽管神化与圣化在认识路线上有原则区别，但对强化君主专制,两者异曲同工。

历史并不是按照理论家们的宣传前进的,不管怎样宣传君主是神、是圣,在实际上君主们做了自我暴露,以自己的行为揭穿了神与圣的画皮。更为有意思的是,民众反抗斗争使一顶顶王冠落地。历史事实逼迫着一些人不得不去思考:君主是民众的保护人和救命者吗?君主与民究竟是谁养活谁?在政治上君主与民的关系应该是怎样的?一批善于思考的人对这些问题提出了新的理论与新的见解。这些新理论与新见解虽然都没有从根本上否定君主与君主专制制度,但有一个共同点,即强调了君主与民的相对性,君主的命运最后取决于民的向背。综合有关论述,可以归纳为如下几个主要观点:

(一)立君为民说

君主是怎样产生的,先秦诸子有各式各样的说法,其中涉及立君为民,还是生民为君这样一个重要问题。对此有两种截然相反的观点。殷周以来的传统思想是生民为君。针对这种思想,开明之士提出了立君为民说。表达这个思想最清晰的思想家是慎到。《慎子·威德》说:"立天子以为天下,非立天下以为天子也。立国君以为国,非立国以为国君也。立官长以为官(管),非立官以为长也。"《商君书·修权》篇继承了慎到这一论点,文中说:"尧舜之位天下也,非私天下之利也,为天下位天下也。"荀子也接受了这一说法,《大略》篇说:"天之生民非为君也。天之立君,以为民也。"《吕氏春秋·恃君》说:"置君非以阿君也,置天下非以阿天子也,置官长非以阿官长也。"《吕氏春秋·贵公》篇说得更明确:"天下,非一人之天下也,天下之天下也。"

立君为民,还是立民为君,这是截然相反的两种理论。从表面看,君主专制主义与立君为民说是格格不入的。其实,两者之间存在辩证统一的关系。君主专制越强化,与民众的对立就越明显,尖锐的对立对君主并不一定是好事。事实上的对立正需要理论上的调和来弥补与掩盖。立君为民说正好起着这种作用。当然,我们还应看到这种理论另一方面的作用。这种说法不能不说是对君主的一种制约,并为批评君主的残暴行为提供了理论根据。一些思想家正是根据这一理论原则对当时的君主进行了严厉的批评。《商君书·修权》说:"今乱世之君臣,区区然皆擅一国之利,而管一官之重,以便其私,此国之所以危也。"孟子批评得更为尖锐,斥责当时的君主多是禽兽食人之辈。君主专制制度在制度上缺乏自我调节能力,这种说法至少在理论上可以补充制度上的不足,给人以精神上的满足或希望。

(二)君主利民说

这种说法在理论上是立君为民的逻辑发展。这种说法意在说明如何处理君民利害关系问题。君与民之间存在利害矛盾,这是事实。如何处理利害关系呢?早在殷代,盘庚就把自己说成是民利的代表者,盘庚为迁都发布的训词中,一方面说是上帝的旨意,另一方面又讲"视民利用迁"。继起的周王也常常以"保民"为己任。不过这种思想在殷周时期并不占主导地位,居于主导地位的是臣民必须绝对服从君主。直到春秋亦复如是,诸如"竭力致死,无有二心""君命无贰""君,天也"等一类的说法仍禁锢着人们的思想。

然而客观的利害冲突证明,民众是不会乖乖地把自己的一切都交给君主的,一些君主因过分侵害民利,结果被民众赶下了台,这是一种情况;另一种情况是,一些人物肯舍弃自己部分利益,适当给民一些好处,反而在政治斗争中获胜。正反两方面的事例,促使一些人对君民利害关系问题重新进行了思索。与臣民服从君主观念相反,他们的观念是君主的使命应该是利民。当君与民的利益发生矛盾时,君主应该以民为上。春秋时期的邾文公讲过一句很有分量的话。邾文公卜问迁都,史曰:"利于民而不利于君。"邾文公对此答道:"苟利于民,孤之利也。天生民而树之君,以利之也。民既利矣,孤必与焉。"[①] 这句话清楚地表明,民利高于君利。我们很难相信君主们会把民利真的放在第一位。不过春秋时期开始,我们可以看到诸如"抚民""亲民""恤民""安民""惠民""利民"之类的呼声充斥思

---

① 《左传》文公十三年。

想界，继起的诸子百家不管他们的政治主张怎样不同，几乎都宣布自己的主张和政策方案对民最为有利，并要求君主付诸实施。

孔子最看重礼义道德，他用卑薄的眼光看待利，辱骂"小人喻于利"①。可是他又把尊重和照顾民利的统治者誉为君主和圣人。他认为具备"五美"才可以从政，而"五美"之首便是"因民之所利而利之"②。子贡问老先生："如有博施于民而能济众，何如？可谓仁乎？"老夫子答曰："何事于仁！必也圣乎！尧、舜其犹病诸！"③可见他是相当重视利民的。利民是君主们应该做而难于做的事。

墨子以宣传"兼相爱，交相利"著称。在他看来，"天子者，天下之仁人也"④。仁人最主要的品质是"必务求兴天下之利，除天下之害"⑤。《尚贤中》又讲："民生为甚欲，死为甚憎，所欲不得；而所憎屡至，自古及今，未有尝能以此王天下、正诸侯者也。"意思就是说，违背了民众的意愿和利益，是不可能王天下的。所以墨子也认为君主应把民利放在首位，视为圣事。

孟子的"仁政"论与荀子的"富民"论更深入地论述了君主应该以利民为己任。

在先秦诸子中，法家鼓吹君主专制最烈，君主利益高于一切。然而即便如此，他们也没有抛弃利民说。他们毫不掩饰地宣称自己的法治是为了君，但同时也是为了利民。《管子·君臣下》说，只有"为民兴利除害，正民之德"者，才可王天下。《韩非子·问田》中说："立法术，设度数，所以利民萌便众庶之道也。"在一般人看来，严刑峻法总不好与爱民、利民联在一起，可是法家却偏偏要把两者联结在一起。《商君书·靳令》说"重刑少赏"，是真正的"爱民"。何以会如此？照法家的说法，轻罪重罚，人不敢犯小罪。人人都不敢犯小罪，当然更不敢犯大

---

① 《论语·里仁》。
② 《论语·尧曰》。
③ 《论语·雍也》。
④ 《墨子·尚同中》。
⑤ 《墨子·兼爱下》。

罪了。人人不敢犯罪，这不是爱民又是什么呢？把严刑苛罚也说成是爱民、利民，毫无疑问是狡辩。这种狡辩的出现，正说明了利民思潮影响之深广！

从历史的实际看，叫得最响的未必真正于民有利。降一调的，未必就一定比前者逊一筹。这一点留给历史学家去考察。这里需要稍加说明的是为什么在君主专制越来越强的时代，伴之而起的却是利民之论？为什么君主们也把自己说成民利的体现者？我想至少有如下两方面的原因：一方面是君主们为了遮盖自己的丑行，掩人耳目，这种理论可以使民众从情感上减少对抗情绪；另一方面似乎也还应看到，这是统治者为了调节与民众的关系，而必须具备的一种理论武器。人民的反抗斗争，使统治阶级的思想家和部分实际政治家认识到，使民众获得某种利益是维护自己统治的必要条件，否则，对维护自己的统治也是不利的。正是上述两方面的原因，决定了利民说成为不可抗拒的思潮，各个派别都想方设法给它以一定的地位。

（三）民养君说

君与民谁养活谁？从思想史上看，君养民说更为古老。《尚书·盘庚》篇反复强调王"畜众""畜民"，周初的统治者则反复宣传周王"养民"。君为民之父母则是这种说法更为温情的表现。于是诸如"养民如子""民之父母"遂成为口头禅。

与君养民思想相反的民养君说，在思想史上是晚出的。最早把事情颠倒过来的是《诗经》中的《伐檀》与《硕鼠》两篇诗。作者以诗的形象语言表达了经济的内容，指出贵族老爷是由受苦的民众供养的。在统治阶级中较早涉及这个问题的要数周宣王时的虢文公了。他在论述"民之大事在农"时指出："上帝之粢盛于是乎出，民之蕃庶于是乎生，事之供给于是乎在，和协辑睦于是乎兴，财用蕃殖于是乎始。"① 虢文公承认了供养神与统治者的财用都是由民生产出来的。春秋周景王时期的单穆公更明确指出，民众的生产活动是君主府库之源。他说："绝民用

---

① 《国语·周语》。

以实王府，犹塞川原而为潢汙也，其竭也无日矣。"① 楚灵王时的伍举也指出："夫君国者，将民之与处；民实瘠矣，君安得肥？"② 孔子所说的"百姓足，君孰与不足？百姓不足，君孰与足？"③ 也是这个道理。以最明快的语言表达民养君的是慎到和孟子。慎到说："百姓之于圣人也，养之也；非使圣人养己也。"④ 慎到所说的"圣人"也就是君主。孟子说的"无君子莫治野人，无野人莫养君子"，"治于人者食人，治人者食于人"，⑤ 把问题说得很清楚。慎到与孟子都肯定民养君是合理的，在认识上，这种说法与君养民说显然是不同的，它把被颠倒的关系颠倒过来了。

民养君说的提出，自然不是要说明谁剥削谁，而是要说明生产与财政的关系。在当时的历史条件下，民是生产者，而君主关心的是财政，君主靠财政过活。民养君说指出了生产是财政的基础。正如荀子所指出的："田野县鄙者财之本也，垣窌仓廪者财之末也。"在处理生产与财政的关系上应该"节其流，开其源"。生产发展，财政才能充足，"下有余，而上不忧不足"。反之，"田野荒而仓廪实，百姓虚而府库满"，这叫作"伐其本，竭其源"，一旦出现这种情况，对统治者是极其危险的，必然会出现"将以求富而丧其国，将以求利而危其身"。⑥

明白民养君，对统治者来说是十分重要的，它提醒君主和统治者不要一味苛征，应注意开源节流。开源节流不只是个经济问题，它同时又是一个尖锐的政治问题。很明显，没有民众的反抗斗争，统治者是不会自觉地认识这个问题的。

（四）得民为君说

殷周时期认为王是由上帝选定的，周公结合朝代更替做了具体叙述。夏桀暴虐无道，"天惟时求民主，乃大降显休命于成汤，刑殄有夏"，命成汤"代夏作民

---

① 《国语·周语》。
② 《国语·楚语》。
③ 《论语·颜渊》。
④ 《慎子·威德》。
⑤ 《孟子·滕文公上》。
⑥ 《荀子·富国》。

主"。① 等到殷纣王重蹈夏桀之辙时，于是"天休于宁王（即文王），兴我小邦周"②。周代商"受命，奄甸万姓"③。《诗经·皇矣》篇还用形象的语言描绘了上帝环顾四方求"民主"的过程。

君权神授无疑是一种能迷惑人的理论，但它又有明显的缺漏。由于王的恶劣表现，常常使神与民处在对立之中。周公早已发现这个大漏洞。为了补漏，他在天和王直接对应关系中补充了一个"德"字。由殷代的天—王直接的对应关系改变为天—德—王迂回对应关系，从而使矛盾得到了缓解。但在谁能为王的问题上，民仍处于被动的地位。然而实际的政治生活向人们提供了如下的事实，民的反抗使一些君主垮台了，另一些人由于得到民的支持步上君主宝座。面对这种事实，一些具有现实感的思想家指出：得到民的拥护便可以为君主，无须再到上天那里去乞求神的保佑。

比较早地论及这个问题的是晏婴。他在论述各国的政治形势时说：姜氏已走到"季世"，没有前途了，"齐其为陈氏矣"。原因在于"公弃其民，而归于陈氏"④。晏婴虽然是带着惋惜和伤感的情绪讲这段话，但在无奈之中承认了得民者便可取而代之为君主。

把问题明朗化的是史墨。鲁国的季氏把鲁昭公赶跑了。昭公寄食他国，死于异乡。对此很多人议论纷纷，斥责季氏。史墨一反众论，他说："鲁君世从其失，季氏世修其勤，民忘君矣。虽死于外，其谁矜之？"由此进一步提出"社稷无常奉，君臣无常位，自古以然"的结论。就历史事实看，季氏还没有取而代之，史墨却从中悟出了这样的道理：得民之助者可以当之无愧地做君主。这真是时代的强音！

---

① 《尚书·多方》。
② 《尚书·大诰》。
③ 《尚书·立政》。
④ 《左传》昭公三十二年。

战国时期有更多的人论述了得民之助即可为君的思想。这里仅举几家之言：

《孟子·尽心下》："得乎丘民而为天子。"

《管子·霸言》："得天下之众者王，得其半者霸。"

《荀子·王制》："王者富民，霸者富士，仅存之国富大夫，亡国富筐箧实府库。"

《吕氏春秋·用众》："凡君之所以立，出乎众也。立已定而舍其众，是得其末而失其本。……夫以众者，人君之大宝也。"

得民之助即可以为君的理论，是对君权神授的否定，也是对一氏相袭、永远垄断君权的否定。这个理论对改朝换代的原因做了切合实际的说明，同时又是对君主的一种理论制约，指明君主应把政策的重点放在争取民众上。

（五）民弃君说和民水君舟说

民众能否造君主的反？这无疑是个最尖锐的问题。先秦的思想家们没有从正面论述这个问题。不过有些人从侧面讲到，民可以弃君，可以推翻困民之主。楚尹戍在谈到梁被灭时指出："民弃其上，不亡何待？"卫国的民赶跑了卫君，晋侯说："卫人出其君，不亦甚乎？"师旷回答道："养民如子"的君主可称之为"良君"，如果对民横施淫威，只能称之为"困民之主"，对于"困民之主"，民众是可以推翻他的。[①] 师旷绝不是鼓动民众造反，但他承认了反抗"困民之主"是合理的。孟子用委婉的方式也承认了在一定条件下民抗上的合理性。一次邹国与鲁国争杀，邹国的三十多个官吏被鲁国杀死，邹国之民对此无动于衷。邹穆公很恼火，对孟子说："诛之，则不可胜诛；不诛，则疾视其长上之死而不救，如何则可之也？"孟子没有直接回答，他换了一个角度说，邹国之民饥寒交迫，四处逃亡，君主的府库，却装满了财货粮食，视死不救。两相对比，民抗上不是很自然的吗？他引用曾子的一句话，这叫作"出乎尔者，反乎尔者也"[②]。

---

① 参见《左传》襄公十四年。
② 《孟子·梁惠王下》。

荀子把问题阐述得较为明白。他用"鸟则择木，木岂能择鸟"做比喻，指出民犹如鸟一样是可以选择君主的。他历数了暴君罪行之后指出："臣或弑其君，下或杀其上，鬻其城，倍其节，而不死其事者，无它故焉，人主自取也。"[①] 一句话，民叛上是君主暴行的必然结果。荀子还有一句著名的话："君者，舟也；庶人者，水也。水则载舟，水则覆舟。"[②] 君主惹得水翻云怒，那君主就非覆没不可。

以上诸种君民关系的理论，绝不是思想家们生造出来的，而是现实关系较为真实的反映。这些理论无疑包含着对民众的同情，也看到了民众的力量，闪烁着光辉。但对君主来说，也并没有太大的伤害作用，这些理论是奉献给君主们的清醒剂。如果君主能明乎此，只会增强他们的应变能力和自我调节能力。

三、关于民性的认识与对民的政策原则

既然民在政治生活中有那么大的作用，那么，怎样才能赢得民心，获得民众的支持呢？于是提出了"民性"问题，集中讨论了民众的本质与要求。民性问题是属于当时"人性"问题的一个重要内容，关于人性问题，前边已做了详细讨论，这里不再重复。这里只说一点，改善和满足。民对物质生活的需求是民性的基本内容之一。思想家与政治家得出的这个共同结论，应该说是民众历史运动客观内容在他们头脑中的反映。民众的历史运动是多色的、错综复杂的组合。然而隐藏内部的实质东西是争取物质利益。应该说，关于民性的种种见解极大地推进了对人民群众历史活动内在本质的认识。中国历史上的统治阶级，特别是他们的思想家，为了剥削与压迫民众，对民的本性与要求进行了研究，在认识上抓住了民众历史运动的内在追求。当然统治阶级能认识到的，不等于他们能做到。但这种认识却极大地增加了他们的应变能力，据此来调整政策，以对付民众的反抗或与人民周旋。

---

① 《荀子·富国》。
② 《荀子·王制》。

统治阶级对民的政策是千变万化的，犹如万花筒，常因人而异，对此不能一一讨论。这里只就先秦思想家提出的政策原则，从类型上做些粗略分析。

（一）富民、利民政策

春秋时期许多人提出"惠民""利民""恤民""亲民"等主张，这些主张被后来的儒家和墨家所继承。儒家与墨家在许多问题上针锋相对，但对民的政策原则是基本相同的。孔子提出了"因民之所利而利之""庶、富、教"等惠民主张，孟子的仁政说及荀子的富民、裕民说等，贯穿一个基本思想，即"下富而上富"。[①] 墨子从兼相爱、交相利出发，也很注意富民、利民。儒、墨的富民、利民当然不是以利民为目的，它的实际内容不外是轻徭薄赋，使民以时。关于儒、墨的有关主张，很多人已论述过了，这里从略。

除了儒、墨主张富民之外，法家中也有主张富民者，如《管子·治国》篇说："凡治国之道，必先富民。民富则易治，民贫则难治。"不过在先秦法家中，这类主张不占主要地位。

（二）瘠民政策

与上述政策相反，有的人认为，民不可富，只有使民处于死亡边缘才好统治。鲁国季康子的母亲讲过一段话，颇为典型。这位老太太说："昔圣王之处民也，择瘠土而处之，劳其民而用之，故长王天下。夫民劳则思，思则善心生；逸则淫，淫则忘善，忘善则恶心生。沃土之民不材，逸也；瘠土之民莫不飨义，劳也。"[②] 晋国的韩献子也说过："国饶则民骄佚。"[③] 这种主张被后来法家中的某些人所接受，成为他们政策思想的组成部分。

（三）政策在于掌握住"度量"线

与上述富民、瘠民政策不同，法家中一些人认为，政策的关键在于掌握住君

---

① 《荀子·富国》。
② 《国语·鲁语》。
③ 《左传》成公六年。

民关系之间的度量线。《管子·法法》说："君有三欲于民……三欲者何也？一曰求，二曰禁，三曰令。""求必欲得，禁必欲止，令必欲行。"然而从欲望着眼，那么人君的欲望是无穷的。正如《管子·权修》篇所说："人君之欲无穷。"与人君之欲无穷相对，民力却是有限的，"地之生财有时，民之用力有倦"。于是君主无穷之欲与民有限之力之间发生了矛盾。实际经验证明，竭泽而渔则无鱼，正如《管子·法法》所说："未有能多求而多得者也，未有能多禁而多止者，未有能多令而多行者也。"基于上述认识，作者提出，君主的欲望应该建立在民力实际可能的基础上。《管子·形势解》提出，要善于审察度量关系。文中说："造父，善驭马者也。善视其马，节其饮食，度量马力，审其足走。故能取远道而马不罢。明主犹造父也，善治其民，度量其力，审其技能，故立功而民不因伤。"又说："明主度量人力之所能为而后使焉。故令于人之所能为，则令行。"一言以蔽之，既不要使民富，又不能置民于死地。用今天的话讲，使民能维持简单再生产，恰到好处。

（四）弱民政策

弱民，又称为胜民，这是法家的主流思想。《管子》中的法家派著作和《商君书》《韩非子》都有论述，其中以《商君书》论述最详。弱民包括政治、经济、文化各个方面。政治上弱民之术主要是严刑苛罚和奖励告奸。《商君书·弱民》说："政作民之所恶，民弱。"意思是：政令实行人民所厌恶的东西，人民就会变弱。民不是怕苦、怕死吗？政令就要用苦与死时时威胁他们，使人民处处如临深渊，人民自然会变得怯懦。在人民之间，要倡导"告奸"，反对"用善"。《商君书·说民》说："用善则民亲其亲，任奸则民亲其制。""任奸则罪诛。""任奸"就是奖励告密，互相揭发和监视。要造成人人自危的局面，这样才民弱。在经济上要通过行政手段不停地由穷变富再由富变穷。作者认为民穷则思富，富则淫。这里显然受到前面所说的瘠民思想的影响。如何解决这个矛盾呢？那就要设法使民在穷富之间不停地循环转化。《商君书·说民》说："治国之举，贵令贫者富，富者贫。贫者富，富者贫，国强。"君主既然操纵了民众贫富转化之机，毫无疑问，在这种转化中，君主会变得越来越强，民会变得越来越弱。在文化上，则要实行最严酷的愚民政策。愚民政策是先秦许多思想家所共有的主张，但这一派更为酷烈。这一派主张除了让民学习法令之外，不得学习其他任何东西。要取缔法令之外的异说，对持异说者，非禁即戮。《管子·法法》说："倨傲易令，错仪画制，作议者尽诛。故强者折，锐者挫，坚者破，引之以绳墨，绳之以诛僇。"一路杀下去，"民毋敢立私议以自贵"，"万民之心皆服而从上"。韩非进一步提出"以法为本"[①]，"以吏为师"，"境内之民，其言谈者必轨于法"[②]。总之，要使人民只知道服从、听命，此外，不得有任何知识与想法。

（五）无为而治

在先秦诸子中，许多人都讲无为而治，孔子讲，法家讲，道家也讲，主张对民实行无为政治的主要是道家。道家的无为政治又分为各式各样，要之，统治者应减少行政干预，使民顺其自然生活，统治者要尚节俭，等等。

（六）宽猛并济政策

统治者对被统治者历来实行软硬两手政策，当时称之为文与武、德与刑、宽与猛等。从政治上提出宽猛并济的是孔子。按《左传》昭公二十年载，孔子在评论郑国镇压"萑苻之盗"时，提出了宽猛并济说，孔子说："政宽则民慢，慢则纠之以猛。猛则民残，残则施之以宽。宽以济猛，猛以济宽，政是以和。"从《论语》看，孔子主张先德而后刑，与宽猛并济说稍有出入。何者为是，姑且不论。这种政策思想为后来许多人所采纳。

以上六种政策有相通之处，也有明显的差异。相通之处在于，这些政策都以利为中心点，相异之处是展开的方向不同，对"利"的运用方式不同。对统治者来说，政策方案越多，可供选择的余地就越大，从而应变能力就越强。统治阶级从民的反抗斗争中学到了许多东西，对民政策的多样化与多变性就是突出的表现

---

① 《韩非子·饰邪》。
② 《韩非子·五蠹》。

之一。

四、结语

以上，我们谈的都是统治阶级对民的认识、理论与政策。这些认识、理论与政策都是统治阶级的代言人为了统治民众和对付民众的反抗斗争而提出来的。一个统治阶级为了维护自己的统治，必不可缺的条件之一，是对被统治者的认识与研究。认识越深入、具体，就越能提高他们的统治能力。中国历史上的统治者并不都是盲目的鲁莽汉。他们中的许多人相当注重总结经验与教训，并竭力使之上升为理论。这些理论丰富了统治者的头脑，帮助他们提高了统治艺术。

先秦政治家与思想家对民的态度大致可分为两种：一是轻民主张，这无疑是露骨的专制主义；二是重民思想，这是多数人的主张。在过去的研究中，有人把重民思想说成是民本主义或民主主义。我认为这种概括是不确切的。民本主义或民主主义是与公民权紧密相关的概念，如果没有公民权的内容，就不宜用民本主义或民主主义。先秦思想家的重民思想是没有公民权内容的。重民的主体是君主，民仅是被君主重视的对象。重民思想在局部问题上与专制君主虽有冲突，但从全局看，它不是对专制君主的否定，而是提醒君主注意自己存在的条件。思想家们倡导重民不是要否定君主，而是向君主献策，把重民作为巩固君主地位的手段。在我看来，重民思想与君主专制主义是不矛盾的，它可以是君主专制主义的一种补充。

无为政治思想与君主统治术

无为政治思想最初是《老子》一书提出来的，但在诸子争鸣过程中，逐渐形成一种思潮。道家自不必说，他们把无为政治作为政治思想的主调，做了详尽阐述。除道家之外，法家、儒家、阴阳家以及杂家等，从不同理论体系出发，或接受了无为思想，或采用了这一命题。诸子所论的"无为"，在内容上，既有统一的地方，又有重大分歧。因此，做一总的考察和分析，是很有必要的。

无为政治，从政治思想史上，是一个独特的命题；从政治史上看，在西汉前期曾一度占据统治地位，成为统治思想。此后虽退居次位，但在政治思想与实践上仍有广泛的影响。

为了叙述上的方便，对先秦诸子的无为理论，采取按家分类方式进行讨论。

一、《老子》无为无不为的政治思想

《老子》的政治指导思想，可称之为"无为政治"。书中讲的很多，如"爱民治国，能无为乎"[①]"圣人处无为之事，行不言之教"[②]，又一再说"无为无不为"[③]。

无为是怎样提出来的呢？从《老子》一书看，既有哲学根据，又有对社会现象的深入分析。因此，"无为"这个命题具有鲜明的理性色彩。

从哲学上讲，《老子》认为"无"是万物的本源和本性，"有"生于"无"。"有"是暂时的，"天地且不能长久"，何况区区人事。不知事理的人常常沾沾自喜于"有"，其实到头来，两手空空，"为者败之，执者失之"[④]。"有"的出现不是进

---

① 《老子·十章》。
② 《老子·二章》。
③ 《老子·三十七章》《老子·三十八章》《老子·四十八章》。
④ 《老子·二十九章》。

步,而是对本源和本性的破坏。人类的历史是不断破坏本源和本性的过程,每况愈下:"失道而后德,失德而后仁,失仁而后义,失义而后礼。夫礼者,忠信之薄,而乱之首。"①从哲学上看,应守住"无",而反对"有"。"无"表现于人事便是无为。关于哲学上的演绎过程,已有人论述,这里不再重复,下边我们着重分析一下,《老子》怎样从剖析社会现象中得出了"无为"的结论。

《老子》一书产生的时代,是社会变动的时代,是"有为"的时代。这不仅表现在对旧秩序、旧传统、旧礼乐、旧习俗的破坏,还表现在各式各样的改革层出不穷。在历史的变革中,一方面是新的真、善、美的萌生和发展,另一方面,又有伪、恶、丑的恶性发作。在这两者之间还有许多中间形态相伴生。另外,那个时代,新出现的真、善、美本身,又不可避免地同伪、恶、丑相共生。于是呈现在人们面前是气象万千,令人眼花缭乱。

面对着错综复杂的社会现象,人们都在探讨其间的关系。《老子》的作者对这种关系进行了深入的探讨和研究,深刻地揭示了人们所熟知的现象之间内在的对立统一关系,从而把认识水平推向新高峰。在揭示对立统一关系的同时,又综合考察了事物之间的因果关系,从而表现出《老子》的认识比同时代的人要高出一头。

在《老子》一书中,有许多论述,对因果关系的内在必然性做了深刻地分析,表现出作者具有锐敏的洞察力。比如,"民之饥,以其上食税之多,是以饥。"②"民之轻死,以其上求生之厚,是以轻死。"③"多易必多难。""轻诺必寡信。"④"人多伎巧,奇物滋起。"⑤凡此种种,无疑是抓住了事物的内在本质联系,揭示了因果关系。但是,在分析事物的因果关系时,有一个值得注意的倾向,作者把矛头指向

---

① 《老子·三十八章》。
② 《老子·七十五章》。
③ 《老子·七十五章》。
④ 《老子·六十三章》。
⑤ 《老子·五十七章》。

了"有为",指责"有为"是招祸之因。作者常常借助社会上的伪、恶、丑,向"有为"身上泼脏水,从而导致对"有为"的否定。由于存心指控,所以在许多情况下把因果关系弄错了,或未抓住因果之间的内在联系。

谬误之一,《老子》常常把非本质的、次要的、或然的关系夸大为本质的、主要的、必然的关系。例如,"不贵难得之货,使民不为盗。"① 这个说法有没有道理呢? 不能说绝对没有。"难得之货"无疑是盗贼最理想的掠获对象。如果细加分析,"不贵难得之货"与"使民不为盗"之间的关系,绝不是如《老子》说的这样简单。"难得之货"不是由人们的主观意志贵不贵决定的,而是一定社会经济水平和关系的产物。另一方面,产生盗的原因绝不在于"贵难得之货",这是显而易见的。由于没有抓住事物的本质联系和因果关系,由此得出的解决的办法也就不切实际。而且在事实上,人们也不可能"不贵难得之货"。很显然,《老子》的说法是不能成立的。

《老子》还讲过巧和利是产生盗贼的根源,因此提出"绝巧去利,盗贼无有"②。这个说法也不尽妥当。巧是技术和技能,去巧怎么能杜绝盗贼呢? 利与盗贼有一定关系,如果所有的人都不贪利,从逻辑上推理,自然就不会有盗贼。但如何才能"去利"呢?《老子》把它看成个思想问题,很明显,这是不切实际的空想。

"多言数穷。"③ 多言与数穷有否关系呢? 有的。说得多,一般说来,失当的可能性越多,不过两者之间又不是必然的因果关系。穷、失不在言多言少,而在是否有内容,是否符合实际。依照《老子》的说法,为了避免穷、失,最好的办法是不说话。不说话固然可以避免穷、失,但不说话也无从证明认识的正确。

---

① 《老子·三章》。
② 《老子·十九章》。
③ 《老子·五章》。

"不争，故无尤。"① 这句话的正面论述应是："争，必尤。"争是不是产生祸患的原因呢？不能说绝无关系。如果从本质上考察，争与尤之间并没有内在的必然的联系。同样，不争与无尤之间也是一样。争的结果有两种可能，一是因争而产生祸，另一种可能因争而产生福。应该说，后者的可能性比前者或许要大些，机会也多些；不争在某种情况下可以无尤，但也可能导致尤。两者相较，后者的可能性更多些。与争和尤的论述相似的还有"咎莫大于欲得"②。在《老子》看来，欲望是产生灾难的根源，避免灾难的发生莫过于无欲。欲与灾祸的确有一定的关联，然而欲又何尝不是福的原因？把欲望宣布为灾难的原因不只是没有抓住事物的本质联系，由此得出的结论是取消人的欲望，这就更为荒谬了。

"五色令人目盲，五音令人耳聋，五味令人口爽。"③ 乍然看去，这种说法不能说不别具眼光。如果究其实，显然失之于片面和表面，因为引起目盲、耳聋、口爽的主要原因绝不是五色、五音和五味，这是无待论证的。

谬误之二，《老子》的作者常常把相比较而存在的现象同因果关系混为一谈，由此得出的结论也常常是错误的。例如："智慧出有大伪。"④ 智慧和大伪是相比较而存在的两种现象。在历史上常可以看到，智慧与大伪犹如天平两端上的平衡物，有多大的智慧，也就会有多大的伪诈。智慧与大伪在相较中都向前发展。但是从因果关系上看，智慧不是大伪的根本原因，正如大伪不是智慧的根本原因一样。其实，智慧和大伪出于一源，即人的认识能力和主观能动性。其源虽然相同，但我们相信智慧会战胜大伪。因这里有正确与错误之分，在历史的发展中有背顺之分。《老子》把大伪的原因归罪于智慧，为了消除大伪竟要抛弃智慧，实在是大谬。

---

① 《老子·八章》。
② 《老子·四十六章》。
③ 《老子·十二章》。
④ 《老子·十八章》。

"六亲不和有孝慈","国家昏乱有忠臣"。① 六亲不和与孝慈相比较而存在,国家昏乱时更显出忠臣的形象。但是不和并不是孝慈的原因,昏乱也不是忠臣产生的原因。这是明显的事实。

谬误之三,《老子》常常把不相关的两件事说成是因果关系。例如,"民多利器,国家昏乱。"② 众所周知,利器是社会发展中强有力的物质力量,一种重大利器的出现常常会引起社会关系程度不同的变化或改组。利器是社会进步的标志,绝不是造成昏乱的原因,把昏乱归罪于利器,从而取消利器,只能窒息历史的进步,这才是真正的昏乱。

在《老子》有关因果关系的论述中,不论是正确的,有部分道理的,抑或荒谬的,有一个共同趋向,大凡结果都属于伪、恶、丑。造成这种恶果的原因无疑是祸首。而这些原因基本都属于"有为"的举动。由此得出的结论是,取消一切"有为",就会避免任何恶果的发生。"有为"的对面便是"无为"。所以"无为"是从批判"有为"中得出的基本结论。

在《老子》看来,当时人们都是沿着"有为"的道路行事,这就是"有争""有欲""有知""有身""熙熙""昭昭""察察",等等。这些正是产生祸乱之源。"为无为"首先要把这一切祸源铲除。为了把人们从有为的道路上拉到无为的道路上来,《老子》想了许多主意,要之有二:一是劝统治者要减少活动,二是要使民失去有为的条件。

对统治者,《老子》要求他们减少政事活动。总的原则是"三去",即"去甚、去奢、去泰"③。具体而言,主要指薄税敛、轻刑罚、慎用兵、尚节俭。

《老子》没有从正面提出过薄税敛的主张,但对厚敛进行了猛烈的抨击,斥

---

① 《老子·十八章》。
② 《老子·五十七章》。
③ 《老子·二十九章》。

责当政者如同大盗。"民之饥，以其上食税之多，是以饥。"① "朝甚除，田甚荒，仓甚虚，服文采，带利剑，厌饮食，财货有余，是为盗夸。"② 从这种入骨三分的批判中，我们有理由认为《老子》是主张薄税敛的。

《老子》没有从正面提出轻刑的主张，但对统治者的刑杀进行过尖锐的控诉。"法令滋章，盗贼多有"在因果关系的认识上是不正确的，但这其中包含着对统治者严令苛刑的批评。"民不畏死，奈何以死惧之。"③ 这虽是一种规劝，但也有批评的含义。因此我们有理由认为《老子》是主张轻刑的。

《老子》不是寝兵主义者，但对战争带来的灾难是痛惜的，指出："大军之后必有凶年。"④ 因此最理想的是不动干戈。"以道佐人主者，不以兵强天下。""天下有道，戎马生于郊。"⑤

《老子》对统治者的"求生之厚"⑥ 进行过猛烈的鞭挞，殷切地希望他们从俭。

《老子》讲的"治大国若烹小鲜"⑦，这句话，应该说是无为政治最形象的说明和概括。这句话包含两层意思，一是要吃鱼，在政治上就是要治，而不是不治；二是要谨慎小心，莫乱挑乱动，否则鱼就会烂。

过去一些文章在评价《老子》无为政治时，较多地强调了要统治者清静无为这一方面。其实，还有更重要一面，即使民陷入无为之地，使民不能为，或想有为而不敢。这就是要把引起有为的社会条件，用行政、政治等办法加以消除。在《老子》看来，"有欲""有智"是产生有为的最根本的原因。因此，要实现无为，关键是消除智和欲，消除对物质生活和精神生活的追求。

---

① 《老子·七十五章》。
② 《老子·五十二章》。
③ 《老子·七十四章》。
④ 《老子·三十章》。
⑤ 《老子·三十章》。
⑥ 《老子·七十五章》。
⑦ 《老子·六十章》。

经济上人们好争财夺利。为使人们不再争夺财货，要把一切巧利之器都毁掉，把黄金视为粪土。

政治上人们都想捞取官爵，特别是统治者的"尚贤"，更引起了人们争风斗智。《老子》劝统治者"不尚贤"，这样便可以"使民不争"。①

在精神上要去掉一切知识，"绝圣弃智，民利百倍"②。

为了彻底消除欲、智，当政者要制造一个禁区，使人不敢为欲求利。《老子》宣布："罪莫大于可（当为"多"之误）欲。"③谁有欲望和智慧，就给谁以惩罚，"为奇者吾得执而杀之"④。"为奇"就是犯罪，就要被杀，这哪里是"无为"，简直是荒唐的残忍！

下边几段话最能说明《老子》无为政治的内容与要求：

"圣人之治，虚其心，实其腹，弱其志，强其骨。常使民无知无欲。使夫智者不敢为也。为无为，则无不治。"⑤

"见素抱朴，少私寡欲，绝学无忧。"⑥"百姓皆注其耳目，圣人皆孩之。"⑦"塞其兑，闭其门。"⑧

于上可见，《老子》的无为政治是要把人有为的条件取消或减少到最低限度，使人变得愚昧无知，浑浑噩噩。如果真的到了这一步，自然是无为无不为了。

《老子》的无为无不为政治有两个明显的特点：其一，"上"有为，"下"无为，"上"有为的重点是设法把"下"的有为条件剥夺掉；其二，"虚其心，实其

---

① 《老子·三章》。
② 《老子·十九章》。
③ 《老子·四十六章》。
④ 《老子·七十四章》。
⑤ 《老子·三章》。
⑥ 《老子·十九章》。
⑦ 《老子·四十九章》。
⑧ 《老子·四十九章》。

腹"，即是说，要保证"下"起码的物质生活条件，但要把人民的精神生活剥夺得一干二净，使人们失去思维的能力。做到了这两点，"上"就可以无不为了。所以《老子》所说的无为，是一种特定的统治政策，其核心是愚民。历来把它说为人君南面之术，不是没有道理的。

二、《庄子》回到自然中去的无为主张

《老子》书中包含了人的自然性与社会性矛盾的内容，但还没上升到理论。庄周及其后学从理论上把这个问题做了彻底地发挥。庄子及其后学（下边用《庄子》一书代表）也讲无为政治，但他们的无为政治思想与《老子》不同，《庄子》的无为思想是建立在人性自然与社会矛盾基础之上的。所以《庄子》无为政治无论在理论上还是在形式上与《老子》都有很大的不同。

《庄子》明确提出，人的本性就是人的自然性。自然性最明显的特点是原生性。《庄子·庚桑楚》说："性者，生之质也。"成玄英《疏》云："质，本也。自然之性者，是禀生之本也。"庄学认为，人的自然性与社会性是互相排斥的，人的社会性是对人的自然性的破坏，无论是人们所说的丑与美，"其于失性一也"[①]。尤其是人们称道的美，破坏性更大。人们对圣主贤君常寄予无限的希望，而在《庄子》看来，正是这些"治人"之治造成了"乱人之性"[②]。人们都称道聪明才智，在《庄子》看来，聪明才智是争名夺利的工具，害性的罪魁。

《庄子》主张人类从社会关系的束缚中解脱出来。但实际上就像一个人不能提着自己的头发离开地球那样，任何人也无法离开社会。所以《庄子》的作者们又不得不回到社会中来，并以他们的人性自然说为依据，提出了相应的改造社会的方案，编造了相应的理想社会。

顺从自然，是《庄子》社会政治思想的主要特点。为了顺从自然，《庄子》着

---

① 《庄子·天地》。
② 《庄子·天道》。

重分析了天人关系。

什么是天？《庄子》书中说法颇多。概括言之即自然物和自然变化过程。在探讨事物的本原时，事物的本原也被称为天。

什么是人？《庄子》从两个方面进行了说明。一是指人具有不同于其他自然物的特定的形态。《庄子·德充符》云："道与之貌，天与之形，恶得不谓人！"人与其他物体一样，都源于天，只不过形态有别于其他而已。二是指人具有主观能动性。"无为而尊者，天道也；有为而累者，人道也。"①《庄子》承认人有主观能动性，但又认为人的主观能动性不仅与整个自然界是矛盾对立的，而且与人的自然性本身也是不相容的。如以成事为欢者，"事若不成，则必有人道之患；事若成，则必有阴阳之患"②。

在处理天人关系上，《庄子》提出了如下一些主张：

"天而不人。"③意思是说顺从自然，不要对天有任何的违拗行动，因为"物不胜天久矣！"④又何必去苦神伤形呢！这与"人定胜天"的思想形成了鲜明的对立。

"天在内，人在外"，"本乎天"。⑤《疏》云："天然之性，愠之内心，人事所顺，涉乎外迹，皆非为也。任之自然。""恒以自然为本。"这就是说，人的行为要以天然之性为根本。这里虽然不像"天而不人"那样绝对化，但仍然是以顺从自然为中心来谈人的主观能动性的。

"工乎天而拙乎人。"⑥这是《庄子》给圣人提出的处理天人关系的又一准则，即圣人善于契合自然而拙于人为。这里所强调的仍然是用尽全力去顺天。

比以上更进一步的观点是"天人为一"，即完全把人溶化在自然之中。

---

① 《庄子·在宥》。
② 《庄子·人间世》。
③ 《庄子·列御寇》。
④ 《庄子·大宗师》。
⑤ 《庄子·秋水》。
⑥ 《庄子·庚桑楚》。

根据以上天人关系的理论，"治"属于"人"的范畴。《庄子》认为，照理讲，最好不要提出"治"的问题，最好"不治天下"，如果"君子不得已而临天下，莫若无为"。①无为就是顺从自然。

顺民情性是《庄子》无为政治思想的另一个基本内容。《庄子·山木》的作者以舜戒禹为托，言治民之要在顺形率情。作者说："形莫若缘，情莫若率。缘则不离，率则不劳。不离不劳，则不求文以待形；不求文以待形，固不待物。"缘、率皆顺从、遵循之意，缘形率情即任其自然。《庄子·则阳》篇的作者用长梧封人戒子牢的一席话，具体形象地说明了治民的顺形率情之术："君为政焉勿卤莽，治民焉勿灭裂。昔予为禾，耕而卤莽之，则其实亦卤莽而报予；芸而灭裂之，其实亦灭裂而报予。予来年变齐，深其耕而熟耰之，其禾蘩以滋，予终年厌飧。"治民如同种庄稼，要顺其性而深耕细芸，否则带来的只能是报复。《庄子·则阳》的作者借庄子对上述这段话的评论，批判了当时治民中的离情灭性之举："今人之治其形，理其心，多有似封人之所谓，遁其天，离其性，灭其情，亡其神，以众为。"

《庄子》认为，为了使民"安性命之情"，至关紧要的是"无擢其聪明"。②擢其聪明就会使民心动荡，民心动荡是一切变乱之因。为了不惊动民心，关键是把握一个"静"字。

《庄子》的作者认为，他们所处的时代是民心动摇的时代，而这种情况是黄帝以来治天下的人搞的。所以他们提出了绝圣弃知的主张，"掊击圣人，纵舍盗贼，而天下始治矣"。"圣人已死，则大盗不起，天下平而无故矣。"③更有甚者，作者对人类已经达到的科学技术文化成就都进行了攻击，认为只有毁弃这些成就才能使天下人恢复本性。

帝王问题是当时政治思想界广泛论述的重要问题。这个问题在《庄子》中也

---

① 《庄子·在宥》。
② 《庄子·在宥》。
③ 《庄子·胠箧》。

占有重要地位。

《庄子》一书中许多篇章从其人性自然的立场出发，对黄帝以下，甚至上及伏羲、神农所有的君主都嗤之以鼻。认为他们都是世俗之主，是破坏人性的罪魁。他们之所以成为君主，除了少数是由转让而来之外，多数是"争""盗"而得。因此，君主是最大的骗子和盗贼。在《庄子》某些篇看来，黄帝以下的全部历史都是违反人性的，而那些君主正是破坏人性的主谋；所有的君主都口衔仁义，而仁义正是奸恶的渊薮。

我们还看到，《庄子》虽对君主进行了正面的抨击，但《庄子》并不是彻底的无君论者。《庄子》认为取得君位的方式不应是争或盗，而应该是通过修行道德而来。"君原于德而成于天。故曰：玄古之君天下，无为也，天德而已矣。"①《庄子·天道》篇说，修道达到了"无天怨，无人非，无物累，无鬼责"的境地，就能"一心定而王天下"，"万物服"。《庄子·让王》篇云："唯无以天下为者，可以托天下也。"这就是说，只有无权力欲望的人，才可以委托于天下；那些争权夺利，争天下的人是不配做君主帝王的。《庄子》告诉人们，凡属想要权者，那一定是自私自利之人；把天下交给这样的人，天下就会变成他的囊中私物。只有把天下托给"无以天下为者"，天下才不会变成私有之物。因为这样的人根本就不把天下放在眼里。究竟由谁把天下委托给这样的人？《庄子》一书没有更多的论述。只有《庄子·庚桑楚》中稍有涉及："人有修者，乃今有恒；有恒者，人舍之，天助之。人之所舍，谓之天民；天之所助，谓之天子。"《庄子》书中的"天"一般指自然，此处虽没有明确回答天即自然，但从《庄子》整个思想看，未必不可作如是观。所谓天助，就是自然天性之助。

《庄子》关于君主理论最耐人寻味的一点是关于君主不能有超越社会之上的特权的主张。这种主张的理论依据是：一切人在自然面前是平等的。"天地之养

---

① 《庄子·天地》。

也一，登高不可以为长，居下不可以为短。"根据这一原则，作者批判了当时君主"苦一国之民"以自乐的行为。这种行为不仅伤民，而且伤己之神。圣人之治如同天地化育万物而不占有那样，应该为而不恃。《庄子·应帝王》篇云："明王之治，功盖天下而似不自己，化贷万物而民弗恃；有莫举名，使物自喜；立乎不测，而游于无有者也。"

与为而不有相续的是无欲而天下足。《庄子·天地》篇说："古之畜天下者，无欲而天下足，无为而万物化，渊静而百姓定。"这种说法显然是针对当时统治者贪多欲胜造成天下贫困而发的。这种"无欲"论在经济关系上表现为薄税敛论。《庄子·列御寇》中以卖浆者薄利广销，生意兴隆为例，劝说"万乘之主"也要薄收。薄收其统治才能长久。

根据在自然面前平等的原则，《庄子》认为帝王应具备倚势而不骄的品质。"势为天子而不以贵骄人，富有天下而不以财戏人。计其患，虑其反，以为害于性，故辞而不受也。"[①]这种思想无疑是针对那些倚势骄人者而发的。这是《庄子》的作者以其人性论为中心，对权势者提出的限制措施。

在《庄子》无为政治思想中，"平均"思想具有特殊的地位。《庄子》首先提出了在自然面前人人平等的思想。《庄子·人间世》说："与天为徒者，知天子之与己，皆天之所子。"过去说只有最高君主才配称"天子"，而《庄子》却提出了"天子"与"己"都是"天之所子"。这个"天"不是神，而是自然。既然"天子"与"己"同出于自然，因此便无贵贱之分。那种贵贱之分是应当受到藐视的。《庄子》这种天赋平等思想，在当时是对等级制的最有力的批判。

《庄子》认为，"平均"是从无情中引申出来的。《庄子·达生》篇中说："复仇者不折镆干，虽有忮心者不怨飘瓦，是以天下平均。"意思是说：名剑干将、镆铘虽被用来制造了仇恨，但复仇者不会把它折断以示报复，因为它是无情之物；

---

① 《庄子·盗跖》。

被风吹下来的落瓦打中最爱计较的人，他也不会产生怨恨之心，因为落瓦是无心之物，不是有意伤人。人间一切不平的事情都是由有情造成的。因此要消除不平，首先要根除人们的情欲。把人们的情欲视为"不平"的原因，从今天看，无疑是肤浅的。但从历史上看，这是人类探讨不平根源的最早学说，《庄子》上述观点的理论价值在于："不平"的原因不能从自然中寻找，而只能从人们的社会性中来寻求。

《庄子·盗跖》篇还从福、害的转化关系上论述了"平"与"有余"的不同后果。"平为福，有余为害者，物莫不然，而财其甚者也。"接下去列举了"富人"因财物有余而带来的六种灾害。"此六者，天下之至害也，皆遗忘而不知察，及其患至，求尽性竭财，单以反一日之无故而不可得也。故观之名则不见，求之利则不得，缭意体而争此，不亦惑乎！"在作者看来，处于有余地位者，一旦大祸降临，身家性命不可保，欲"平"而不可得。反之，如果能保持与他人均"平"，就不会招来他人的嫉妒，因此便可以保"福"而不败。

《庄子》还对"维齐非齐"的观点进行了驳斥，指出："以不平平，其平也不平。"① 这就是说，以不平求平，焉有平之理。

以上是《庄子》对现实政治提出的治理方要。另外，《庄子》的作者还描绘了他们的理想世界，这就是"至德之世""建德之国""至治之世""无何有之乡"，等等。《庄子》这个理想国的最主要特征是人完全回到了自然，人与"万物群生，连属其乡"②，"民如野鹿"③。

人类回到自然后的生活状况是怎样的呢？《庄子》是这样叙述的：人们的知识、心计减少到了最低限度，"民愚而朴，少私而寡欲"④。人类完全靠自然生活，

---

① 《庄子·列御寇》。
② 《庄子·马蹄》。
③ 《庄子·天地》。
④ 《庄子·山木》。

无技巧之用，"山无蹊隧，泽无舟梁"①。人们尽力劳作，只求一饱，"知作而不知藏，与而不求其报"②。人们不知仁义礼乐，但却生活得很谐调，"不知义之所适，不知礼之所将"③，"端正而不知以为义，相爱而不知以为仁，实而不知以为忠，当而不知以为信，蠢动而相使不以为赐"④。人们的行为既无一定的目的，也无特定的方向，"其行填填，其视颠颠"⑤。填填，安详满足貌；颠颠，无外求专一貌。"共生可乐，其死可葬。"⑥自然地出世，自然地生活，自然地消逝。除了自然过程之外，自己既无需要，也不应该给后世留下什么值得回味的东西，一切随自然而消失，这叫作"行而无迹，事而无传"⑦。在这样的社会中，没有君子、小人之分，更不会有"尚贤""使能"之举，阶级与国家都是不存在的。

除了上述言论之外，《老子》所向往的小国寡民、老死不相往来的社会，也在《庄子》的理想之内。

综上所述，回到自然中去，这就是《庄子》无为政治的真谛。

三、与客观过程相契合的能动的无为政治思想

在道家中还有一派，以《管子》中的道家著作（主要指《内业》《白心》《心术》等，下简称"管道"）和《老子》乙本卷前古佚书为代表，也主张无为政治。《经法·道法》说："虚无有，秋稿（毫）成之（当为'之成'），必有刑（形）名。刑名立，则黑白之分已。"故执道者"之观于天下也，无执也，无处也，无为也，无私也"。《十大经》的结论部分说："刑（形）恒自定，是我俞（愈）静。事恒自

---

① 《庄子·马蹄》。
② 《庄子·山木》。
③ 《庄子·山木》。
④ 《庄子·天地》。
⑤ 《庄子·马蹄》。
⑥ 《庄子·山木》。
⑦ 《庄子·天地》。

包（施），是我无为。"《经法·道法》说："称以权衡，参以天当。天下有事，必有巧（当为'考'）验。事如直木，多如仓粟。斗石已具，尺寸已陈，则无所逃其神。故曰：度量已具，则治而制之矣。"《道原》说："分之以其分，而万民不争。授之以其名，而万物自定。"于上可见，作者把顺天、行法和审形名作为一个过程来看待，三者互相制约补充。在这个基础上，才有无为政治，所以无为绝不是无所事事，而是顺天、行法和审核形名的结果，是一种政策形式。

顺天合人，是"管道"和古佚书无为政治的基础。作者主张把天、地、人统一起来，只有兼顾三者才能治国。

"管道"所说的"天""道""气"等大同而小异。它们是万物的本源，又各有它自身运动的规律，"天不变其常，地不易其则，春秋冬夏，不更其节，古今一也"①。最有意义的是，作者认为"道"不只表现在自然方面，也表现在人事方面。因为人本身也是气和道的产物，"凡人之生也，天出其精，地出其形，合此以为人"②。由此进一步提出"道之在天者，日也；其在人者，心也"③。这里要说明的，作者所说的"心"，指的是社会人们的一种普遍要求、趋势与倾向，近似今天所说的社会思潮。

基于上述观点，作者提出了政治的根本原则在于遵天而从人。《管子·白心》说："上之随天，其次随人。"《管子·形势》说："顺天者，天助之，其逆天者，天违之。天之所助，虽小必大；天之所违，虽成必败。"作者们从天道中引出了两个最主要的政治原则：第一，根据"天不为一物枉其时"的规律，明君圣人也应该"不为一人枉其法"。天对万物是平等的，圣人对万民也应一视同仁，不分远近。第二，"天行其行，万物被其利"。根据这一规律，"圣人亦行其行，而百姓被其

---

① 《管子·形势》。
② 《管子·内业》。
③ 《管子·枢言》。

利"①。

　　古佚书对天、地、人的统一思想及其对政治的制约，做了更详尽的论述。《十大经·前道》说："故王者不以幸（侥幸）治国，治国固有前道（前，先也；前道，首先之道），上知天时，下知地利，中知人和。"《经法·六分》说："王天下者之道，有天焉，有人焉，又（有）地焉。参（三）者参用之，而有天下。"四篇古佚书中所说的"天""天道""天极""道""虚无形""一""虚"等，细分起来小有差别，但基本上指的是一个东西。要之，最常见的自然现象和运动规律都包括在道的范畴之中。关于人之道，最主要指社会的基本秩序，即君主上下贵贱的区分。《经法·道法》说："万民之恒事：务农、女工。贵贱之恒位：贤不宵（肖）不相放（妨）。畜臣之恒道：任能毋过其所长。使民之恒度：去私而立公。"在社会中，君、佐、臣、民各有其处，《经法·四度》说："君臣不失其立（位），士不失其处，任能毋过其所长，去私而立公，人之稽也。"《经法·六分》中提出要"主主臣臣"。《君正》提出"贵贱有别"。上述这些是人道的根本，另外大家共同使用的器用标准，如度、量、衡之类，也属人之道。动静参于天地，生杀得当也都属于人道。

　　天道、人道既有区分，又可为一体。《经法·四度》说："极而反，盛而衰，天地之道也。人之李（理）也。"由于天、人同理，人们的行为应该保持两者的统一与谐和关系，这样就可以形成天人之间的良性循环。《十大经·前道》说："圣〔人〕举事也，阖（合）于天地，顺于民，羊（祥）于鬼神，使民同利，万夫赖之，所胃（谓）义也。"《经法·君正》说："人之本在地，地之本在宜（指宜种之作物），宜之生在时，时之用在民，民之用在力，力之用在节。知地宜，须时而树，节民力以使，则财生。赋敛有度则民富，民富则有佴（耻），有佴则号令成俗而刑伐（罚）不犯。号令成俗而刑伐不犯则守固单（战）朕（胜）之道也。"这

---

① 《管子·白心》。

两段话把天、人关系良性循环的条件论述的十分清楚,条件的关键是人要"因天"[①]"顺天"[②]。

作者一再劝告人主,政治的总方针是要把天、地、人结合起来,顺天合人。《十大经·姓争》说:"顺天者昌,逆天者亡。毋逆天道,则不失所守。"《称》中讲:"毋先天成,毋非时而荣。先天成则毁,非时而荣则不果。"《十大经·观》说"圣人不巧,时反是守",顺天则"五谷溜孰(熟),民〔乃〕蕃兹(滋)。君臣上下,交得其志。"《经法·论约》论述得更为具体:"功不及天,退而无名。功合于天,名乃大成,人事之理也。顺则生,理则成,逆财死,失□□名。伓(倍)天之道,国乃无主。无主之国,逆顺相功(攻)……不循天常,不节民力,周迁而无功。养死伐生,命曰逆成。不有人僇(戮),必有天刑。……参之于天地之恒道,乃定祸福死生存亡兴坏之所在。"作者把天道视为一国之主。顺天道则兴。违反天道,必遭失败。《经法·论》更明确地提出,一切人事只有"与天道总",即综合在一起,才能安平和兴旺。

"管道"和古佚书把天、地、人作为统一体来考察,强调三者谐和一致,是很有见地的。不论人的主观能动性有多大,必须承认,人总是自然的一部分,这个前提不变,那么顺天就是首要的问题。这种思想把自然与人事规律置于君主意志之上。作者规定了君主必须是遵从客观规律的典范。反之,遵从规律又是成就帝王事业的根本保证与条件。从这个意义上看,作者把帝王从神秘的天堂拉回到自然与人世面前,使帝王失去了神秘性,君主也不再是绝对的权威。但是事情又没有到此为止,人类常常忘掉了自己是自然中的一部分,做出了许多违反自然的举动,结果没有不受到惩罚的。经过曲折还必须走到符合自然规律的轨道。从今天的眼光看"管道"和古佚书对天道人道的认识是肤浅的,甚至带有神秘的色彩。但作者思考问题的方法不能不使我们叹服。

---

① 《经法·君正》。
② 《十大经·姓争》。

作者虽然强调顺从自然，但他们并没有窒息人的能动作用。人的能动作用概括为四个字，即循理用当。什么是理呢？《经法·论》说："物各〔合于道〕者胃（谓）之理。理之所在胃（谓）之〔顺〕。物有不合于道者，胃（谓）之失理。失理之所在，胃（谓）之逆。逆顺各自命也，则存亡兴坏可知〔也〕。"这里把问题讲得很清楚，物合于道者即谓理。细加分析，理又有不同的含义。有的地方把理同自然客观的规律性视为一体。如《经法·论约》中所说："四时有度，天地之李（理）也。"有的地方则指人们遵守客观规律的行为叫作理。《论约》中说："〔人〕事之理也，逆顺是守。"有的地方则把人世间的相互关系和规范称为"人理"。《经法·四度》说："其（当为"失"之误）主道离人理，处狂惑之立（位）处不吾（悟），身必有廖（戮）。"无论哪一种理，都不是显露在外一望可知的，要通过人的考察思索才能把握。《经法·名理》说："审察名理名（此"名"疑为衍文）冬（终）始，是胃（谓）厩（究）理。"考察事物之理不能存成见，必须"虚静公正"，才能"得名理之诚"。古佚书中的理既是客观的，又必须见诸人的主观认识，所以循理把遵从客观规律与人的主观能动性结合在一起。

用当与循理相近，侧重讲人的行为与客观规律协调、平衡和适度。《经法·道法》所讲的以平衡应变化是"当"的核心。文中说："应化之道，平衡而止。轻重不称，是胃（谓）失道。"抓住事物的平衡点就抓住了"当"。作者又把"当"分为"天当"和"人当"。天当指人遵从自然规律；人当指顺从社会规定和常习。作者认为"过极失当"，是人之大忌。违反"天当"，必定要受到惩罚，违反人当，也必定遭殃，"诛禁不当，反受其央（殃）"[①]。"当"还表现在，要善于抓住事情变化的关节点。"静作得时，天地与之"[②]，是"当"的最佳状况。如果事物还不到成熟之时，过早采取行动，那就会事与愿违，《十大经·姓争》说："时静不静，国家不定。"《称》中说："先天成则毁。"《经法·国次》说："不尽天极，衰而复昌。"

---

① 《经法·国次》。
② 《十大经·姓争》。

反之，事情已经成熟，就应采取断然措施，否则也会招致祸患，"当断不断，反受其乱"。例如"禁伐当罪当亡，必虚（墟）其国"，即彻底歼灭之。如果对当罪当亡之国，采取击而不灭的政策，必养后患。依作者之论，只要符合"当"，便无德、怨可言。《经法·君正》说："受赏无德，受罪无怨，当也。"意思是说，当赏，无须感恩戴德；当罪，也不会产生怨恨。总之，循理用当，无事不通。反之，"过极失当，天将降央（殃）"[①]。

顺天合人，循理用当，较为合理地解决了天人关系问题，既继承了《老子》因自然的思想，又纠正了老庄，主要是庄子的绝对自然主义的消极倾向。顺天、循理、用当落实在政治上，集中表现为实行法治、法断与审名实。

"管道"和古佚书作者认为法源于道。《管子·心术上》说："虚而无形谓之道（原作'虚无无形'，依王念孙校改），化育万物谓之德；君臣、父子、人间之事谓之义；登降、揖让、贵贱有等，等疏有体（原作'之体'，依丁士涵校改。体，分也）谓之礼；简物小大（'大'原作'未'，依丁士涵校改）一道，杀僇（戮）禁诛谓之法。"《经法·道法》说："道生法。"紧接着又论述了法的本质和作用，"法者，引得失以绳，而明曲直者殴（也）"。大意是，法犹如绳墨区分曲直一样，决定着事情的成败得失。《经法·君正》说："法度者，正之至也。"

作者认为，法的基本精神是合民心，公正和无私。《经法·君正》说："号令阖（合）于民心，则民听令。"所谓民心，首先表现在衣食男女上。《十大经·观》说："夫民之生也，规规（细小之貌）生食与继（生育）。"从高谈阔论的道德观念看，这种说法相当鄙薄，考其实则颇为中肯。因为吃饭和男女是当时人们生活的首要问题。《经法·君正》又说："国无盗贼，诈伪不生，民无邪心，衣食足而刑伐（罚）必也。"

立法要合于民心，执法则要公正、无私。《经法·道法》中说："使民之恒度，

[①] 《经法·国次》。

去私而立公。"《经法·君正》说:"精公无私而赏罚信,所以治也。"公正无私是道的本性,圣人因之。《经法·国次》说:"天地无私,四时不息。天地立,圣人故载。"《经法·六分》说:圣人"参于天地,而兼复(覆)载而无私也,故王天〔下〕。"公正无私又是通向聪明之路。《经法·名理》说:"唯公无私,见知不惑,乃知奋起。"《经法·道法》说:"公者明,至明者有功。至正者静,至静者圣。无私者知(智),至知(智)者为天下稽。"于是执法、无私与聪明三者构成一个良性循环。

与法制相接近的还有审形名。古佚书很重视"形名"之学,在作者看来,形名如同法一样,都是道在人事上的体现。《经法·名理》说:"故执道者之观于天下,□见正道循理,能与(举)曲直,能与(举)冬(终)始。故能循名厩(究)理。"对形名关系看法,古佚书的作者认为形先于名,名应与实相符。《称》说:"有物将来,其刑(形)先之。建以其形,名以其名。"大意是,一个事物,首先有形,形先确定,才可给予适当的名。《经法·四度》说:"名功相抱,是故长久。名功不相抱,名进实退,是胃(谓)失道,其卒必□身咎。"作者反对名实不符,更反对名过于实。名过于实是"失道"的表现,必招灾祸。名过其实,其名也难久存,"声洫(溢)于实,是胃(谓)威(灭)名"。这句话讲得十分深刻,无其实的虚名终将被揭破。

形决定名,但是形又必须与名结合起来,才能反映出自身规定性和事物相互间的差别与关系。《经法·道法》说:"形名立,则黑白之分已。"《道原》说:"分之以其分,而万民不争。授之以其名,而万物自定。"作者认为,确定形名是从事政治的一项根本手段。确定形名可以使每个人知道自己的职守和行为准则。正如《经法·论约》中所说:"刑(形)名已定,逆顺有立(位),死生有分,存亡兴坏有处。"《十大经》说:"欲知得失,请必审名察刑(形)。"《道法》中也讲:"天下有事,无不自为刑(形)名声号矣。形名已立,声号已建,则无所逃迹匿正矣。"君主掌握形名,便掌握了事物的准绳,就会变得聪明,臣下的好坏,一目了然。

《经法·名理》说:"刑(形)名出声,声实调和,祸材(灾)废立,如景(影)之隋(随)刑(形),如向(响)之隋(随)声,如衡之不臧(藏)重与轻。"作者告诫统治者,只有名正才能责实,因此要"正名",反对"倚名"。因为"倚名"会导致"法而乱",只有名实相符,才能治平,"名实不(不,疑为衍文)相应则定,名实不相应则静(疑为"争"之误)"①。

"管道"对形名关系及其政治中作用的看法,与古佚书十分接近。作者认为事物之名应根据事物之形制定,《管子·心术上》说"以其形因为之名","姑(郭沫若云,读如"诂",诂物之形而象之)形以形,以形务(郭沫若云,"务"读为"侔",取也)名。"名与形必须相当,《管子·心术上》说"物因有形,形因有名。此言名(依王念孙增"名")不得过实,实不得延名"。统治者的责任在于掌握名实关系。名因实而得,而实必须由名条贯。善于给事物以名者,才能成为圣人。"名当,谓之圣人。"②对事物有深刻而准确的认识者,才可称为圣人。作者把对事物的认识正确与否,作为衡量人的标志是很有道理的。作者指出能否认识事物是实行统治的重要条件之一。《管子·白心》说:"正名自法,奇名自废。名法(原"法"为"治",依郭沫若校改)备,则圣人无事。"《管子·枢言》也讲过这个意思,"正名则治,名倚则乱,无名则死"。"有名则治,无治则乱,治者以其名。"名必依实,这在认识路线上是正确的,由于有这个正确的前提,因此作者提出的以名制实与孔子的"正名"论有原则的区分。在唯物主义认识论的前提下,提出以名制实是很有见地的。"名"就是理论、规定和章程。只有理论、规定、章程,才能把握事物的一般性和规律性。最高的统治者固然要处理具体事物,但更主要的是要抓住普遍性的东西。否则就不得要领。只有抓住一般性才能指挥全局。

前边可称之为无为政策。另外还有无为之术。"管道"和古佚书着重论述了无为静因之术。作者认为"静因之道"是君主统治之术的根本。静因之道的主旨是

---

① 《经法·论》。
② 《管子·心术上》。

对事物采取客观态度。静因之道的具体内容：第一，待物不要先有主观成见，《管子·心术上》说："因也者，舍己而以物为法者也。感而后应，非所设也；缘理而动，非所取也。"大意是，主观应是客观的反映，主观见解应在客观之后产生。第二，不要干预事物的发展过程，《管子·心术上》说："因也者，无益无损也。以其形因为之名，此因之术也。"作者指出："过在自用，罪在变化。"自用指自以为是，变化是任意干预事物的过程。第三，要善于利用事物之能，《管子·心术上》说："因者，因其能者（李哲明云，'者'字衍，当删）言所用也。"

根据静因之道的原则。"管道"和古佚书论述了以静制动、以阴制阳、以虚制实、以心制窍之术，以及文武、德刑、刚柔的关系。

作者认为事物分阴阳、静动。阴主静、阳主动。因此主张以阴制阳，以静制动。《管子·心术上》说："毋先物动，以观其则；动则失位，静乃自得。"文中对此又做了解释："毋先物动者，摇者不定，躁者不静；言动之不可以观也；位者，谓其所立也。人主者，立于阴，阴乃静。故曰动则失位。阴则能制阳矣，静则能制动矣。故曰静乃自得。"又说："纷然其若乱，静之而自治。"静观之术很有用，但以静制动必须有两个条件：第一，必须身居君主之位，第二，必须实权在握。没有这两条就很难实行以静制动。

以虚制实主要是讲虚而无藏，不先抱成见。《管子·心术上》说："人皆欲知，而莫索其所以知，其所知（知的对象），彼也（本作'人皆欲知而莫索之，其所以知其彼也。'依王念孙校改）；其所以知（知的主体）。此也。不修之此，焉能知彼。修之此，莫能（作'如'解）虚矣，虚则无藏也。故曰：去知则奚求（本作'奚率求'，依王念孙校改）矣，无藏则奚设矣。无求无设则无虑；无虑则反复虚矣。"用在君臣关系上，"彼"指臣，"此"指君。虚而无藏首先是指君主无欲望。有欲望就会造成"上离其道，下失其事"[①]。如果"絜其宫，开其门，去私毋畜，则

---

① 《管子·心术上》。

神明若存"。君主不存成见才能客观地考察臣下的行为,才有可能不为臣下所囿。

"虚"还有另一层含意,就是深藏不露,使臣下不可揣度。"不出于口,不见于色,言无形也。四海之人,孰知其行,言深囿也。"① 君主装得越神秘,四海之人越恐惧。至少不敢轻易触犯。

《管子》中的道家还广泛论述了持满、自戒和用弱之术。《管子·枢言》特别提出要谨慎,要"慎贵""慎民""慎富""慎出""慎入",等等。

以上这些术掌握在君主手中,目的是督促臣子必须努力从事,所以叫君无为而臣有为,这又叫作心制窍之术。正如《管子·心术上》所说:"心之在体,君之在位也;九窍之有职,官之分也。耳目者,视听之官也,心而无与于视听之事,则官得其守矣。"在整个国家这个躯体中,君为心,臣为窍,"心处其道,九窍循理"。君不要代替臣下的职事,"毋代马走,使尽其力;毋代鸟飞,使弊其羽翼"。"心术者,无为而制窍者也,故曰君。"②

在古佚书中还论述了文武、德刑、刚柔并用之术。文武、德刑、刚柔相类而又有差别,从不同角度论述了政治中的两手政策。

古佚书作者从自然规律的不同运动形式和人与人之相应的关系上,对文武做了新颖的解释。《经法·约论》认为自然规律分文武,"始于文而卒于武,天地之道也"。这里文指生长,武指萧杀。《经法·君正》从天人的关系对文武做了进一步说明,"因天之生也以养生,胃(谓)之文;因天之杀也以伐死,胃(谓)之武"。作者把养视为文,把伐视为武,但养和伐都不是随心所欲,必须与客观规律相适应。《经法·四度》所说的"动静参于天地胃(谓)之文,诛囗时当胃(谓)之武"。与前两种说法又略有不同,作者把符合天地自然规律的行动叫作文。把时机成熟,当时而伐叫作武。不论从哪一种意义上看,古佚书的作者都把客观规律与人的主观能动性统一起来,以确定文、武的内涵。这样文、武就不只是人的主

---

① 《管子·心术上》。
② 《管子·心术上》。

观行为，而有它客观的标准。这种看法是很有见地的。作者一再强调，统治者必须文武兼备，文武并行，则"天下宾矣"①。除文武并用之外，作者还提出要"二文一武"②。所谓二文一武，就是始于文，中间以武断，武之后再施以文，其公式是文—武—文。二文一武的思想比之文武并用要深刻一些，它指出马上可以得天下，然而不可以治天下，只有"武刃而以文随其后"，才能治天下。

与文武相类的另一种形式是德刑。古佚书作者认为德刑也本于自然。《十大经·观》说："春夏为德，秋冬为刑。"基于此，德刑都不可废。在实际运用上，作者主张先德而后刑，德为主，刑为辅，阳德而阴刑。从事情的过程看，要以德为前导，"先德后刑以养生"，先德后刑，顺于天。③从主辅关系上看，要以德为主，《十大经·雌雄节》说："德积者昌，〔殃〕积者亡。观其所积，乃知〔祸福〕之乡（向）。"其他一些篇提出的"亲民""兼爱""慈惠以爱人"等，都说明要以德为主。作者们还向统治者建议，德要施在明处，刑要暗暗地进行。《十大经·姓争》说："天德皇皇，非刑不行。缪缪（穆穆）天刑，非德必顷（倾）。刑德相养，逆顺若成。刑晦而德明，刑阴而德阳，刑微而德章（彰）。"大意是，天之德是光明的，没有刑的配合必定失灵。所以德刑互相辅助，才能使民顺逆有规可循。刑要用在暗处，德要用在明处。刑属阴，德属阳，刑要隐讳，德要显明。很明显，德刑之用与欺骗权诈之术结合在一起了。

刚柔比德刑更加抽象化。古佚书与《老子》的贵柔思想有明显的不同，《老子》排斥刚，古佚书虽然以柔为主，但主张刚柔并用。《十大经·三禁》说："人道刚柔，刚不足以（以，用也），柔不足寺（恃）。"意思是，人道刚柔兼备，只靠刚不足以为用，只用柔也靠不住，作者主张刚柔并用。不过根据物极必反的原则，在刚柔两者之间，作者更注重柔。《十大经》中有一篇《雌雄节》，雌相当于柔，

---

① 《经法·君正》。
② 《经法·四度》。
③ 《十大经·观》。

雄相当于刚。文中说,持雄节者凶,尊雌节者吉。柔雌的基本要领是不争,《称》说:"柔节先定,善予不争。"《十大经·顺道》提出"主柔"。古佚书所说的柔并非绝对的柔,而是"以刚为柔"①。也不是绝对的不争,而是"常后而不失膻(体)"②。先争者固然凶,但"不争亦无成功"③。所以柔又是一种谋略,"柔身以寺(待)之时"。只要时机成熟,必须争。《十大经·观》说:"当天时,与之皆断。当断不断,反受其乱。"

古佚书关于文武、德刑、刚柔的论述把天、人结合在一起,并从事物的两个方面观察问题、处理问题,说明作者较深入地总结了统治经验。这些论述又为统治者自觉地运用两手政治提供了理论依据。

"管道"和古佚书的无为政治,既包含了基本的政策,又论述了君主施政的权术和手段。这一套理论比较切近实际。汉初的无为政治大致以此为本。

四、法家君驭臣的无为之术

法家最热心于君主专制主义,主张国家的一切大权都集中在君主手中,一切大事由君主个人独断。应该说,他们最主张君主有为。可是他们偏偏又大讲君主无为。慎到提倡:"臣事事而君无事,君逸乐而臣任劳。"④申不害提出,君主要"示天下无为"⑤。《管子》中的法家著作也多次提到君主无为,《乘马》说:"无为者帝,为而无以为者王,为而不贵者霸。"韩非也倡导君主无为之说。乍然看去,君主独断与无为是矛盾的。其实在法家那里并不矛盾,君主无为,一方面是君主权力高度集中的一种特殊表现,他可以指挥一切人干事,而自己不干事或少干事,从而表现出无为;另一方面,这种无为又表现为君主实行专制的一种工作方式,

---

① 《经法·名理》。
② 《十大经·顺道》。
③ 《十大经·五正》。
④ 《慎子·民杂》。
⑤ 《申子·大体》。

是驾驭群臣的一种特殊手段，通过后者达到前者。

法家的法、势、术各有特定的内容，法指法律规定；势指权力；术指统治方法和手腕。韩非曾对术做了这样的说明："术者，因任而授官，循名而责实，操生杀之柄，课群臣之能者，此人主之所执也。"① 但在实际上，这三者是合而为一的，互相补充，法家谈术时，总与势、法结合起来论述。法家所讲的无为之术并不是他们所说术的全部，只是其中的一部分，不过与另外一些术又难分难解。法家的无为之术概括言之，可归纳为下述几点：

其一，定法分职之术。法家认为法定职分，臣下各守其事，君主就可以处无为之境。慎到对这一点做了明确的论述，慎到认为，法的根本就在于"分"。所谓"分"，就是分清每个人的职守，分清每种行为的界限。具体而论，有君臣之分，天子、诸侯、大夫各有其位，不得逾越；有职守之分，如"士不得兼官，工不得兼事"②；有权限之分，如"职不得过官"③；有赏罚之分，赏罚要与功罪相当，"定赏分财必由法"④；在家庭有父子、嫡庶、正妻嬖妾之分；等等。

慎到不愧为一个政治设计家。在他的设计图中，所有臣民都被法"分"为特定的个体，法作为纽带把每个个体联结起来，使之成为整个国家体系中的一个部件，君主把握着法，掌握着全体。因此慎到的法制也可叫作分而治之。

有了法就要依法办事，执法的关键人物是君主。"为人君者，不多听，据法倚数以观得失。无法之言，不听于耳；无法之劳，不图于功；无劳之亲，不任于官；官不私亲，法不遗爱。上下无事，唯法所在。"⑤ 把法作为察言、观行、考功、任事的准绳。

《管子》中法家派（下简称"管法"）也有类似看法。《管子·任法》提出：圣

---

① 《韩非子·定法》。
② 《慎子·威德》。
③ 《慎子·知忠》。
④ 《慎子·威德》。
⑤ 《慎子·君臣》。

王持"法""数""公""大道"以治国，就可以"不事心，不劳意，不动（勤）力，而土地自辟，囷仓自实，蓄积自多，甲兵自弦，群臣不诈伪……"君主便可以安然"处佚乐，驰骋弋猎，肆意钟鼓，养寿命"，"垂拱而天下治"。由此可见，"管法"所说的无为之术并非君主无所事事，而是通过任人用法，君主不必事必躬亲。

其二，循名责实。君主不能采取事务主义的方法处理政务，对一切都要有一个明确的规定。规定要明确具体，凡事有章为循。申不害说："昔者尧之治天下也以名。其名正则天下治；桀之治天下也亦以名，其名倚而天下乱。是以圣人贵名之正也。主处其大，臣处其细，以其名听之，以其名视之，以其名命之。"①君主要善于抓大事，抓住了大事，就能控制细小，控制住臣下。申不害认为，君主不应把精力放在论人忠奸上，重要的是应该抓住一般的规定，并按规定进行检查、考察和评论得失。"为人君者，操契以责其名。名者，天地之纲，圣人之符。张天地之纲，用圣人之符，则万物之情无所逃之矣。"②对官吏不要求他们如何表示忠诚，而要他们按规定办事，按规定办事即是好官，只有遵从规定才是真正遵从君主。君主不准臣下有超出规定的能动性，即使这种能动性符合君主的利益，也要禁绝。因为这种能动性破坏了君主的绝对权威，它与不执行君令在本质上并无差别。申不害主张严格实行"治不逾官，虽知不言"③。由于要求一切官吏都必须按君的规定办事，因此君主的规定便格外神圣，失之毫厘，谬之千里。在申不害看来，君主"一言正而天下定，一言倚而天下靡"④。这句话在强调君主发号施令要慎之又慎，一句话会牵动全局，告诫君主只能"正"，不能"倚"。但这句话也透露了申子所主张的君主专制达到了何种程度。只有在绝对的君主专制的条件下，才可能出现

---

① 《申子·大体》。
② 《申子·大体》。
③ 《韩非子·难三》。
④ 《太平御览》卷六二四引。

一言治天下，一言乱天下的局面。因此他又说："明君治国，三寸之机运而天下定，方寸之谋正而天下治。"① 申不害的主观意图或许并不坏，但到了这般田地，与其说是历史的幸运，不如说是历史的苦难，至少苦难会多于幸运！

其三，尽臣之能。法家所说的君主无为"君无事"并非君主两袖清风，不做事，当摆设。而是指君主要善于发挥臣子的才智，让他们把事情干完、干好；最美妙的状况是臣子尽力，君收其利，即所谓"仰成而已"。做到这一步，不一定需要有超众的才能，妙道在于有得当的驭臣之术。慎到指出，君主事必躬亲，逞能恃才不表示君主聪明，倒是无本事和低能的表现。"人君自任，而务为善以先下，则是代下负任蒙劳也，臣反逸矣。"② 君主什么事都包揽起来，看起来很有权，结果干的是臣子应该干的事，实际上把自己降低到臣子的地位。君主自以为自己最有本事、最聪明，那么臣子谁敢"与君争为善以先君"呢？臣子们只好把智慧藏起来。然而臣子们是不会闭目养神的，他们睁大两眼，注视着君主的行动，一有过失，"臣反责君"，使君主处于尴尬的地位。如果君主是一个平庸之辈，而又要摆出一副无所不能的架势，指挥一切，势必出乱子；即使"君之智最贤"，但一个人的智慧毕竟有限，"以一君而尽瞻下则劳，劳则有倦，倦则衰，衰则复反于不瞻之道也"。说得多么透彻。依慎到之见，君主的职责是用臣，而不是代臣办事。代臣办事"是君臣易位也，谓之倒逆，倒逆则乱矣"③。《管子·形势解》说："明主不用其智，而任圣人之知；不用其力，而任圣人之力。""明主之治天下也，必用圣人。""圣"，聪明才智之最高者也。君主能任用和指使最有才智的人，无疑是一种最高的领导艺术。

申不害对用人之智力，君主坐享其成也有过论述。他说："鼓不与于五音，而为五音主。有道者不为五官之事，而为治主。君知其道也，官人知其事也。十言

---

① 《太平御览》卷三九〇引。
② 《慎子·民杂》。
③ 《慎子·民杂》。

十当，百为百当者，人臣之事，非君人之道也。"①又说："因者，君术也；为者，臣术也。为则扰矣，因则静矣。"②君主要巧于用人，切不可与臣争事；要使臣围绕君主转，君主稳居中心。

韩非对于君执要、臣尽职的无为之术也有过论述。他认为君主的首要事情是用人和对臣下进行考课。其办法就是守法责成，使臣尽取，坐收成功。"人主者，守法责成以立功者也。"③"事在四方，要在中央。圣人执要，四方来效。虚而待之，彼自以用之。……使物者有所宜，材者有所施，各处其宜，上下无为。使鸡司夜，令狸执鼠，皆用其能，上乃无事"④。"明君之道，使智者尽其虑，而君因以断事，故君不穷于智；贤者敕其材，君因而任之，故君不穷于能；有功则君有其贤，有过则臣任其罪，故君不穷于名。是故不贤而为贤者师，不智而为智者正。臣有劳，君有其成功，此之谓贤主之经也。"⑤

其四，静因之术。申不害对此有过阐发。申不害的静因之术基于对自然与人事规律的认识，"因冬为寒，因夏为暑，君奚事哉！"⑥冬、夏是不以人的主观意志为转移的客观的规律，在这种规律面前，只能因循，不可违抗。申不害认为天地自然规律的特点是静，"地道不作，是以常静。常静是以正方举事为之，乃有恒常之静者"⑦。申不害并不否认动，但他认为动静之间以静为本，《申子·大体》说："刚者折，危者覆，动者摇，静者安，各自正也，事自定也。"基于上述认识，对待一切事情要贵因、贵静。贵因则要"随事而定之"，善于顺水推舟。贵静就要

---

① 《申子·大体》。
② 《吕氏春秋·任数》。
③ 《韩非子·外储说右下》。
④ 《韩非子·扬权》。
⑤ 《韩非子·主道》。
⑥ 《吕氏春秋·任数》。
⑦ 《北堂书钞》卷一五七引。

"示天下无为"①。"无为"之术最关紧要的一点是把自己深藏起来，对任何事情都不要在事情未决断之前表示自己的好和恶、是和非、知和不知。因为只要有任何倾向性的表示，臣下都会钻空子或乘机捉弄，他说："上明见，人备之；其不明见，人惑之。其知见，人惑之；不知见，人匿之。其无欲见，人司（伺）之；其有欲见，人饵之。"如果不动声色，没有任何表示，臣下便无机可乘，君主也就不会受臣子的左右和捉弄，这样就可以知道一切，这叫作"惟无为可以规（窥）之"②。无为之术还要求君主不可全依靠个人的直接知觉办事，因个人的知觉总带有极大的局限性和片面性。自以为自己的听觉很灵敏，但"十里之间，而耳不能闻"；自以为自己眼睛明亮，但"帷墙之外，目不能见"；自以为自己的心明察一切，但"三亩之宫，而心不能知"。更何况偌大的天下，辽阔的地域，怎么能靠个人的耳、目、心去认识、去掌握呢？如果凭借自己的耳、目、心去处理天下芸芸众事，那就不可避免地要出现漏洞，出现片面性。由此得出结论，治理国家不要依赖自己的知觉，而要设法把握事物的必然性和全局，而且只有抛弃个人感情上的好恶，才能明察事物，办事公道，才是真正的聪明。"故曰：去听无以闻则聪，去视无以见则明，去智无以知则公。去三者不任（用）则治。三者任则乱。以此言耳目心智之不足恃也。"又说："至智弃智，至仁忘仁，至德不德。"③对于矛盾的事物不得不有所选择的话，那么无为之术要求要选择有发展或有活动余地的一方。《申子·大体》说："善为主者，倚于愚，立于不盈，设于不敢，藏于无事。"因为"示人有余者，人夺之；示人不足者，人与之"。无为只是君主工作的一种过程，并不是事情的终结。需要见分晓时，君主要独揽一切，决断一切。所以申不害又说："独视者谓明，独听者谓聪。能独断者故可以为天下主。"④由此可以看到，无为以

---

① 《申子·大体》。
② 《韩非子·外储说右上》。
③ 《吕氏春秋·任数》。
④ 《韩非子·外储说右下》。

君主的独断为前提，同时又是为独断服务的。如果没有君主独断权力这个前提，无为就一文不值。试想，一个普通人的无为究竟又有什么价值呢？所以无为之术只能是君主专制的一种特殊工作方式。离开君主专制制度，无为之术是不会有什么意义的。

韩非继承了申不害无为静因之术，但韩非着眼于君主利害去分析问题，并据此着重强调君主要深藏不露。韩非指出，所有臣子无不是阳虎、田常之流，他们都在窥测方向，以求一逞。如果摸到了君主的心底，或先承旨意，投以所好，以取恩宠；或事前准备，以便掩盖自己；或抓住君主之漏洞，借机图进。《韩非子·二柄》云："故君见恶则群臣匿端，君见好则群臣诬能。人主欲见，则群臣之情态得其资矣。……人臣之情非必能爱其君也，为重利之故也。今人主不掩其情，不匿其端，而使人臣有缘以侵其主，则群臣为子之、田常不难矣。故曰：去好去恶，群臣见素。群臣见素，则大君不蔽矣。"韩非在许多篇中论述了深藏不露之术。如《韩非子·主道》中云："道在不可见，用在不可知君。虚静无事，以暗见疵。见而不见，闻而不闻，知而不知。"《韩非子·扬权》说："听言之道，溶若其醉。唇乎齿乎，吾不为始乎，齿乎唇乎，愈惛惛乎。彼自离之，吾因以知之。"《韩非子·八经》说："明主，其务在周密。是以喜见则德赏，怒见则威分。故明主之言隔塞而不通，因密而不见。"韩非的虚无静因着重于讲君主要神秘和深不可测。否则，将被臣劫。因此，这其中的阴谋更多些。

法家的无为是从道家那里借用过来的，但到了法家之手，内容有了重大变化。主要是讲驾驭群臣之术。

五、《吕氏春秋》综合诸家的无为政治论

无为思想在《吕氏春秋》中占有显著地位，高诱说："此书（指《吕氏春秋》）所尚，以道德为标的，以无为为纲纪。"[①] 高诱的说法是对的。《吕氏春秋》的无为

---

① 《吕氏春秋·序》。

思想也可用一个"杂"字来概括，吸取了各派的有关主张。

首先无为指在政治上要因道、法时、顺自然。法自然是《吕氏春秋》无为政治思想的核心部分。《吕氏春秋·序意》篇讲的"无为而行"，就是指遵从天地之理。十二纪全篇都是阐述这个道理。还有几篇反复强调贵因。因，因循、顺从，也是讲无为。《吕氏春秋·君守》说："作者忧，因者平。惟彼君道，得命之情。故任天下而不强。"《吕氏春秋·任数》说："古之王者，其所为少，其所因多。因者，君术也。为者，臣道也。为则扰矣，因则静矣。因冬为寒，因夏为暑，君奚事哉！故曰，君道无知无为，而贤于有知有为，则得之矣。"《吕氏春秋·知度》说："有道之主，因而不为。"

其次，对民事要少干涉，任其自然。《吕氏春秋·任地》说："天下时，地生财，不与民谋，有年瘗土，无年瘗土。无失民时，无使之治下，知贫富利器，皆时至而作，渴时而止。是以老弱之力可尽起，其用日半，其功可使倍。"

再次，书中讲了大量的君道无为之术。这种无为与无为政策大不相同。这种无为是一种权术，以无为为表，以智为里，目的在于驾驭群臣。《吕氏春秋》中许多篇颇热衷此道。这里只介绍用人和深藏不露之术。

作者反复说明，君主只有善于用人而后才能处于"无为"之境。《吕氏春秋·君守》说："大圣无事而千官尽能。"《吕氏春秋·勿躬》说："管子人臣也，不任己之能，而以尽五子之能，况于人主乎？"《吕氏春秋·士节》说："贤主劳于求人，而佚于治事。"《吕氏春秋·当染》说："古之善为君者，劳于论人，而佚于官事，得其经也。"《吕氏春秋·知度》说："有术之主者，非一自行之也，知百官之要也。知百官之要，故事省而国治也。"君主怎样才能使千官尽能呢？这绝不是君主无所事事、放手不管能达到的；如果真的如此，君主就有被取代的危险。所以为达到用人成事君身无为的目的，首先要有一套智术，其纲要是"定分""核名实""督听"等。《吕氏春秋·慎势》说："治天下及国，在乎定分而已矣。"《吕氏春秋·处方》说：治国有本，"其本也者，定分之谓也"。《吕氏春秋·审分览》

说："王良之所以使马者，约审之以控其辔，而四马莫敢不尽力。有道之主其所以使群臣者，亦有辔。其辔何如？正名审分是治之辔已。故按其实而审其名，以求其情；听其言而察其类，无使放悖。"《吕氏春秋·先己》说："督听则奸塞不皇。"《吕氏春秋·论人》提出了考核群臣的"八观""六验"之术："通则观其所礼，贵则观其所进，富则观其所养，听则观其所行，止则观其所好，习则观其所言，穷则观其所不受，贱则观其所不为。喜之以验其守，乐之以验其僻，怒之以验其节，惧之以验其恃，哀之以验其人，苦之以验其志。"《吕氏春秋·疑似》中还专门论述了对似是而非的东西要格外警惕，细心观察，不可上当受骗。就实而论，没有一套驾驭群臣和任用群臣之术，无为就会变成自我垮台的推进器。所以君道无为应该说是一种特别的有为之术。

君臣无为的另一方式，是深藏不露之术。其具体表现为无智、无识、无能、无事，不为先，虚无清静。《吕氏春秋·分职》说："君也者，处虚素服而无智，故能使众智也。智反无能，故能使众能也。能执无为，故能使众为也。无智、无能、无为，此君之所执也。"《吕氏春秋·君守》说："善为君者无识，其次无事。有识则有不备矣，有事则有不恢矣。"《吕氏春秋·知度》说："去爱恶之心，用虚无为本，以听有用之言。"这里所说的"无识""无智"并非要君主真的变成傻瓜，而是要做到"去想去意，静虚以待"①。君主不要暴露自己的短处，不要流露自己的意向，不给臣下钻空子的机会，冷眼观察臣下的一举一动。"无事"也不是真的不做事，而是"知百官之要"，并发挥臣下的作用。这样的"无智""无识"，反而能使臣下竭尽才智；这种"无事"，反而能使臣下竭尽全力。《吕氏春秋·审应》篇论述了君主不为先的理由，文中曰："凡主有识，言不欲先。人唱我和，人先我随。以其出为之人，以其言为之名。取其实以责其名，则说者不敢妄言，而人主之所执其要矣。"在作者看来，如果君主事事为先，逞能好胜，必然造成君代臣行事，

---

① 《吕氏春秋·知度》。

为臣的反而两手清闲,"人臣以不争持位,以听从取容,是君代有司为有司也"①。君主事事好胜,还会培植一大批阿谀奉承之辈,"人主好以己为,则守职者舍职而阿主之为矣"②。更为严重的是,还会导致"好愎过而恶听谏"③。作者指出,君主事事为先,在事情的发展变化中就失去了主动权和回旋余地,会陷入事务主义,劳而无功。

《吕氏春秋》还反复强调君主要清静,以静制动。《吕氏春秋·勿躬》说:"凡君也者,处平静,任德化,以听其要。"又说:"用则衰,动则暗,作则倦。衰、暗、倦三者,非君道也。"《吕氏春秋·君守》说:"天之大静,既静而又宁,可以为天下正。"君主要像天一样守住清静。《吕氏春秋·有度》说:"正则静,静则清明,清明则虚,虚则无为而无不为也。"最后,节欲、节用。《本生》《重己》《贵生》《尽数》《情欲》等篇,从养生、治国两个方面论述了节欲的必要。人们,特别是君主的欲望是无穷的。然而生理需要是有一定规律和限度的。大吃大喝、穷奢极欲反而招来伤生。《吕氏春秋·重己》指出,人的生理需要与欲望是有矛盾的:"凡生之长也,顺之也。使生不顺者,欲也。故圣人必先适欲。室大则多阴,台高则多阳;多阴则蹶,多阳则痿,此阴阳不适之患也。是故先王不处大室,不为高台,味不众珍,衣不燀热。"过分奢靡除伤生之外,还会伤民祸国。所以作者反复劝诫君主要节欲、节用。

《吕氏春秋》的无为政治思想吸取了道、法、阴阳五行等家的有关论述。在道家那里,有些人的无治思想走向极端,排斥人的社会行为,《吕氏春秋》摒弃了这种消极的无为。在《吕氏春秋》中,无为思想是一种切合实际的政策,是积极的,力求在人类社会与自然之间、社会上人与人之间求得调和平衡,力戒权力无限的君主把事情推到极端化。

---

① 《吕氏春秋·任数》。
② 《吕氏春秋·君守》。
③ 《吕氏春秋·似顺》。

六、结语

除以上诸种无为思想外，儒家也讲无为，孔子说："无为而治者，其舜也与？夫何为哉，恭己正南面而已。"[①] 所谓舜的无为，主要指舜善于用人，《大戴礼记·主言》云："昔者舜左禹而右皋陶，不下席而天下治。"《新序·杂事三》云："故王者劳于求人，佚于得贤。舜举众贤在位，搔衣裳慕己无为而天下治。"荀子所说的无为，主要也指善于用人分职。《荀子·王霸》云："故君人者，立隆正本朝而当，所使要百事者诚仁人也，则身佚而国治，功大而名美。"又说："农分田而耕，贾分货而贩，百工分事而劝，士大夫分职而听，建国诸侯之君分土而守，三公总方而议，则天子共己而已矣。"

总之，无为思想是先秦流行的政治思潮之一。对无为的内容，各家的理解有很大出入，但又有共同的议题，要之，主要有如下三方面的内容：其一，无为着重讨论了人为的政治与自然的关系；其二，讨论了君（统治者）民的关系；其三，讨论了君臣关系，主要是君主如何用人问题。在这几个问题上，各家虽有各自的不同主张和倾向。但其中有个主流，这就是，强调人事活动要法自然，尽量减少君主对民的干预，君主要善于用人，君逸而臣劳。

无为政治与法家的法治主义和儒家的礼治主义，形成先秦政治的三大思潮。从社会经济上考察，无为政治最集中地反映了农业自然经济的要求。农业自然经济在很大程度上依赖于自然，而小农最害怕的是君主专制政府超经济的干预和破坏。从这个意义上说，无为政治思想有它特别值得珍重的价值，对维护统治者的长远利益十分有用。但在实际上，这种主张很难实现。因为它同统治者填不满的欲壑相矛盾。所以在一般情况下，它不能满足统治者的当前需求。多半被统治者束之高阁，或当作旗号加以利用。不过在特殊时期，颇有用处，比如亟须休养生息之时，它确有救急补气的作用，汉初便是如此。

---

① 《论语·卫灵公》。

自从汉武帝独尊儒术之后,儒家定于正统地位,其实,法家的法治与无为政治思想并没有被赶出历史舞台,多半被包容在儒家之中,继续发挥作用。

先秦礼论初探

从先秦的历史看，礼可以说是无所不包的社会生活的总规范，融习俗、道德、政治经济制度、婚姻制度、思想准则为一体。礼最初表现为不成文的习惯，到后来形成条文规定，渗透到整个社会机体的各个方面，对汉族文化的形成有过巨大的影响。

礼在西周以前，以成俗或直接规定的形式存在。从春秋开始，人们才开始给礼以理论的论证。

春秋战国时期的"礼崩乐坏"只是礼发展中的一个阶段，并不是礼本身的废弃。因为礼赖以存在的社会土壤依然存在。儒家在礼衰之时，看到了它必将复荣，为礼的再兴进行了顽强的奋斗，这个时期，除少数思想家主张废除礼，多数思想家都给礼留了大小不同的席位，历史是这样的怪癖：一方面是礼崩乐坏，另一方面又是复兴礼的呼声四起，特别是理论性的论证，为礼的再兴提供了理性根据。先秦诸子关于礼的理论极为庞杂，这里只就几个问题做一综述。

一、关于礼的价值的诸种理论

要说明一个事物存在的合理性，最要紧的莫过于论证它的价值，即说明它的地位、作用和影响。礼的价值在哪里呢？把礼作为人与动物区分的标志，是儒家论证礼的价值最称意的一说。最先提出这个问题的是孔子。他说："今之孝者，是谓能养。至于犬马，皆能有养。不敬，何以别乎？"[①] 敬是礼的主旨之一，孔子的说法蕴含了用礼作为人与动物区分标志的理论萌芽。孟子说："人之所以异于禽兽者几希。"[②] 意思是，人不同于禽兽的地方就那么一点点。这一点点即"不忍人之

---

① 《论语·为政》。
② 《孟子·离娄下》。

心"，亦即仁、义、礼、智。荀子从几个方面探讨了人与动物的差别，其中最主要一条是人有礼义之分。"人之所以为人者，非特以其二足而无毛也，以其有辨也。夫禽兽有父子而无父子之亲，有牝牡而无男女之别。故人道莫不有辨。"① "辨"即"别"。"别"是礼的核心。《荀子·王制》也说："水火有气而无生，草木有生而无知，禽兽有知而无义；人有气、有生、有知，亦且有义，故最为天下贵也。"这里所说的"义"即"礼"。《礼记·曲礼上》说："鹦鹉能言，不离飞鸟。猩猩能言，不离禽兽，今人而无礼，虽能言，不亦禽兽之心乎？夫唯禽兽无礼，故父子聚麀。是故圣人作，为礼以教人。使人以有礼，知自别于禽兽。"《礼记·冠义》说："凡人之所以为人者，礼义也。"《礼记·郊特牲》说："无别无义，禽兽之道也。"这一理论也被某些法家所接受，《管子·形势解》说："辨明礼义，人之所长而蝼蚁之所短也。"

在先秦诸子中，关于人与动物区分的标志并不只上述一说。墨子提出以"力"作为区分人与动物的标志。"力"近似今天所说的"劳动"。墨子的说法无疑更为深刻和接近科学，可惜墨子的理论仅如火石的闪光，未能引起理论上的大火。所以最有影响的还是儒家倡导的礼义说。用礼作为人的标志，礼的价值无疑被提到了无以复加的高度。在华夏族范围内，礼集中体现了人们的社会性和社会关系。社会性无疑是人所特有的。不过，礼仅通行于华夏族，具有鲜明的民族性，把一个民族所特有的东西说成是整个人类的共性，不免失之于偏谬。

先秦时期存在着许多民族或部族。华夏族与其他族的区分在哪里？许多人认为区分的主要标志是礼义。平王东迁时，辛有适伊川，看见有被发而祭于野者，于是感慨地说："不及百年，此其戎乎！其礼先亡矣。"② 周内史过认为蛮夷之族都是失礼义而被流放者的后裔，蛮夷与华夏的区别也在礼。孔子评价管仲时曾说：

---

① 《荀子·非相》。
② 《左传》僖公二十二年。

"微管仲,吾其被发左衽矣。"① 辛有、内史过和孔子都认为只要改变礼俗必然出华而入于夷。《左传》襄公十四年记载姜戎氏驹支的话:"诸戎饮食、衣服,不与华同。"也是从礼俗上分华夷的。一些人自认为礼是文明的最高点,常因夷狄不行礼而诬之为禽兽。周富辰诬狄为"豺狼之德也"②。周定王因戎狄不遵从礼义而破口大骂:"夫戎狄,冒没轻儳,贪而不让。其血气不治,若禽兽焉。"③ 直到战国,许多人亦复如是。赵武灵王胡服骑射引起一场华夷之辩。两方态度相背,但都认为华夷之别主要在有无礼义。秦出自戎狄,习俗与中原有别,所以春秋时常被一些人视为夷狄。自商鞅变法之后,秦日益强大,东方诸国不得不刮目相视,但仍有一些人常借礼义上的差别,辱骂秦为虎狼之国。

礼无疑是区分华夏族与戎狄的重要标志。一般地说,生活方式、习俗及文化水平与经济的发展是同步关系,经济越发达,生活方式、习俗、文化水平相对也较高。先秦时期,华夏族的经济水平总的看,居于先进地位,礼作为一种生活方式和文化也较先进。不过用礼义作为歧视和贬低戎狄诸侯的根据,不只走到了极端,也变成了谬误。对此,先秦有识之士早有所批评。赵武灵王曾指出,各族生活习惯不同,只要"利其民""便其事"即可取,不必拘泥于传统之礼。可惜,这种观点未能为多数人所接受。

由于礼被视为人的标志、华夏族的灵魂和行为准则,因此众多的人把它看作治国的大纲与根本。《左传》《国语》中有许多这类论述:"礼,经国家、定社稷、序民人,利后嗣者也。"④ "礼,王之大经也。"⑤ "礼,国之纪也。"⑥

由孔子开创的儒家,也可称为礼家,政治上的共同主张是以礼治国,孔子反

---

① 《论语·宪问》。
② 《国语·周语》。
③ 《国语·周语》。
④ 《左传》隐公十一年。
⑤ 《左传》昭公十五年。
⑥ 《国语·晋语》。

复讲："为国以礼。"① 孟子重在讲仁政，但对礼也十分重视。荀子的政治思想全部内容都是围绕礼展开的，是礼治主义的典型。《荀子·大略》说："礼之于正国家也，如权衡之于轻重也，如绳墨之于曲直也。故人无礼不生，事无礼不成，国家无礼不宁。"《礼记》的作者们把礼在政治中的作用提到了无以复加的高度，有关论述比比皆是，无须征引。《易传》以讲变为其特征，然其政治也同样落实在礼上。《易传·系辞上》说："圣人有以见天下之动，而观其会通，以行其典礼。"

法家政治思想的主旨是法、势、术，提倡"以法治国"。其实除了《商君书》某些篇对礼有批判外，多数法家认为礼与法并行不悖，也是治国基本手段之一。商鞅变法并未废除礼，只是对礼做了某些变更。慎到把法与礼并提，认为礼与法本质一样，都是"立公义"②。《管子》中的法家派著作对礼更为重视，《管子·君臣下》说："选贤遂材而礼孝弟则奸伪止。"《管子·形势解》说："礼义者，尊卑之仪表也。"《管子·任法》说："群臣不用礼义教训则不祥。"当然，礼法相比，礼要从法，正如《管子·任法》中所说，"仁义礼乐者皆出于法"。韩非是法家的集大成者，对仁爱进行了猛烈的抨击，但对礼却另眼相待，认为礼也是治国所不可缺少的。

道家倡导以"道"治国。在《老子》与《庄子》某些章句与篇章中，道与礼水火不容，痛斥礼是杀人的罪魁与刀刃。可是某些篇章、章句中，仍给礼留下了一定的位置。《庄子·在宥》篇，一方面轻蔑礼，另一方面又认为道化之礼仍是必要的，"存可也"，"节而不可不积者，礼也"。《庄子·天道》篇提出，在"大道"为纲的前提下，礼仍可作为治之目的。《庄子·天道》篇虽认为"礼法度数"是"治之末"。但只要以道为指导，礼仍然可存。还有些篇把礼作为混世的手段。《庄子·大宗师》说："以礼为翼者，所以行于世也。"《管子》中道家派著作和主黄老的马王堆《老子》乙本卷前古佚书，完全把道与礼统一起来。《管子·心术上》说："虚而无形谓之道，化育万物谓之德；君臣、父子、人间之理谓之义；登降、

---

① 《论语·先进》。
② 《慎子·威德》。

揖让、贵贱有等，亲疏有体（原作'之体'，依丁士涵校改），谓之礼；简物小大（'大'原作'末'，依丁士涵校改）一道；杀僇禁诛，谓之法。"道、德、义、礼，结构成一条龙。在佚书中虽未论及礼，但有关贵贱"等级"之论与礼无二致。

墨家以批判儒学著称，对儒家主张的礼乐进行过猛烈的抨击，斥为亡国之道。可是细加考察就会发现，墨家批判的是儒家关于礼的繁缛之论，并不反对礼的本身。相反，墨子对"无君臣上下长幼之节，父子兄弟之礼"①的现象十分恼火。依墨子之见，只要符合节用和义利原则，礼仍是不可缺少的。"昔者尧舜有茅茨者，且以为礼。"②"宫墙之高足以别男女之礼，谨此则止。"③《墨子·鲁问》记载墨子的治国大纲："国家昏乱则语之尚贤尚同，国家贫则语之节用节葬，国家喜音湛湎则语之非乐非命，国家淫僻无礼则语之尊天事鬼。"《墨辨》还对礼做了与儒家完全相同的解释，《经上》说："礼，敬也。""礼，贵者公，贱者名，而俱有敬僈焉。等，异论也。"荀子在《乐论》篇指责墨子不要礼，不符合墨子实际。

在先秦诸子中，绝大多数思想家都把礼视为治国方略中不可缺少的一着。当时的社会是个等级社会，礼的最本质的规定性是明等级。因此把礼视为治国之本有着深刻的社会基础。也只有实现礼，统治者才能稳坐泰山。礼被视为国基和国策，它的价值自然是无上的。

在阐述礼的价值的诸种理论中，值得特别注意的是，还把礼视为认识上的是非准则。孔子讲的"非礼勿听，非礼勿言"便是以礼为听言之准绳。荀子对判别认识的是非标准虽有过不少精湛的见解，但最高标准仍然归结为礼。《荀子·解蔽》说："非察是，是察非，谓合王制与不合王制也。天下有不以是为隆正也，然而犹有能分是非治曲直者邪？"荀子的王制即礼。《礼记》的作者们把问题说得更加明确。《礼记·礼运》说："礼者……所以别嫌明微。"《礼记·曲礼上》说："夫

---

① 《墨子·尚同中》。
② 《墨子·三辨》。
③ 《墨子·辞过》。

礼者，所以定亲疏，决嫌疑，别同异，明是非也。"具体言之，便是以礼正名，决讼，察物，同心。

以礼正名这种做法早就行于世了。有关理论在春秋已见其端倪，如叔向有过类似正名的论述。不过，明确提出"正名"论的是孔子。关于孔子的"正名"说，人们从各方面进行了论述和评价。从认识论方面考察，孔子主张以礼为标准进行决断。叔向反对子产铸刑书，孔子讥斥晋铸刑鼎，都是以礼为准绳。

《礼记·礼器》说："欲察物而不由礼，弗之得矣。故作事不以礼，弗之敬矣。出言不以礼，弗之信矣。故曰，礼也者，物之致也。"礼既要指导认识，贯彻认识的过程，还要作为认识的标准，即所谓"物之致"。

先秦诸子关于认识标准问题有多种说法，如墨子的"三表"说，韩非的功用考验说，庄子的"彼一亦是非，此一亦是非"的相对主义说，等等，足以增人智益。但是把礼作为认识的准绳和是非标准，应该说最有普遍性。礼是华夏族在千百年中凝结出来的习俗，并由习俗转为制度，形成了民族的心理和特有的文化形式，在科学未获发展的时代，用习俗常规来判断是非，往往比什么都更有力量。礼作为一种习俗和制度无疑有某些合理的东西，但也有许多悖谬的内容。谬误借助合理的内容而得以存在和流行。从认识论上看，礼绝不应是检验认识正确与否的标准，而应是认识的对象。它本身正确与否都应该属于再认识的课题，把礼作为判断是非的标准只能教人盲目地随俗，教人承认现实的即是合理的，只有窒息作用，绝不会给人以启迪。

关于礼的价值还表现在，它是立身之本和品分人格高低的标准。早在《诗经·相鼠》中就说："人而无礼，胡不遄死！"儒家对这一点尤为强调。孔子说："不学礼，无以立。"[①] 孟子讲："礼，门也。"[②]《礼记·乐记》说："礼乐不可斯须去身。"礼乐是使人保持"人道"的保障。《礼记·礼器》："礼也者，犹体也。体不备

---

① 《论语·季氏》。

② 《孟子·万章下》。

君子谓之不成人。"根据对礼的态度和履行情况儒家把人分为君子、小人、佞人、恶人等。这类论述比比皆是。

对于礼的价值先秦已有许多人提出了异议。道家中的某些人想用道打倒礼，法家中的某些人想以法取代礼或使礼变为法的补充，墨子也把礼降到次要地位。名家惠施对礼义也颇为不恭，"不法先王，不是礼义"①。然而历史表明，这些人的目的都没有达到。相反，经过较量，礼从春秋战国的危势中苏醒过来，到汉取得优势，直到封建社会的末日，除农民造反的日子受到威胁外，一直稳坐泰山。礼有这种幸运，当然不只是靠了儒家的韧战，最主要的还是因为它自身固有的价值获得了生存权。人类历史上无数的事例说明：一个事物仅靠它质朴的自然形态，未经人们从理论上加以论证之前，它的影响与作用只能在自发状况徘徊；一旦获得了理论的论证，而这些理论在一个时期又不能被人所否定，这个事物就会在理论指导下由自发状态进入自觉状态，就能最大限度地发挥它的作用与影响。如果没有儒家这帮理论家，礼的命运未必如此显达。

有关礼的价值的论述，虽有许多悖谬夸大之处，但在当时又有相当的历史根据。认识史一再表明，无稽之论不难攻破，但理和谬相掺的东西却难被人识破，也难驳倒。儒家关于礼的价值论就属于后一种情况。

二、关于礼的精神实质的理论

最早，礼表现为以习俗为基础的行为规范，浑然一体，不分形式和内容。到了春秋，人们开始把礼分为礼之仪和礼之质。所谓仪，指的是外在的行为规范，又可称之为形式；质则指内容和精神。鲁昭公到晋国，彬彬有礼，晋侯对女叔齐说："我听人讲，鲁君不知礼，我看不是这样。"女叔齐对曰："是仪也，不可谓礼。礼所以守其国，行其政令，无失其民者也，今政令在家，不能取也。"② 礼之本在于

---

① 《荀子·非十二子》。
② 《左传》昭公五年。

掌握权力，鲁昭公把权都丧失了，只注意琐琐碎碎的形式，怎么能谈得上知礼？女叔齐认为权力是礼之本，揖让之类是礼之末。一次，赵简子问郑子大叔"揖让周旋之礼"。子大叔对曰："是仪也，非礼也。"①孔子把礼分为"文"与"质"。《礼记》把礼的形式称为礼之"数"或礼之"文"，把礼的精神标为礼之"义"或礼之"本"。精神重于形式，"礼之所尊，尊其义也"②。

春秋以前，人们对礼并不分什么"义"和"数"、"质"和"文"。当时遵从礼之仪，也就实现了礼之质。在古代社会，事情常常是这样，人们对一个事物多半是在传统的习惯中作为当然的事实和前提加以承受。在一个事物尚未受到怀疑或损坏时，人们也不急于去探索它的内在实质。常常是在一个事物面临危机时，人们才去发掘它的实质。反对者是为了推翻它或取而代之；维护者则要说明它存在的内在依据。维护者关于礼的精神实质的论述，可概括为如下两个方面：主导方面可称之为"分"；辅助方面可用"仁""和"二字来说明。

礼的本质在于维护等级，这一点早就有人论述过。如春秋时期，晋随武子说："其君之举也，内姓选于亲，外姓选于旧，举不失德，赏不失劳，老有加惠，旅有施舍，君子小人，物有服章，贵有常尊，贱有等威，礼不逆矣。"③北宫文子说，礼仪之本在于区分"君臣、上下、父子、兄弟、内外、大小"④。时代虽然在变，君臣、上下、贵贱有沉有浮，但君臣、上下、贵贱的等级差别依旧存在。儒家基于贵贱等级的事实，干脆把问题挑明，礼的精神实质就是"分"。最早用"分"概括礼的本质要数荀子。他提出，人与动物差别之一在人能"群"；人之所以能"群"，又在于有"分"。《荀子·王制》说："人何以能群？曰分，分何以能行？曰义。"又说："先王恶其乱也，故制礼义以分之。"《礼记》把问题说得更加明确，《坊记》

---

① 《左传》昭公二十五年。
② 《礼记·郊特牲》。
③ 《左传》宣公十二年。
④ 《左传》襄公三十一年。

说:"夫礼,坊民所淫,章民之别……"《乐记》说:"礼义立,则贵贱等矣。"

"分""别""等"表现在社会生活各个方面,如君臣上下之分、等级之分、财产与权力的等差之分、职业之分、衣食住行器用之分,等等。通过"分"使每个人各就各位,各奉其事,各尽其职。"分"的目的就是要维护社会的等级秩序。君主和尊贵者则握分之枢要,掌分之权柄。

礼的本质在于"分",但讲"分"的并不限于礼。法家的"法",其基点也是讲"分"。慎到最先指出,法在于"定分"。其后所有的法家都接受这一说法。墨子提倡"尚同",而实现同首先要按等级"分事"。① 另外像《管子》中的道家派,马王堆《老子》乙本前古佚书黄老派也都讲等级贵贱之分。既然多数思想家都讲"分",不管他们与儒家有多少争论,在总的倾向上,对儒家倡导的礼之分,只能起加固作用。礼的本质在"分",那么通过什么形式分,便可以灵活对待了,损益变通,无所不可。懂得万变不离其宗这个道理,就可以从僵化的形式主义中解脱出来,至少可以不为形式所窒息。

分是礼的主导。但是光讲分,势必对立昭然,反而不利于分,于是有仁、和出来补充。应该说仁、和这种思想同分一样的古老。殷周时期德的观念就是仁、和思想的先导,不过在春秋以前等级贵贱之分较为稳定,仁、和的思想不显著。仁、和是随着春秋战国社会的大变动,上下、贵贱的交流,下层群众作用日益显得强大而提出来的。

春秋时期已广泛使用仁这个概念。但仁作为一种理论体系的中心范畴,是由孔子酿造而成的。经孔子之手,仁与礼形成表里关系,正如他所说:"人而不仁如礼何?人而不仁如乐何?"② 历史的经验证明,强调分,贵贱固然分明,可是分明的结果却是对立。贵者总是少数,贱者总是多数。多数一造反,少数尊贵者便像热锅上的蚂蚁,坐卧不安。有许多尊贵者被抛下来,落入皂隶之中,甚至想为皂

---

① 参见《墨子·非乐上》。
② 《论语·八佾》。

隶而不得，刀起头落，魂入黄泉。这种沉浮之变证明了光讲分，反而不利于维护贵贱上下之别，需要在分之间增加一种润滑剂。周的统治者提出以"德"养民，春秋时期许多人更进一步提出"亲民""惠民""利民""恤民"等，其目的都在于求得缓和贵贱之间的矛盾。孔子的仁学便是这股思潮发展的结果和升华。孔子的"仁"具有面面观的性质。在面面观中也有重点，这就是"克己复礼"和"爱人"。孔子的"爱人"是提倡泛爱。有人说，这不是超阶级的爱吗？其实不必担心。在贵贱等级分明时代，提倡泛爱不仅无损于等级的差别，恰恰起着掩饰等级和缓和等级冲突的作用。"分"强调的是个性或特殊性，"爱人"宣传的是共性。越强调"分"，就越需要用共性去调和。儒家很懂得相反相成的道理。

"爱人"强调的是一种精神，"和"则是设法在"分"之间求得协调和互相补充。"和"作为一个政治和哲学概念最早是由周太史伯提出来的。"和五味以调口""和六律以聪耳"。① 一百年以后，齐国的晏婴提倡君臣之间要以"和"相待。"君所谓可而有否焉，臣献其否以成其可；君所谓否而有可焉，臣献其可以去其否。"② 孔子的弟子有子明确地提出："礼之用，和为贵。"③ "和"对于"分"是一种制约和补充，预防"分"走向极端和破裂。

为了求得和，要善于把握住"中"，《中庸》说："执其两端，用其中于民。"

《易传》以言变为其特色，是儒家的哲学教科书。可是《易传》不是沿着事物无限的发展展开自己的思路，而是在变中求不变，其妙术之一便是把握住"中""中正""时中"。"中"相当难掌握，能做到"允执其中"④，就进入了理想之境。

《中庸》说："中也者，天下之大本也。"中并不是一个介于双方的第三者，而是指对立双方的联结点。中要求双方都要向对方靠拢，以求对立双方的平衡。比

---

① 参见《国语·郑语》。
② 《左传》昭公二十年。
③ 《论语·学而》。
④ 《论语·尧曰》。

如儒家提出的富民足君就是很典型的事例。孟子猛烈抨击过横征暴敛，可是当白圭提出二十税一时，他又极力反对，认为这会使君主处于寒伧之境。他的原则是不轻不重，亦即"中"，使两头都能过得去。根据分的原则，高贵者要威严，可是威严又容易引起对立，于是儒家一再强调要威而不猛。凡此等等，不一而足，一句话，"中"就是要设法把握住维持"分"的稳定的关节点。

"中"既然是维持"分"的稳定，于是又可以反过来讲，礼之"分"也须求其中。正如《礼记·仲尼燕居》所说："礼乎礼！夫礼所以制中也。"

事情并不都是按着理想的模式走，当礼之"分"走向极端，有可能引起破裂时怎么办？儒家认为解救危机最有效的方式莫过于让。早在孔子之前就有人说："让，礼之主也。"[①] 恕与让相近，又有人说："恕而行之，德之则也，礼之经也。"[②] 孔子继之，并加以发展，他说："能以礼让为国乎，何有？不能以礼让为国，如礼何？"[③] 让才能和，和而后安。让与争相对立。礼之分已为争准备好了条件，如果再提倡争，岂不是火上浇油，所以在礼的范围内，争是大忌。有鉴于此，孔子倡导"君子无所争"[④]。如果礼之分已公开破裂，那就不再是礼范围内的事了。对此，儒家另有方剂。

"分"是礼的主体和主旨。仁、和及中、让则是"分"的补充和润滑剂。把"分"与仁、和统一起来，是一种非常美妙的境况。君君、臣臣、父父、子子、兄兄、弟弟、农农、工工、士士、商商，安然有序。而每人的地位高下悬殊，却都以悬殊为安，不怨天，不尤人，心满意足。

三、关于礼的渊源的诸种理论

理论认识只限于论证对象存在的价值与本质还不够，还要揭示出对象必然存

---

① 《左传》襄公十三年。
② 《左传》隐公十一年。
③ 《论语·里仁》。
④ 《论语·八佾》。

在的根据，才能说是达到了深入。古今中外的历史证明，一个事物的必然性及其根据讲得越充分，就越能征服人。儒家及维护礼的人们，花了大量心血去发掘礼赖以生存的必然根据。在当时条件下，这个问题实在难以说清楚，即使在儒家内部也无首尾一贯的统一理论。这里我们只好用归类的办法，分别加以叙述。

（一）天神生礼说

天神生礼是殷周以来的传统观念，春秋战国之时，天神虽大大降价，但依然为众多的人所信奉。天生礼作为一说也依然流行于世，"礼以顺天，天之道也"①。《大戴礼记·曾子天圆》说：神者，"品物之本"，"礼乐之祖"。这一说没有新东西，毋庸多言。

（二）礼是天、地、人统一性的体现

春秋以降，在思想界兴起一股强大思潮，即从天、地、人的统一性论述人事。天地观念包含着事物的本源、规律或必然性，又常常兼有神秘性，是一个模糊的概念，容量极大。天、地、人的关系是一种由宏而微的层次结构，其间存在着制约关系和统一性。关于其间的制约关系与统一性问题，这里不能详细讨论，只能当作既定的前提。礼便是这种制约关系和统一性的体现和反映。子产说："夫礼，天之经也，地之义也，民之行也。天地之经，而民实则之。"②礼既是天、地、人的统一规律和秩序，人只能恪守实行。《礼记·乐记》说："礼与天地同节。""礼者，天地之序也……序故群物皆别。"又说："天尊地卑，君臣定矣。卑高已陈，贵贱位矣，动静有常，小大殊矣。方以类聚，物以群分，则性命不同矣。在天成象，在地成形，如此则礼者天地之别也。"《易传》也有相类的论述。《礼记·礼运》说："夫礼必本于天，动而之地，列而之事，变而从时……"《礼记·丧服四制》说："凡礼之大体，体天地，法四时，则阴阳，顺人情，故谓之礼。"在这种天、地、人对应论中，既有规律和必然性，又有模拟和比附，还有人造的结构，其中不乏

---

① 《左传》文公十五年。
② 《左传》昭公二十五年。

神秘性。礼便是这一切的集中体现和反映。

从天、地、人的制约关系和统一性考察问题,是古代思想家的一大贡献。就礼的内容而论,的确有一部分反映了这种制约关系和统一性,如顺天地之规律,行四时之政等。但也有许多规定与天、地、人之间的制约关系与统一性并无联系,如贵贱等级之分绝不是根源于天地之别,强把两者对应起来,完全是无类比附。这样用天、地、人的统一性与其间的制约关系证明礼的必然性与合理性,在当时有很大的说服力。

（三）礼根于人性和人性与环境的矛盾

人性问题是战国诸子讨论的一个热门问题。儒家中的两大巨擘都认为礼与人性紧密相关。

孟子倡导性善说,人天生具有恻隐之心、羞恶之心、辞让之心、是非之心。其中辞让之心便是"礼之端"[1]。又说:"仁、义、礼、智,非由外铄我也,我固有之也。"[2] 依孟子之见,礼根源于人的本性。这是一种先验论。

荀子主张人性恶。人天生好利厌贫,追求耳目声色,图荣恶辱。当人们带着这些本性走上社会时,欲望的无限性与社会财富的有限性发生了矛盾。"欲多而物寡,寡则必争矣。"[3] 人的欲望是平等的,同时又具有排他性,这种平等性与排他性造成争,因争而乱。如果任人性自由遨游,人类会陷入永劫不复的深渊。于是有圣人起,制定了礼,用以驯服和钳制人性之恶,使欲不穷于物,使人各安其位。在荀子看来,礼是为了解决和调和人性与社会财富与权力分配之间的矛盾而产生的。

在《礼记》中还有一些篇侧重从节制人的情感来论述礼的产生。《礼记·礼运》说:人有喜、怒、哀、惧、爱、恶、欲之情,有饮食男女之欲,死亡贫苦之

---

[1] 《孟子·公孙丑上》。
[2] 《孟子·告子上》。
[3] 《荀子·富国》。

恶。人的欲望有时表现于外，有时深藏于心，不可测度。如果没有一定规矩外控内抑，势必酿出祸乱。于是制定出了礼，或以公开的方式裁抑人的欲恶，或以教育的方式疏导其心，使人反躬自省，自我控制。

怎样看待诸种人性说，笔者另有专文论述，本文不再重复。这里需要稍加说明的是，儒家把礼同人性联结在一起，使礼获得了深奥的哲学依据。孟子的说法是一种明显的先验论。其他诸论，应该说有一定的合理因素。人的欲望与社会生活之间存在着矛盾，这是事实。在社会生活中，人的情欲应该有所节制，不加节制，任其自由放纵，人将与禽兽为伍。节制情欲是诸子中多数人的共同主张。诸子中也有主张纵欲的，这些主张虽不能说毫无道理，但谬误多于合理。不能为多数人所接受。

礼在节制和陶冶性情上有过不可泯灭的历史功绩。不过繁缛的礼仪等级规定又使人动辄得咎，在礼的桎梏下使人的性情向畸形发展。随着历史的发展，消极作用越来越突出。

（四）为维持人的再生产而制定了礼

人的再生产这一概念是近代才提出来的，但问题本身早已为古人所注意。先人一向把传宗接代视为头等大事。慎终追远，崇拜祖先不只表现为道德观念，还有一整套祭祀制度。孝在礼中占有特别重要的地位："孝，礼之始也。"[①] 孝道是儒家思想的主要支柱之一。《礼记·礼器》进一步阐述了礼的本质在于尊祖反初，文中说："礼也者，反本修古，不忘其初者也。"《礼记·乐记》也说："礼，反其所自始。"古代的尊祖和孝敬家长除为了保障人的再生产这一目的外，还有经济的原因。在当时自然经济条件下，家庭是社会的经济细胞，家长则是细胞核，尊祖崇孝也是维护社会经济细胞所必需的。

婚姻制度的建立与改善是由野蛮走向文明的重要标志。婚姻制度的直接目的

---

① 《左传》文公二年。

之一是实现人类再生产。于是有的人认为礼本于婚姻的需要。《礼记·昏义》说:"夫礼始于冠,本于昏。"《易传·序卦》说:"有天地然后有万物,有万物然后有男女,有男女然后有夫妇,有夫妇然后有父子,有父子然后有君臣,有君臣然后有上下,有上下然后礼义有所措。"《礼记·内则》说:"礼,始于谨夫妇,为宫室,辨内外。"男女婚姻是人类赖以延续的不可缺少的链条,是人们社会生活不可缺少的组成部分。人们很早就认识到"同姓相婚,其生不蕃",时时注意改进婚姻制度。因此把礼视为始于婚姻,是有一定根据和道理的。

人是物质的,必须靠物质来维系,其中以饮食为先。于是又有人提出礼出于饮食之道。《礼记·礼运》说:"夫礼之初,始诸饮食。"人类为了生存,在饮食上费尽了心机,从茹毛饮血,到熟食、美食,经过了艰苦的历程。人无食不得生,很早就有人提出了民以食为天;神鬼是人虚幻出来的自身模特,也要吃要喝。祭祀的贡品便是为神鬼填腹果肚。人要食,食不得其道,又反受其害。正如《庄子·让王》中所指出的,许多人"以所用养害所养"。所以需要讲求饮食之道。把礼说成是起于饮食,未必抓住要点,但作为依据之一,又不无道理。

(五)礼起于治乱

许多思想家从社会历史进程中的矛盾说明了礼的产生。他们大都认为人类最初乱作一团,不可自理。于是有圣人出,制礼以弭乱。《管子·君臣下》说,人类初始无君臣之别,"以力相征",乱而不止,待圣人制定出礼法道术,天下才走上正常生活之路。儒家诸书及《墨子》《商君书》《吕氏春秋》等,都有类似的论述。这种说法看来平淡无奇。它的长处在于把礼视为历史发展到一定阶段的产物,是为解决社会矛盾而由人制定出来的。

(六)礼生于理、义或顺民心以成礼

《管子·心术上》说:"礼者,谓有理也。"《礼记·仲尼燕居》说:"礼也者,理也。"《礼记·乐记》说:"礼也者,理之不可易者也。"何谓理?在诸子中含义不尽相同,这里不能详说。要之,理指的是事物的必然性和道理。这样一来,礼就是必然性和道理的体现。把礼视为理，显然是一种更高的抽象。

与上述说法相近的另一种说法，认为礼出于义。晋师服说："义以出礼，礼以体政，政以正民。"① 郤缺说："义而行之，谓之德礼。"②《管子·心术上》说："义者，谓各处其宜也。礼者，因人之情，缘义之理，而为之节文者也。"义是什么，这又是一个剪不断，理还乱的问题。通常的说法，义者，宜也。《礼记·曲礼上》说："礼从宜。"各家对宜又有不同的理解，大凡解释为适当、适宜不违其要义。礼出于义同样也是一种更高的抽象。

如果把理与义落实在实际，便与世故和习俗紧密相关。于是又有礼根于习俗之说。《慎子·佚文》说："礼从俗。"《礼记·坊记》说："礼者，因人之情而为之节文，以为民坊（防）者也。"俗，情可考之于人心，所以荀子对礼又有一种变通的说法："礼以顺人心为本……顺人心者，皆礼也。"③

从理、义、世俗上说明礼的产生，使礼获得了群众基础，同时又使礼具有了灵活性，礼应随时而变更。

除以上诸说外，还有其他一些说法，道家中有的主张礼出于道，法家认为礼出于法，等等。

给一个事物寻找的根据越多，越充分，它就越有存在的理由。学思兼具的儒者从天上、地下、四面八方、七情六欲都掘出了礼赖以存在的根据。上述种种说法不能说都正确，但从那个时代看，或多或少都有一定的道理。而且是不能完全驳倒的。当时虽有人，如《老子》和《庄子》中某些篇的作者，曾把礼置于被告席，但由于驳不倒上述种种道理和根据，不免归于失败。

人类的社会生活不能没有自我控制和行动规范，否则人将不成其为人。在华夏族的历史上，礼充当了自我控制的工具，也是一种自我规范。

---

① 《左传》桓公二年。
② 《左传》文公七年。
③ 《荀子·大略》。

礼是华夏族及其后裔汉族文化的重要组成部分，从某种意义上说是它的标志之一。在由野蛮走向文明的过程中，礼对华夏族生活规范化曾起过积极的作用，其中许多合理的东西在先秦及其以后一直熏陶着人们。由于礼以传统和习俗为基础，陈陈相因，所以又有许多规定因程式化而变成僵化，落在了生活的后面，在历史的进程中，扮演着保守的角色。关于礼在历史上的作用问题不能全面讨论，只简单谈谈对人们思维方式的影响。关于思维方式又有一系列的哲学问题，显然也不是本文结语所能承担的。这里只是从历史的角度做一点儿分析。

礼对思维方式最主要的影响表现在，礼由行为规范而变为思想藩篱并造成等级思维。孔子讲的如下两句话把问题基本概括了。一句话是"君子思不出其位"①。另一句是"非礼勿视，非礼勿听，非礼勿言，非礼勿动"②。按照认识规律，一切客观存在的事实，无一例外地都应作为认识对象。人们的认识与思考只对对象负责。在认识对象面前，一切人都应该是平等的，都有认识的权利。在礼的束缚下，人们认识的权利被礼所局限，人不能超越自己的社会地位探索问题。表现在政治上就是"不在其位，不谋其政"。用礼限制和剥夺人们的认识权利，这是礼给中国历史造成的一大灾祸。

依据认识只对对象负责这一规律，那么在认识过程中除了对象作为认识前提之外，不能再有别的任何前提。孔子讲的"四勿"，却把礼当作了认识的前提，并为认识划定了圈子，这样一来，超出礼以外的东西不仅被排斥在认识之外，而且认识的结论在认识未进行之前已基本被确定。认识的主要任务是对礼的规定进行解释，而不是另辟蹊径探索新问题。在中国的历史上，礼对思维的束缚是极为严酷的。以儒家为例，无数有才华的人物把毕生的精力都花在了对"经典"的"注""疏""解""诂""训""正义"上，其中虽不乏卓识新见，但从整个倾向看，是用死的拖住活的，扼杀了新生。

---

① 《论语·宪问》。
② 《论语·颜渊》。

由于礼的最基本的规律性是"分",是等级,与此相适应,要求人们处处"克己",以安于分,安于等级。"克己"对人们思维方式有着极大的影响,遇到社会矛盾,它要求人们尽量在自身中加以克制和消弭,通过修己、约己、自戒、自讼、自责、自省、知足、谦谦、不争、虚心、养心、修身等一系列克己的办法,引导人们向内下功夫,而不是正视矛盾,冲破束缚,开拓认识的新领域。毫无疑问在社会生活中,不能无限制地放纵自己,要有一定的自我克制,这是完全必要的和应该的。可是儒家的克己却教导人们时时处处都要把己作为斗争对象,"不怨天,不尤人"。积极的思维表现为对外物的追求,勇于探索,不囿于成见,充分发挥认识主体的作用。"克己"使人变成谦谦君子,安于成见,循规蹈矩。以礼为指导,最忌讳"攻乎异端"。从认识史上看,异端未必都是认识上的进步,但认识的进步必定是异端,不异乎旧,哪里来的进步!

在礼的束缚下,思维的基本原则表现为"过犹不及"。从纯粹的理论形态上看,过犹不及似乎较为全面、合理。但是从历史进程看,这是一个保守的命题,因为过与不及这个命题中潜藏着一个标准,这个标准只能是旧事物的质,而不可能是新事物的质。新事物的质是在取代旧事物的过程中逐渐显露出来的,是在与旧事物的"中"矛盾斗争中形成的,过与不及则是反对旧"中"不可避免出现的两翼。从旧事物的"正"不可能直接过渡到新事物的"正",新事物的"正"又不可能被人们一眼看穿,一把握住。所以"过犹不及"从静态上看颇为合理,在历史进程中,它总是引导人们站在旧的方面或固定化事物的一边去考察变动的事物。因此从本质上看,它是一种保守的思维方式,是礼对思维影响最深的一点。

历史的经验证明,只要人们还没有从陈旧的规定中解放出来,不管你的思维多么缜密,认识本身早已被局限了;只有冲破陈旧规定的束缚,到开创历史的新局面中去认识,才能更上一层楼。在认识发展史中,礼主要起了桎梏作用。

(原载《中国文化研究集刊》第 4 辑,1987 年 1 月)

孔子的伦理政治思想及其对专制制度的维护

孔子是中国古代杰出的教育家。不过他所从事的教育同今天的教育不大一样，他搞的是政治伦理教育，教育的目的是培养官僚。由于孔子是位政治教育家，因此主要应从政治伦理角度去评价他的教育活动并考察他的地位价值与影响。

一、政治理想与统治者的自我认识

能不能提出一个政治理想国理论和具有普遍意义的政治原则，是衡量能否成为政治思想家的基本标志之一。孔子留下的言论虽然很零碎，但关于这个问题的论述是十分明确的。孔子的政治理想国和基本的政治原则就是他常说的"有道"二字。在孔子的言论中，"道"具有多层含义，但用于政治，"有道"代表了孔子的理想政治和基本政治原则。与之相对则称之为"无道"。总括有关论述，孔子的"有道"政治理想具有以下两个特点。其一，所有的人都按照礼制规定，贵贱有等，上下有序，各处其位，各称其事，"君君、臣臣、父父、子子"[①]。正如司马谈在《论六家要旨》中所指出的，儒家有些地方尽管迂腐烦琐，"然其序君臣父子之礼，列夫妇长幼之别，不可易也"[②]。其二，不要使礼之"分"走向破裂和对立，要在"分"中注之以"和"与"仁"。有子说："礼之用，和为贵，先王之道，斯为美。"[③]"和"不是消除贵贱上下之别，而是在"别"中求得和谐。实现和谐要靠"仁"。仁包括许多内容，其中心是忠恕即爱人。上述原则落实在政策上表现为富民足君和先德而后刑两大政策。富民足君的办法主要有"使民有时""敛从其薄"和"节用"三项。先德而后刑主要表现在要处理好如下三种关系：一是富和教的

---

① 《论语·颜渊》。
② 《史记·太史公自序》。
③ 《论语·学而》。

问题，要先富而后教。他反复强调治民首先要"足食"，民有饭吃而后才能谈政治教化等事。二是惠与使的关系，孔子主张先惠而后使，"惠则足以使人"①。统治者使民是必然的，但讲不讲条件大不一样，孔子主张要有条件。三是教与杀的关系，孔子主张先教而后杀。

孔子的政治理想和基本政治原则既没有惊人之笔，又没有玄妙之论，使人感到平实可近，但是真正做起来却又十分难。虽然难，又不是高不可攀。在孔子看来，先贤圣主实行过，三代曾达到过这种境界。孔子所描绘的这种理想境界，把实际与理想有机地统一起来，他所描绘的理想以现实存在的关系为起点，要全部实现固然困难，但向这个方向走几步却是完全可能的，从而为统治者的实际政治提供了回旋余地。

一种政治理论如果与历史的进程相对立，如道家，特别是像庄学纯自然主义的理论，便不可能从现实中找到自己存在的基础；反之，如果像法家那样对现实一味肯定，那么在实际政治发展变化中就难以充当导师，也不能给实际政治提供一个回旋余地。法家过分肯定君主，一切唯君是从，这实际上便造成了政治上的僵化，给自我认识和自我调整留下的余地便太狭隘了。孔子的政治理想和政治基本原则不是这样，它肯定了实际存在的社会关系和政治关系，同时又不满足于现状，对当时的实际政治多持批评立场。这种批评又不是否定，而是希望改善和改良。例如，他对卫灵公的态度就是如此。孔子尽管批评卫灵公"无道"，但是他又多次希望借助卫灵公治国变善。在孔子眼里，当时是一个"无道"的时代，可是他并不因此而抛弃这个时代，在他看来，事情仍然有救，并且为此孜孜以求，奔波了一生。类似"苟有用我者，期月而已可也，三年有成"②的话讲过许多，对改良政治充满了信心和希望。从统治者的整体与长久利益看，他们不仅需要肯定自我，有时又需要不断进行自我认识和自我批评。当时有关谏议的种种议论，就是

---

① 《论语·阳货》。
② 《论语·子路》。

为了推进自我认识和自我批评。许多政治家和思想家认为进谏与纳谏问题在政治中具有极为重要的地位，关系到国家的兴亡治乱。从文献上看，最早提出"谏"这个概念的是《诗经·民劳》篇。诗中说道："王欲玉女，是用大谏。"春秋以降，很多人对谏议作用的认识更为深刻。晋大夫范文子说："兴王赏谏臣，逸王罚之。"① 齐国晏婴从个人认识的有限性论述了政治中谏议是绝对不可缺少的："君所谓可而有否焉，臣献其否以成其可。君所谓否而有可焉，臣献其可以去其否。"② 孔子关于"有道"和"无道"问题的论述，把统治者的自我认识和自我批评推到一个新阶段。孔子把"有道"的理论视为一种检验政治的标准，统治者的一切行为都应在这一理论面前接受衡量和检验，违反"有道"理论规定的便属于"无道"之辈和"无道"之举。孔子关于"有道"和"无道"的理论，在当时以及其后两千多年的封建社会中都成为统治者自我认识、自我批评和自我调节的理论依据。孔子的政治理想和基本政治原则把肯定现存的社会基本秩序和批评弊政、改良现实妥善地结合在一起。这种理论既能满足统治阶级中当权者的需要，又为在野派以及其他图谋改良的人们进行政治批评提供了理论依据，同时还为深受其害的人们提供了改善处境的希望。孔子的理论具有的广泛的适应性是其被封建统治者奉为指导思想的重要原因之一。

在孔子的政治理论中还有一点特别值得注意，这就是政治原则与君主的关系问题。早在西周初年周公的言论中，已开始提出政治原则与君主行为之间的差异问题，比如他在神意之外提出了"德"这个原则。在他看来，殷纣王的行为违背了"德"，于是被上帝抛弃；周文王实行德政，所以得到了上帝的保佑。周公所说的"德"就是理想化了并能代表统治者整体利益的一种普遍的政治原则。周公的论述是在改朝换代的特殊情况下提出的，随着周统治的巩固，周天子不愿再谈两者的分离。在其后很长一段时期，周天子把自己的行为宣布为德的体现，自己是

---

① 《国语·晋语》。
② 《左传》昭公二十年。

德的化身，这在金文中反映得十分明显。到了西周后期，随着政治危机的出现，人们又重新提出了统治者普遍的政治原则与周天子言行的对立的问题。到了春秋时期，有些人以相当明快的语言把这个矛盾直接揭示出来。例如，晋献公欲废太子申生而立奚齐，许多大臣认为这是君主的权力而随声附和。与此相反，大臣丕郑认为传嫡是不可更易的原则，是人人应遵从的"义"。据此，坚决反对废嫡立庶并说了这样一句话："吾闻事君者，从其义，不阿其惑。"① 丕郑把义看得高于君主。孔子继承并发展了这一思想。他虽一再强调"臣事君以忠"②，在君主面前毕恭毕敬，甚至达到令人厌恶的程度，如"君在，踧踖如也，与与如也""入公门，鞠躬如也，如不容。……摄齐升堂，鞠躬如也，屏气似不息者"③，表现了一副奴才相。不过这一切都是从礼的角度处理问题。在政治原则上，他认为事君不能以苟合顺从为上，而应该首先考虑是否符合于"道"，要"以道事君"④。在他看来，卫国的史鱼、蘧伯玉就是把道放在第一位的人物，从而倍加赞扬。他说："直哉史鱼！邦有道如矢，邦无道如矢。君子哉蘧伯玉！邦有道则仕，邦无道则可卷而怀之。"⑤ 他自己做梦都想去从政。但他把能否行道作为参政的条件，否则，便不出仕，"道不行，乘桴浮于海"⑥"不义而富且贵，于我如浮云"⑦。孔子倾心于君，三月不见君便如丧魂落魄，惶恐不安，可是在他的政治生涯中，除了在鲁短期走运之外，一生是不得志的，累累如丧家之犬。所以会落到这般凄凉的境地，恐怕不是孔子不会在官场周旋，也不是他无能，而是他把"道"看得高于君主、权力和地位。这一点常常是思想家与实际的政治家不同的地方。如果一位思想家的行动与自己的理

---

① 《国语·晋语》。
② 《论语·八佾》。
③ 《论语·乡党》。
④ 《论语·先进》。
⑤ 《论语·卫灵公》。
⑥ 《论语·公冶长》。
⑦ 《论语·述而》。

论相背太多、太大，大凡这位思想家就失去了作为思想理论家的资格。从实际看，孔子所坚持的政治原则丝毫不会损害统治阶级的利益，从根本上说，对维护君主是有利的。与此相反，倒是有些君主和执政者却经常做出损害统治阶级普遍利益的举动，进行自我破坏和自我削弱。这就是后来所说的道统与君统的矛盾。在这种矛盾中，孔子站在了道统方面，当两者难以契合时，孔子主张道统高于君统，道义重于权令，从道不从君。在这种情况下，对君主虽然表现为不合作，甚至表面上的对立，但是孔子所坚持的道义却是从更高的角度维护了统治阶级的利益，维护了君权，在对君主的怨恨之中充满了深沉的爱。孔子强调道义高于君主的思想培养了一批忠勇之士，而这些忠勇之士正是维护封建统治的中流砥柱。这些人对君主爱而不阿谀，顺而不盲从，犯而不欺，怨而不恨，从而把坚持道义与维护君权、维护统治阶级的普遍利益达到了奇妙统一的地步。

孔子的政治理论首先肯定了现存的政治秩序，在这个前提下指导人们批评现实，目的是求得贵贱有等的谐和。这种理论虽然有改善受剥削者生活条件的内容，但对剥削者和统治者是绝对有利的。正因为如此，孔子才成为"权势者们的圣人"！

二、伦理道德与安于专制秩序

孔子是中国封建道德理论的奠基者。关于道德的具体内容，毋庸多论。这里只讨论如下两方面的问题。

一是关于伦理道德与政治的关系问题，二是关于个人道德修养与社会矛盾的关系问题。

关于政治与伦理道德的关系问题，先秦诸子的看法大体可分为两派。一派以法家为代表，他们认为政治问题的中心是权力，道德的作用虽然也不可完全忽视，但在政治活动中，道德不起决定作用。《韩非子》某些篇章中甚至认为道德不仅毫无用处，甚至有害，表现为非道德主义。另一派以儒家为代表，他们特别强调道德在政治中的作用，主张政治与道德应结合为一体，甚至认为政治中的根本问题是道德问题。这种思想由孔子最先提出，其后《中庸》《大学》《孟子》等著述进一步发展了这一思想。

把道德作为政治中的根本问题，首先，表现在如何看待道德与刑政的关系问题上。孔子认为道德为主，刑政为辅。他说："道之以政，齐之以刑，民免而无耻；道之以德，齐之以礼，有耻且格。"① 这里很清楚地表明，孔子认为德礼高于刑政。季康子问政于孔子，提出："如杀无道，以就有道，何如？"② 孔子认为把杀放在政首，出发点就是错误的。孔子提出的正名顺言—成事—兴礼乐—施刑罚的治国次序，也说明先道德而后刑政的思想。

其次，孔子把政治的实施过程看作是道德感化过程。"季康子问政于孔子。孔子对曰：'政者，正也，子帅以正，孰敢不正？'"又说："子为政，焉用杀？子欲善而民善矣。君子之德风，小人之德草。草上之风，必偃。"③ 孔子还说过："其身正，不令而行；其身不正，虽令不从。""苟正其身矣，于从政乎何有？不能正其身，如正人何？"④ "君子笃于亲，则民兴于仁。"⑤ 有人问孔子："子奚不为政？"孔子曰："《书》云：'孝乎惟孝，友于兄弟，施于有政。'是亦为政，奚其为为政？"⑥ 在孔子看来，从政不必当官，宣传孝道就是参政。所以有子说："其为人也孝弟而好犯上者，鲜矣；不好犯上而好作乱者，未之有也。"⑦ 曾子也说："慎终，追远，民德归厚矣。"⑧

---

① 《论语·为政》。
② 《论语·颜渊》。
③ 《论语·颜渊》。
④ 《论语·子路》。
⑤ 《论语·泰伯》。
⑥ 《论语·为政》。
⑦ 《论语·学而》。
⑧ 《论语·学而》。

再次，在孔子看来，君臣之间不是权力制约关系，而要靠礼、忠、信等道德来维系。"君使臣以礼，臣事君以忠。"①

最后，培养官僚不是首先讲如何学会政治之道，而是首先从事道德训练与培养。子张学干禄，子曰："多闻阙疑，慎言其余，则寡尤；多见阙殆，慎行其余，则寡悔。言寡尤，行寡悔，禄在其中矣。"②孔子的话包含了一部分认识和处理问题的方法，但从基本精神上看是讲处世之道、官场之术，而不是讲统治之理。子张又一次问为政，子曰："居之无倦，行之以忠。"③同样是讲道德修养。

儒家主张人治，他们把政治视为道德的延伸和外化，正是人治的理论基础。把道德视为政治的基础有否道理呢？毫无疑问，有一定道理。因为执政者的品质对政治会发生直接的影响，特别是在君主专制制度下，执政者政治品质的作用更为突出。孔子把道德品质看得如此之重，从舆论和理论上对执政人员有一定制约作用。但是从根本上说，这种理论是不正确的，在实际上是保守的，对被压迫的人来讲则是一种欺骗和愚弄。

所以说它不正确，是因为它混淆了政治关系与道德关系。政治与道德是不同范畴的两回事。政治关系绝不是道德关系，它是不同阶级、不同阶层、不同集团的利害关系。解决其间的矛盾不是靠道德的说教与规劝，而是靠权力、暴力。把道德与政治混为一谈，就掩盖了政治的本质。

从认识上来看，过分强调道德便堵塞了人们对政治问题的认识。政治对象比道德对象要复杂得多，政治要安邦治国、用兵、理财以及处理各种社会关系，等等。在政治活动中需要创造性的认识和敏锐的眼光，而道德则引导人们注意个人行为的规范和修养。道德品质和政治才识可以统一，但更多的情况是不统一的。有用兵治国之才者不一定是道德化的人物。关于这一点，孔子本人也认识到了，

---

① 《论语·八佾》。
② 《论语·为政》。
③ 《论语·颜渊》。

比如管仲在政治和道德问题上就存在着分裂现象。尽管孔子在政治上肯定了管仲，但这只是就人论人，而在理论上却没有就此发挥，把两者分开来论述，以便引出新认识。相反，在总体上他却把政治关系硬装入道德规范之中。

在历史的运动中，把道德看得重于政治，多半要把政治拖向保守。政治是多变的，不断出现新情况，而道德规范一般地说是对既成事实的肯定和规定。道德在历史上可以培育出仁人志士，但更多的是教人守成。儒家难于进取，而利于守成，其原因就在于此。

孔子的道德观尽管有利于权势者，但从表面看去，常常是说得又甜又香，具有"普遍的思想形式"。我们不能说孔子存心欺骗，就个人而言，应该说更多的出于真心、出于执着普遍的爱。但实际上却与他的主观愿望相反，统治者利用他的话对受苦的人们进行欺骗！

孔子关于个人道德修养与社会矛盾的关系问题的论述，一方面有教人坚持道义、向恶势力进行斗争的内容，如说"唯仁者能好人，能恶人"①，"志士仁人，无求生以害仁，有杀身以成仁"②。另一方面，更多的是教人洁身自好。他不是引导人们正视现实，从事创造，而是提倡克己、宽恕，尽量用主观的自我克制来和缓社会矛盾。克己和恕道是孔子道德观的支点和精髓。

从政治上看，克己是复礼、归仁的起点，所以他反复论述了克己的重要，并详细开列了克己的方式。

"修己"是"克己"的重要方式。子路问什么叫君子，孔子回答道："修己以敬"，"修己以安人"，"修己以安百姓"。③《说文》："修，饰也。"修己的"修"具有饰、整治的意思。《论语·述而》所载的"德之不修"的"修"也是这个意思。

---

① 《论语·里仁》。
② 《论语·卫灵公》。
③ 《论语·宪问》。

为了"克己",孔子又提出"约"。子曰:"以约失之者鲜矣。"① 意思是,以礼约束自己,犯错误的就很少了。他又说:"君子博学于文,约之以礼,亦可以弗畔矣夫。"② 颜渊说:"夫子循循然善诱人,博我以文,约我以礼。"③ 孔子所讲的"约"都是指用礼作为准则克制自己。颜回是能约束自己的典型,所以孔子说:"贤哉,回也。一箪食,一瓢饮,在陋巷,人不堪其忧,回也不改其乐。贤哉,回也。"④ 颜回是位由自约而到安于现状的典型,这种自约无疑等于慢性自杀。

自戒是克己的又一种方式。孔子曰:"君子有三戒:少之时,血气未定,戒之在色;及其壮也,血气方刚,戒之在斗;及其老也,血气既衰,戒之在得。"⑤ 孔子在回答樊迟问如何"辨惑"时,讲的不是分辨是非之道,仍然是自戒。他说:"一朝之忿,忘其身,以及其亲,非惑与?"⑥ 他认为要控制自己的情感,防止一时冲动,以自戒防患。孔子说:"君子食无求饱,居无求安,敏于事而慎于言,就有道而正焉,可谓好学也已。"⑦ 这里也是教人自戒。他还特别警告人:"攻乎异端,斯害也已。"⑧ 自戒无论在什么时候都不能说不需要,问题在于以什么自戒。孔子主张以周礼为戒。很明显,这种自戒在当时不属进取精神之列,而是限制和约束人的主观能动性。特别是不准攻乎异端,更是窒息人们的进取精神。异端未必都是历史的进步,但历史的进步必然都是异端。无异乎旧,有何进步!

孔子还提倡"自讼""自省"和"自责",其意仍然在于克己。子曰:"见贤

---

① 《论语·里仁》。
② 《论语·雍也》。
③ 《论语·子罕》。
④ 《论语·雍也》。
⑤ 《论语·季氏》。
⑥ 《论语·颜渊》。
⑦ 《论语·学而》。
⑧ 《论语·为政》。

思齐焉，见不贤而内自省也。"① 又说："躬自厚而薄责于人，则远怨矣。"② 曾子把问题说得更清楚："吾日三省吾身，为人谋而不忠乎？与朋友交而不信乎？传不习乎？"③ 当时的人很少有自我检讨精神，孔子感慨地说："已矣乎！吾未见能见其过而内自讼者也。"④ "自责""自讼""自省"有合理的一面，因为人是会犯错误的。不过自责、自省只能在有限的范围内使用，在孔子的时代，首先不是自责问题，而是应责难社会制度。把社会上的一切矛盾，都引到自己身心里加以消弭，是束缚改革，不利于社会的进步。

在《论语》中，多次讲到"慎言""慎行"，这也是克己的方式。慎言、慎行毫无疑问有一定道理，但孔子讲的慎，多半是束缚人的手脚。

孔子还一再提倡"无争"，"君子无所争"⑤。曾子说的"犯而不校"⑥，即受人侵犯也不去计较，与孔子的无争也是一致的。孔子还说过："君子矜而不争。"⑦ 无争是克己的最彻底的方式，也是最消极的方式。

把克己的精神用于对人则是忠恕，亦即爱人。忠是从积极方面讲的，即"己欲立而立人，己欲达而达人"⑧。恕是从消极方面讲的，即"己所不欲，勿施于人"⑨。这两句话的意思是，我自己希望达到的，也希望别人能达到；我自己不喜欢的，也不要施于别人。不管是从积极或消极方面讲，爱人的过程都是由己及人，从我出发，自己怎样对待自己，也就应该怎样对待别人。上述两句话，可以说是孔子整个思想中最富有光彩的地方，它在理论范围内把所有的人置于了平等地位。

---

① 《论语·里仁》。
② 《论语·卫灵公》。
③ 《论语·学而》。
④ 《论语·公冶长》。
⑤ 《论语·八佾》。
⑥ 《论语·泰伯》。
⑦ 《论语·卫灵公》。
⑧ 《论语·雍也》。
⑨ 《论语·颜渊》。

最为可贵的是，这种平等是以我为中心展开的。它冲破了等级的樊篱，具有个性解放的因素。在上述论点中，自己不承认任何高于我的外来的权威，也不认为自己比别人高。由于强调个性的平等和个性的独立，因而有"杀身成仁"之论，有"三军可夺帅也，匹夫不可夺志也"①的轩昂气概。子贡本着老师的教诲，也发出了"我不欲人之加诸我也，吾亦欲无加诸人"②的豪言。理论归理论，如果我们把孔子的上述高论与他切近实际的主张结合起来考察，不难发现，他自己都没有给这种理论以应有的支点，又不免是空论。

克己有其合理的一面，因为每个人都是社会中的一个成员，应该时时考虑自己以什么方式存在于社会。可是孔子的克己教导人们时时处处都把自己作为斗争的对象，不是引导自身在适应社会中改造社会，而是处处克制自己以安于现状，安于传统，安于过时的东西。克己是教人做一个安分的人，而不是教人去成事，这在当时显然是保守的。

忠恕不好说不是一种美德，但是它在理论上有它的致命的弱点。"己欲立而立人"，"己所不欲，勿施于人"，它只注意了个人是社会存在的原子，却忽视了整个社会是个人存在的前提和条件这一基本事实。似乎只要由己做起，一切矛盾便可在自己身上加以消弭，又可由己把整个社会带入极乐世界。无需评论，其谬自明。

克己断然反对人们去作恶，但对社会之恶行似乎也构不成真正的敌御力量。从克己中真正能获得的东西，大概只有精神上的满足和洁身自好的陶醉。忠恕能获取美德之誉，但它又教人对统治者的暴行麻木不仁。封建统治者喜欢倡导克己、忠恕，与这一点不是没有关系的。

孔子的道德论全力把人引向自我修养、自我净化，并用这种办法使人们不去正视社会。从今天的历史价值观看，这是孔子道德论的致命弱点。

---

① 《论语·子罕》。
② 《论语·公冶长》。

三、守旧的边际平衡式的思维方法

孔子不只是以政治和伦理原则教人,他更注重培养人的思维方式。关于孔子思维方式的哲学特点,哲学史家已有详尽的论述,这里我们只从历史的角度做点说明。从历史的角度看,他的思维方式的特点可称为守旧的边际平衡论。

孔子打着古老的旗帜,但又不是简单地要回到陈旧的时代;他密切注视着现在和未来,但又不是现在和未来的创造者。他总是想把陈旧的精神注入现在与未来之中。他所希望的是这样一种局面:在旧的事物范围内,最大限度地使各种人都得到满足。我们将他这种思想称为守旧的边际平衡思想。孔子看到了事物之间的矛盾,在矛盾面前,他既不希望矛盾破裂,又不希望转化,而是全力以赴寻求一个联结点,求得矛盾双方在旧事物不发生根本改变的情况下获得平衡。

中庸和执中,这是孔子寻求边际平衡的基本方式之一。"中庸"这个概念是由孔子提出来的,"中庸之为德也,其至矣乎,民鲜久矣"[①]。孔子所谓的中庸之德不是指品德、品质,指的是对待事物的态度。中庸与"允执其中"是一个意思。"允执其中"相传是尧提出来的。尧有无其人,尚无定论,大抵执中是相当古老的思想。《尚书》《诗经》某些篇章已把"中"作为一个明确的政治道德概念来使用。"中庸"就是"用中"。"中"并不是中间的意思,而是指按照一定的标准行事,寻求对立两方的联结点以求对立双方的平衡,给某种行为划定界限和明确行动目标,从而使事物保持旧质的稳定。

从《论语》及有关的记载看,孔子把礼视为"中",一切行为符合礼也就是执中。孔子处处事事都以礼分是非,臧否人物。他提出的非礼勿视、勿听、勿言、勿动,完全可以证明礼与中是一致的。《礼记·仲尼燕居》对此有明确的记载,孔子说:"夫礼所以制中也。"什么是中呢?孔子又说:"礼乎礼。"这种循环论证足以证明礼、中同体。《礼记》所载是不是孔子的原话,难以考定,不过这种说法是符

---

① 《论语·雍也》。

合孔子思想的。

有礼规定的地方，可以按礼行事。但生活是复杂的，不可能都从礼中找到根据和模式。在这种情况下，孔子的求"中"之方，便是由考察事物对立双方的联结点来确定，以求双方的平衡。比如，孔子认识到贫与富是对立的，"富与贵是人之所欲也，……贫与贱是人之所恶也"①。怎样解决贫富之间的矛盾呢？他既不是简单地站在求富的立场，又不简单地设法去贫，他提出了一个"义"字，用"义"作为调整贫富之间矛盾的纽带。合乎"义"，当富贵则富贵，反之，不能富贵则安贫贱。君与民之间的利益也是矛盾的，在处理这对矛盾时，同样不是简单地倒向一端，而是以分配和节用为纽带调节两者的关系，既富民又足君，从而求得两者之间的平衡。统治者使民叫作劳，劳必然引起民怨。在这种矛盾中，他既不主张无限制地使民劳，又不简单地把感情投向怨者一方。他提出"择可劳而劳之"，从而达到既使民，又弥民怨，以求双方的平衡。这类办法可以叫作调和。调和不主张一方吃一方，而是寻求一种方式，使其既包括一部分甲，又包括一部分乙，同时又使甲、乙联结在一起，并使双方在旧质范围内保持稳定。

就每一个事物来讲，它又在发展变化，在一定条件下，一种事物都面临两种前途，两种可能性，可能会走向两极。为了保持旧质的稳定，不向两极发展，孔子对各种事物做了范围规定或提出告诫。他讲的"六好"与"六蔽"的关系即是典型一例。他说："好仁不好学，其蔽也愚；好知不好学，其蔽也荡；好信不好学，其蔽也贼；好直不好学，其蔽也绞；好勇不好学，其蔽也乱；好刚不好学，其蔽也狂。"②蔽，同"弊"，这里指弊病。仁、知（智）、信、直、勇、刚是孔子所肯定的六种德行。在一定条件下，如不好好学习，这些德行也会走向另一端：仁会变成愚蠢，聪明会变成放荡，诚实会变成祸害，直率会变成尖刻，勇敢会变成作乱，刚强会变成狂妄。孔子用好学来防止六德走向极端。子张问如何做官，孔子认为

---

① 《论语·里仁》。
② 《论语·阳货》。

关键也是在于保持事物的稳定与平衡，在平衡中保住自己的饭碗。类似的论述在《论语》中比比皆是，如"君子周而不比"①，"君子泰而不骄""君子和而不同"，②等等。

对于一些本身没有确定性的行为，孔子又如何处理呢？他认为，为了不使行为破坏旧质的稳定，就要为这类行为提出明确的目标。他所说的"九思"，很可以说明这种思想。"君子有九思：视思明，听思聪，色思温，貌思恭，言思忠，事思敬，疑思问，忿思难，见得思义。"③九思的主旨就是要给自己划定行动路线，规定一个明确的目标。不难看出，这个目标是以保持事物的稳定为其基本原则的。

避免"过"与"不及"，是孔子追求边际平衡的另一方式。"过"与"不及"是"中"的两极表现，从两边破坏了中，破坏了原有事物的平衡。为此，孔子提出要避免过与不及。子贡问师和商两个人谁好一点儿，孔子说："师也过，商也不及。"子贡又问，师比商是否好一点儿，孔子答："过犹不及。"④孔子对他的学生总是设法裁过和补不及，这就是一退一进之教。他对冉求和子路（由）教育的重点便不一样，"求也退，故进之；由也兼人，故退之"⑤。

孔子从日常生活到政治行为，一再提出要避免"过"与"不及"。子张问辨惑，孔子说："爱之欲其生，恶之欲其死。既欲其生，又欲其死，是惑也。"⑥这显然是一种"过"，孔子给予了批评。又说："如有周公之才之美，使骄且吝，其余不足观也已。"⑦这里讲的是政治行为之"过"。孔子还说过："质胜文则野，文胜质则

---

① 《论语·为政》。
② 《论语·子路》。
③ 《论语·季氏》。
④ 《论语·先进》。
⑤ 《论语·先进》。
⑥ 《论语·颜渊》。
⑦ 《论语·泰伯》。

史。文质彬彬，然后君子。"① 这里是从形式与内容的关系上，批评了过与不及。过与不及都是偏激的表现，要通过救偏补弊的办法使之归诸中正。

反对过与不及这种理论，是以稳定旧质为其前提的。因为新事物质的规定性是在取代旧事物过程中逐渐形成的，是在旧事物的"中正"与"过"和"不及"的矛盾中形成的，因此在新事物的成长过程中，一时难于确定它的质。与此相对，旧事物的质已凝固化，在它的面前过与不及明若观火，"过犹不及"这个命题本身已暗藏着这个前提，没有稳定的"中"，是提不出"过"与"不及"的。另外，事物的运动形式是多种多样的。一般地说，从旧事物的"正"不能直接过渡到新事物的"正"。新事物的"正"是在对旧事物的破坏中形成的。另一方面，新质的"正"又只能在自身的"过"与"不及"的运动中确定。因此我们认为孔子反对过和不及是个保守的命题。

孔子还提出了不可则止的行动原则。所谓不可则止是讲处理事情要注意分寸，不要使行动突破质的规定。比如事君，他一方面提倡君臣相对，"君使臣以礼，臣事君以忠"②。另一方面，在君臣关系中，臣必须以君作为主导，臣的使命是事君，"出则事公卿"③，"敬其事而后其食"④。臣只能尊君，绝不可抗上叛君。孔子主张进谏，但无须强谏，谏而不听，臣子应适可而止或引退以洁身。他说："所谓大臣者，以道事君，不可则止。"⑤ "邦有道则仕，邦无道则可卷而怀之。"⑥ "用之则行，舍之则藏。"⑦ "天下有道则见，无道则隐。"⑧ 如果遵照这样的理论行事，臣绝构不成对君

---

① 《论语·雍也》。
② 《论语·八佾》。
③ 《论语·子罕》。
④ 《论语·卫灵公》。
⑤ 《论语·先进》。
⑥ 《论语·卫灵公》。
⑦ 《论语·述而》。
⑧ 《论语·泰伯》。

的威胁。

对于朋友也是一样,"忠告而善道之,不可则止,毋自辱焉"①。

不可则止或洁身自安与顽固派相比,当然有所区别。不过这种哲学绝无损于旧事物的稳定。它是历史前进中的堕力,在变革时期表现得尤为突出。

还有一种方式,即无可无不可。如果说"中庸"是折中主义不尽妥帖,那么"无可无不可"则无疑是典型的折中主义了。孔子认为"乡愿"是"德之贼"。②"无可无不可"实际同"乡愿"是一回事。孔子把自己同一些逸民做了比较,他说伯夷、叔齐"不降其志,不辱其身",即不改变自己的意志,不屈辱自己的身份;柳下惠、少连"降志辱身矣",但仍然"言中伦,行中虑",即说话合乎伦理,行为经过思虑。虞仲、夷逸表现又不同,"隐居放言,身中清,废中权"。意思是说,他们虽然过着隐居生活,说话随便,但保持自身洁白;虽然离开职位,但仍合乎权宜。这三类人虽有高低之分,但各有自己的行动哲学,孔子很敬重这些人。他自己呢,与这些人又不同,他的行动原则是"无可无不可"③。孔子这类"无可无不可"言行极多,这里仅举数例:

一方面信神,"祭神如神在",另一方面又怀疑神。

一方面主张人"性相近"④,另一方面又认为有"生而知之者"⑤。"唯上知与下愚不移"。⑥

一方面认为自己是学而知之,另一方面又说自己是天命的承担者,"天生德于予"⑦。

---

① 《论语·颜渊》。
② 《论语·阳货》。
③ 《论语·微子》。
④ 《论语·阳货》。
⑤ 《论语·季氏》。
⑥ 《论语·阳货》。
⑦ 《论语·述而》。

一方面主张"杀身以成仁"[①],"见危授命"[②],另一方面又主张"危邦不入,乱邦不居"[③]。

以上所说的并不是一个事物的两个方面,而是对待两种不同事物的两种态度。依据它们的性质,两者之间不能调和,只能二者必居其一,但孔子却要无可无不可。从理论上说,无可无不可似乎也不是死顽固,但也绝不是一个革命的求新命题。无可无不可只能引导人们走向滑头和模棱两可。在事物的变更中这种思想有利于旧事物的保存,不利于新事物的成长。

孔子的保守的边际平衡思想利于守成而不利于进取。它对人们的思想有过极大的影响,应该加以清理。

四、结语

孔子的政治伦理思想对中华民族,特别是汉族有过巨大的影响,在一定历史时期甚至构成了民族共同心理和主要的思维方法。不过这并不是孔子学说自发传播所致,在很大程度上是封建统治者进行不断强化教育和灌输的结果。由于存在这样的历史背景,我认为不能因孔子的思想已转化为民族的共同心理和形成了强大的传统力量而对它战战兢兢。在我们看来,孔子的思想是维护王权、培育封建官僚、维护封建秩序的武器,而对中国的历史进程,其消极作用远大于积极作用。

---

① 《论语·卫灵公》。
② 《论语·宪问》。
③ 《论语·泰伯》。

先秦诸子与统治者在政治上的自我认识

从老子、孔子开始，到秦统一，是中国历史上认识的一个全面飞跃时期。在两百多年的时间内，出现了数以百计的思想家，犹如山峰争高一样，一个个大师的出现，把认识推向一个新的高度。这一场认识运动是空前的，在长达两千年的封建社会中，又是绝后的。这场认识运动的总结果，开拓了认识新领域，打开了新思路；把历史长期积累所形成的思维方式上升为理论，为古代华族提供了思维模式；在这场认识运动中，各种思想都形成了一定的体系，这些体系直到近代西方思想传入之前，一直为后来者所宗所本，除佛学外，几乎没有人能超出这些认识体系另创立新体系。因此可以说，这个时期的认识的总和奠定封建时代文化的基础。在这场认识运动中，政治思想占有特别突出的地位。先秦诸子除极少数人外，首先都是政治家，各种各样的认识基本上都是围绕政治展开的。因此可以说，先秦诸子的争鸣，首先是一场政治认识运动。近人由于对当时社会性质有不同的认识，因此对这场政治认识也有各式各样不同的定性方式。定性分析有其精审的一面，但在目前，无论哪一种说法，一时还难于把问题说清楚。因此我想与其斤斤计较某某代表某某阶级，不如稍微超脱一点儿，从总体上进行估计。这个时代有两个基本特点：一方面是一个社会变革的时期，充满了变革与反变革的斗争；另一方面，我们又难以确切地分辨出变革与反变革的社会阵营。在同一类人中，如诸侯和宗族贵族，既有主张变革的，也有主张保守的。这种情况是由当时社会关系和社会矛盾错综复杂性决定的。思想家生活在这样的环境中，他们的认识反映了这种复杂的情况，从阶级属性上很难判明谁是奴隶主阶级代言人，谁是地主阶级的代表。不过在难分难辨之中，又有十分清晰的轮廓，即绝大多数思想家都是为当时的统治者和剥削者出谋划策，为了"干世主"。因此又可以说，这场认识运动是统治者自我认识运动，目的是给统治者寻求政治出路。批判是通向彼岸或到达新境界的桥梁，是自我认识的必备武器。当时的思想家们对现实生活从不同角度进行了剖析和批判，目的是把社会引向他们理想的境界。这些思想家具有超人的胆量，他们敢于把整个自然、社会和历史都收入自己眼帘之中。他们的眼光像一把把解剖刀，对整个社会进行了剖析。他们放眼全国，纵横数千里，上下数千年，社会的一切，都纳入自己认识对象之中。正因为有这种气魄，认识才格外深刻。下边就几个问题概括一下政治上自我认识的情况。

一、关于政治指导原则的认识

殷周时期占统治地位的是神权政治，一切政治活动都要从神那里获得说明和支持，像周公这样的杰出人物也不例外。天主宰一切，"命哲，命吉凶，命历年"[①]。神权政治在春秋战国虽然仍有广泛的影响，但多数人把思维的触角从天国转向了社会现实。这样一来，政治思想发生了巨变，现实主义的思考方式取代或压倒了神权主义。先秦诸子在开列具体的政治处方的同时，更深入探究了政治原理，力图从哲学上阐明问题，从而把政治认识推向高峰。在探究政治原理时，他们不囿于政治本身，而是从各种事物对政治的制约关系和客观事物的运动规律中寻求政治指导原则。具体而论，主要的是从天人关系、人性、历史与现实关系以及事物的矛盾规律等方面来寻求政治指导原则。

（一）关于天人关系与政治

天在西周是至上神。春秋以降，它逐渐变为一个具有多种含义的模糊观念，在不同情况下和不同意识中，或指神，或指客观自然，或指两者的混合，或指人类的生理机能，有时又指超乎人们意志的必然性。在同一个人的著述中，天的含义也多随论而异。先秦诸子几乎没有哪一个人只从一种意义上严格使用天这个概

---

① 《尚书·召诰》。

念。比如孔子，他说"获罪于天，无所祷也"[1]，"畏天命"[2]，这里的天，无疑属于神秘主义；他又说："天何言哉？四时行焉，百物生焉。天何言哉？"[3] 这里的天显然指客观的自然过程，又毫无神秘主义。老子是从理论上把天自然化的大师，然而就在这位大师笔下仍留有神秘主义的尾巴，如"天将救之，以慈卫之"[4]，"天之所恶，孰知其故？"[5] 就有神秘主义色彩。荀子被公认为是先秦彻底的唯物主义者，然而在某些论述中，"天"仍有神秘主义的味道，"人有此三行（指老老，不穷穷等），虽有大过，天其不遂（坠）乎！"[6] 即其例。尽管天是一个含糊的容量很大的概念，但对天的认识又形成了一个共同意识，即凡属超乎个人意识之外的东西，都可称为天；或者可以这样说：与人的主观意识相对立的东西均可称为天。列宁说："本能的人，即野蛮人没有把自己同自然界区分开来，自觉的人则区分开来了。""天"的观念则是当时人把自己与自然区分开来的一个最基本的范畴。人把自己同自然区分开来是认识上的划时代的飞跃。但是只沿着这一方向走，同样会从一个方向走进死胡同；只有当人们不仅认识到自己与自然相区分，同时又认识到人和自然的统一，这才算进入了辩证的认识领域。先秦诸子广泛讨论了天人关系，既认识到了两者的区别，更深入地探讨了两者之间的联系，特别是着重论证了自然对人类生活的制约关系。他们提出，人是天地自然的产物，天地自然又为人类提供了生存条件和环境，"天地者，生之本也"[7]。由于诸子对天人关系持有不同的认识，从中引出的政治原则也不尽相同。归纳起来主要有如下三种不同的思路。

---

[1] 《论语·八佾》。
[2] 《论语·季氏》。
[3] 《论语·阳货》。
[4] 《老子·六十七章》。
[5] 《老子·七十三章》。
[6] 《荀子·修身》。
[7] 《荀子·礼论》。

一种是政治法自然思想。先秦许多派别和众多的思想家,从不同点出发,都主张把法自然作为政治的基本指导原则。政治法自然的思想早在春秋时期已有不少人做了初步论述。比如子产讲的"天地之经,而民实则之","则天之明,因地之性,生其六气,用其五行"。[①]已把政治法自然的思想说得相当清楚了。在理论上更明确提出"法自然"的是老子。老子此论一出,犹如壅塞之水,一发而泻,相类似的思想和理论滚滚而来。除了道家发扬光大外,一部分儒家、法家也多有阐发,特别是阴阳家从"务时而寄政"[②]出发,把天人关系归纳为固定的程式,达到登峰造极之境。先秦诸子法自然的思想表现为各式各样,归纳起来有如下几个方面:

第一,遵循自然规律。先秦诸子用以表达自然规律的概念很多,有"道""常""则""理""节""度""数""时""势""必""序",等等。这些规律不以人的主观意志为转移,人"莫之能损益"[③]。他们把遵从这些规律,通称为法天、法四时[④]。《管子·五行》说:"通乎阳气,所以事天也。经纬日月,用之于民。通乎阴气,所以事地也。经纬星历,以视其离(读如'列')。通若(此也)道,然后有行。"基于上述认识,许多人得出一个基本结论,即"顺天者昌,逆天者亡"[⑤]。"其功顺天者,天助之;其功逆天者,天违之。天之所助,虽小必大;天之所违,虽成必败。"[⑥]"夫缘道理以从事者,无不能成。"[⑦]

第二,政治举动与天地运转相配合,并用行政手段监督和保证人与自然保持生态平衡。许多人主张要把自然天道规律以及遵循自然规律的人事行为用政令法

---

① 《左传》昭公二十五年。
② 《管子·四时》。
③ 《管子·乘马》。
④ 《管子·版法解》。
⑤ 《十大经·姓争》。
⑥ 《管子·形势》。
⑦ 《韩非子·解老》。

律形式加以规定，迫使所有人遵从。这集中表现在"四时之政"的论述上。例如，春天是万物复苏萌发时期，与之相应，春天"毋杀畜生，毋拊卵，毋伐木，毋夭英，毋拊竿，所以息百长也"。春天是一年生计之始，为了保证农播，要"赐鳏寡，振孤独，贷无种，与无赋，所以劝弱民"。"所以建时功施生谷也。"① 自然为人类提供了生活之源，"万物同宇而异体，无宜而有用为人，数也"②。但是人对自然索取过多或索取不当，反而破坏了自己赖以生存的条件。墨子为此曾忧虑重重。荀子批评墨子是"私忧过计"，其实墨子的忧虑还是颇有点道理的。这种忧虑引起了一些人的关注，特别是阴阳五行家，他们详细论述了人类向自然索取，不仅要有时，还要有节，山林开禁之时也不能任意而为，乱砍滥伐，以保证来年的生长。

第三，一些人还提出，人类社会的结构是从自然结构中引申出来的，或模拟自然而成。"有天地然后有万物，有万物然后有男女，有男女然后有夫妇，有夫妇然后有父子，有父子然后有君臣，有君臣然后有上下，有上下然后礼义有所措。"③ 这种天地与社会父子生成关系虽然十分粗糙，简直是胡话，但在胡话中包含了朴素的自然与人事具有统一性的思想，并借助这种统一性理论，把社会君臣父子等级之分自然化。所以又说："天尊地卑，乾坤定矣。卑高以陈，贵贱位矣。"④ 乾代表君、父、夫等支配方面；坤代表臣、子、妻等被支配方面。《管子·四时》把自然与人事分为五个层次，即道、天地、德（五行之德，指一年四季的不同性质和特点）、政（指由五行而引出的必行的政治规定）、事（指人事）。作者认为这五者是一个顺向依次制约关系，即"道生天地"，"道生德，道生正（政），正生事"。这样一来，当时人间以社会关系和政治原则都是天地自然的派生物，天地自然不变，这种社会关系也就永远不变。

---

① 《管子·禁藏》。
② 《荀子·富国》。
③ 《易传·序卦》。
④ 《易传·系辞上》。

第四，政治的基本手段脱态于自然。政治手段有千种百样，最终不外德、刑两手（又称赏、罚、宽、猛、文、武，等等）。一些思想家认为，德、刑也是从自然生杀荣枯中引申出来的。春夏生物谓之德，秋冬肃杀谓之刑，天不废生杀，政亦不能废德刑。德、刑两手应像四时循环那样，交替使用，"是以圣王治天下，穷则反，终则始。德始于春，长于夏；刑始于秋，流于冬。刑德不失，四时如一"①。

第五，天道自然对万物都是平等的，无亲无近，无偏无私，"公"字当头。政治要向天道看齐。由此而引出一个基本原则，这就是尚公而抑私。明君"任公而不任私"。"以法制行之，如天地之无私也。"②"圣人若天然，无私覆也；若地然，无私载也。私者，乱天下者也。"③

第六，先秦不少思想家主张无为政治。无为政治的理论基础是法自然。关于无为政治问题下节再论述。

以上讲的政治法自然，其中要点是强调人与自然相契合，一切政治行为要建立在顺从自然基础之上。

与上述法自然不同的另一种思想，是绝对的自然主义。从思路上看，这些人也是法自然，但他们所谓的法自然与前边的思想有本质的不同。他们把事情推向极端，主张"天而不人"，完全回到自然中去。这种思想发端于老子，完成于庄子及其后学。在老子那里，天与人既有统一，又有对立。统一表现在三个方面：其一，天地自然与人事的本源都是道，纷纭万物万事都是道的外化现象；其二，道是支配自然、人事的内在规律；其三，人能够了解和把握天道的规律，并应该宗奉法自然的方针，这样便可以治天下，"侯王若能守之，万物将自化"④。但是，老子更强调两者的对立，这种对立也有三方面的内容。其一，天这个概念在《老子》

---

① 《管子·四时》。
② 《管子·任法》。
③ 《管子·心术下》。
④ 《老子·三十七章》。

中，就其具体意义而论，指万物之首，属"有"的范畴。"有"与"无"虽有统一，如"有无相生"①，但"有""无"并不是对等关系，"有"是从"无"外化来的暂时现象，最后要回到"无"去。其二，人类的历史是一个不断破坏本源和本性的过程，每况愈下："失道而后德，失德而后仁，失仁而后义，失义而后礼。夫礼者，忠信之薄，而乱之首。"②其三，人事完全异化为它的母体（即"道"）的对立物："天之道损有余而补不足，人之道则不然，损不足以奉有余。"③由于老子基本倾向在自然方面，因而对人事不仅表现出悲哀，更发出了厌恶和憎恨。老子及其后学继承和发展了老子这一思想。他们把人本身也分为两个方面，一方面是人的自然性，通常称为"性"。人的自然性是属于天，即自然的范畴，是整个自然界的组成部分。另一方面是人的意识、能动作用和社会关系等，这些属于社会性。在庄子及其后学看来，人的社会性与自然性是截然对立的，社会性是破坏人的自然性的产物，社会性越发展，对人的本性破坏得越厉害。为了防止这种破坏，他们提出了"反性""修性""循性""反情性"等一系列命题，要求人类回到自然中去，"与天为一"④。所谓"与天为一"，就是把人完全融化在自然之中，不应因是"人"而有高于万物的情感。达到这一境界的妙道是"忘己"和"无己"。"忘己之人是之谓入于天。"⑤从上述认识出发，在政治上作者们主张"天而不人"⑥，即一切顺天，取消人的能动精神。又说："本乎天。"⑦"工乎天而拙乎人。"⑧依据这些原则，人类就不应该提出"治"的问题，最理想的世界是"不治天下"；其次如果"君子

---

① 《老子·二章》。
② 《老子·三十八章》。
③ 《老子·七十七章》。
④ 《庄子·达生》。
⑤ 《庄子·天地》。
⑥ 《庄子·列御寇》。
⑦ 《庄子·秋水》。
⑧ 《庄子·庚桑楚》。

不得已而临莅天下，莫若无为"①。无为的真谛是顺自然。顺自然，就要使民"安其性命之情"，为此至关紧要的是"无擢其聪明"。② 庄子"天人为一"的思想，不是要人们了解自然，掌握自然，在顺应自然中改善人的生活，而是要人融化于自然，消失在自然之中，从而人也不再是人。人获得了自然的自由，却失去了社会创造的自由，人只不过是与牛马异形的一种动物而已！

再一种看法是既主张法自然，又要有所分，这种思想以荀子为代表。荀子提出"天人相分""天道有常""能参""制天命而用之"等，把天人关系的认识推向新的高峰。"明于天人之分"是把法自然引向科学和自觉的前提。荀子在"分"上做了细致的分析，人之外的自然界属于天。人本身仍需要再分析。荀子认为人的生理情欲和功能也属于"天"的范围，故称之为"天情""天官""天君"③。荀子指出，天地自然以及人的生理功能是不依赖人的主观为转移的客观存在，有自身的运动规律。对这些规律，荀子既不赞成违抗，又不赞成消极的顺应，他提出应该充分发挥人的主观能动性，去积极地配合、利用，乃至加以控制和改造。他提出的"能参""制天命而用之"，以及"化性起伪"等主张，就是这个意思。基于上述认识，在政治上既要遵循自然规律，又要勇于进取，在顺应中以求利用，在利用中充分发挥人的主观能动性。他豪迈地提出："强本而节用，则天不能贫。"④ 实行德政，"岁虽凶败水旱，使百姓无冻馁之患"⑤。政和可以战胜天灾。荀子的这一见解是杰出的。人灾虽令人可畏，但天灾只有败政相辅才会变得可怕。因此，可怕的不是天灾，而是败政！

天人关系是一个哲学问题，又是一个实际的政治问题。自然界是人赖以生存的条件和活动的前提。人们通常只把政治理解为解决社会关系方面的事，在阶级

---

① 《庄子·在宥》。
② 《庄子·在宥》。
③ 《荀子·天论》。
④ 《荀子·天论》。
⑤ 《荀子·富国》。

社会则又说成是处理阶级关系方面的事,这种说法有它的道理,然而是不完全的。人类与自然的关系不是靠自发的方式来处理的,也不是个人的私事。这一点荀子早就指出过,人是靠"群"在自然中生活的。人和自然的交往,必须通过政治手段加以规范,才能保证人与自然之间取得平衡,才能维护人类生存的条件,才能更好地利用自然。如何处理人与自然的关系,也会直接影响到人与人之间的关系。人类历史上的社会组织,包括后来的国家,从来不是只管处理人与人之间关系,历来都把处理人与自然的关系作为自己的重要活动内容之一。在阶级社会,政治的阶级性是明显的事实,但又不全然是阶级的,处理天人关系问题就不能全部进入阶级的范畴。在中国古代以农业为主的经济条件下,天人关系问题在政治中有更突出的地位。农业依赖于自然是人所共知的,破坏了天人之间的正常关系,必然导致社会经济灾难,必然会引起社会问题。当时的思想家们从天人关系着眼探讨政治的指导原则,应该说是登高望远之论。

(二)关于人性与政治

春秋以前的政治面对着神,凡事都要从神那里获得说明。春秋以降发生了重大变化,人成为政治议题中的中心内容,政治成败的原因蕴藏在人自身。正如史嚚所说:"国将兴,听于民;将亡,听于神。"[①] 寥寥几字,点明了两种不同的政治认识。当时头脑稍为清醒的政治家都程度不同地认识到,民之向背是政治成败的关键。到了战国,这一类的论述不仅充塞了思想家著作,而且更深刻了,民为政本是这种思想的最高概括。"夫霸王之所始也,以人为本。本理则国固,本乱则国危。"[②]"卑而不失尊,曲而不失正者,以民为本也。"[③] 问题点得很透。但是事情的内在联系是什么呢?芸芸众生千姿百态的举动是由什么为动因?作为一个政治家怎样才能把握住民众的动向?为了回答这些问题,敏锐的思想家们提出了民性、民

---

① 《左传》庄公三十二年。
② 《管子·霸言》。
③ 《晏子春秋·内问下》。

情、人性等一系列问题，企图找到事情的奥秘。综观先秦诸子有关人性问题的讨论，不下十余种说法。有的说人性恶，有的说性本善，有的说无善无不善，有的说好利，有的说有恶有善，等等。根据我们的考察，先秦诸子有关人性问题的讨论绝不是什么先验的命题，也不是什么纯抽象问题。先秦诸子有关人性问题的讨论是把人的自然性与社会性的关系作为自己的研究对象，并由此探讨了人的价值、人们关系的本质以及人生观等问题。许多政治家和政治思想家以一定的人性理论为基础论述了自己的政治理论和政策。关于这一方面的问题，这里不再讨论。

总之，人性问题是探讨人的本质最深刻的命题，是有关对人的认识与理论的核心。今天看来，这个命题有很大的局限性，但在当时，它却是认识的高峰。尽管诸子对人性的认识多有差异，引出来的政治观点泾渭分明，但围绕人性的争鸣，形成了一种综合性的政治文化观念，这就是，政治应把人作为中心对象，一切政治思想应该从对人的认识中产生，而不应从神灵那里求得指示。中国的中世纪没有走向神权政治的原因是多方面的，从认识上考察，先秦诸子对人性的充分讨论应该说起了重大作用。

（三）历史观与政治

政治思想家与有作为的政治家比任何人都更加注重历史。认识历史、认识现实和认识未来，是认识社会的三个环节，并构成一个循环圈。正如《吕氏春秋》所言："今之于古也，犹古之于后世也；今之于后世，亦犹今之于古也。故审知今则可以知古，知古则可以知后。古今前后一也。故圣人上知千岁，下知千岁也。"[①] 就这一段文字而论，是有缺陷的，但作为方法论是极有价值的。只知古而不知今，必陷于昧；只知今而不知古，必陷于陋；不知古今而言未来，必陷于妄。这三者是政治思想家和政治家的大忌。先秦的政治思想家都十分重视研究历史，并把历史观作为自己思想的支柱之一。综观先秦诸子，他们的历史观大体可分为如下四

---

① 《吕氏春秋·长见》。

种不同体系。

一种观点认为,历史是进化的和不断变动的。法家、轻重家、《易经》以及《吕氏春秋》中的一部分著作,从不同角度论述了历史进化和不断向前演进的历程。特别是《商君书》的作者和韩非,他们用分期的方法描述了历史的进化过程,并对进化的原因进行了发人深省的探讨。他们以历史进化理论为依据,主张政治要随时而变,而且历史上的政治从来就是如此,"先王当时而立法,度务而制事。法宜其时则治,事适其务故有功"①。在他们看来,历史上的一切成法、传统、习俗、价值观念,等等,都应在现实面前经受检验,当留则留,当弃则弃,绝不为历史传统所囿。他们提出:"各当时而立法,因事而制礼。"②政治要"随时而变,因俗而动"③。他们的口号是:"不慕古,不留今,与时变,与俗化。"④"不期修古,不法常可,论世之事,因为之备。"⑤法家要人们割断历史的脐带,切实把握住现实,走向未来,所以最具有生气。

《易传》的作者在历史观上虽然没有法家那样明快的进化思想,但他们也认为历史是一个不断更易的过程:"日中则昃,月盈则食。天地盈虚,与时消息,而况于人乎?"⑥《系辞》篇叙述了由庖牺至神农,由神农至黄帝、尧、舜历史变化的内容:在经济上由田猎而农耕,再由农耕而到商业与文明的全面发展;在文化上,由结绳记事到有文字书契;在社会制度上,由无礼制到创建礼制;等等。作者认为,在自然与社会历史之变中,有一个基本的规律,即"穷则变,变则通,通则久"。基于这一认识,政治要善于观时和随时变,"时止则止,时行则行,动静不

---

① 《群书治要·商君子》。
② 《商君书·更法》。
③ 《管子·正世》。
④ 《管子·治世》。
⑤ 《韩非子·五蠹》。
⑥ 《易·彖传》。

失其时，其道光明"①。又说："刚柔交错，天文也；文明以止，人文也。观乎天文，以察时变。观乎人文，以化成天下。"② 天文指阴阳交错、天地变化，人文指社会制度教化。上知天文，下知人文，并且知道如何"化"之，这样的人才能够为天下之主。总之，政治必须随时变。

再一种观点认为，历史之变是在循环的方式中进行的。阴阳五行家持此论，邹衍为突出代表。邹衍认为人类历史是一个不断变化的过程，而在变化中有一个规律起着支配作用，这个规律叫作"五德转移，治各有宜，而符应若兹"③。五德即指土、木、金、火、水。这五德，依次各主一个朝代，每个朝代有特定的制度和政治。在朝代发生更替时，必定会发生某种奇异的自然现象，作为改朝换代的信息。邹衍的历史观的主体是循环论，但同时又把历史进化论与神秘主义杂糅在一起。历史循环论在理论上不及进化论深刻，但在当时，也有它独特的价值：一方面它说明了朝代的更替，另一方面，它还有政治分类的内容，即把政治分为五种类型。这种分类无疑具有形式主义的和机械主义的性质，但在当时却又是一种高度概括，把过去的政治基本上都包纳进去了。在历史循环中，他提出的如下看法具有特别重要的意义，即一个朝代之所以灭亡，必定有它的缺陷，继起者只有救偏补弊才能立足。五德终始论尽管有许多混话，但它指明一个朝代不是永恒不变的，必定有其终数，政治必须更新，在当时颇能开人耳目。

在历史观上，还有一种理想的先王观，儒、墨两派多持此说。在他们眼中，尧、舜、禹、周文、周武等先王是帝王的楷模，理想的盛世，圣王之法是不可更易之法。与先王相比，当今之世不仅是退化，简直是堕落。于是在政治思想上他们提倡祖述尧舜，率由归章，甚至提出"复古"的口号。他们认为："以道观尽，

---

① 《易·彖传》。
② 《易·彖传》。
③ 《史记·孟子荀卿列传》。

古今一也。类不悖，虽久同理。"① 所以先王之道足以垂万世，是普遍真理，"放之四海而皆准"。从思想形式上，这些人贵古而贱今，所以遭到了法家猛烈的批评。韩非指斥这些"明据先王，必定尧舜者，非愚则诬也"②。《吕氏春秋·察今》批评得比较斯文，作者指出："先王之法有要于时也，时不与法俱至，法虽今而至，犹若不可法。"韩非等人的批评不是毫无道理，但于实际颇多出入。儒墨的先王观并不是一种单纯的历史观，他们把历史与理想以及政策等杂糅在一起。其中的理想和政策具有鲜明的现实性和针对性，不乏切中时弊的高见。仅从历史的角度看，他们的认识的确是反历史的，但是从理论方面看，他们所说的历史又只不过是理想和政策的注脚和外壳。诚如马克思所说的，这些人"请出亡灵"，"借用它们的名字，战斗口号和衣服"，以便"演出世界历史的新场面"。对儒、墨理想化的先王观，应作两方面分析：一方面，反映了这些人在现实面前的不成熟、畏缩、怯懦，不敢从历史的传统中向外跳一下；另一方面，他们越是把历史理想化，在现实生活中就越具有批判意义和改造意义。把历史、理想与政策杂糅在一起，确实给人以向后看之感，有时也易引人走向僵化，但简单地斥之为复古守旧是不确切的。

从思想形式到内容主张复古倒退的，只有老庄这一派。在他们看来，人类不是随历史向文明进化，而是每况愈下，坠入了万丈深渊。人类创造的一切物质文明和精神文明的成果，非但不是进步的标志，反而统统是祸害。他们要求毁掉一切物质和精神文明，使人回到仅具人形的动物世界，他们主张的倒退，不是退到人类社会历史进程中的哪一个阶段，而是从人类社会退回到纯自然的时代。

政治虽然面对的是现实，但是现实是历史的产儿和继承者，因此对历史进程持怎样的认识，直接会影响到现实的政治认识与政治活动，所以历史观便成为政治思想的基础理论之一。

---

① 《荀子·非相》。
② 《韩非子·显学》。

（四）矛盾观与政治

社会生活到处充满了矛盾。如何看待和处理矛盾，是政治的基本出发点。先秦诸子普遍认识到事物的矛盾性，一些人还从不同方面揭示了矛盾规律及其运动形式和作用等。由于各派对矛盾和处理矛盾的方式有不同的认识，所以在政治上便引出了不同的结论。

一种意见认为，在保持矛盾主次方面不变的情况下，尽量去调和矛盾双方，力求双方不要走向破裂。儒家倡导的中庸之道是这种认识的集中代表。关于中庸的思想方式，庞朴同志在《中庸评议》中已做了全面的论述，我基本同意。把中庸之道用于政治，便表现为守旧的边际平衡思想。所谓守旧的边际平衡思想指的是，在旧的事物范围内或主次矛盾地位不变的情况下，最大限度地使矛盾双方接近，尽量使各种人各得其所，各得其宜，各向对方靠拢，以便在事物不改变质的情况下保持住平衡。儒家认为，君臣父子、士农工商的地位绝对不可更易。但在相互关系上，要通过各种办法加以调整，目的是求得"和"。儒家主张礼治，礼的本质在于"分"，但"分"必须用"和"来维系。既"分"又"和"，这就是儒家政治的基本指导思想和处理事情的基本要求，与之相应而有一整套理论和措施，其中心点是民要尊君，君要爱民。因此可以说，尊君爱民是儒家矛盾观用于政治而得出的基本指导原则。

与上述思想针锋相对的另一种主张认为，矛盾双方的斗争是绝对的，主张一方压倒另一方。法家，特别是韩非充分阐述了这种观点，并用之于政治。韩非认为，"凡物不并盛"[①]。即是说，矛盾的双方不能同时发展，必有主次；如果双方势均力敌，必然要造成分裂，使事物失去其存在的条件或发生变态。"王良、造父，天下之善御者也，然而使王良操左革而叱咤之，使造父操右革而鞭笞之，马不能

[①] 《韩非子·解老》。

行十里，共故也。"① "夫妻执政，子无适从。"② 韩非由矛盾双方不能"共"，进一步提出矛盾双方"势不两立"③的观点。韩非从自然与社会生活各方面论证了这一主张。他说："冰炭不同器而久，寒暑不兼时而至。"④ "一栖两雄，其斗㘗㘗。"⑤ "背私谓之公，公私之相背也。"⑥ 不同政治派别是"不可两存之仇"⑦。君臣之间是"一日百战"⑧。基于上述认识，法家，特别是韩非，在政治上提倡一方要吃掉另一方或压倒另一方。如果能吃掉的，吃掉是上乘，比如法术之士与儒家的矛盾，他主张用禁、烧、杀等手段将儒家彻底消灭；有些不能吃掉，如君对臣民，但君一定要设法控制住臣民，使之慑服。下边一段文字生动形象、淋漓尽致地把这种思想亮了出来："明主之牧臣也，说在畜鸟。……驯鸟者断其下翎，则必待人而食，焉得不驯乎？夫明主畜臣亦然。令臣不得不利君之禄，不得无服上之名，……焉得不服？"⑨ 为了做到这一步，必须依靠实力，"力多则人朝，力寡则朝于人，故明君务力"⑩。为了务力就要提倡耕战，把握住法、术、势，使力量和权力集中于君主之手。

还有一种观点与法家用强的思想相反，在矛盾双方中，主张用弱。这种主张在《老子》一书中阐发得最为充分。"反者道之动，弱者道之用"⑪，说明了作者对弱的重视。作者从各方面论述了"柔弱胜刚强"⑫的道理。为此提出了一系列弱用

---

① 《韩非子·外储说右下》。
② 《韩非子·扬权》。
③ 《韩非子·人主》。
④ 《韩非子·显学》。
⑤ 《韩非子·扬权》。
⑥ 《韩非子·五蠹》。
⑦ 《韩非子·孤愤》。
⑧ 《韩非子·扬权》。
⑨ 《韩非子·外储说右上》。
⑩ 《韩非子·显学》。
⑪ 《老子·四十章》。
⑫ 《老子·三十六章》。

之术，诸如守静、用柔、处虚、不争、以曲求全等所谓的"无为"之术。在政治旋涡中，人们比较注重刚强和实力，容易忽视柔弱的作用。老子的贡献在于全面揭示了柔弱在矛盾中的作用，并且指出，在许多情况下是刚强所不及的，这是一大贡献。但是老子把问题绝对化了。在充满矛盾斗争的社会生活中，靠弱是难于立足的。在一般情况下，只有弱成为强的一种补充时，才能显示出它内蕴的力量。

在矛盾观上，还有一种相对主义的理论，庄子及其后学是突出的代表。他们虽然承认事物的矛盾，但那不过是一种现象，转眼即逝，矛盾的双方，没有任何质的稳定性。用这种观点观察政治，一切现象都不过是虚幻，无是非可分，他们提出"和之以是非"。不过，他们认为有一种矛盾是绝对的，即人的自然性与社会性之间的矛盾。他们主张取消一切社会性，包括政治在内，回到纯自然状态。关于这一点，前边已谈过了。

把矛盾观与政治指导思想紧密联系起来，这是政治观念上升为理性的基本标志，也是政治思想认识深化的标志。

以上，我们从天人关系、人性论、历史观、矛盾观几个方面分别讨论了与政治指导思想的关系。由于各家各派在这些问题上有不同的认识，因而引申出了不同的指导思想。在这里，我们没有篇幅也没有必要去具体讨论各种不同的政治思想的历史价值、是非和得失。这里只说一点，即这种认识方式的意义。从神学解脱出来之后，向何处寻求政治的指导原则？这些思想家把认识的触角伸向了现实，他们力图从人类生存的条件及其对人类生活的制约关系中，从人类自身生活的规律特点及其相互关系中，来寻求政治活动的基本原则。这种认识方向的转变具有划时代的意义。在长达两千多年的封建社会里，神学虽然从来没有退出过政治舞台，但只能充当配角的作用，从认识上看，应该归功于先秦诸子开拓了一条新的认识路线。

二、关于政治基本路线的认识

在社会巨变和诸侯并存与生死竞争的推动下,各国统治者竞相寻求富国强兵安民胜敌之道。富国强兵之策来自人们的认识,因此智力在政治中的作用显得格外重要和突出。许多人从不同角度出发,得出了一个大体相同的结论:政治斗争的成败,不取决于既有的物质力量,而取决于政治路线。孟子在总结历史成败经验教训时指出:文王所以能以百里之地发迹,关键在于他的政策对头;纣王虽有亿兆人,由于政策悖谬,仍不免垮台。韩非在总结各国兴衰的原因时,都归诸政治路线。他对魏这样说:"当魏之方明立辟(法),从宪令行之时,有功者必赏,有罪者必诛,强匡天下,威行四邻;及法慢,妄予,而国日削。"对赵、燕也有类似评论,如谈到燕的兴败时说:"当燕之方明奉法、审官断之时,东县齐国,南尽中山之地;及奉法已亡,官断不同,左右交争,论从其下,则兵弱而地削,国制于邻敌矣。"① 韩非在总结秦变强,山东六国变弱的历史经验时说:"慕仁义而弱乱者,三晋也;不慕而治强者,秦也。"② 又说:"国无常强,无常弱。奉法者强则国强,奉法者弱则国弱。"③ 不管儒家、法家还是其他家,大抵都把政治上的兴败归之于政策和路线。

治国之道从认识性质上可分为两种:一种是经验主义的;另一种则是理论性的认识。在春秋以前虽然有不少理论性的认识,但经验主义的东西还居主要地位。其后随着社会生活复杂化和诸侯大夫竞争,单靠经验已远远不能驾驭政治之舟,这时需要理论性的认识。理论性的认识必须借助经验,但是仅靠经验不能自发地形成理论性的政治路线,这里需要研究,需要静心地观察和思考。先秦诸子正是在思考中涌现出来的一批出类拔萃之辈。他们以自己的研究和思考为基础,提出了各自的政治路线,从而在政治路线上形成历史上少见的争鸣局面。翻开诸子的

---

① 《韩非子·饰邪》。
② 《韩非子·外储说左上》。
③ 《韩非子·有度》。

著作，确实存在着不同的政治路线，不仅派别之间，就是同一派别之内也多有分歧。这里不能详论，只能用速写的方式，勾一个轮廓。要之，有如下几种不同的政治路线。

儒家的政治路线，可用礼治仁爱四字概括。礼和仁是孔子思想的两条腿，正是靠这两条腿形成整个儒家思想流派的运动。礼与仁缺一不可，"人而不仁，如礼何？人而不仁，如乐何？"① 礼讲的是社会制度以及其对人的社会地位和行动的规定。殷周以来，统治者一直都很重视礼，许多人把礼视为治国之纲，"礼，经国家，定社稷，序民人，利后嗣者也"②。"礼，王之大经也。"③"礼，国之纪也。"④ 儒家继承和发扬了这种传统和主张。孔子讲："为国以礼。"⑤ "上好礼，则民莫敢不敬。"⑥ 礼的中心是区别君臣贵贱上下等级。但是孔子没有到此止，他又提出，行礼要辅之以仁。孔子对仁并没一个明确的规定，在他看来，一切美好的品德都可称为仁，其中最为核心的就是"爱人"。从理论形式上看，这种爱具有普遍的形式，"己所不欲，勿施于人"⑦。爱的普遍性对礼的等级性，可能造成致命冲击波。不过孔子没有让这种冲击波直接冲向等级制度，而是把它变成一种和暖的春风使之在等级之间回荡，沟通上下之间的感情。当政者要爱护臣民，臣民要尊敬长上。把这种爱用于政治上就是"尊四美，屏五恶"。所谓"四美"即"君子惠而不费，劳而不怨，欲而不贪，泰而不骄，威而不猛"。照常人之见，施恩惠，必然要有点破费，可是老夫子却提出惠而不费，以至他的高足子张都无法理解，不免发问："何谓惠而不费？"孔子解释道："因民之利而利之，斯亦惠而不费乎？择可劳而劳之，

---

① 《论语·八佾》。
② 《左传》隐公十五年。
③ 《左传》昭公十五年。
④ 《国语·晋语》。
⑤ 《论语·先进》。
⑥ 《论语·子路》。
⑦ 《论语·颜渊》。

又谁怨？欲仁而得仁，又焉贪？君子无众寡，无小大，无敢慢，斯不亦泰而不骄乎？君子正其衣冠，尊其瞻视，俨然人望而畏之，斯不亦威而不猛乎？"①这真是一个绝妙的高招，他不是用牺牲一方来满足另一方，而是从两端跳出来，让民去做于自己有利的事或可能做而不带来伤害的事，从而使两方都得到了一定的满足。孔子的礼旨在从制度上把人区分为贵贱上下，而仁则着眼于用主观的努力去调整这种关系，避免走向公开的破裂，至少在意识上设法掩盖其间的对立。孟子和荀子是孔子之后儒家中的两大巨擘。孟子从理论上着力发展了孔子的仁说，荀子从理论上着力发展了孔子的礼。但礼与仁始终是儒家思想的两大支柱。儒家的具体政策基本上都是以这个政治路线为指导的。

法家的政治路线可概括为利寻和法治。法家认为人的本性以及人与人相互关系的本质联系，可以用一个利字来说明。政治这种东西并不是温情脉脉、雅淡超俗、令人可掬的东西，它所要解决的是利害关系。政治的基础是利害，政治艺术就是处理利害关系。在法家看来，说仁道爱，都是靠不住的。正如韩非所说："臣尽死力以与君市，君重爵禄以与臣市。君臣之际，非父子之亲也，计数之所出也。"②"上所以陈良田大宅，设爵禄，所以易民死命也。"③赏罚是处理和解决利害关系的基本手段。君主行赏罚不能凭个人好恶，而应依法行事。在法家看来，利害关系又是制定法的基本依据之一，反之，法又是处理和解决利害关系的基本方式和手段。法虽然是由君主制定出来的，但一经制定出来，它就成为一种普遍的规定，君主本人也应遵守。正如《管子·法法》篇所说："巧者能生规矩，不能废规矩而正方圜。虽圣人能生法，不能废法而治国。故虽有明智高行，倍（背）法而治，是废规矩而正方圜也。"法家主张以法治国，反对儒家的人治主义。慎到指出，儒家的人治有两大弊病。其一，人治无一定标准，随心而定，"君人者，舍法

---

① 《论语·尧曰》。
② 《韩非子·难一》。
③ 《韩非子·显学》。

而以身治，则诛赏予夺，从君心出矣"。心这种东西无一定准则，同一件事，看法各异。特别是在利害赏罚上，君臣之间会形成反向思考："受赏者虽当，望多无穷；受罚者虽当，望轻无已。"而且，只要心一转念，事情就会差之千里，"君舍法而以心裁轻重，则同功殊赏，同罪殊罚矣"。赏罚不公"怨之所由生也"。① 其二，实行人治必然会出现"国家之政要在一人之心矣"②。然而事情千头万绪，一个人无论多么高明，他的认识能力也是有限的，"一人之识识天下，谁子之识能足焉？"③ 法家的结论：人治不足以治国，治国之道在于实行法治。处理政事"唯法所在"④，"事断于法，是国之大道也"⑤。《管子》中法家派著作对法的定义做了如下规定："法者，天下之程式也，万事之仪表也。"⑥ "法者，天下之仪也，所以决疑而明是非也，百姓所悬命也。"⑦ 由此可见，法家的法是有关社会关系的一般的和普遍的规定。强调事物的一般性和规范化，首先因为事物个性复杂化和多样化引起的。面对着复杂的、多样化的社会生活，如果不从中抽出一般性，就抓不住联系个别事物的链条。法家的法正是这种链条。法家的法在内容上主要是鼓励耕战，让所有的人在耕战面前重新组合，所以在当时具有鲜明的社会改革性质。法家的法虽然是一种等级法，但是人人都必须遵法，按法行事，不准有法外人，包括君主在内，"法令者，君臣之所共守也"⑧。"君臣上下，贵贱皆从法，此谓为大治。"⑨ 君主的命令是临事的决定，命令应该以法为准，于是提出"君据法而出令"⑩。先秦许多思

---

① 《慎子·君人》。
② 《慎子·威德》。
③ 《慎子·佚文》。
④ 《慎子·君臣》。
⑤ 《慎子·佚文》。
⑥ 《管子·明法解》。
⑦ 《管子·禁藏》。
⑧ 《管子·七臣七主》。
⑨ 《管子·任法》。
⑩ 《管子·君臣上》。

想家把君主官吏说成是民的父母，而法家却认为，"法者，民之父母也"①。在执法问题上，法家把君主视为法中人，这在理论上有重要意义。不过这种理论并不彻底，在君主与法的基本关系上，他们又认为法是君主手中的工具，"人主之大物，非法则术也"②。在执法上也没有找到制约君主的力量。所以君主仍然是高居法上的圣物。正如下棋一样，如果有一个棋子不受任何约束，必然全局皆乱，不成棋局。法家虽然反复强调以法治国，可是君主就是那个无法无天的棋子。所以法只能是君主专制的工具，与民主制毫不相关。

墨子提出的政治路线可称为"兼相爱""交相利"。墨子认为天下大乱，人人相残的根本原因是"自爱"和"自利"。"今诸侯独知爱其国，不爱人之国，是以不惮举其国以攻人之国。今家主独知爱其家，而不爱人之家，是以不惮举其家以篡人之家。今人独知爱其身，不爱人之身，是以不惮举其身以贼人之身。"③改变这种局面的办法就是"兼相爱""交相利"。爱他国如爱本国，爱他家如爱本家，爱他人如爱自己。这样就会消除一切灾难，人人乐陶陶。墨子的"兼"具有特定的含义，是针对"别"而提出的。"别"指等级，为儒家所倡导。"兼"指平等相待。所以孟子骂墨子不分君臣父子。其实，孟子错怪了墨子。墨子从来没有想过废除君臣贵贱等级制度，他只不过倡导一种博爱精神而已。把这种精神用于政治，墨子提出了"节用""节葬""非乐""非攻"等主张。如何实现兼爱呢？墨子认为除了用说教方式外，还必须诉诸强力，用行政手段，迫使人与人必须相爱。于是爱表现为行政的服从，"上之所是，必亦是之；上之所非，必亦非之"④。爱一转脸变成了绝对服从，转化为服务于君主专制的工具，这是理论上的一场悲剧，又是当时不可逃脱的历史命运！

---

① 《管子·法法》。
② 《韩非子·难三》。
③ 《墨子·兼爱上》。
④ 《墨子·尚同中》。

道家的政治路线可称为自然无为。从政治上看，道家的自然，主要有两种含义。其一是从人的自然性与社会性的关系上看，强调人的自然性。在道家诸派中，除了《经法》等古佚书为代表的黄老派之外，其他各派程度不同地都认为人的自然性与社会性是对立的，社会性程度不同地表现为对人的自然性的破坏，特别是庄学，认为两者水火不容。他们主张应该尽量减少人的社会性，以恢复和保存人的自然质朴本性。杨朱童子牧羊式的政治形象地反映了他们的理想。羊象征人民，牧童象征统治者，统治者应该像牧童那样任羊自由地逐水草而游，要把政治干涉减少到最低程度。自然的另一个含义，指人类的生活及其生存条件是一个不以人的主观意志为转移的客观过程。对这个过程，只能遵循，不能违反。因此他们提出了"顺天""从人""循理""用当""静因"等主张。它要求当政者对待任何事物不要先有主观成见，"因也者，舍己而以物为法者也。感而后应，非所设也；缘理而动，非所取也"①。意思是说，主观应是客观的反映，主观见解应在接触客观之后产生。因循之道还强调不要干涉事物的自然发展过程，"因也者，无益无损也"。如果强加损益，必然招祸，所以又说，"过在自用，罪在变化"②。"毋先天成，毋非时而荣。先天成则毁，非时而荣则不果。"③ 当然，因循之术也并不是绝对的消极，还要善于利用事物之能，即所谓"因者，因其能者（李明哲云："者"字衍，当删）言所用也"④。《十大经·姓争》中把问题说得更透彻："天道环（还）于人，反（返）为之客。"大意是，人能掌握天道之时机，顺从天道，就掌握了主动权，天道就成了人的客人。

道家倡导的法自然，也就是无为的核心。"无为"包括尽管减少政治干涉的内容，任民自然。但作为一种政策原则，有时又表现为强烈的干涉主义。且看《老

---

① 《管子·心术上》。
② 《管子·心术上》。
③ 《称经》。
④ 《管子·心术上》。

子》中的如下两段话，便一目了然："圣人之治，虚其心，实其腹，弱其志，强其骨。常使民无知无欲。使夫知者不敢为也。为无为，则无不治。"①"若使民常畏死，而为奇者，吾得执而杀之，孰敢？"②可见，使人民失去有为的条件和志气，是无为政治的基本内容之一。为达到这一目的，笑容可掬的无为变成了严酷的专制主义，这真可谓相反而相成！

阴阳五行家在战国中后期有广泛的影响，他们的政治路线是以时行教令。诚如司马谈所指出的："夫阴阳四时、八位、十二度、二十四节，各有教令，顺之者昌，逆之者不死则亡。"③阴阳五行家把天、地、人等整个宇宙视为一个统一体，他们一方面根据客观事实，另一方面又凭借主观臆造，绘制了一个多层次的结构图。在这种结构中，天制约地，地制约人，上制约下，大制约小。追求天、地、人的统一与和谐是阴阳家的政治战略思想。这种思想的具体化则表现为"时政"。由于四时运转周而复始，因此与四时相配合的时政便表现为一种程式化的规定，同样是周而复始。

《管子》中的轻重篇，应该说是一个独特的派别。他们的政治路线与众迥异，我们可以称之为以商治国。轻重诸篇中"轻重"一词有多种含义，主要的指有关市场、商品流通、货币、财政、物价等方面的理论以及相应的政策和措施。轻重篇作者主张以"轻重"治国，即以商治国。"凡将为国，不通于轻重，不可为笼以守民，不能通调民利，不可以语制为大治。"④"财终则有始，与四时废起。圣人理之以徐疾，守之以决塞，夺之以轻重，行之以仁义，故与天壤同数，此王者之大辔也。"⑤"今欲为大国，大国欲为天下，不通权策（即轻重之术），其无能者矣。"⑥

---

① 《老子·三章》。
② 《老子·七十四章》。
③ 《史记·太史公自序》。
④ 《管子·国蓄》。
⑤ 《管子·山至数》。
⑥ 《管子·山权数》。

以轻重治国,就是国家通过掌握市场和物价,把社会财富集中到国家和君主手中。有了丰厚的资财,就有了通理天下之资本。儒、法等派别程度不同地主张强本抑末,乃至除末。轻重家虽然也主张发展农业,但认为强本并不是治国之本。"人君不能散积聚,调高下,分并财,君虽强本趋耕,发草立币而无止,民犹若不足也。"①《管子·轻重乙》更明确地指出,"强本节用"不足以治国,只有善施轻重之术,即"天下下,我高;天下轻,我重;天下多,我寡。然后可以朝天下"。轻重家所讲的商业并不完全是建立在生产基础上的自由的市场交换,而是通过国家暴力垄断主要商品,并利用行政手段人为地制造物价起伏,乘机吞吐,从中获利。所以这是一种以商业为掩护、变明夺为暗取的克剥方式。作者对此曾坦白做过交代:"民予之则喜,夺则怒,民情皆然。先王知其然,故见予之形,不见夺之理。"②轻重之术便把明夺掩藏起来了。

以《吕氏春秋》为代表的杂家不同于上述诸派,在政治上采取了实用主义的方针。吕不韦主张的"杂"有三个特点,即杂存、杂选、杂通。杂存是说,吕不韦没有取消任何一家的企图,也没有想用一家一派把其他家吃掉,儒、法、道、墨、阴阳五行等,在他的杂存中各有一席之地。所谓杂选,指吕不韦对各家各派采取了分析的方法,选择其较为切合适用的部分。《汉书·艺文志》把每家都一分为二,各家除有按照适中方式思考问题的一派之外,还有所谓的"辟者""放者""拘者""刻者""警者""蔽者""邪人""荡者"等。吕不韦大致只选了各家适中的一派,对极端的派别则弃而不取。比如,对儒家的君臣父子伦理道德之论选取了,但对迂腐和繁缛之礼节却弃而不选;对法家的通变、赏罚分明、依法行事的思想选取了,但遗弃了轻罪重罚苛刻那一套;对道家的法自然的思想选取颇多,但对以自然排斥社会的思想基本上弃而不取。吕不韦对诸家进行筛选是很有见地的。所谓杂通,并不是以一家通百家,而是指杂存、杂选的内容,都通于王

---

① 《管子·轻重甲》。
② 《管子·国蓄》。

者之治，或者可以这样说，以王者之需要通百家。诚如班固所论："兼儒、墨，合名、法，知国体之有此，见王治之无不贯，此其所长也。"① 颜师古注："王者之治，于百家之道无不贯综。"吕不韦不囿于一家一派之成见，而是居高临下，凡利于君主统治者尽可能采而用之。在门户之见对垒的情况下，可谓高瞻远瞩。

　　以上诸种不同的政治路线，孰是孰非，在当时历史条件下各扮演了什么角色，这里不能讨论。从认识上看，不同主张的提出以及互相争论，的确打开了人们的眼界。剥削阶级的统治要从经验上升为理论，必须有一个争鸣的过程，因为只有争鸣才能把认识推向深化。在一个变革的时代，新情况不断出现，无论是谁，即使最聪明的人物也不可能一把抓住时代的脉搏，开口总结出一条完全切合当时实际的政治路线。因此，在政治路线上出现分歧是不可避免的事。不同政治路线的提出和争论，固然给实际的政治家带来了某些困难，不过从总的方面来看，它对实际政治家是极为有益的。不同政治路线的提出为实际的政治家提供了选择的余地，并促使他们进行深思熟虑。各种不同的政治路线，从理论看或许抵牾矛盾，至少存在门户之见。但是对实际的政治过程来说，它们并不是水火不相容的，多半是各抓住了事情的一面或一隅。如果能把它们总合起来，就会接近事情的全面，从而站得更高，看得更远。战国后期各家都有这种总合趋势。吕不韦尽管不是一个理论家，但却是一个博采众说的总合人物。从理论上完成总合的是汉代的董仲舒。没有多头的深入的认识，就不可能产生博大的精深的总合。所以从总体上看，不同政治路线的争论，对提高统治者的政治认识利多于害，益多于损。

三、关于统治者安危条件的认识

　　夏、商、周三朝的更替以及许多诸侯国的兴灭和众多君主的易位，促使许多政治家与政治思想家对统治者安危存亡条件问题进行了广泛的探讨。从现存文献看，早在周初，周公在他颁布的许多诰命中，已相当深刻地论述了这个问题。春

---

① 《汉书·艺文志》。

秋以后，这个问题显得更为突出，先秦诸子几乎无不论及这个问题。生死存亡使众多的君主心神不定，坐卧不安，许多思想家便乘机进说，把自己的理论说成安邦治国、防衰避败的不二法门。这里不能详尽论述各家各派有关安危存亡的具体论述，只能从总体上考察一下他们是从哪几个方面探讨这个问题的。

首先，各家各派从不同角度出发，几乎一致认为君主个人在国家治乱中具有决定性的作用。这种认识同君主专制制度的不断强化是一致的。在君主专制制度下，君主个人具有无上的权力，他的一言一行都会对整个政治局面产生重大影响和作用。鲁定公与孔子的一段对话，把君主的决定作用讲得十分清楚。定公问孔子："一言可以兴邦，有诸？"孔子对曰："言不可以若是其几也。人之言曰：'为君难，为臣不易'。如知为君之难也，不几乎一言而兴邦乎？"定公又问："一言而丧邦，有诸？"孔子对曰："言不可以若是其几也。人之言曰：'予无乐乎为君，唯其言而莫予违也。'如其善而莫之违也，不亦善乎？如不善而莫之违也，不几乎一言而丧邦乎？"①孔子对这两句虽然做了一些具体分析，不是完全赞同，但基本点是同意的。在君主一言可以兴邦、一言可以丧邦的政治体制下，君主在国家兴败中无疑具有决定的意义。"君贤者其国治，君不能者其国乱。"②"君者，民之原也。原清则流清，原浊则流浊。"③正因为如此，所以有"观国者，观君"④之说。各家各派提出了各式各样的治国之道，然而能不能实行，全赖君主的选择了。"文武之政，布在方策，其人存，则其政举；其人亡，则其政息。"⑤儒家主张人治，自然把一切希望寄于君主身上。法家反对人治，主张法治，但是法家之法并不是超越君主之上的社会共同规定，法是君主手中的工具，"人主之大物，非法则术也"⑥。因此法

---

① 《论语·子路》。
② 《荀子·议兵》。
③ 《荀子·君道》。
④ 《管子·霸言》。
⑤ 《中庸》。
⑥ 《韩非子·难三》。

的兴废也随君主之好恶而定。《管子·任法》中指出，今天下"皆有善法而不能守也"，其原因就在于没有明主。可见，法不能超越君主而独立存在，法家的法治，归根结底仍然是人治。

君主既然在国家治乱中具有决定性的作用，于是所有的思想家都希望君主成为圣明之主。但在实际上远非这样，众多的君主是残暴之徒。针对这种情况，对君主进行品分的理论在各家各派那里都占有显著的地位。每个思想家按照自己的理论标准把君主分为圣主、明主、昏主、暗主、残主、亡主，等等。例如，《管子·七臣七主》根据对法的态度、立场和实际情况，把君主分为"申（当为'信'）主""惠主""侵主""芒主""劳主""振主""芒（当为'亡'）主"。对君主进行品分在认识上具有重大意义。它把君主列为认识对象，是可以分析的，从而打破了对君主的盲目崇拜。你看，当孟子对梁惠王进行观察分析之后，就毫无顾忌地评论道："不仁哉，梁惠王也。"[①] 对君主进行品分还表明，政治理论原则高于君主个人，君主不再是天生的人类楷模、道德的化身、真理的体现。所有的君主都必须站在理论标准面前接受检验和衡量。例如，荀子把当时所有的君主放在他的理论标准面前进行衡量，结果，没有一个合格的，今世之君主皆"乱其教，繁其刑"[②]之辈。"今君人者，急逐乐而缓治国，岂不过甚矣哉。"[③] 法家是君主专制制度的讴歌者，处处强调尊君。然而在他们的理论面前，当时的君主也是不合格的，"今乱世之君臣，区区然皆擅一国之利而管（掌握）一官之重，以便从私，此国之所以危也"[④]。

先秦诸子一方面把君主视为治乱之本，另一方面对君主进行了无情的分析，分析的结果，当时的君主很少有合乎他们的要求的。这样一来，理想的要求与实

---

① 《孟子·尽心下》。
② 《荀子·宥坐》。
③ 《荀子·王霸》。
④ 《商君书·修权》。

际的君主发生了矛盾。从认识上考察,我们应特别珍视这种矛盾,因为这种矛盾正说明了当时认识的深刻性和认识不畏权威的性格。认识越深刻就越不畏权威,从而这种认识的理论和舆论的制约性就越明显,教育与改造意义就越突出。我们还应看到,思想家们对君主寄希望越多越大,自然要求就越高,这在理论上是相辅相成的。我们的先贤用心可谓良苦,可惜,他们走偏了,理论与舆论制约是必要的,但没有制度的制约,理论的制约很容易变质或流为空论。先秦诸子恰恰没有或很少探讨对君主的制度制约问题,在认识上是很可悲的!

其次,诸子把用人视为国家安危的基本问题之一。在春秋以前,国家政权机构与家族组织合而为一,当时的用人主要是看血缘关系,即所谓的用人唯亲。春秋以后,由于兼并,各诸侯国地域广袤,统治集团的组成成员突破了亲亲狭小范围,于是用人问题遂成一个突出的问题。在当时激烈的政治军事竞争中,智谋具有特殊的作用,一着失算,可能全盘皆乱。正如《管子·霸言》中所言:"正四海者,不可以兵独攻而败也,必先定谋虑,便地形,利权称。……夫强之国必先争谋。"又说:"夫一言而寿国,不听则国亡,若此者,大圣之言也。"当时君主的地位由一家一姓垄断,父子相传,但是智能既不能独占,也不能相传。在民主政体中,一般说来,掌权者总具备相当的智能,把一个白痴推上台的情况是极少的。但是在君主专制的政治制度下情况就不同了,最高权力与智能不统一的情况是一种普遍现象。因此,在君主专制的情况下,用人问题就成为一个关系政治安危的大问题。君主是个庸才,再加上一批庸臣,这个国家是不可能治理好的;如果有一批贤臣辅佐,情况就可能大不一样,"知盖天下,继最一世,材根四海,王之佐也。千乘之国得其守,诸侯可得而臣,天下可得而有也"[①]。另一方面,即使君主本人富有才智,由于国家事务的繁杂,靠一个人的能力也无法驾驭全局,正如慎到所说,即使"君之智最贤","以一君尽瞻下则劳,劳则有倦,倦则衰,衰则复反

---

① 《管子·霸言》。

于不赡之道也"①。荀子也指出，君主如果"必自为之然后为可，则必劳苦耗悴莫甚焉"②。何况，有些君主为"身不能"③的庸才之辈。所以从君主个人能力有限的角度看，也必须用臣僚办事。《吕氏春秋·用众》把这个道理讲得更为深透，文中提出"物固莫不有长，莫不有短，人亦然"。君主也不例外。聪明的君主就在于能"假人之长以补其短"。"天下无粹白之狐，而有粹白之裘，取之众白也。夫取于众，此三皇五帝之所以立大功名也。凡君之所以立，出乎众也。立已定而舍其众，是得其末而失其本；得其末而失其本，不闻安居。……夫以众者，此君人之大宝也。"

由于用人，事关统治安危，因此，用贤则成为普遍的呼声。"使能，国之利也。"④人才是"国之宝"⑤。儒家、墨家大声疾呼使贤任能，"尊贤使能，俊杰在位"⑥。"国有贤之士众，则国家之治厚。"⑦反之，"不用贤则亡"⑧。法家主张尚法而不尚贤，于是给人一种印象，似乎法家只要奴才，不要人才。实际并非如此。法家尚法不尚贤，是针对儒家人治主张而发的。在尚法的前提下，法家也强调使能任功，慎到就明确提出君主要善于使"臣尽智力以善其事"⑨。又说："亡国之君，非一人之罪也；治国之君，非一人之力也。将治乱，在乎贤使任职。"⑩慎到还特别提出，君主要"不设一方以求于人"⑪。君主如能善于使用臣子之长，就无所不能。慎到曾用日常之事喻明此理，"廊庙之材，盖非一木之枝也；粹白之裘，盖非一狐

---

① 《慎子·民杂》。
② 《荀子·王霸》。
③ 《荀子·王霸》。
④ 《左传》文公六年。
⑤ 《国语·楚语》。
⑥ 《孟子·公孙丑上》。
⑦ 《墨子·尚贤》。
⑧ 《孟子·公孙丑上》。
⑨ 《慎子·民杂》。
⑩ 《慎子·知忠》。
⑪ 《慎子·民杂》。

之皮也"①。君主要居廊庙,衣粹白之裘,就不能弃一枝之木,一狐之腋!韩非把法治发展到了极致,仍主张"任能而授官"。

由于用人事涉安危,所以对臣进行品分的理论也就应运而生,因为只有品分才能识别人才。各家各派各有自己品分的标准。《荀子·臣道》把臣属分为"态(借为慝,奸险)臣""篡臣""谄臣""顺臣""功臣""忠臣""谏臣""辅臣""圣臣",等等。《管子·七臣七主》把臣分为七类:"法臣""饰臣""侵臣""谄臣""愚臣""乱臣""奸臣"。对臣进行品分的理论,一方面为君主选用人才明确了标准,另一方面,在统治集团内为互相监督提供了舆论武器。这种理论为统治者内部进行人事调整指明了方向,对实际政治有极为重要的作用。

最后,对民的态度与政策是关乎安危的另一个根本性问题。关于这个问题在前边《先秦民论与君主专制主义》中做了详细的论述。

君、臣、民都可能影响国之安危,那么这三者的关系又如何呢?当时所有的人,几乎无一例外地认为,三者之中起决定作用的是君,明君圣主善于用人,知道"君以民为体"②。能体察民情,顺应民愿,这样,君、臣、民三者就能"调和",在政治上表现为一种良性循环。如果庸君暴主当政,君、臣、民之间的关系就会发生破裂,君主就有可能被臣民推翻,这就是孟子说的:"暴其民,甚则身弑国亡,不甚则身危国削。"③荀子说得更形象:"君者,舟也;庶人者,水也。水则载舟,水则覆舟。"④除了在非常时期用这种狂暴方式对君主进行反制约之外,在通常情况下,臣、民对君主都没有其他有效办法能给君主以有效制约。这是君主专制制度的痼疾。尽管如此,思想家有关统治者自身安危条件的理论,还是有重要意义的。一方面,它宣布了君主的统治和地位不是绝对的,也不是神圣不可侵犯的。这种

---

① 《慎子·知忠》。
② 《礼记·缁衣》。
③ 《孟子·离娄上》。
④ 《荀子·王制》。

理论对君主起着无形的制约作用；另一方面，这些理论又为君主求安避危提出了方向。讨论安危条件，对统治者的自我调节有重要指导作用，是统治者政治上成熟的表现。

四、关于理想国的理论及其在政治中的作用问题

马克思曾指出，在统治阶级内部有两种人，一种是实践家，一种是思想家。思想家的任务是为社会和本阶级编造幻想，编造的幻想有各式各样，其中最高形式大约要属于理想国的理论了。思想家或理论家编造理想国的幻想并不是为了好奇或别出心裁，而是现实社会矛盾的产物。这些人深刻地分析了社会的矛盾运动，他们编造的理想国不仅企图给这种矛盾运动寻找一个归宿，而且是为了给他所面对的社会寻求一个可能达到的至高点，从而给生活在其中的人们以精神寄托。先秦诸子编造了各式各样的理想国，这里不能一一叙述，只选择几个有代表性的，略加介绍。

儒家的理想国是借助对先王治世的描绘和概括得出来的所谓"先王之道"表现出来的。把先王理想化早在西周初就开始了。周公在许多诰命中便称颂了夏商创业之主以及有作为的继承者。但把先王作为一个理想化的圣主概念提出来则是西周晚期的事。春秋时期先王理论又有进一步的发展。孔子沿着这条路线进一步发展了先王理论。从形式看，说先道祖，是讲历史。实际上，他们笔下的先王之世与先王之道已变为政治理想国的理论形式。孔子之后，所有的儒家一涉及政治理想言必称先王之道，"祖述尧舜，宪章文武"[①]，这成为儒家思想的特点之一。荀子作为儒家巨擘之一，有时主张法后王，其实，他所说的后王并非当世之王，而是夏、商、周三代之王，与儒家其他人物所称道的先王并没有原则差别。儒家的先王世界，也就是他们的理想王国，在这个世界里，既有君臣贵贱之分，又有上下和睦相处。君爱民，民尊君，施仁政，薄税敛，行教化，轻刑罚，救孤贫，老

---

① 《汉书·艺文志》。

安少怀，而道德则是这个世界的灵魂。

道家的理想王国与儒家大不相同，他们总的方向是回到自然中去。当然在这条道路上的行程有的走得远，有的走得近。老子提出了"小国寡民"的理想境界。在这个理想国中，"使有什伯之器而不用，使民重死而不远徙。虽有舟舆，无所乘之；虽有甲兵，无所陈之。使民复结绳而用之。甘其食，美其服，安其居，乐其俗。邻国相望，鸡犬之声相闻，民至老死不相往来"[①]。庄子继老子之后，走得更远，他所理想的世界叫"无何有之乡"，又称"至德之世"等。庄子所说的无何有并不是连人自身也不要，而是指取消人类的社会性生活与交往，其中国家、政治、权力无疑是首先应该摒弃的，另外，一切物质文明和精神文明、知识技术、道德、欲望，等等，不仅是多余的，而且都是有害的，统统应加以毁灭。在庄子看来，偷盗固然可恶，如果没有盗心利欲，何来盗贼之行？人们都希望智慧，可是正是智慧才引起了大伪，如果人们都如白痴，哪里会有大伪？所以把智慧、知识统统抛掉，就不会有害人之举了。庄子认为人类应该像牛马在草原上漫步那样，过着"天放"的生活，"其行填填，其视颠颠"[②]。填填，安详满足貌；颠颠，无外求专一貌。"民居不知所为，行不知所之，含哺而熙，鼓腹而游，民能以此矣。"[③] 说到底，人应与牛马同辈，"民如野鹿"[④]，"同与禽兽居，族与万物并，恶乎知君子小人哉"[⑤]。

墨家的理想世界是人与人"兼相爱""交相利"，并以此为基础，一切尚同于天子。在这个世界里，你爱我，我爱你，亲人之亲如己之亲，爱人之财如己之财，人类生活在一片爱声之中。

法家的理想世界是一断于法。法虽然只能由君主制定，不过法一经制定，公

---

① 《老子·八十章》。
② 《庄子·马蹄》。
③ 《庄子·马蹄》。
④ 《庄子·天地》。
⑤ 《庄子·马蹄》。

之于众，不仅所有吏民要遵从，就是制定法的君主也要遵守。"为人君者，不多听，据法依数以观得失。无法之言，不听于耳；无法之劳，不图于功；无劳之亲，不任于官；官不私亲，法不遗爱。上下无事，唯法所在。"①"吏不敢以非法遇民，民不敢犯法以干法官。"不论是谁，虽有聪明口辩，"不能开一言以枉法；虽有千金，不能以用一铢"②。所有吏民均按法行事。违法犯罪固然不可，法外立功、做好事，同样要受罚，"法之所外，虽有难行，不以显焉"③。人们的行为要遵法，言论思想也要从法，"言行而不轨于法令者必禁"④。"禁奸之法，太上禁其心，其次禁其言，其次禁其事。"⑤总之，除君主之外，所有的人都变成了法的工具和奴仆。

先秦著名的思想家，几乎每个人都设计了自己的理想国，五光十色，别有洞天。我们借用文艺理论语言，这些理想国理论，有的是现实主义的，有的是批判现实主义的，有的则属于浪漫主义的。这里我们不能一一分析和评论每种理想国理论的意义与历史作用，但有必要从总体上考察一下这种思潮在政治思想和实际政治中的意义和作用。

从认识上看，理想国理论是每个思想家政治思想的升华和关于社会生活的总体设计。每个思想家所描绘的理想国都不是一兀突起，拔地而生，而是基本理论逻辑的发展。比如，孟子的王道乐土理想便是从他的人性善的理论中推导出来的。"先王有不忍人之心，斯有不忍人之政矣。以不忍人之心，行不忍人之政，治天下可运之掌上。"⑥不忍人之政的基点就是使所有的人都能平安生活，使所有的人能"养生丧死""不饥不寒""仰足以事父母，俯足以畜妻子""养生丧死无憾，

---

① 《慎子·君臣》。
② 《商君书·定分》。
③ 《韩非子·八经》。
④ 《韩非子·问辩》。
⑤ 《韩非子·说疑》。
⑥ 《孟子·公孙丑上》。

王道之始也"。① 法家一断于法的理论是建立在人性"自为"好利基础之上的。在法家看来，人的这种本性是根本改变不了的，只有到死而后已。人的本性既然都是为己，那就不要希望在人们之间建立什么仁爱道德关系，即便口头上讲仁爱忠信，在实际上也是靠不住的，"信人则制于人"②。人人虽然"自为"，但又必须把所有的人纳入一定的轨道，于是提出了一断于法。道家回到自然中的理想国理论是建立在人的自然性与社会性互相排斥的基础之上的。他们认为一切社会关系都是对人的自然本性的破坏。为了恢复和保持人的自然本性，他们要求摒弃一切社会关系或把社会关系减少到最淡的程度，这就是《庄子》中所说的"君子之交淡如水"。总之，理想国是一定理论升华的表现，关于这方面的研究目前还极薄弱，有待深入。

理想国又是政治的总体设计和战略目标。没有理想的政治思想只能算是一种政治经验主义；只有指出理想目标，才可称为理论化了的政治思想。理想国理论是人们改造和创造社会能动的表现。人类在社会生活中有两种不同的生活道路。一是作为社会生活的盲目的从属物。人们虽然在劳动、奋斗、挣扎，可是究竟向哪里去，并不清楚。不过像江河中的一个漂物，过着随波逐流的生活。另一种情况则不同，他们要做生活的主人，他们不满足于自流式的生活方式，而要对生活、对社会进行改造，要创造一种新局面，即要从自发适应性生活走向自觉的创造式的生活。理想国理论的提出可以说是自觉性最明显的标志之一。这里我们暂且不论每种理想国理论的是非得失，就这种思潮而论，应该说是非常有意义的，它不仅促进了人们对社会矛盾的认识，而且为改造社会提出了奋斗目标，表现了人们对生活的信心和憧憬！

就先秦诸子的理想国理论与当时现实的关系而论，除了道家，主要是庄学，是超现实的浪漫主义之外，其他诸家的理想大体有如下两个特点：其一，在理想

---

① 《孟子·梁惠王上》。
② 《韩非子·备内》。

中肯定了现实生活和社会基本关系；其二，在批判现实中以求完善。

所谓肯定，指的是这些理想国理论同当时的基本社会关系并不是一种对立的关系，因此这些理论家与当时的统治者之间也没有根本性的冲突。比如，孟子的王道理想虽然离现实很远，可是在他的理想中肯定了现实的等级、君臣、剥削与被剥削的关系。你对现实不满吗？孟子在你的头上悬挂了一个理想国。你向往这个理想国吗？那你就必须对现实的基本社会关系给予肯定。所以这些理想国都给现实生活涂上了一道釉彩。

在批判中完善，又表明这些理论同现实生活存在着矛盾。当时的思想家对实际的政治生活进行了猛烈的批判。在孔子、孟子、荀子、墨子、韩非等人眼中，几乎没有哪一个君主是他们所肯定的，没有哪一项政策符合他们的理想国理论。孟子斥责当时的诸侯对人民的征敛，像强盗一样的残暴，"民之憔悴于虐政，未有甚于此时者也"①。怒骂当时的诸侯是一批率兽食人之辈。他们之所以敢这样进行猛烈地批评，就是他们都举着理想国的大纛。所以理想国的理论又成了一种批判武器。一个阶级要维持自己的统治，没有自我批判是难以长久维持下去的，这一点对剥削阶级也是如此。只有实行自我批判才能实现自我调节，理想国理论为统治者自我调节提供了理论依据。

中国自夏商以来，君主专制在不断强化，在国家机器中没有制约君主的机构。但是历史经验一再证明，不受任何制约、具有绝对自由和无限权力的君主，最容易变成人间最大的坏蛋，这对统治阶级说来，也并不是一件好事。那么用什么办法给君主以制约呢？思想家们编造的理想国理论便是一种精神和舆论制约。思想家所描绘的圣主、圣王、盛世成了一面镜子，置于君主之旁，成为一种无形的理论制约。还有一些忠贞之士不时地站出来大喊几声，要君主们对照检查。从历史看，这种理论和舆论制约不能说没有作用，不过遇到了暴君，这种作用立刻化为

---

① 《孟子·公孙丑上》。

泡影。由此可见，要对一种权力形成制约，必须有与之相抗衡的另一种力量或机构，靠理论与舆论是不能从根本上制约专制君主的。高举理想国的忠贞之士常不免成为暴君的刀下鬼，足以说明这种制约是多么的微弱！

五、结语

从中国封建社会的历史看，封建统治阶级在政治上不断进行自我认识。而先秦诸子的认识具有特别重要的地位。这个时期认识最鲜明的特点之一是开放性和自由性，具体表现在如下几个方面：

其一，在认识对象面前人们都有自由认识的权利，同时人们又可以把一切置入认识对象之中。神不仅是可以讨论的，同时还可以被否定，并出现了一批无神论者。这些人在政治上和社会上到处活动不曾受到迫害，这是后世很少有的现象。神之所以能自由加以讨论，关键是君主本身在当时也被纳入了认识对象。无权无势的思想家，甚至吃不上饭，可是在认识上都有充分的自由。许多人对君主品头论足，进行理论分析，竟敢让所有的君主在他自己的理论面前接受衡量，表现出认识具有无上的权威。孟子曾公开地宣称："视刺万乘之君，若刺褐夫。"[①] 在君主本身被当作认识对象的情况下，其他的政治问题就没有不可认识和讨论的了。认识无禁区，是认识开放的基本标志。只有认识无禁区，才能充分发挥人类的认识能力，给聪明才智提供驰骋的舞台。一般地说，人类的认识水平与社会经济发展水平是同步的，可是战国的社会经济发展水平应该说还是比较低的，然而认识水平和探讨问题的深度与广度却是历史上罕见的。形成这种局面的基本原因之一，是当时允许自由认识。

其二，认识的主体是平等的。在认识对象面前，人们可以自由地选择认识方式和认识路线。由于认识主体的平等性，从而形成了真正的百家争鸣局面。当时的师徒关系尽管有程度不同的人身依属关系，但在讨论问题时，师生是可以有不

---

① 《孟子·公孙丑上》。

同见解的。学生离开老师之后,可以自由选择自己的道路和方向。墨子初学于儒,但后来走上了非儒的道路,独创墨家学派。韩非、李斯均为荀子的弟子,后来却变成著名法家。认识主体的平等,是开展百家争鸣的前提条件,如果认识主体在认识上不平等,就不可能有真正的百家争鸣。当然这并不是说当时的各学派都把对方置于平等的地位来对待,相反,从学说内容上看,各家各派几乎都主张独尊己说,消灭异己,也就是说,各家的理论本身基本上都是专制主义类型的。因此,认识主体的平等性与当时学说的本身专制主义的性质是矛盾的。所以当一定的学说与政治结合在一起时,它就引向了文化专制,取消了认识主体的平等。

其三,百家争鸣大大促进了认识的深化。众所周知,推动认识发展的基本动力是实践,是社会生活,但也不能低估认识上争鸣的作用。认识上的自由争论,是认识发展的内在动力,如果这个时期没有争鸣,不可能产生诸子百家灿烂的认识成果。

为什么在春秋战国会出现这样一种认识局面,从根本上讲,并不是占统治地位阶级的本性在认识上的表现,主要是由当时多元化的政治局面促成的。各国诸侯为了在竞争中获得立足点和争取胜利,不得不进行改革。无论是互相竞争或改革都需要才智,从而又掀起了智能竞争。随着政治多元化局面的结束,政治走向统一,百家争鸣也就走向末日了。所以春秋战国时期的百家争鸣是中国古代社会史上少见的现象,而不是通例。

这一场认识运动无论对当时还是以后的统治者的实际政治都产生了深刻的影响,具体而论有如下四个方面:

第一,为统治者进行政策选择提供了多种方案,而方案越多可供选择的余地就越大。政治需要目标明确,行动需要果断。然而没有清醒的认识,就不会有明确的目标;没有明确的目标,决策就会流于盲动。清醒的认识,不可能仰赖天才的指示,多半是要在不同方案比较中确定。因此,如果没有各种方案以资比较,一般地就不会有清醒的认识。可是实际的认识只需要一种思想为指导,这无疑与多种政治理论存在相矛盾,然而事物总是相反而相促,用于实践的政治思想只有在与其他思想比较中,才能增强实践者认识的自觉性。政治实践需要以一种政治思想为指导,但同时还应有多种政治思想并存作为辅助以供选择。这两者之间既有矛盾,但又相辅相成。

第二,多种政治思想同时并存,提高了实际政治家应变能力。从秦始皇到汉武帝,最高统治者的政治指导思想就有三次重大变化。秦朝崇尚法家,汉初崇尚黄老,到汉武帝又尊崇儒学。如果在春秋战国没有政治思想上的百家争鸣,统治者这种指导思想的转变是不可能发生的。汉武帝之后,历代统治者基本上尊尚儒学,其他政治思想似乎被弃于一旁。其实,政治思想上的争论并没有停止,儒家与其他派别的争论由儒家内部不同派别的争论所取代。政治思想上不同观点的争论是不可避免的,道理很简单,政治活动的内容如此复杂,人们的认识,即使同一阶级的认识也不可能一致。君主专制时代无法正确对待和处理这个问题,统治者常常采取最粗暴的手段挞伐异己,即使如此,也无法消除认识的分歧。

第三,多种政治思想的并存,增强了统治者自我认识和自我批评的能力,从而也增强了自我调节的能力。专制君主虽然最不喜欢批评,可是批评仍然是专制君主赖以存在的不可缺少的条件之一。古代所说的进谏就是一种批评。早在春秋晋国大夫史墨便说过:"夫事君者,谏过而赏善,荐可而替否,献能而进贤,择材而荐之,朝夕诵善败而纳之。"[①]众多的思想家把进谏与纳谏视为政治兴衰的重要原因,《管子·形势解》说:"谏者,所以安主也……主恶谏则不安。"要向专制君主进谏,不能只靠经验之谈,必须有一定的理论为依据。各式各样的政治理论正是进谏的理论指导。

第四,各派除以它特有的方式影响政治之外,各派别之争与交融还形成了共同的政治文化成果。这种共同的政治文化成果对实际政治的影响比某一个派别的

---

① 《国语·晋语》。

影响可能更为广泛和深远。比如，法自然的思想，倡导最甚者为道家，甚至走向排斥社会的死胡同，但其基本精神为各家所接受，从而形成一种共同的政治文化思想，在古代自然经济条件下，对实际政治一直起着重要的指导作用。又如进谏与纳谏问题，无论哪家哪派都提倡，于是也形成一种共同的政治文化，并以此作为衡量君臣的一个重要标志，进谏和纳谏成为公认的一种政治美德。从政治文化方面来考察诸子的影响，目前还尚未深入开展研究，有待开发，但其重要性是不可忽视的。

最后，这场认识运动由于沿着现实主义的道路向前滚动，所以把神抛在了一边，又由于认识的深刻，没有给神权政治留下更多的空隙。这就为排除神学侵入政治打下了基础。

这场认识运动为其后两千年的封建统治者提供了政治理论原则和指导思想，所以在政治思想史上具有特别重要的地位。

先秦时代的谏议理论与君主专制主义[①]

进谏与纳谏,是中国古代政治生活中常见的现象,以至形成了一套理论。究其始源,先秦有自。对进谏与纳谏,人们总是加以讴歌。可是,对包括谏议性质在内的谏议理论及其政治效果等问题,却极少论及。本文仅就先秦时代的这些问题作一初步剖析,以期抛砖引玉。

一、谏议是君主专制制度的一种补充

从殷代到秦,政治制度演变中一个最突出的特点就是君主专制的不断强化。殷代初年,大臣伊尹可以对"不遵汤法"的帝太甲"放之于桐宫"[②]。但到殷代末年,对商纣王的暴虐统治,谁也无能为力。周代实行的分封制,看起来是一种分权的行为,但最高权力仍属于周天子。春秋战国时期,各大小受封者之间的斗争,一方面使诸侯的统治区域不断扩大,另一方面也使得君主专制不断加强。从中国历史看,殷代以降,虽然一直存在着朝堂议事制,甚至有时出现大臣专朝政的现象,但从未产生过制约君主决断权的政治机构,更没有什么所谓的城邦民主制。

君主专制制度的基本特征是君主个人独裁专断和排斥民主性,这就使得在处理政治、经济等各种问题时具有明显的偶然性。由君主专断和昏庸所造成的政治上不稳定的事实常常出现在统治阶级面前,甚至造成某个王朝的覆灭。这种不断重复出现的历史事实,迫使统治阶级不得不去寻求一些补救的办法。于是,作为君主专制制度补充手段的进谏与纳谏便应运而生了。从文献上考察,最初论述这个问题的是周初的政治文告。周公等人在总结夏、商、周盛衰的历史经验与教训时,虽然主要着眼于天命与君主的"德行",但同时也涉及了纳谏问题。这在《牧

[①] 本文与王连升合作。
[②] 《史记·殷本纪》。

誓》《酒诰》《召诰》诸篇中均有一定反映。例如，周公在《酒诰》中告诫康叔说："古人有言曰：'人无于水监（鉴），当于民监。'今惟殷坠其命，我其（岂）可不大监？"具有明显的倡导听谏的性质。西周末年的讥讽诗及记述这个时期的历史文献，明确阐述了能否纳谏是关系到国家兴亡的大问题。《诗经·民劳》篇最早提出了"谏"这个概念："王欲玉女，是用大谏。"

春秋之世，许多人也认为国之兴衰，关键在于能否任用谏臣，如晋大夫范文子说："兴王赏谏臣，逸王罚之。"① 衡量臣僚的才能也主要看能否向君主进谏，如晋大夫史墨就曾说过："夫事君者，谏过而赏善，荐可而替否，献能而进贤，朝夕诵善败而纳之。"② 战国时代，诸子对进谏与纳谏问题进行了更深入的讨论。除了道家以外，几乎一致认为君主纳谏与否关系到国家兴败存亡，并用这个观点去解释历史上王朝的盛衰。在这种舆论下，连极力鼓吹君主绝对专制的法家也主张君主要纳谏，如《管子·形势解》说："谏者，所以安主也，……主恶谏则不安。"

尽管先秦政治家与思想家如此重视进谏与纳谏的作用，但进谏与纳谏从来不是一种政治制度。君主没有必须纳谏的限制，臣下也没有必须进谏的义务，在这方面没有任何制度上的规定。因此，进谏与纳谏就其性质与实行情况而论，仅仅属于政治责任感与道德品质范围的事而已，是君主专制制度的一种补充。

二、谏议理论

由于先秦时代人们普遍地把进谏与纳谏看作是国家兴亡的主要原因，所以政治家与思想家都十分重视谏议问题，相当多的人从理论上进行了阐述。纵观先秦政治家与思想家的言论，他们的理论主要有如下几种：

（一）扬"和"弃"同"论

"和"是讲各种不同的事物需要互相补充和有机配合的关系；"同"是指事物

---

① 《国语·晋语》。
② 《国语·晋语》。

的单一性。最早提出"和""同"论的是西周末年的周太史伯。当时任周司徒的郑桓公问太史伯周的命运如何,史伯认为周王室的末运已到,其原因就是周幽王"去和而取同",即听不进不同意见,只喜欢阿谀逢迎。史伯认为,百物是由土与金、木、水、火相杂而生的,所以人也是"和五味以调口,刚四肢以卫体,和六律以聪耳,正七体①以役心"。表现在政治上,就是君主能力之不足要靠设百官、选择臣僚、采纳谏议来补充。如果万物一色、一声、一味、一貌,事事相同,事物就不能存在下去。如果"以同裨同",就会"同则不继"。"同"在政治上的表现就是爱听顺耳之言,重用谗谄巧佞之人。史伯认为,周幽王不是扬"和"弃"同",而是弃"和"取"同",所以必然要衰败下去。②

事隔一百多年,齐大夫晏婴劝齐景公纳谏讲的也是史伯的"和""同"论。晏婴比史伯前进的地方在于,他指出君绝不是事事皆当,臣对于君也不能一味顺从,而应有所补正。这就是晏婴所说的"君所谓可而有否焉,臣献其否以成其可。君所谓否而有可焉,臣献其可以去其否"③。

继晏婴之后,孔子赋予"和"与"同"更加广泛的意义,明确提出"君子和而不同,小人同而不和"④。

"和""同"论为君臣关系的相对性提供了理论基础,认为君的言论与行动既可能是可,也可能是否,或可否兼有,绝非绝对正确。臣对君不应一味苟合取容,而应虑其可否,献其可,替其否。"和""同"论从哲学的角度论证了进谏与纳谏的必要与合理。

(二) 社稷论

在殷与西周时期,君主与社稷即国家政权是合二而一的。这种观念直到春秋

---

① 韦昭注:七窍也。
② 以上引语均见《国语·郑语》。
③ 《左传》昭公二十年。
④ 《论语·子路》。

时期仍为相当多的人所坚持，如楚大夫克黄说"君，天也"①。由此认为，生应为君之臣，死应为君之鬼。又如晋灭狄国，俘狄君，晋让狄故臣夙沙釐去做新首领涉佗的臣，夙沙釐断然拒绝，而情愿随狄君一同做俘虏。他的根据就是"委质为臣，无有二心"②。

但是随着历史的不断发展变化，特别是一些君主胡作非为所引起的政治动荡不安的事实，人们在开始怀疑君主即社稷的观念，一些人提出了君主不能等同社稷的主张，并付诸行动。如晏婴就曾对两者进行过区分。公元前635年，齐大夫崔杼专权，他借故杀死了齐庄公。齐庄公的宠臣、嬖幸纷纷自愿殉死，而晏子只是大哭一场了事。当时有人问他为什么不殉主，晏婴讲了一番君、臣与社稷之间关系的道理。他说："君民者，岂以陵民？社稷是主。臣君者，岂为其口实？社稷是养。故君为社稷死，则死之；为社稷亡，则亡之。若为己死而为己亡，非其私暱，谁敢任之？"③晏婴把君主与社稷区分开来，在政治上具有重大意义。社稷象征着统治阶级的整体利益，君主虽然是社稷的中心人物，但君主的言行并不一定符合社稷的利益。在两者发生矛盾时，应把社稷利益置于君主利益之上。根据这一原则，臣下对君主就不能一味阿顺，而应该分别不同情况采取不同态度。当两者利益一致时，为君主也就是为社稷；当两者发生矛盾时，应该为社稷而不应唯君主之意志是从。正是根据这一理论，孟子把臣分为两类，他说："有事君人者，事是君，则为容悦者也；有安社稷臣者，以安社稷为悦者也。"④孟子还有一句名言："民为贵，社稷次之，君为轻。"⑤人们对这句话的理解虽然颇多歧义，但有一点可以肯定，孟子是把社稷看得高于君主的。荀子把君与国区分得更明确，认为国比君更重要。他认为，为了安社稷，治国家，应该勇于进谏，要明君之过，禁

① 《左传》宣公四年。
② 《国语·晋语》。
③ 《左传》襄公二十五年。
④ 《孟子·尽心上》。
⑤ 《孟子·尽心下》。

君之非，昧死以争，直至"抗君之命，窃君之重，反君之事，以安国之危"，这样的臣才是"社稷之臣也，国君之宝也"。①

在许多思想家那里，为社稷的另一种提法就是为"公"、为天下。

春秋时期"公"与君主还是基本上一体，为"公"就是为君主。到战国，"公"与君主就逐渐分析为二了（有些著述仍持"公"与君主同体说）。"公"代表着国、社稷与统治者的共同利益和一般原则，如规章、法律、礼仪等。而君主的个人行为、喜好等，属于"私"。许多思想家提出贵公而去私，先公而后私，尊公而抑私等主张。君主必须"任公不任私"，因为"私者，壅蔽失位之道也"。②荀子提出君主用人要"公"，办事要"公察"，行事要"公道"，并说"人主不公，人臣不忠"。③

《吕氏春秋》中有一篇《贵公》，把这种理论发展到了一个新的高度。文中说："昔先圣王之治天下也，必先公，公则天下平矣，平得于公。……有得天下者众矣，其得之以公，其失之必以偏。"其中最著名的一句话是："天下，非一人之天下也，天下之天下也。"既然天下是天下人的天下，为臣的当然也就不是为君主一人而生活了，进谏、议政就是理所当然的事。

以上我们列举的这些为社稷、为国、为公而谏的理论，虽有高下之分，优劣之别，从总体上讲，这种理论把国家与君主做了区分，把社会整体与君主个人做了区分，这就为进谏提供了较高的理论依据。进谏者扛上这面旗帜，就可以直言议政，不必在君主面前低声下气。

（三）道论

统治阶级的政治家与思想家在总结历史经验教训的过程中，逐渐从具体的政策、措施和手段中抽象出一些反映统治阶级利益的一般概念，这些概念称

---

① 《荀子·臣道》。
② 《管子·任法》。
③ 《荀子·王霸》。

为"道""德""礼""义""仁""性""则""法""常""训"等。虽然这些范畴具有历史性，而且在不同的政治流派中各有不同的内容，但都是讨论一般原则的。这类政治思想范畴在殷代已有发端，见于卜辞与《尚书·盘庚》篇的有"德""礼""重民""正法度"等。西周初年，周公曾经提出了相当完整的"德"的理论。到了春秋时期，这种理论又有进一步的发展。例如，晋献公欲废太子申生而立奚齐，大臣丕郑就极力反对，打出了从义不从君的招牌。他说："吾闻事君者，从其义，不阿其惑。""民之有君，以治义也。"①在丕郑看来，义高于君，当君与义发生矛盾时，服从于义而不服从于君。君主也要在义的面前接受检验。当时，有不少人正是举着义的魔杖谏君过、正君非。如鲁宣公在初夏之时用密网捕鱼，大夫里革便举着"古之训"的旗号加以阻止，开始以忠言相劝，不听，便动刀割断了渔网。鲁宣公在义面前只好作罢。

战国诸子崛起，他们以制造理论以干帝王为业，各色的道义理论纷纷登上政治舞台。除了那些为利禄求官爵的说客之外，思想家中的多数都把自己所阐发的"道""义"放在第一位，当道义与利禄相矛盾时，许多人持道义而弃君禄。稍稍靠前些的孔子曾说过："不义而富且贵，于我如浮云。"②不管人们对孔子的评价如何，这一点他大体上是实践了的。

墨子为了他的"兼爱""尚贤"等主张，奔波了一生。他用这些理论解释了历史，又用来衡量现实。他把王公大人士君子们统统放在他的理论面前进行检验。孟子为道而谏的劲头更足。他说："居天下之广居，立天下之正位，行天下之大道，得志与民由之，不得志独行其道。富贵不能淫，贫贱不能移，威武不能屈，此之谓大丈夫！"③庄子的表现特殊，他不积极干政，但也把自己的理论看得高于一切，为了信守自己的理论，他决不折腰事权贵。荀子说过一句很有分量的话，即"从

---

① 《国语·晋语》。
② 《论语·述而》。
③ 《孟子·滕文公下》。

道不从君"①。所以荀子为道而谏的态度也是相当积极的,不过方式不同而已。

政治家与思想家所讲的这些"道""义""德"等,都是他们自己的理想国。所不同的是,有的打着他们自己的印记,有的则打着先王圣主的印记。他们苦心孤诣制造出这些理论来,都不是个人的私事,而是为了干预政治,为向君主进谏提供理论武器。历史上许多思想家批评君主正是以此为依据的。

（四）疏导论

在阶级社会中,有君臣、上下、尊卑、贵贱等森严的等级差别。由于君主高高在上,深居简出,所以常常出现君主不了解下情,上下不能沟通的情况。黎民的处境已是痛苦不堪,君主还以为人间遍地是天堂。待到民众已经举起了造反的火把,则只有进行镇压一途。这种原因所造成的王朝覆灭的事实,就成了疏导论的依据。这种理论的主要用意在于要君主听取臣下之言和人民的心声,以便了解社会的实际情况,进而采取相应的维护统治阶级统治的措施,不能一味压制。疏导论最早是由周厉王时的邵穆公提出来。周厉王"弭谤",穆公虎对他讲了听言纳谏的道理,其中最著名的话如:"为川者决之使导,为民者宣之使言。""夫民虑之于心而宣之于口,成而行之,胡可壅也？若壅其口,其与能几何？"②邵穆公的疏导论在《左传》中也每每有人谈到,最著名的如郑子产的"小决使道（导）"的主张等。③

《吕氏春秋》有几篇对这种理论进行了专门的论述,明确指出疏导的目的在于达郁、开塞以知实。《达郁》篇首先论述了万物"通"则生、"郁"则败的道理。作者说,人的血脉通,精气行,就不会生病。病是由于血脉不通,精气郁结所致。自然万物莫不如此。"水郁则为污,树郁则为蠹,草郁则为蕡。"同样,国亦有郁,就是"主德不通,民欲不达"。"国郁处久,则百恶并起,而万灾丛至矣。上下之

---

① 《荀子·臣道》。
② 《国语·周语》。
③ 《左传》襄公三十一年。

相忍也,由此出矣。故圣王之贵豪士与忠臣也,为其敢直言而决郁塞也。"接着又引述了周厉王"弭谤"的历史教训。《壅塞》篇论述了君主不听直言则壅塞,壅塞则亡国的道理。文中说:"亡国之主不可以直言。不可以直言,则过无道闻,而善无自至矣,无自至则壅。"《贵直》篇说只有朝廷多直言,才能见枉而知实,如果"欲闻枉而恶直言,是障其源而欲求其水也"。

(五)补短论

这种理论的出发点是"物固莫不有长,莫不有短,人亦然"[①]。《用众》篇把能否"假人之长以补其短"视为能否取天下和统治天下的基本条件。文中分析这个道理时说:"天下无粹白之狐,而有粹白之裘,取之众白也。夫取于众,此三皇五帝之所以大立功名也。凡君之所以立,出乎众也。立已定而舍其众,是得其末而失其本;得其末而失其本,不闻安居。故以众勇,无畏乎孟贲矣;以众力,无畏乎乌获矣;以众视,无畏乎离娄矣;以众知,无畏乎尧舜矣。夫以众者,此君人之大宝也。"当时尧舜被人们尊为至圣,而作者认为依靠众智则无畏乎尧舜,这真是至理名言。

《吕氏春秋》在许多篇中反复论述过,即使明君也不能遍见万物,遍知万事,必有不及臣者。《自知》篇说:"人主欲自知,则必直士。故天子立辅弼,设师保,所以举过也。……尧有欲谏之鼓,舜有诽谤之木,汤有司过之士,武王有戒慎之鞀,犹恐不能自知。今贤非尧舜汤武也,而有掩蔽之道,奚由自知哉?"历史上是否真有其事,我们且不去管它,这里所讲的道理却是相当深刻的。

在先秦诸子中,类似以上的论述颇多。思想家们反复指出,君主无论在能力上,还是对事物的认识方面,都有局限性,都有所短。君主要巩固自己的统治,就应该用贤纳谏,用君子的智慧来补自己的不足。

---

① 《吕氏春秋·用众》。

（六）尊师听教说

君主虽有无上的权力，但不一定都圣明。只有为数不多的君主被人们称为"圣王""明君"。对君主进行品分早在周代已见诸文献，春秋时期把君主分为圣、明、昏、暗已相当普遍。谥法起于何时，史学界看法不一致，但至晚不会下于春秋。谥法就是对君主进行品分的方式之一。战国时期，诸子以他们的理论为标准，对君主进行了各式各样的品级分类。这种分类不是为了说明历史，而是为了寻求现实君主的标准，找到君主学习的楷模。

思想家不仅在君主的队伍中寻找当政者的老师，而且在臣中为君主树立榜样。如他们所讲的"圣臣""辅臣""谏臣"等，其位虽低于君主，但才能却高于君主，君主应尊他们为师。《墨子·所染》篇是阐发这种理论的重要著作。作者认为，君主的成败在于他所沾染的人物，染于圣则胜，染于小人则败。孟子十分强调有道之士的责任在于教育君主，他说："君子之事君也，务引其君以当道，志于仁而已。"[①] 又说："惟大人为能格君心之非。"[②] 荀子的《劝学》篇只泛泛论述了重学尊师，《吕氏春秋·劝学》则突出了君主尊师听教的问题，曰："古之圣王，未有不尊师者也。尊师，则不论其贵贱贫富矣。"《吕氏春秋·尊师》篇还叙述了历代圣王尊师听教而治国的先例。

与尊师听教说相近的，还有以臣为镜说。《吕氏春秋·达郁》篇说："万乘之主，人之阿之亦甚矣，而无所镜其残，亡无日矣。孰当可而镜，其唯士乎！人皆知说镜之明己也，而恶士之明己也。镜之明己也功细，士之明己也功大。"

宣传臣比君更有才智，君主应尊臣为师，这就为进谏与纳谏提供了又一个理论根据。

（七）拒谏易位说

这一说是由孟子提出的，他说，同姓卿臣，"君有大过则谏，反覆之而不听，

---

① 《孟子·告子下》。
② 《孟子·离娄上》。

则易位"①。所谓易位，就是取而代之。孟子之论的可贵处在于指出了君主有过不改，就没有再做君主的资格，从而剥夺了君主不可侵犯的神圣性。

以上种种谏议理论无疑都具有一定的民主气味。但是，所有这些理论又都没有从政治制度上提出解决矛盾的方案。相反，都是把希望寄托在君主的开明上。孟子的易位论，也只限于同姓家族有此权利，还是以家天下为基础。乍然看去，进谏是对君主个人专制的削弱或否定，然而进谏必须通过君主纳谏来实现，所以纳谏的品格高于进谏，进谏的命运完全取决于君主的态度。因此，从根本上看，这些理论是对君主专制主义维护与肯定。许多颂扬进谏与纳谏的文章没有揭穿这一点，模糊了事情的本质，这是需要加以澄清的。

三、进谏态度

依照上述理论，臣子们以为可以毫无顾忌地把谏议送上朝堂。然而中国古代既然没有保障谏议的政治制度，那么权力至上的君主对臣下的谏议，可以奉为至宝，也可以打入冷宫，甚至还可以将善为恶。因此，进谏的政治后果就不都是美妙的，进谏者需要冒很大的风险。这就使进谏者分化成不同的态度。概括言之，可分为三种。

第一种可称为忠死之谏。其基本态度是：进谏者或出于为国，或出于忠君，或为了道义而置个人生死于不顾。许多人把这种人看作是为臣的楷模。《管子·形势解》说："正谏死节，臣下之则也。"荀子把那些为国而不怕杀头，敢于矫君之非的臣僚称之为争臣、辅臣、拂臣②。《墨子·七患》篇讲到，国无拂君命大臣，是国之大患之一。《吕氏春秋·士节》篇说："士之为人，当理不避其难，临患忘利，遗生行义，视死如归。"先秦有相当多的人提倡对君主要敢于"谔谔"，反对并卑视"诺诺"。

---

① 《孟子·万章下》。
② 参见《荀子·臣道》。

人们尽管褒扬忠死之谏，但真正能做到的则屈指可数。就先秦时期来说，能够称得上是忠死以谏的臣子，也只有夏桀时的关龙逢、殷纣时的比干、吴王夫差时的伍子胥。所以《吕氏春秋·壅塞》篇说："非直士其孰能不阿主？世之直士其寡不胜众，数也。"所谓"数"，就是必然性。

第二种可称为谏而不争的折中态度。这种态度的特点是，君主听谏就谏，不听就算，根本犯不上为进谏而舍命。在先秦政治家与思想家中持此种态度的人不在少数，如孔子说："所谓大臣者，以道事君，不可则止。"① 又说："天下有道则见，无道则隐。""不在其位，不谋其政。" ② 还说："邦有道，危言危行；邦无道，危行言孙。"③ 孔子是认真执行了自己的这个原则的。孟子为进谏讲过一些激进的话，但落实到行动上也如同孔子。他说："吾闻之也，有官守者不得其职则去，有言责者不得其言则去。我无官守，我无言责也，则吾进退岂不绰绰然有余裕哉？" ④

在进谏与纳谏的关系上，君主居于主导地位，臣不管怎样积极，除极个别的例子外，臣不能改变君主的决断。进谏本是有利于君主统治的政治行为，但伴随进谏者的并不是福，而常常是祸。这正如《管子·宙合》篇所说的那样："强言以为僇而功泽不加。"故聪明者"退身""以待清明"。正是由于这种情况，造成了进谏的折中主义态度。战国时燕人蔡泽曾说："主圣臣贤，天下之福也；君明臣忠，国之福也；父慈子孝，夫信妇贞，家之福也。故比干忠，不能存殷；子胥知，不能存吴；申生孝，而晋惑乱。是有忠臣孝子，国家灭乱，何也？无明君贤父以听之。故天下以其君父为戮辱，怜其臣子。夫待死而后可以立忠成名，是微子不足仁，孔子不足圣，管仲不足大也。"⑤ 在蔡泽看来，臣子没有必要以死进谏，也不必以死为忠，因为事情的决定权并不在臣子的手中，臣子把该说而又能够说的说了，

---

① 《论语·先进》。
② 《论语·泰伯》。
③ 《论语·宪问》。
④ 《孟子·公孙丑下》。
⑤ 《战国策·秦策三》。

也就算尽了为臣子的职责。

在古代政治生活中，我们还可以看到与这种折中主义态度紧密相连的另一种态度，这就是"激流勇退"。这种"激流勇退"论认为：臣应该清醒认识到自己权位与君主权力之间的矛盾，当臣子达到一定的权位后，仍要进谏，可能引起君主的怀疑，此时，为臣的就应该赶快引退或缄口不语。范蠡是把握了君主专制时代君臣之间这种微妙关系的著名人物。他说过一句著名的话："蜚（飞）鸟尽，良弓藏；狡兔死，走狗烹。"① 在他看来，为臣的充其量不过是君主的"良弓"与"走狗"。他根据多年的观察，认为越王勾践这个人"可与共患难，不可与共乐"，所以他在越胜吴之后立即隐退，从而保全了性命。应该说，范蠡对越王的分析，在专制时代是有普遍意义的。

进谏上的第三种态度，可称为顺谏。这种态度的特点是，在向君主进谏时，要善于寻找机会，察言观色，忖度君主的心理，委婉曲折地把自己的意见表达出来。其火候是，既表达了自己的意见，又不至于触犯龙颜。《韩非子》中有两篇文章，一曰《说难》，一曰《难言》，可谓淋漓尽致地叙述了这些臣子难以言状的隐秘心理。《吕氏春秋·顺说》篇也提倡顺谏，文中说："善说者若巧士，因人之力以自为力，因其来而与来，因其往而与往，不设形象，与生与长。而言之与响，与盛与衰，以之所归。"总之一句话，在奴颜婢膝中向君主陈述自己的意见。《吕氏春秋·自知》篇讲了一个颇耐人寻味的故事：有一次魏文侯宴饮，让群臣评论自己，多数人阿谀奉承，讨主子的欢心。唯独任座指斥魏文侯是"不肖君"，魏文侯听了很不高兴。任座出去以后，翟黄当即进言："君贤君也。臣闻其主贤者，其臣之言直。今者任座之言直，是以知君之贤也。"魏文侯听罢转怒为喜。《战国策》所载触詟说赵太后的故事是大家所熟知的，其方式也是先顺而后谏。

纵观历史上所有的进谏者，人们不难发现，以死争谏者是极少数，多数属于

---

① 《史记·越王勾践世家》。

第二、第三类。就进谏者本人的表现看，那些以死争谏者的精神固然值得赞扬，但我们也不想去贬斥那些玩弄折中手法和顺谏的臣子。因为产生这种现象的根本原因不在这些臣子身上，而在于君主专制制度。

四、强谏多悲剧的原因

我们把历史上进谏的事例拿来分析，就会发现，强谏者的结局多为悲剧。《吕氏春秋·离谓》篇说："无功不得民，则以其无功不得民伤之；有功得民，则又以其有功得民伤之。人主之无度者，无以知此，岂不悲哉！比干、苌弘以此死，箕子、商容以此穷，周公、召公以此疑，范蠡、子胥以此流。"《韩非子·难言》篇亦说："子胥善谋，而吴戮之；仲尼善说，而匡围之；管夷吾实贤，而鲁囚之。"这种看法对不对呢？应该说大体上是对的。但由于历史的局限，他们不可能从专制制度的本身来探讨产生这种悲剧的原因。

统治阶级为了巩固自己的统治，需要进谏，甚至还专门设置了谏官。但是，从本质上看，进谏与君主专制政体却存在着不可克服的矛盾，这些矛盾是产生进谏悲剧的根本原因。我们认为，具体说来至少有以下一些矛盾：

第一，进谏的民主精神与君主个人专断的矛盾。

进谏虽然不是一种民主制度，但它毕竟是带有民主气味的东西。从谏议理论可以看到，它不承认君主是万能的，更不承认君主绝对正确，一贯正确。然而君主专制恰恰与此相反，君主专断的特点是权力无限，地位神圣，对一切有生杀予夺之权。这正像《管子》所说："主者，人之所仰而生也。""臣下者，主之所用也。"[①]"为人臣者，仰生于上者也。"[②]《吕氏春秋·执一》论述了天子只能"一"，不能"两"的道理。所谓"一"就是君主独裁专断。这种主张君主专断的理论认为，不管进谏者抱有怎样的赤诚之心，都是对"一"的程度不同的破坏或侵犯，君主

---

① 《管子·形势解》。
② 《管子·君臣上》。

随时都有可能对进谏者给予打击。韩非的《难言》篇曾经对君主的挑剔进行过细致的剖析。文中讲道：言之洋洋会被认为华而不实，言之敦厚又会被认为拙而不伦；话多了则被斥为虚而无用，话少了又会被认为别而不辩；言之深切则被认为僭而不让，言之宏大则又被认为夸而无用，言谈琐碎又会被认为是鄙陋。言而近世，辞不悖逆，则被认为是贪生而谀上；言而远俗，花言巧语，又会被认为是荒诞不经。言语健谈，富于文采，会被说成是史；语言质朴，又被说成是鄙。口称诗书，道法论古，又会被认为是陈述旧事。凡此种种，不一而足。只要君主对其中一项有感，臣子就可能遭殃。人们都把君主比作龙，韩非也不例外。韩非的独到之处在于他指出这条龙的喉下有逆鳞。"夫龙之为虫也，柔可狎而骑也，然其喉下有逆鳞径尺，若人有婴之者，则必杀人。人主亦有逆鳞，说者能无婴人主之逆鳞，则几矣。"① 历史事实告诉我们，韩非的说法是正确的。其实，君主专制制度本身就是逆鳞，如果触犯了它，多半会招来灭顶之灾。而进谏者不触及君主的逆鳞，就很难说是进谏。正因为这样，历史上强谏者的悲剧才一再重演。

先秦思想家还反复指出，只有明君贤主才能容纳进谏。但在君主专制与家天下相结合的时代，贤君少见，暗主多有。即使贤君也未必都爱听谏，韩非就曾说："以至智说至圣，未必至而见受。"② 圣贤尚且如此，何况那些昏暗主呢！既然暗主多有，自然进谏也就多悲剧。

第二，谏议的求实精神与君主专制制度下个人专权的矛盾。又可分为三种表现。

其一，进谏一般都具有求实精神，这与专制君主个人的刚愎自用、主观武断不可避免地要发生冲突。如伍子胥谏吴王夫差灭越，夫差不听，子胥反被戮。事隔几年，吴被越打败，夫差后悔莫及，但已经太晚了。由于吴王夫差的主观武断，使吴国君臣都成了这出悲剧的演员。

---

① 《韩非子·说难》。
② 《韩非子·难言》。

《吕氏春秋·骄恣》:"亡国之主必自骄,必自智,必轻物。自骄则简士,自智则专独,轻物则无备。无备召祸,专独位危,简士壅塞。"《韩非子·难言》亦云:"度量虽正,未必听也;义理虽全,未必用也。"其实,自骄、自智、轻物绝非亡国之主所独有,实为专制君主之通病,只是程度不同而已。

个人专权制度常有诡秘之谋,不能公开讨论。进谏者误入迷阵,也难逃横祸。韩非在《说难》中曾用如下一个故事来说明这个道理:郑武公想打胡国,就先把自己的女儿嫁给了胡君,以麻痹对方。郑武公问群臣,"吾欲用兵,谁可伐者?"大夫关其思说:"胡可伐。"武公说:"胡,兄弟之国也,子言伐之何也?"武公佯怒而杀关其思。胡君闻之,视郑为至亲,遂不防备郑国。此时,郑国突然袭胡,把胡灭亡了。韩非就此事评论说:"夫事以密成,语以泄败,未必其身泄之也,而语及所匿之事,如此者身危。"

其二,求实态度与阿谀之风所固有的矛盾。

一般地说,进谏者是为了纠正君主的主观意见,或驳斥某种谬论,或反映某种事实,因此都具有正派作风。可是专制的君主多半喜欢阿谀奉承。而谀臣得势,谏臣往往遭殃,正如《管子·八观》所说:"谏臣死,而谀臣尊。"这类事例充满了历史,无须征引。这里我们只想说明一点,即阿谀奉承固然可憎,这个恶果恰恰是由君主专制制度这棵树长出来的。

其三,进谏者的干才、能臣品质与专制君主嫉贤妒能的矛盾。

专制的君主需要奴才,但有时也需要良才。然而往往是"良才难令"[1]。敢于进谏的人对事情总有独到见解,他们常常为坚持自己的意见而不肯盲目遵从君主个人的命令,这样就损害了君主的绝对权威。君主为了维护自己的权威,也就往往不惜有意错杀良才,必欲除之而后安。勾践在赐文种死时说的一句话,道破了这位专制君主的心理:"子教寡人伐吴七术,寡人用其三而败吴,其四在子,子为我

---

[1] 《墨子·亲士》。

从先王试之。"① 秦昭王杀白起又是一个十分生动的例证。

当然我们也不否认，进谏者也有喜剧结局的，不过这有一个非常明显的特点，就是偶然性，碰运气。同样的谏臣，其命运可能完全不同，因为"贤主之所说，不肖主之所诛也"②。"绕朝（人名）之言当矣，其为圣人于晋，而为戮于秦也。"③ 老实说，这种运气是很不容易碰到的，因为终究"世主之能识论议者寡"④。

综上所述，我们的结论是：应把进谏、纳谏这类政治现象放到产生它的历史环境中去考察。进谏与纳谏本身尽管具有某种民主色彩，但从它在中国历史上出现的那一天起，就绝不是一种民主制度，不应盲目肯定。

（原载《南开学报》1982 年第 1 期）

---

① 《史记·越王勾践世家》。
② 《吕氏春秋·至忠》。
③ 《韩非子·说难》。
④ 《吕氏春秋·遇合》。

"五经"崇拜与思维方式

汉武帝推行独尊儒术与以"经"取士，把士人中的多数引上读儒书、入仕途之路，同时也把儒术变为政治的组成部分。这样便带来两个明显的后果。其一，像清人方苞所称："儒之途通而其道亡。"方苞的话不免绝对，但大体是中肯的。多数儒士不是把儒学作为"道"来追求，而是把它作为入仕的敲门砖；儒术被置于独尊之位，同时也被禁锢了，失去了学术文化的独立性与超越性。其二，儒术成为规范社会和人的理论原则。这些原则是至高、至圣的，高悬在全社会之上。社会历史的自然发展一下子变成了儒家经典与原则的翼卵物。于是理论高于实践，原则高于生活，儒家教条主义弥漫于全社会，这可以说是留给中华民族的最大灾难之一。

尊经，读经，代圣人立言，把众多的人变成了吃"经"虫子。但对如何"吃"，又不可避免产生歧义，于是在经学内又出现了多样化与多元化的运动。这是最初实行独尊儒术者所未料及的。应该说，这是思想多元化规律的一种变态表现。但是，作为统治阶级的意识形态又不能使多样化走得太远，而思想本身又不可能统一。那么，要达到统一只能借助权力，于是皇帝成为最高经师和裁决者。儒术教条主义同王权结成了连体，互相依存，成狼狈之势。

一、"五经"神话

汉武帝独尊儒术以后有两种力量把"五经"一步一步推向神圣的地位。一是汉家政权的提倡，以"经"取士，把广大的士人引导到读经的轨道；二是儒生们不断编造有关"五经"的神话。在这两种力量的推动下，"五经"由行政规定性权威进而成为神化权威。

"经"这个概念早在战国时期就出现了，当时的"经"指提纲或主旨。在《墨子》中有"经"与"说",《管子》中有"经"与"解",《韩非子》中的《内储说》《外储说》有"经"与"传"。"说""解""传"都是训释或发挥"经"义的。马王堆古佚书中的黄老派著作有《经法》。儒家著作中称"经"的现象更为突出,《荀子·劝学》说:"始乎诵经,终乎读礼。"荀子又称礼为"礼经"。《管子·戒》载:"泽其四经。"四经就是《诗》《书》《礼》《乐》。《庄子·天道》说孔子"繙十二经"。《天运》篇载孔子治六经。其文曰:"孔子谓老聃曰:'丘治《诗》《书》《礼》《乐》《易》《春秋》六经。'"汉武帝独尊儒术的主要内容之一是立五经博士。

"五经",即《易》《书》《诗》《礼》《春秋》,在此之前这五部虽亦有称"经"者,但均属民间的诸子之学。经汉武帝钦定,才上升为官方之学。"五经"不仅仅是官方颁布的教科书,更主要的是它是官方意识的体现,是皇帝钦定的国家与社会的指导思想,是控制社会的工具和行为规范准则。由于"经"与王权的结合,它就不仅仅是一种思想文化,而且是一种政治力量,违反"经"就是违法。所谓封建文化专制,其内容就是儒家经典专制。汉代除尊"五经"外,将《论语》《孝经》与"五经"同列,称为"七经"。

"五经"之史可以上溯到商周,乃至更早,正像《庄子·天运》篇称引老子之语:"夫'六经',先王之陈迹也。""六经"即"五经"再加《乐》。汉武帝立经学时,《乐》未单独立,其实《乐》与《诗》《礼》相配合,包括在"五经"之中。文献中称"六艺""六经"与"五经"同指。"五经"早在孔子之前已广泛流传,孔子对这些古文献做了删定和选编。汉代立"五经"后,更强调了孔子的删定纂修之功,或者反过来讲,只有孔子删定的方可称为"经"。司马迁说,"中国言'六艺'者折中于夫子"[1]。匡衡上疏云:"孔子论《诗》以《关雎》为始。"[2] 王充在《论衡·须颂》中说,孔子编辑《尚书》。范升说:"'五经'之本自孔子始。"[3] 徐防

---

[1] 《史记·孔子世家》。
[2] 《汉书·匡衡传》。
[3] 《后汉书·范升传》。

上疏：“臣闻《诗》《书》《礼》《乐》，定自孔子。”① 马端临引应劭的话："诸国之教未必尽备六者（按：指《书》《诗》《礼》《乐》《易》《春秋》）。盖自夫子删定、赞系、笔削之余，而后传习滋广，经术流行。"②

孔子删定"五经"之论大体可信，但也有言过其实之处。东汉以后，怀疑思潮兴起，对孔子与"五经"的关系提出了质疑。如王弼认为《易传》非孔子之作，杜预对孔子作《春秋》也提出怀疑。

孔子定"五经"足可称圣典，但还缺少神气，于是一帮儒士又制造出了"五经"神话，主要载于纬书中。

《诗》不仅言志、道情，还包含着天人之际。《春秋纬·说题辞》讲："诗者，天地之精，星辰之度，人心之操也。在事为诗，未发为谋，恬淡为心，思虑为志，故诗之为言志也。"《诗含神雾》说："诗者，天地之心，君德之祖，百福之宗，万物之户也。集征揆著，上统元皇，下叙四始，罗列五际。"《春秋纬·演孔图》说："《诗》含五际、六情。"在这些论述中，诗已从人之情态一跃而为"天地之心"的表现，并且成为万物出入的门户。文中所谓的"四时""五际""六情"同阴阳五行、天人合一相杂而成论。《诗氾历枢》说："《大明》（按：《诗》的篇名，下同）在亥，水始也；《四牡》在寅，木始也；《嘉鱼》在巳，火始也；《鸿雁》在申，金始也。"又说："午亥之际为革命，卯酉之际为改正，辰在天门，出入候听。"《后汉书·郎颢传》载："《诗氾历枢》曰：'卯酉为革政，午亥为革命，神在天门，出入候听。'言神在戌亥，司候帝王兴衰得失，厥善则昌，厥恶则亡。"《诗氾历枢》曰："卯，《天保》也；酉，《祈父》也；午，《采芑》也；亥，《大明》也。然则，亥为革命，一际也。亥（依《郎颢传》当为'戌亥'）又为天门，出入候听，二际也；卯为阴阳交际，三际也；午为阳谢阴兴，四际也；酉为阴盛阳微，五际也。"文中的亥、戌亥、卯、午、酉表示八卦方位，《诗》同《易》八卦方位说纠葛在一

---

① 《后汉书·徐防传》。
② 《文献通考·经籍考一》。

起，变成了宇宙图式的一种表现。"《诗》之为学，情性而已"，本是不错的，然欲知情性，须"参之六合五行"。① 于是喜、怒、哀、乐、好、恶之情性融入了神秘的天人合一之中。

《书》本是历史文献的汇编，汉儒也赋予其神性，《孝经援神契》："《易》长于变，《书》考命符授河。""授河"，即授《河图》《洛书》，以考命符。《书》不仅是先王的陈迹，同时也是天命的记录。《尚书璇玑钤》云："尚者，上也，上天垂文象，布节度；《书》者，如也，如天行也。"又云："《书》务以天言之，因而谓之《书》，加'尚'以尊之。"《春秋纬·说题辞》云："《尚书》者，二帝之迹，三王之义，所以推期运，明命授之际。书之言信而明天地之情，帝王之功。"

《易》之成，流行的说法，源于伏羲，成于周文王。纬书的作者还嫌不神秘，又制造了更古老的神话，《易乾坤凿度》称，最初，由圣人"章流立文，以诂息孙"，以后相继传授于天老氏、混沌氏、天英氏、无怀氏、神农氏、烈山氏、鳌厘氏、老孙氏、轩辕氏……所以称"乾坤凿度"，就是开凿通向天门和大地的道路。《春秋纬·说题辞》云："《易》者，气之节，含五精，宣律历，《上经》象天，《下经》计历，《文言》立符，《象》出期节，《象》言变化，《系》设类迹。"

《礼》"所以设容，明天地之体也"②。

《春秋》是孔子接受天命之作、在制作过程中充满了神气。

"五经"不仅是圣人之作，同时又是天意的体现或天授。"五经"神圣化的直接后果，就是至上性，它不再是认识的阶梯，而只能是崇拜的最后真理。

二、孔子神话

"五经"由孔子手定，神化孔子与神化"五经"构成互动互推关系。神化孔子早在孔子在世之时就开始了。孔子死后，门徒一代接一代把神化一步一步地推向

---

① 《汉书·翼奉传》。
② 《春秋纬·说题辞》。

高峰。汉高祖的祭孔和汉武帝的独尊儒术，以及后来的帝王不断地尊孔，如祭祀、加封号、封孔子之后等，为神化孔子提供了政治环境。

把孔子纳入"王"的行列，使孔子兼具"圣"与"王"双重之尊，是汉儒的新发明。由于孔子没有真正做过"王"，于是给孔子加上"素王"的王冠，《淮南子·主术训》最早记述此事："孔子……专行教道，以成'素王'，事亦鲜矣。"《主术训》的作者不免还有点讥讽之意。但在儒家的纬书中，孔子与他的弟子俨然建立了小朝廷。

> 仲尼为素王，颜渊为司徒。①
> 左丘明为素臣。②
> 麟出周亡，故立《春秋》制，素王受，当兴也。③

三皇五帝、三代圣王都是感天而生的。孔子"祖述尧、舜，宪章文、武，上律天时，下袭水土，辟如天地之无不持载，无不覆帱，辟如四时之错行，如日月之代明，万物并育而不相害，道并行而不相悖"④。这位功比尧、舜、文、武的"素王"也同样是感天之灵而生的：

> 叔梁纥与徵在祷尼丘山，感黑龙之精，以生仲尼。⑤
> 孔子母颜氏徵在游太冢之陂，睡梦黑帝使请己，己往梦交，语曰："汝乳必于空桑之中"，觉则若感，生丘于空桑之中。⑥

---

① 《论语摘辅象》，见《汉学堂丛书》。
② 《论语摘辅象》。
③ 《春秋纬》，见《汉学堂丛书》。
④ 《中庸》。
⑤ 《礼记正义·檀弓》引《论语撰考谶》。
⑥ 《春秋纬·演孔图》。

今天看起来，除了荒唐之外，就是可笑。然而在当时，这是极为严肃、极其神圣的，只有极少数带异端意味的杰出思想家，如王充敢提出怀疑，成千上万的儒生都深信不疑。在中国历史上，神化躯体与神化思想相辅相成，孔子被神化，他所删定的"五经"也进一步被神化。

汉家举起尊孔的大旗，反过来，吃汉家饭的儒生们又制造了孔子为汉家制度的神话。这在纬书中讲得最多。

《春秋纬·演孔图》说："圣人不空生，必有所制，以显天心。丘为木铎，制天下法。"孔子制天下法，照理应为一代之王，可惜，孔子生不逢时，仍不免两手空空。但历史为孔子之法做了安排，这就是由汉来实现。所以又说："孔子仰推天命，俯察时变，却观未来，豫解无穷，知汉当继大乱之后，故作拨乱之法以授之。"按五德终始说中的一说，夏朝属金，尚白；殷朝属水，尚黑；周朝属木，尚青。秦朝是个怪胎，被排除正统之外，不当位。这样继周的就是汉朝了。汉朝属火，尚赤。所以汉朝人讲孔子为汉制法，又称为"赤帝制法""为汉赤制""为赤制"等。《春秋纬·感精符》说："墨孔生，为赤制。"孔子之母与黑龙交而生孔子，黑同墨，同玄，所以又称孔子为"墨孔""玄孔"。《春秋纬·演孔图》说："玄丘制命，帝卯行。"

卯、卯金，为繁写"劉"字之别字或隐语。劉（刘），就是刘邦开创的汉家天下。《春秋纬·汉含孳》则直称："丘览史记，援引古图，推集天变，为汉帝制法，陈叙图录。"

在当时，一些著名儒家经师、大学者也大谈特谈孔子为汉家制度。郅恽说："汉历久长，孔为赤制。"李贤注："言孔丘作纬，著历运之期，为汉家之制。汉火德尚赤，故云为赤制。"[①] 苏竟说："夫孔丘秘经，为汉赤制，玄包幽室，文隐事

---

① 《后汉书·郅恽传》。

明。"① 班固说:"孔献先命,圣孚也。"李贤注:"献,图也。孚,信也。言孔丘之图,先命汉家当须封禅,此圣人之信也。"② 王充不信谶纬,但对孔子为汉家制度这一点,却尾随谶纬而称是:"夫'五经'亦汉家之所立,儒生善政,大义皆出其中。董仲舒表《春秋》之义,稽合于律,无乖异者。然则《春秋》,汉之经。孔子制作,垂遗于汉。"③

孔子为汉家制度之说,在当时不是没有受到挑战,西汉后期儒家内部就有"更命"说,或"革命"说。但随着王莽改革的失败与垮台,思汉思潮急遽复兴,孔子为汉家制度说又笼罩了社会。宋代欧阳修曾对此进行过批评:"甚矣,汉儒之狡陋也!孔子作《春秋》,岂区区为汉而已哉!"④ 欧阳修说汉儒"狡陋",从历史的角度看是不错的,但这种"狡陋"正反映了汉代儒生的心态。

孔子为汉家制度说不仅表明汉儒对汉家的认同,同时也表明儒生们都变成了汉家的工具。既然孔子为汉家制度,作为孔圣人的信徒只有一条路,这就是为汉家效力、尽忠。孔子为汉家制度说对塑造汉儒的精神有着极为重要的意义,它的最显著的作用就是把儒生塑造为汉家政治的从属物。

三、"五经"是放之四海而皆准的"最后真理"

清末经学家皮锡瑞在其所著《经学历史》中对孔子删定"六经"的意义做过如下评述:

> 读孔子所作之经,当知孔子作"六经"之旨。孔子有帝王之德而无帝王之位,晚年知道不行,退而删定"六经",以教万世。其微言大义实可为万世之准则。后之为人君者,必遵孔子之教,乃足以治一国,所谓"循之则治,

---

① 《后汉书·苏竟传》。
② 《后汉书·班彪传附班固传》。
③ 《论衡·程材》。
④ 《欧阳文忠全集·后汉鲁相晨孔子庙碑》。

违之则乱"。后之为士大夫者，亦必遵孔子之教，乃足以治一身，所谓"君子修之吉，小人悖之凶"。此万世之公言，非一人之私论也。孔子之教何在？即在所作《六经》之内。故孔子为万世师表，"六经"即万世教科书。①

皮锡瑞的这段话既概括了汉代儒者对"六经"的膜拜之情，也概括了历代尊孔派的共识。最早总论"五经"的当推荀子，他首先把"五经"视为集圣人之道德与"天下之道"的经典，在《儒效》中说："圣人也者，道之管也。天下之道管是矣，百王之道一是矣，故《诗》《书》《礼》《乐》之归是矣。"在《劝学》中又说："《礼》之敬文也，《乐》之中和也，《诗》《书》之博也，《春秋》之微也，在天地之间者毕矣。"打开汉代的历史，类似的论述不绝于史。

汉初陆贾在《新语》中就把"五经"抬高到体"天道"的境界："……于是后圣乃定'五经'，明'六艺'，承天统地，穷事察微，原情立本，以绪人伦，宗诸天地，纂修篇章，垂诸来世，被诸鸟兽，以匡衰乱，天人合策，原道悉备，智者达其心，百工穷其巧，乃调之以管弦丝竹之音，设钟鼓歌舞之乐，以节奢侈，正风俗，通文雅。"②"五经"无所不包，无所不能，无事不成，"乃天道之所立，大义之所行也"③。

贾谊把道家之道、阴阳五行与六艺混而为一，把六艺抬到一个新高度，他在《新书·六术》中先论述了"道"、阴阳与道德的一统关系后说："是以先王为天下设教，因人所有，以之为训；道（导）人之情，以之为真。是故内本六法，外体六行，以与《诗》《书》《易》《春秋》《礼》《乐》六者之术以为大义，谓之六艺。"

董仲舒特别注重"深察名号"，其中不乏逻辑与名实关系之学，但这不是主要的，董仲舒要深论的是"名发天意"。在董仲舒看来，儒家经典的每一字，都是圣

---

① 皮锡瑞：《经学历史》。
② 《新语·道基》。
③ 《新语·本行》。

人表达天意的符号,"名则圣人所发天意"①。既然是圣人发天意,自然也就是是非之准。他说,"欲审是非,莫如引名""事各顺于名,名各顺于天"。"五经"通天,字字句句是真理!

司马迁在评论"五经"意义之后概括道:"是故《礼》以节人,《乐》以发和,《书》以道事,《诗》以达意,《易》以道化,《春秋》以道义。"②

匡衡在上疏中说:"臣闻'六经'者,圣人所以统天地之心,著善恶之归,明吉凶之分,通人道之正,使不悖于其本性者也。故审六艺之指,则人天之理可得而和,草木昆虫可得而育,此永永不易之道也。及《论语》《孝经》,圣人言行之要,宜究其意。"③

贡禹在上疏中说:"孔子,匹夫之人耳,以乐道正身不解之故,四海之内,天下之君,微孔子之言亡所折中。"④

王凤代成帝所拟诏中称:"'五经'圣人所制,万事靡不毕载。"⑤《春秋纬·说题辞》:"'六经'所以明君父之尊,天地之开辟,皆有教也。"

东汉光武帝太子刘庄说:"夫'五经'广大,圣言幽远,非天下之至精,岂能与于此!"⑥

班固说:"六艺者,王教之典籍,先圣所以明天道,正人伦,致至治之成法也。"⑦

东汉末年的荀爽曰:"天地'六经',其旨一揆。"⑧

---

① 《春秋繁露·深察名号》。
② 《汉书·司马迁传》。
③ 《汉书·匡衡传》。
④ 《汉书·贡禹传》。
⑤ 《汉书·宣元六王传》。
⑥ 《后汉书·桓荣传》。
⑦ 《汉书·儒林传》。
⑧ 《后汉书·荀爽传》。

这些论述由理性开始而推向神性。在纬书中还有一系列关于"五经"的神话，这样"五经"便限定了人们的认识范围，认识的无限性被取消了，于是认识主体被圈在一个固定的牢笼中。正如钱大昕所说："夫'六经'定于至圣，舍经则无以为学；学道要于好古，蔑古则无以见道。"① 求知是不断推进认识向纵深发展，也就是追求认识的无限性，一旦禁止这种追求，认识基本上就停止了。把"五经"奉为"放之四海而皆准"的最后真理，对于"定于一"是有意义的，但对于历史的发展来说，无疑是扼杀了它的生机，在认识上也造成了退化现象。

四、经学化的思维方式

经学，不仅作为一种知识，同时也作为一种行政化的权威，支配和控制着社会。在经学的传解、阐释、灌输、推广、传播过程中形成了一种经学化被动性的思维方式，这种思维方式不仅为众多的儒士所接受和坚持，同时也影响到整个社会。关于思维方式，人们可以从不同的角度去界定，这里主要指人们的思维定式和认识的价值取向。"经学化"，是指思维习惯和认知价值取向被经学所规范。"被动性的"，是指在经学的规范下人们作为认识主体程度不同地失去了主动性，变成了被动的接受者，没有或很少有创造精神。经学化的被动的思维方式有诸多表现，这里略做分析：

第一，权威崇拜。这里所说的权威，又可分为两种类型：一是政治权威，主要是先王和汉家帝王；二是知识、道德权威，主要是孔圣人、"五经"和著名的经师。政治权威和知识、道德权威不是截然相分的，而是有着相辅相成的关系和互相转化、兼而备之的性质。

汉代的知识、道德权威是由政治权威确定的，并以行政的方式加于社会之上，这就是独尊儒术；同时知识权威也被政治化，刘邦开帝王祭孔子之先河，他的继

---

① 《经籍籑诂·序》。

承者封孔子为殷之后,加封号。成帝时"下诏封孔子世为殷绍嘉公"①。这样做的一个主要目的是可以改变"以圣人而歆匹夫之祀"②,使孔子政治化、特权化。"五经"的官学地位与国家意识形态的地位也是由王权确立的。当时的经师虽然不能同孔子和"五经"相提并论,但由于汉代所立的官学同官方认定的解经的"传"或"说"联系在一起,"传"与"说"是经师的产物。汉代仕途的一条主要道路是"明经选官"。"明经"很注重"家法"和"师法",所以著名的经师也有相当的权威性。

汉代的政治权威,通过自我认定和知识权威的捧场,也兼有知识、道德权威的品格。汉代的帝王,很多都扮演过最高经师的角色。

政治权威和知识、道德权威的结合,对整个社会和知识界形成苍穹压顶之势。由于威逼加利诱,这种权威对绝大多数学人,特别是儒士,既是外在的规定和强迫性的导引与灌输,又常常转化为内在的自觉与主动的信奉。这里且不说对圣人、帝王、"五经"的崇拜,就是对经师,许多庸士也不敢易一辞。正如王充所指出的:"儒者传学,不妄一言,先师古语,到今具存,虽带徒百人以上,位博士、文学,邮人、门者之类也。"③这些背书虫,只知其表,不知其里,只知其文,不知其旨,正如班固所指出的:"今论者但知诵虞夏之《书》,咏殷周之《诗》,讲羲文之《易》,论孔氏之《春秋》,罕能精古今之清浊,究汉德之所由。"④

在独尊儒术的规范和导引下,权威从人们的认识对象中分离出去,变为崇拜的对象;人们对权威只能接受,只能作为认识的前提和当然之物,权威是凌驾在实践之上的,一般人的实践仅仅是在权威支配下的一种有限的活动或木偶性的表演。在权威面前,人已不再具有认识主体的独立性格,人的认识仅仅是对权威的

---

① 《汉书·梅福传》。
② 《汉书·梅福传》。
③ 《论衡·定贤》。
④ 班固《东都赋》。

领会和解释，是代圣人立言和传道，思想上虽然不免有分歧和多样性（这一点下面再论），但在认识上是属低层次的。权威崇拜是君主专制的思想基础。

第二，思维框架化或公式化。独尊儒术之前，天人合一、天人感应、阴阳五行等皆属于创造性的思维，但随着独尊儒术的确立，并由于董仲舒在儒术中的特别地位与影响，董仲舒所建立的天人合一、天人感应、阴阳五行等混合的理论体系，逐渐成为代代儒生的思维框架，形成了一种定式。

董仲舒的"天"，约言之有三种含义：神灵之天，道德之天，自然之天。这三者分而论述有区分，但本体又同一。天体为万物或"宇宙"之"元"，又有一个合分过程："天地之气，合而为一，分为阴阳，判为四时，列为五行。"① 天是有意志的，有道德的，有情感的："仁之美者在于天。天，仁也。"② 天有喜怒哀乐，天与人相感应，这种感应主要表现在"天人同类""天人相副"。他讲："天地之精所以生物者，莫贵于人。"人的身体结构与天相副。"天以终岁之数。成人之身，故小节三百六十六，副日数也；大节十二分，副月数也；内有五脏，副五行数也；外有四肢，副四时数也。"人的品性与天相副："乍视乍瞑，副昼夜也；乍刚乍柔，副冬夏也；乍哀乍乐，副阴阳也。"③ 人的情感道德也与天相副："天两有阴阳之施，身亦两有贪仁之性。天有阴阳禁，身有情欲桎，与天道一也。"④ 天与人之间相互感应，吉凶祸福均在其中。董仲舒特别强调了天的灾异谴告："灾者，天之谴也；异者，天之威也。谴之而不知，乃畏之以威……凡灾异之本，尽生于国家之失。"⑤ "国家将有失道之败，而天乃先出灾害以谴告之，不知自省，又出怪异以警惧之，尚不知变，而伤败乃至。以此见天心之仁爱人君而欲止其乱也。"⑥

---

① 《春秋繁露·五行相生》。
② 《春秋繁露·王道通三》。
③ 《春秋繁露·人副天数》。
④ 《春秋繁露·深察名号》。
⑤ 《春秋繁露·必仁且智》。
⑥ 《汉书·董仲舒传》。

董仲舒这一套天人合一、天人感应、阴阳五行相配的理论在具体的结合与解释上自有其特点，其他人也各有异论，不过，在汉代的儒生中，特别是在今文学派中，这一套成了公认的思维方式，成为较稳定的框架和模式，好像一个筐，什么都可以往里装。《白虎通义》是经过经学家们讨论，由皇帝裁定的一部著作，很能代表当时儒生们的思维方式。在书中可以看到，不管是国家大政、社会结构，乃至日常生活、婚丧嫁娶、日用器具，都可以用这一套"代数学"去解释、去附会。

　　当时朝廷设三公，即司马、司徒、司空。司马如何解释？《白虎通义》作者说：

> 司马主兵。不言兵言马者，马，阳物，乾之所为，行兵用焉，不以伤害为文，故言马也。①

　　璧是一种信物，历来用以聘问，《白虎通义》也要把它放在这个模式中做一番理论论证：

> 璧以聘问何？璧者，方中圆外，象地，地道安宁而出财物，故以璧聘问也。方中，阴德方也。圆外，阴系于阳也。阴德盛于内，故见象于内，位在中央。璧之为言积也，中央故有天地之象，所以据用也。内方象地，外圆象天也。②

　　讲阴阳灾变，天象示人事的更为流行。像桓谭这样一位杰出的智勇之士，敢在朝堂上批驳谶纬之谬，但对灾变之论仍然信奉不疑。等而下之者，就更不待言

---

① 《白虎通义·封公侯》。
② 《白虎通义·瑞贽》。

了。阴阳灾变之论充满了汉代史籍。

以今度之,许多论述简直是风马牛不相及,甚至荒唐可笑,然而在当时,这种论述方法不仅是普遍存在的事实,而且是很严肃的,是在朝堂上辩论后而得出的"公论"或"决议"。这种模式化的论述,由于它的方法是公认的,具有权威性,因此它的结论几乎在论述之前就已被确定了。

当然,这种模式化的思维方式,在讲到一些具体问题如何与阴阳五行相配时,也常常发生分歧。天象示人,究竟示什么?也多异说。然而微末细节上的分歧无碍上述思维模式的流行,不影响它的"公理"性,只要代入这个公式,众多的人就得到了满足。这正是一种时代精神。

第三,通经致用。"五经"与圣人之言被普遍认定为放之四海而皆准的真理,因此,引经据典,联系实际便成为普遍论述问题的方法和套路。许多人的聪明才智用来进行两者的结合。正如《汉书·儒林传》所说:"六艺者,王教之典籍,先圣所以明天道、正人伦、致至治之成法也。"在这种情况下,经学成为朝廷处理政事的指导和依据。

政治活动的合理性,要由经学证明;评价事物的优劣、政事的是非、品物论人都把经典作为标准;皇帝下诏书,臣民上书言事,都以经书作为价值判断的标准。"朝廷论议靡不据经。"这种风气从汉武帝独尊儒术之后越来越盛。皇帝在许多诏书中,上至国家内政外交,下至废立皇后与太子,都要引经据典,以表示法圣、合理、合经。汉武帝元朔元年春,立皇后卫氏诏说:"朕闻天地不变,不成施化;阴阳不变,物不畅茂。《易》曰:'通其变,使民不倦。'《诗》云:'九变复贯,知言之选。'朕嘉唐虞而乐殷周,据旧以鉴新。其赦天下,与民更始。诸逋贷及辞讼在孝景后三年以前,皆勿听治。"[①]前六句话,其中两句引自《易》《诗》。皇帝问政事方针,也要求以经书对。严助为会稽太守,汉武帝赐书问政,明确要求:具

---

① 《汉书·武帝纪》。

以《春秋》对,毋以苏秦纵横。昭帝下诏书选拔人才,首先说明自己对经书的学习情况。汉宣帝在位期间诏书中也多次引用经文。如诏书中引用经书作为选拔人才的标准。"传曰:'孝弟也者,其为仁之本欤!'其令郡国举孝弟、有行义闻于乡里者各一人。"① 成帝更加崇儒,引经据典更为突出,如求直言之士对策,其策曰:"天地之道何贵?王者之法何如?'六经'之义何上?人之行何先?取人之术何以?当世之治何务?各以经对。"②

东汉皇帝每有大事,在诏书中一般都引经书为据,光武帝更换太子,其诏书先引《春秋》。诏书说:"《春秋》之义,立子以贵。东海王阳,皇后之子,宜承大统。皇太子强,崇执谦退,愿备藩国。父子之情,重久违之。其以强为东海王,立阳为皇太子,改名庄。"③ 光武帝废郭皇后,立阴皇后,随即又更换太子,均向经书寻求根据。章帝要想改变刑狱办案的时间,事关传统政策,因此既要听取儒生的意见,又要考之于经典。诏书说:"《春秋》于春每月书'王'者,重三正,慎三微也。律十二月立春,不以报囚。《月令》冬至之后,有顺阳助生之文,而无鞠狱断刑之政。朕咨访儒雅,稽之典籍,以为王者生杀,宜顺时气。其定律,无以十一月、十二月报囚。"④

两汉时期,尤其是西汉中期以后,官僚士大夫响应帝王的号召,加之受经学影响,上疏言事和讨论政事时竞相引经据典。在国家政治生活中,尤其在意识形态领域,儒家经典变成了一种法定性权威,任何事理只要与经相符,就是正确的。在议论中有经典为据就有说服力,一般情况下,皇帝也容易信从和接受。凡是能以经义断事的就可以受到信任和重用,否则受到轻视。翟方进"知能有余,兼通文法吏事,以儒雅缘饰法律,号为通明相,天子甚器重之,奏事亡不当意"⑤。而薛

---

① 《汉书·宣帝纪》。
② 《汉书·杜周传》。
③ 《后汉书·光武帝纪》。
④ 《后汉书·章帝纪》。
⑤ 《汉书·翟方进传》。

宣为丞相，"时天子好儒雅，宣经术又浅，上亦轻焉"①，最后被免职。在论奏中引经为据，即使有冒犯龙颜之处，由于有儒家经典这个护身符，不至于受惩处。

通经致用在规范社会与个人行为方面，可以有一个公则，既便于得到公认，又方便操作。但这种方式本身具有浓厚的教条主义精神，而不是历史性的创造活动。

第四，复古。儒家宪章文、武，称祖道圣，又囿于"五经"，因此，复古成为普遍流行的一种思维方式。复古的内容极为庞杂，它的中心点是以"古"作为价值判断的标准和认识的前提。表现形式有泥古、颂古是今、颂古非今、借古造伪、托古改制。

泥古，主要指一帮食古不化的迂腐之儒。这帮人认为"古"是不能变的。早在汉初，叔孙通拟议朝仪时便与迂儒发生了"泥古"与"变通"的争论。叔孙通征鲁生三十余人拟汉仪，有两位儒生不合作，说道："公所为不合古，吾不行。公往矣，毋污我！"叔孙通笑曰："若真鄙儒，不知时变。"②这种泥古之风发展到拘泥于师说，而不敢易一辞。皮锡瑞在《经学历史》中曾作评论："汉人最重师法。师之所传，弟子所受，一字毋敢出入，背师说即不用。"昭宣时期的赵宾治《易》很著名，好为己见，其他治《易》者难不倒他，然而依然被排斥，理由就是"非古法也"③，在这里，背古即背理。

东汉光武帝建武四年（28年），韩歆上疏建议立费氏《易》和左氏《春秋》博士，范升上疏反对，其理由是："臣闻主不稽古，无以承天；臣不述旧，无以奉君……今费、左二学，无有本师，而多反异，先帝前世有疑于此，故京氏虽立，辄复见废……愿陛下疑先帝之所疑，信先帝之所信，以示反本，明不专己。"④范

---

① 《汉书·薛宣传》。
② 《汉书·叔孙通传》。
③ 《汉书·儒林传》。
④ 《后汉书·范升传》。

升把"稽古"作为"承天"的前提,把"述旧"作为"奉君"的根本,用今天的眼光看,本是不同范畴的两回事,然而在当时,却成为不待论证的公理。为什么"稽古"与"承天"相通?"述旧"与"奉君"连体?范升在下文中做了这样的交代:"天下之事所以异者,以不一本也。《易》曰:'天下之动,贞夫一也。'又曰:'正其本,万事理。'"在范升看来,"古"与"旧"是定型化的"一","稽古""述旧"就能做到"正其本,万事理"。从当时看,范升的说法是有一定根据的,在儒家中,遵"古""旧",也就稳定了现实的秩序。

遵"古""旧"是造就"守成"人物的最便当之路,此类人物也是统治者所需的主要人才。当桓荣以经师而升帝师、华贵士林时,他得意地告诉门人弟子:我之所以至此,乃"稽古之力也"[1]。

儒生又常常把"学古"与"颂汉"连在一起,说明汉是"古"的继承者。贾谊以五百年必有圣人兴,以证汉帝当为尧舜再出:"臣闻之,自禹已下五百岁而汤起,自汤已下五百余年而武王起。故圣王之起,大以五百为纪。自武王已下,过五百岁矣,圣王不起,何怪矣!及秦始皇帝似是而卒非也,终于无状。及今,天下集于陛下……天宜请陛下为之矣。然又未也者,又将谁须也?"[2] 萧望之吹捧平庸的宣帝,也要与尧舜比附,"陛下布德施教,教化既成,尧舜亡以加也","今陛下以圣德居位,思政求贤,尧舜之用心也"。[3] 这一类的歌功颂德之辞固然可视为套话,然而套话反映的是一种政治心态或政治文化观念。

鼓吹汉胜于古的不仅有普通儒士,像晁错这样的清醒的政治家也在其中,他对文帝进行一系列歌功颂德之后言道:"所为天下兴利除害,变法易故,以安海内者,大功数十,皆上世之所难及。"[4]

---

[1] 《后汉书·桓荣传》。
[2] 《新书·数宁》。
[3] 《汉书·萧望之传》。
[4] 《汉书·晁错传》。

就事实而论，应该如王充所说的，汉高于周，但在"古"成为当世理想的思想文化背景下，讲这些话难免显得有点媚颜。

事情也有另一面，一些富有批判精神的人物，高扬"崇古"的旗帜，对时弊之腐败及帝王之昏庸进行了尖锐地批判，这就是颂古而非今了。

由于尊古观念笼罩着社会，于是又出现了托古改制、托古更命思潮，王莽就是托古改制和更命的典型人物。

第五，烦琐的思想方法。权威崇拜、教条主义、复古等相杂，必然造成烦琐的思想方法。烦琐，依颜师古的说法，即"颊妄"。《汉书·艺文志》对烦琐之弊做了概述：

> 后世经传既已乖离，博学者又不思多闻阙疑之义，而务碎义逃难，便辞巧说，破坏形体；说五字之文，至于二三万言。后进弥以驰逐，故幼童而守一艺，白首而后能言；安其所习，毁所不见，终以自蔽。此学者之大患也。

《汉书·儒林传》载："一经说至百余万言。"小夏侯再传弟子秦荣"增师法至百万言"。桓谭《新论·正经》载："秦近君能说《尧典》，篇目两字之说至十余万言，但说'曰若稽古'三万言。"

这种烦琐是既要遵古、遵师之成说，又要显示博学所不可避免的现象。

以上从几个方面叙述了在经学束缚下所形成的思维定式。在这种思维方式的束缚下，很难出现有创造性的思想家，许多当时著名的经师、大儒，都没能留下有价值的著述。与这些地位显赫的人形成对比的是，那些异端和在野之士倒多有著述传诸后人，其中有各式各样的原因，主要原因之一，就是前者之作缺乏个性和创造性。

（原载《社会科学战线》1993 年第 1 期）

汉代"纬书"中神、自然、人一体化的政治观念

纬书将流行于两汉的"天人一体化"理论发展到极致。它把神、自然、人一体化：神自然化、人化；自然神化、人化；人神化、自然化。纬书中充满了"天人相副""天人感应""天人合一"的内容，用自然现象比附社会现象，为统治者制造神话，故成为封建君主制度的理论基础。

纬书以政治为中心，将天理想化和社会功能化。天既象征人事，又对人事做出主动反应，从而表达了纬书作者的均平、无为的政治理想，政治调整观及政治价值观，反映了中国古人的一种普遍的政治文化心态。

纬书在两汉思想文化领域，具有突出的地位，上自朝廷，下至民间及知识、官僚界，都有广泛的影响。西汉后期、新莽和东汉前期，是它的发达期。从整体上看，纬书杂论阴阳五行、天人感应、天人合一、天文历法、地理、风俗、历史、占算之术等，但其核心是论述社会政治问题。正因为如此，所以才引起朝野上下广泛重视。它既是俗文化，又是雅文化，在民间广泛流传，同时经官方删定，在很长时期又被列入官学。

"纬"同"谶""图""符命"源不同而合流。"纬"相对于"经"而言。儒家有"六经""七经"，相应有"六纬""七纬"。早在西汉成帝、哀帝时已流行，李寻注"五经六纬，尊显术士"[①]。有的学者把董仲舒的《春秋繁露》等也视为纬书。

"谶"指预卜吉凶的隐语，早在春秋战国已流行。后来与"符命"结合在一起。"符命"主要讲天降瑞祥和天象之学。"图""书"指《河图》《洛书》。谶可以专指《河图》《洛书》，又可作为上述诸项的通称，这些原本是阴阳家方术士的发明。

---

① 《汉书·李寻传》。

随着儒家与阴阳家、方术士的结合,"纬""谶""符命""图""书"糅合为一体,通称为"谶纬"或"纬书"。还有"图书""图纬""图谶""谶记""经谶"等称。谶纬属于儒家中的一个流派,与今文学相杂,难分难解,古文学家也每每有通谶纬的,如刘歆、贾逵均通谶纬。当时的许多经学家也兼通谶纬。

谶纬的主旨是维护封建秩序,但其中神意太浓,与王权每每发生冲突,三国以降,屡遭禁绝,隋以后几无完书。辑本有明孙瑴的《古微书》、清黄奭《汉学堂丛书》中辑谶纬五十五种、马国翰《玉函山房辑佚书》辑纬书四十种、赵在翰辑有《七纬》。日本安居香山、中村璋八合辑《纬书集成》最为完备。

一、神、自然、人一体化:大一统专制主义的理论基础

天人合一是中国古代思想文化的总观念。天人如何合一,各家各派各有独特的思路和论述。纬书的特点是杂糅诸家各派,没有统一的中心,也没有逻辑起点。勉强概括之,即神、自然、人混合性的一体化。神自然化、人化;自然神化、人化;人神化、自然化。这里的人不是一般的个人,仅指圣人、特异的帝王将相。

神、自然、人一体化之论,如:"中宫大帝,其精北极星,含元出气,流精生一也。"① "天皇大帝,北辰星也,含元秉阳,舒精吐光,居紫宫中,制御四方,冠有五采。"② "斗者,天之口舌。""房心为天帝之明堂。""咸池曰五潢,五帝车舍也。""轸南众星曰天库。"③ 星辰之间被构筑成君臣关系。"太白之精下为风伯之神,主司刑。"④ "地为山川,山川之精上为星辰,各应其州城,分野为国,作精神符验也。"⑤ 在这些著述中,所有的圣王以及孔子都是神种。具体而言,有的为"黑帝""白帝""赤帝""黄帝""苍帝"之种,有的为"龙种",有的是"感天"而

---

① 《春秋纬·文耀钩》。
② 《春秋纬·合诚图》。
③ 《春秋纬·文耀钩》。
④ 《河洛纬·龙鱼河图》。
⑤ 《春秋纬·感精符》。

生，有的是"梦长人"而生，有的是感天之异象而生，有的是星宿下凡，连萧何也是"昴星精生"①。

神、自然、人一体化的方式，归纳起来，大致有以下几种：

第一，生成关系。宇宙万物是一个生成关系，但其元点，又不一致。

天生成万物，主宰万物："天之为言，颠也。居高理下，为人经纬，故其字一大以镇之，此天之名义也。天之为体，中包乎地，日、月、星辰属焉。""群阳精也，合为太乙，分为殊名，故立字一大为天。"②天是太乙神，又称天帝。"天皇大帝，北辰星也，含元秉阳，舒精吐光，居紫宫中，制御四方。""大帝冠五采，衣青衣，黑下裳，抱日月，日在上，月在下，黄色正方居日间，名曰五光。"③

元气生万物："元气闿阳为天。"④"元者，端也，气泉。""元气之阳为天精，精为日，散而分布为大辰。"⑤"元清气以为天，浑沌无形体。"⑥

水生万物："水者，天地之包幕，五行之始焉，万物之所由生，元气之腠液也。"⑦

太易混沌生万物："夫有形生于无形，乾坤安从生？故曰：有太易，有太初，有太始，有太素也。太易者，未见气也；太初者，气之始也；太始者，形之始也；太素者，质之始也。气形质具而未离，故曰浑沦。浑沦者，言万物相浑成而未相离，视之不见，听之不闻，循之不得，故曰易也。"⑧

八卦生万物："八卦之序成立，则五气变形，故人生而应八卦之体，得五气以

---

① 《春秋纬·佐助期》。
② 《春秋纬·说题辞》。
③ 《春秋纬·合诚图》。
④ 《河图纬·叶光纪》。
⑤ 《春秋纬·元命苞》。
⑥ 《春秋纬·说题辞》。
⑦ 《春秋纬·元命苞》。
⑧ 《易乾凿度》。

为五常，仁义礼智信是也。夫万物始出于震，震东方之卦也，阳气始生，受形之道也，故东方为仁。"①

以上所说的宇宙万物之"元"，各有异而又互相混杂，无法截然分开。

第二，天人同度，天人合一，天人相副，天制约人。

"天人同度，正法相受。天垂文象人行其事谓之教。教，效也，言上为而下效也。"②"天有四表以布精魄，地有四渎以出图书。"③"天文地理各有所主，北斗有七星，天子有七政也。"④所设之爵位，三公、九卿及官位均与天象相应。⑤刑罚也应天而来："大辟之属二百象天之刑。"⑥人的身体器官也与天地相应。"人头圆法天。""足方法地。""五脏象五行。""四肢法四时。""九窍法九州。""目法日月。""人有十八象，皆法之天地。"⑦"人之七孔内法五脏，外方五行，庶类气契度也。"⑧连十二生肖也体现天人相副："此十二象稽之于天，度之于地，推于万物，象方之庶类，画天法地，是故为人取象于天地。"⑨

第三，宇宙数字化。这种观念在《易传》中已初步形成。

董仲舒进一步提出"人副天数"，谶纬中把象数推向极致，宇宙万物皆以数相应而相联系。"阳气数成于三，故时别三月，阳数极于九，故三月一时九十日。""阴阳之性以一起，人副天道，故生一子。"⑩"三九二十七，七者阳气成，故虎

---

① 《易乾凿度》。
② 《春秋纬·元命苞》。
③ 《河图纬·河图括地象》。
④ 《春秋纬·合诚图》。
⑤ 《春秋纬·元命苞》。
⑥ 《尚书刑德放》。
⑦ 《孝经援神契》。
⑧ 《春秋纬·元命苞》。
⑨ 《春秋纬·元命苞》。
⑩ 《春秋纬·元命苞》。

七月而生。阳立于七，故虎首尾长七尺。斑文者，阴阳杂也。"①

这些论述极多，作为哲学高度概括，是《易乾凿度》中所讲的："大衍之数五十阂天下之物。""五十"指日十干，辰十二，星二十八宿，由此而演化出整个万物及其数字结构。

第四，宇宙与观念、道德的组合。

"三纲之义，日为君，月为臣，列星为民也。日以阳明，月以阴承，化行昼夜，星纪乃分，列星分布，耀灵舒精。日者，阳之精，耀魄光明，所以察下也。"②"元气混沌，孝在其中。"③"君臣之义生于金，父子之仁生于木，兄弟之叙生于火，夫妇之别生于水，朋友之信生于土。"④"王者叙长幼，各得其正，则房心有德星应之。"⑤

纬书有关天人一体化的理论虽然十分驳杂，不成体系，但有一个基本精神却是一致的，这就是宇宙的统一性与泛必然性的观念。任何个体无不处于统一体系之中，无不是必然中的一环或附件。这正好成为君主一统专制的理论基础。

二、君主专制主义精神

政治观念是纬书的中心。在某种意义上，这是必然的。一方面，纬书是对经书的阐释与发挥，而经书是政治教科书与法典，这就决定了纬书也必然以政治为中心；另一方面，汉代的天人合一、天人感应的社会思潮重点不是自然科学，而是为了论证当时社会的合理性和如何调整社会关系，以趋吉避凶。纬书将这种思潮进行了彻底的发挥，直到庸俗、粗陋不堪的地步。

由于纬书极强的政治性，所以引起了统治者的极大兴趣，不仅被统治者视为

---

① 《春秋纬·考异邮》。
② 《春秋纬·感精符》。
③ 《孝经左契》。
④ 《乐稽耀嘉》。
⑤ 《礼含文嘉》。

官学，而且被视为"内学"，经书反而被降到"外学"的窘境。明帝令王苍正《五经》章句，以谶为准；章帝令曹褒撰礼典，杂《五经》谶记之文。统治者之所以十分重视纬书，除了直接利用它为自己制造谶语神话之外，最主要的是它充满了王权专制主义精神。

贯穿于纬书中的一个基本内容，是造神，"天子皆五帝之精宝"[①]，神化古来的帝王与刘邦，可谓纬书作者的新创造、新发明。在纬书作者的编造中，孔子这位旷世圣人几乎是汉家的先锋，为汉家而生，为汉家创制大义。"丘览史记，援引古图，推集天变，为汉帝制法，陈叙图录。"[②]"元丘制命帝卯（"刘"字简写）行。"[③] 刘邦不仅是赤帝之后，而且早为孔圣人预定坐天下。汉家在一派神话中，变为历史的必然。当然，纬书不无反对汉家天下之言，但占主导地位的是为汉家制造神话。在当时的历史环境中，神话是历史必然性与合理性的最好论证，反过来，制造神话又是为历史必然性和合理性提供了社会心理认同的依据。

在纬书中最能表现君主专制主义精神的是帝王职能的神化。帝王原太素，通天地，立"五始"，修德成化，统调阴阳，通神人，体历史。总之，天人合一，帝王为枢纽。

太素为宇宙之原，所以"反太素冥茎，盖乃道之根也"。"帝者得其根萎，王者得其英华，伯者得其附枝。"[④] 与太素之根相合，既是成就帝王的条件，又是帝王的功能。

天地生万物，天子通天地。"天子之尊也，神精与天地通，血气与日月总。含五帝之精，天之爱子也。"[⑤] 天子的精神和血气通天地，本身也就是天地的化身，天地的功能与天子的功能也就可以一体化。"五帝修名立功，修德成化，统调阴阳，

---

① 《春秋纬·演孔图》。
② 《春秋纬》。
③ 《春秋纬·演孔图》。
④ 《礼斗威仪》。
⑤ 《尚书璇玑钤》。

招类使神，故称帝，帝之言谛也。"①"帝者承天，立五府（五帝之庙）以尊天，重象。"②

帝王的功能有时又被神化为最原始的创造者。"黄帝受图有（又作"立"）五始。元者，气之始；春者，四时之始；王者，受命之始；正月者，政教之始。""元者，端也，气泉无形，以起有形以分，窥之不见，听之不闻。"③黄帝虽然是古帝王，其功能与"元气"为一，又比元气更丰富而多能。

基于上述诸因，帝王理所当然地成为人间秩序的起点和准则："诸侯不上奉王之正则不得即位，正不由王出不得为正。"④

帝王与万物之"元""神""德"是一体化的。"孔子曰：皇象元，逍遥术，无文字，德明谧。"⑤其义即《春秋公羊传解诂》成公八年所说："德合元者称皇。""德合天者称帝，《河》《洛》受瑞可放。仁义合者称王，符瑞应，天下归往。"《春秋纬·文耀钩》云："王者，德也，神所向德，人所乐归。"帝王既然与"元""神""德"一体化，自然就成为人间绝对权威。

等级制是君主专制主义的基础。纬书从不同方面论述了等级的普遍性与绝对性，人受制于天，天本身就是一种等级构成，人副天数，人间的一切也必然是等级结构。人本身就有"圣""愚"之分，"人与天地并为三才。天以见象，地以效仪，人以作事，通乎天地，并立为三。其精之清明者为圣人，最浊者为愚夫。而其首目手足皆相同者、有不同于常者则为禽兽矣"⑥。先验的圣、愚论是等级制重要的理论基础之一。《易乾凿度》把六爻的排列视为社会等级的符号和表征："终于上初为元士，二为大夫，三为三公，四为诸侯，五为天子，上为宗庙（郑玄注：宗

---

① 《春秋纬·运斗枢》。
② 《尚书帝命验》。
③ 《春秋纬·元命苞》。
④ 《春秋纬·元命苞》。
⑤ 《春秋纬·说题辞》。
⑥ 《春秋纬·元命苞》。

庙，人道之终）。凡此六者，阴阳所以进退，君臣所以升降，万人所以为象则也。"等级原则无处不在，连乐器意调也与等级制相匹配。《乐稽耀嘉》说："八卦以乾为君，八音以磬为长，故磬之为器，其音石，其卦乾。乾位西北而天屈之，所以立辨（别）也。故方有西有北，时有冬有秋，物有金有石，分有贵贱，位有上有下，而亲疏长幼之礼皆辨于此。"把这些现象相匹相配，排列组合，实在风马牛不相及，然而在天人相副的氛围中，是可以使人折服的，而其精髓则是等级贵贱原则的普遍化和绝对化。《礼稽命徵》对人的等级，生活方式的等级，以及用物的等级做了详细具体的规定。祭祀、用物的等级化由来已久，纬书的新义在于进一步从天人一体化方面进行了论证。

等级制的基本精神是人身支配与被支配，占有与被占有，专制与被专制的关系。纬书从天制约人的角度，反复论证了君主专制的必然性。"天地成位，君臣道生。"① "三才之道，天，地，人也。天有阴阳，地有刚柔，人有仁义。法此三者，故有六位……天动而施曰仁，地静而理曰义，仁成而上，义成而下，上者专制，下者顺从。正形于人，则道德立而尊卑定矣。"② 这类比附除了天人合一的方法论有某种合理意义外，在科学认识上可以说毫无道理。然而方法论常常比道理更能使人接受和认同。作者得出的"上者专制，下者顺从""尊卑定矣"的结论，像方法论一样，成为当然之论。《易乾凿度》从"易"之变中肯定了易姓革命，但同时又论证了君臣之位是不变的。"不易者，其位也。天在上，地在下，君南面，臣北向，父坐子伏，此其不易也。"又说："君道倡始，臣道终正。是以乾位在亥，坤位在未，所以明阴阳之职，定君臣之位也。"对于帝王，臣民自不待言，要顺从君，"臣者，坚也，守节明度修义奉职也"③。公、侯、伯、子、男各级贵族也须"皆上

---

① 《易坤灵图》。
② 《易乾凿度》。
③ 《太平御览·治道部二》引《孝经说》。

奉王者之政教礼法，统理一国，修身洁行矣"①。

纬书中的专制主义精神还表现在，用"一体化"方法论证社会指导思想与神，自然，人是互相渗透和互相体现的。

礼，乐是儒家思想的主干，纬书对礼、乐的神化格外显目。《礼稽命徵》说："礼之动摇也，与天地同气，四时合信，阴阳为符，日月为明，上下和洽，则物兽如其性命。""制礼作乐得天意则景星见"，"王者得礼之宜则宇宙生祥木"。礼同气、日、月、阴、阳、神、鬼合为一体。

《乐动声仪》对乐也用一体化精神做了极为独特的论证。乐始于"五元"（上元——天气；下元——地气；中元——人气；时元气——受气于天，布之广地，以时出入万物者也；风元气——物莫不以风成熟也）。"天有五音，地有六律。"五音各代表一种社会角色：宫——君；商——臣；角——民；徵——事；羽——物。五音又代表了不同的社会政治境况。十二个月各有一音律，为十二月律。人的五脏与五音相适；五音又与五星相应，与四时、阴阳、五行、四方相配。古代的圣王各有自己时代的乐章。这些论述近于胡诌，然而它的作用却是极为重大的。礼、乐体现着那个时代的社会秩序和精神，神化礼乐正是神化当时社会的基本制度。

仁、义、礼、智、信被儒家奉为"五常"，"五常"正是天地、阴阳、五行、五方的精神体现。《易乾凿度》说：东方为仁，南方为礼，西方为义，北方为信，中央为智。"中央所以绳四方行也，智之决也。故中央为智。故道兴于仁，立于礼，理于义，定于信，成于智。五者道德之分，天人之际也。圣人所以通天意，理人伦而明至道也。昔者圣人因阴阳、定消息、立乾坤，以统天地也。"《诗纬》中讲："木神则仁，金神则义，火神则礼，水神则信，土神则智。"《孝经钩命诀》又有另一种配方："性者，生之质，若木性则仁，金性则义，火性则礼，水性则智，土性则信也。"

---

① 《春秋纬·元命苞》。

汉代格外提倡孝。纬书对孝的论述同上述方法是一样的，这里需要说明一点，《孝经左契》把孝视为元气混沌的本性之一，"元气混沌，孝在其中，天序日月星辰以自光，人序孝悌忠信以自彰"。

更为有趣也更为荒唐的是，人的器官也被道德化、神化、天地化。《孝经援神契》说："肝仁、肺义、肾智、心礼、胆断、脾信，膀胱决难，发法星辰，节法月，肠法铃。人有十八象，皆法之天也。"又讲："人头圆法天""足方法地""五脏象五行""四肢法四时""九窍法九州""目法日月"。更令人莫名其妙的是器官之间都由道德加以联系而形成不同的功能。"肝仁故目视；肺义故鼻候；心礼故耳司，肾信故窍泻；脾智故口诲。"

上述种种论述，以今人视之皆为大谬，然而在那个时代，却是被人们普遍接受和认同的。特别是"一体化"的方法论，成为理所当然的思维前提，它的意义是不可低估的。封建专制主义的精神不仅获得了合理的论证和说明，而且融于人们的肌体，成为人的器官的一种本能和功能。人，完全变成封建专制主义的工具和零件。只有了解了这一点，才能理解为什么谶纬之中常有对统治者的攻讦，而统治者们却仍把它作为圣学而加以尊崇。

如果以这种时代精神为背景去看未来的玄学精神，才能真正体味玄学的历史意义。

三、均平、无为的政治理想与政治调整

在天人相应思维模式中有一个理所当然的思路，即把天理想化和社会功能化。天既象征人事，又对人事做出主动反应。在这种互动的论述中表达了纬书作者们的政治理想、政治调整和政治价值观念。

天帝是公正无私的，人间天子首先应效法此道。"帝者，天号；王者，人称。天有五帝以立名，人有三王以正度。"[①] "帝者，天号也。德配天地，不私公位称

---

① 《尚书纬》。

之曰帝。天子者，继天治物，致政一统，各得其宜，父天母地以养人，至尊之号也。"① 另外一些纬书的"帝"与"天子"相近。《乐稽耀嘉》说："德象天地为帝，仁义所生为王。"总之，"公"是天子德行之首，"在政不私公位称之曰帝"②。人主必须遵循法天的原则施政、制度："文王因阴阳，定消息，立乾坤，统天地。"③ 人主应像"露以润草"那样，"恩泽济万民"④。"大人者（按指天子），圣人之在位者也。夫大人者与天地合其德。"⑤

帝王的责任就是致太平。"圣帝明王所以致太平也。"⑥"帝王奉命永治安。"⑦ 致太平之道就是均平和无为。

均平并不是平等或绝对平均，而是以等级差别为基础的协调和相对平衡。《乐协图徵》对均平有一个轮廓性的描绘，要之有如下几点：

第一，实行井田。"圣人授民田"，每家一百亩。"以九顷，成八家。上农夫食九口，中者七口，下者五口，是为富者不足以奢，贫者无饥馁之忧。"《乐纬》对井田制还有另一种设计："九家为井，八家共治，公田八十亩，已外二十亩以为八家井灶庐舍。"这又为诸种井田说增加了一种新设计。

第二，实行"五均"。这里所谓五均与王莽的"五均"不同，是指"为富者虑贪；强者不侵弱；智者无诈愚；市无二价，万物同均，四时当得；公家有余，恩及天下"。

第三，尊卑各有等。君臣有差，上下皆次，衣服有制，明礼义、显贵贱，女工有差，男行有礼，宫室度量，章制有宜，大小有法，贵贱有差，上下有顺。

---

① 《易纬》。
② 《尚书纬·璇玑钤》。
③ 《易乾凿度》。
④ 《春秋纬·元命苞》。
⑤ 《易乾凿度》。
⑥ 《易纬》。
⑦ 《易辨终备》。

第四，崇公尚贤。"圣王法承天以定爵禄，爵禄者不过其能。""功成者爵赏，功败者刑罚。"

第五，刑罚得当。"圣王法承天以制刑法，诛一动千，杀一感万，使死者不恨，生者不怨。"

均平是一种制度，无为则主要是政策。制度定下来，要实行无为而治。《春秋纬·运斗枢》讲："若德命叙，伏羲、女娲、神农是三皇也。皇者天，天不言，四时行焉，百物生焉。三皇垂拱无为设言，而民不违道德。"托孔子言曰："政尚静而恶哗也。"《礼含文嘉》说："王者得礼之制，不伤财，不害民，君臣和辑，草木昆虫各蒙正性。"

均平、无为一方面是针对汉代当时的社会动荡和弊政而言的，另一方面，又是人们的一种超越朝代的政治理想，是封建时代颇流行的一种理想。所以它超出了政策范围，也超出了各家各派的局限，成为中国古人的一种普遍的政治文化心态。

理想源于天人合德，现实却又是一回事，常表现为天人相悖。纬书以及汉代思想家几乎一致认为，天人相悖是人造成的。"凡天象之变异，皆本于人事之所感，故逆气成象而妖星见焉。"[①]

人主失德、政乱会引起天象与自然变异。这类论述举不胜举，仅列数例以示其概："帝淫泆，政不平，则月生足。"[②]"逆天道，绝人伦，当夏雨雪。"[③]"人君不好士，走马被文绣，犬狼食人食，则六畜谈言。"[④]"主失礼，烦苛，则旱鱼螺变为蝗虫。"[⑤]"冤民系狱，十月不雨，言王者刑罚失平，民冤莫白，则旱贩为虐，滴雨不

---

① 《春秋纬·元命苞》。
② 《河图纬·秘徵》。
③ 《诗推度灾》。
④ 《易萌气枢》。
⑤ 《易九厄谶》。

行。"①

人主失德、政乱、不公会造成社会动乱,同时也会引起整个自然界失序、失常。这种观念无疑对人主具有约束和谴责的积极含义,但是在谴责声中又夸大了人主的影响力。它的副作用之一,就是强化了对政治权威无限渴望的社会心理,甚是可悲!

与上述论述方向相反而方法相同的另一种观念是:天象变异预示着政治之变或对某政治行为的谴责。这就是天谴观。这是汉代普遍流行的一种观念,连反对谶纬的人,如王充、张衡,也深信不疑,只不过他们较为谨慎,所谓以"实证"为据。纬书的特点是用得太滥,利用天变异议政、传播谣言,为政治之变制造舆论,等等。事关政治大事的比比皆是,略而不论,这里举几例以示其荒唐:"正月月蚀,贱人病,伞石二千……""月犯房星,四足之虫多死,期不出一年。"②以今人视之,荒唐自不待言,然而在当时,这种以天变为据的流行,是颇能赢得社会各界人士认同和信奉的。一个谶语,在某些时候可能胜过十万大军!这个问题留给历史学家去讲。

既然天变异根源在人、在人主,所以还是有补救之术的,这就是人主改邪归正。"夏震者,治道烦苛,徭役急促,教令数变,无有常法。"补救的办法是"举贤良,爵有功,务宽大,无诛罚则灾除。"③人君政治休明,贤良悉用,无疑是件好事,然而其中也同样蕴藏着君主通天普救众生的观念。人们在规劝君主改邪时,把期盼完全寄于君主之身,从而使自己更渺小,君主更伟大。这种既怨恨君主又期盼君主的思维定式,使人们无法从君主崇拜中跳出来,实在是悲剧。

在政治调整中,最激烈的莫过于"革命"论了。纬书的作者从天命和历史说明了"革命"是不可避免的。没有永远不变的家天下。"自三皇以下,天命未去飨

---

① 《春秋纬·考异邮》。
② 《河图纬·帝览嬉》。
③ 《易纬》。

善，使一姓不再命。"① "天道煌煌，非一帝之功；王者赫赫，非一家之常。顺命者存，逆命者亡。"② "天道无亲，常与善人。"③ "天道无适莫常，传其贤者。"④《易乾凿度》在论述"易"的含义时，曾讲到"革命"的必要性。"君臣不变不能成朝，纣行酷虐天地反，文王下吕（尚）九尾见，夫妇不变不能成家，妲己擅宠殷以之破。大任顺季享国七百，此其变易也。"

"革命"易姓是历史不可避免的，甚至是规律。但"革命"的发生是有条件的，要之有如下几点：

第一，王之暴虐如桀纣，造成"天地反"之势。整个社会机制败坏，只有革命才能使天地之道正常运转。

第二，革命的承担者须有天意的瑞符兆示。如前面讲的文王有九尾狐之瑞。正如《春秋纬·演孔图》说的："天子皆五帝之精宝，各有题叙，以次运相据，起必有神灵符纪，使开阶立遂。"纬书中对历史上"革命"的神灵符纪的编造极为繁杂，也极为离奇，离奇正是神圣的象征。

第三，新王受命必改制。"王者三百年一蠲法"，"五帝异绪"⑤。《乐纬》讲天道的特点是"质"，地道的特点是"文"。质、文行之长久故有弊，须质、文互变，互补，故而有改制。

"革命"是改朝易姓，无疑意味着社会大变动。"革命"论是社会的一种普遍认识，连帝王本人也多不否认，但这并不是说在任何情况下都可以公开讲"革命"，这只有在社会危机之时，或允许议论，或禁之不绝。如果实行压制，"革命"论就会从朝堂走到社会、民间，乃至秘密流传。这种情况在西汉、新莽和东汉前期都有过充分的表现。

---

① 《尚书纬·帝命验》。
② 《春秋纬·元命苞》。
③ 《易纬》。
④ 《尚书纬·帝命验》。
⑤ 《春秋纬·保乾图》。

"革命"虽涉及改朝换代，但对基本制度只是一种调整手段。封建的基本秩序是不变的。这也就是《易乾凿度》所讲的"易"而"不易也"。一句话，虽"革命"而不离君主专制体制之宗。这里再重复我们的一个基本看法：古代的"革命论"同民主论不是一个范畴中的问题，不可同日而语，然而作为政治调整，也可谓是激烈的了。

　　天人一体化是两汉时代雅俗共通的一种思维方式。纬书把这种思维方式发展到了极致，推向了极端。一至极端便不免于滥，然而在那个时代，人们并不以滥为滥，反而以为是一种深邃的道理。专制主义政治不仅需要理性的论证，更需要神性的装扮。纬书在这两方面都有它特殊的功用。

（原载《文史哲》1993年第1期）

论古代中国社会中的贪污[1]

贪污,是中国封建社会长期存在的重要历史现象。贪污对国家政权的危害极大:它败坏政府的声誉,腐蚀官员队伍,破坏社会的稳定与均衡,是影响封建统治"长治久安"的重要因素。在漫长的古代社会中,它像甩不掉的幽灵,困扰着最高统治者们追求大道的君治。为何古代中国贪污猖獗,屡禁不止?贪污在中国封建社会中的作用如何?本文试图做些粗浅论述。

一、贪污是古代中国官场上的普遍现象

我们所要讨论的"贪污",主要是指官员们利用职务上的便利及手中的政治权力强索他人财物、收受贿赂、侵吞国家财产、假公济私、违法谋取经济利益的行为。贪污这种社会现象,在中国可谓"古已有之"。

西周时已有贪污受贿的记载[2],春秋时期官员们在政治活动中行贿受贿之事《左传》多有记录。战国时代,贪污现象更为普遍,韩非就说过:"为奸利以弊人主,行财货以事贵重之臣者,身尊家富,父子被其泽。"[3]至秦汉,君主专制的中央集权政体确立后,贪污亦愈演愈烈。后汉人左雄谓当时"乡官部吏……廉者取足,贪者充家"[4],准确地概括了秦汉时代官僚们在这方面的表现。魏晋南北朝时期官吏们也同样"潜受贿赂、阴为威惠","求纳财贿,不知纪极;生官死赠,非货不行"[5]。在宋代,官僚中"赎货暴政,十有六七"[6],明清时代贪污愈加厉害。明朝的

---

[1] 本文与王兰仲合作。
[2] 《尚书·吕刑》中所谓"五过之疵"中的"惟货",即指官员接受贿赂。
[3] 《韩非子·奸劫弑臣》。
[4] 《后汉书·左雄传》。
[5] 《册府元龟·卿监部·贪冒》。
[6] 《包孝肃奏议》。

邹缉在永乐十九年（1421年）上疏皇帝谓当时"贪官污吏遍布内外，剥削及于骨髓"[1]，张居正亦说："自嘉靖以来，当国者政以贿成，吏朘民膏，以媚权门。"[2] 当时有一首讽刺贪官的打油诗："来时萧索去时丰，官帑民财一扫空；只有江山移不出，临行写入画图中。"把明朝官僚贪赃的形象勾画得淋漓尽致。清代官吏贪墨之风更甚。乾隆盛世时的军机大臣和珅通过贪污受贿，据说竟积累了约十亿两银子的财富[3]。在他当政的几十年里，文武大臣竞相受贿，被揭发的大贪污案屡屡出现。至于嘉道以后的吏治，更是每况愈下了。

贪污在古代中国不仅存在的时间长，而且范围广，它渗透于古代政治生活中上上下下的一切领域。地方行政机构的下层官吏贪污成风，汉代人贡禹说"乡部私求，不可胜供"。清代地方官对公开的贪污"耗羡"，随意增加数额，在正额税收之外"每两有加至二、三钱，四、五钱"[4]的，还有的甚至"税轻耗重，数倍于正额"[5]。中央机构中所谓京官的贪污也极为严重。以明代中央的官僚为例。明代官俸很微薄，京城高级官员的豪华生活，主要是靠接受各省地方官以礼仪为名所送的馈赠——贿金来维持的。如明代各部尚书的官阶为正二品，年俸银只有152两，而各省的总督、巡抚所送的礼金或礼品，往往一次即相当于十倍的年俸[6]。在考核地方官的那一年京官受贿数最多，当时即有人谓"朝觐年为京官收租之年"[7]。主管考选官吏的人事部门吏部贪污尤甚。如后汉元晖"宣武时为吏部尚书，纳货用官，皆有定价：大郡二千匹，次郡一千匹，下郡五百匹，其余授职各有差，天下号曰

---

[1] 《明史》卷一六四。
[2] 《张文忠公集》。
[3] 见沤矶钓叟《查抄和珅家产清单》。
[4] 《熙朝纪政》卷三。
[5] 《皇朝经世文编》卷二十七。
[6] 《春明梦余录》卷二十七。
[7] 《海瑞集》。

'市曹'"①。主管监察工作的御史、巡按职责之一是清查贪污，但实际上他们自己往往就是贪污的能手。史载明代"巡按查盘、访缉，馈遗、谢荐多者至二三万金，合天下计之，国家遣一番巡方，天下加派百余万"②。管理刑事诉讼的司法官员执法犯法，借法行贪，比比皆是。官吏贪污，一般说官越大贪的就越多。比如南宋时右丞相陈自强公开向下级官员勒索贿赂，地方官送公文"必题其缄云'某物若干并献'，凡书题无'并'字则不开。纵子弟亲戚通货贿，仕进干请，必谐价而后予"③。清代雍正时皇帝亲信大官僚年羹尧"悉多营私受贿，赃私巨万"④。

总之，在中国封建社会的数千年间，在古代政治社会的一切领域中，无时无处不存在着贪污。贪污确是封建官僚们的通病。

当然，在中国封建社会中德高品端的清官廉吏还是有的，即便是在贪污盛行的宋代、明代，也出现了包拯、海瑞这样一些流芳千古的清官。海瑞反对行贿受贿，最后含愤挂冠辞职而去。日本学者衣川强曾对中国古代官僚和他们的俸给进行了相当深入的研究，他以宋代为例，说当时"能够全赖俸给生活的官僚，是不存在的"⑤，必须靠贪污受贿为生。历来所谓的"无官不贪"之说或许有点绝对化，但大体符合古代中国政治社会的实际。

二、封建官僚怎样进行贪污

官僚怎样搞贪污？门道甚多，不能一一细考，主要有以下几种类别：

第一，利用手中政治权力强占勒索。以这种方式贪污的主要是地方官吏。他们"为民父母"，自然就取得了这种取利的特权。《华阳国志》记载："李盛为太守，贪财重赋。国人詈之曰：'卢鹊何谊谊，有吏来在门；披衣出门应，府县欲得钱；

---

① 《册府元龟》。
② 《明史》卷二五七。
③ 《宋史纪事本末》卷八十二。
④ 《永宪录》卷三。
⑤ 见衣川强《官僚与俸给》，《食货》复刊3卷6期。

语穷乞请期，吏怒反见尤.'"① 民谣所控诉的李盛，正是以第一种方式贪污的"父母官"。

第二，利用国家财政收入之机贪污。在中国封建社会，封建国家政府每年向人民征收钱粮赋税，在这过程中，各级官吏上下其手，贪污攫取了大量财富。明代北直隶清苑县知县崔泌之侵吞公款贪污银达三万两。明代崇祯时福建监察御史孙征兰形容官吏贪污说："有司高坐公堂，尊如神、威如虎。一纸之出，四野魂惊……或已有而重派，或私事而公派，或小事而大派，或暂事而久派。"② 当时任兵科左给事中的刘懋说：由于"贪酷成风，民有三金纳赋，（国家）不能得一金"③。这些都应归属于第二类贪污。

第三，利用国家财政支出之机贪污。封建国家各种官方工程的修建，常常为负责官僚的贪污提供可乘之机。如汉代大司农田延年就曾利用国家出资雇百姓牛车之机，多报车数以骗取公款。又如清代主持治河的官吏，"皆利水患充斥，借以侵蚀国帑。而朝中诸贵要，无不视河帅为外府"④。清人薛福成在其《庸盦笔记》中揭露当时治河官员侵吞国家资财、奢侈无度的状况，谓南河河道总督"道员及厅汛各官，环峙而居，物力丰厚，每岁经费银数百万两，实用之工程者，十不及一，其余以供文武员弁之挥霍"。以宴席言之，"虽历三昼夜之长，而一席之宴不能毕"。其假公济私以贪污的疯狂程度确实令人瞠目。

第四，利用管理国库之机监守自盗。如《隋书·郑泽传》载刺史郑泽"擅取官财，自营私第"，《魏志·鲍勋传》记载的曲周县吏"断盗官布"等，都属于这类性质的贪污。

第五，收受贿赂。在中国封建社会，高级官员一般没有直接搜刮百姓或经手

---

① 《太平御览》卷四九二。
② 《明实录·附录·崇祯长编》卷三十六。
③ 《明实录·崇祯实录》卷三。
④ 《啸亭杂录》卷七。

国家钱粮资财的机会,然而,他们却有一种更便利的进财之道,那就是收受贿赂。明代兵部尚书梁廷栋曾说,当时知府知县等地方官每一次朝觐、考备、考选、考升,每人在京师至少要花五六千金行贿才成①。这些行贿的钱财无疑都进了高级官员的腰包。官僚们在收受贿赂时都很机警,自己并不出头,往往派子弟亲戚家人出面,以留后路。如清代康熙年间那个"以官职为生理,公然受贿"的大学士徐元文,他收受贿赂就从未自己出过头。

中国的封建官僚办事效率极低,但他们在贪污时表现出的主动性、高效率和聪明才智,却是令人惊叹的。

三、贪污在中国封建社会经济运动中的位置及其影响

在中国封建社会有一个重要的现象值得注意:那就是,经济活动不仅仅是一种经济行为,经济运动不仅仅是个经济过程,它与政治、与权力、与超经济强制有着密切关系。在许多情况下,政治、权力在社会的经济生活中起着主导的作用。贪污就是当时社会经济运动中的一个重要环节,它所带来的影响是巨大而深远的。

(一)社会经济运动中的财富集散器

贪污在古代中国社会的经济运动中,实是一个巨大的财富集散器。首先,人们不难发现它是敛财的最有效的一种手段,是当时任何行业都难以相比的积聚资产之途径。

在中国封建社会,有一个值得注意的历史现象,那就是许许多多想发财的人既不想从事农业,又不想经营商业、手工业,而是梦想通过"学而优则仕"的道路,达到发家致富的目的。所谓"书中自有黄金屋,书中自有千钟粟,书中自有颜如玉",人人皆知。按理说,官吏法定的俸给数目是很有限的,然而由于为官可以贪污,能得到无数额外的好处,所以整个社会实际上都认识到做官是一种发财的机会。俗话说,"三年清知府,十万雪花银"。就古代中国社会的实际情况看,

---

① 《明史》卷二五七。

靠贪污发财致富的官僚确实不乏其人。如南北朝时期"南齐吕文显为中书通事舍人……四方守宰饷遗，一岁咸数百万"①；明代太监李广广收贿赂，家有纳贿簿，记载得黄米（黄金）、白米（白银）各千万石②。古代高利贷者们极乐意放债给为官或将要为官的人。《明实录》曾记载当时北京一些放债者专门借钱给可能外放任官的人，一俟后者派任地方官，便跟着"同到任所，以一取十"。为官可以快赚钱、赚大钱，这就是高利贷者所以青睐这些人的原因。可以这么说，在封建社会的经济活动中，当官贪污发财比其他任何产业都容易得多。

贪污积聚的巨额资产，在封建社会主要转投于三个方向：

第一，政治性投资——行贿。贪污既然是最有力的赚钱手段，那么保住官位，对贪污者来说就是至关重要的事。在封建社会保官的特效办法就是行贿。明代天启年间霍丘知县郑延祚的做法就是最好的证明。《明史》记载，郑贪污之事为巡按当地的御史所发现，准备对其弹劾，但郑氏却"以千金贿免"。以后，郑氏"再行千金，即荐之"③。由于行贿，郑延祚非但没受惩处，反倒升了官。

行贿的方式方法多种多样。有的学者曾就明代的行贿方式做过考察，说当时多在衙门内直接进行，彼此"袖手接受"；关系稍近些的则列柬投递，假托赠送书籍的名义亲送上门，时人称之为"书帕"；关系再密一些的，则在上级诞辰送贺仪，且逢节馈赠，升任时对上级的"谢荐礼"更格外丰富。行贿保官是贪污资财第一重要的投资方向。

第二，经济性投资。即用贪污来的资财购买土地、经商及放高利贷。

在一个以农业为主要生产部门的社会里，土地是最重要的生产资料，土地既可出租生息，同时又是不动产，是财富的一种最稳妥的存在形态。因此，所有封建统治者都对土地有一种本能的占有欲，土地自然成了官僚贪污所得又一主要投

---

① 《册府元龟》。
② 《明史》卷三〇四。
③ 《明史》卷三〇六。

资对象。宋代著名大贪官朱勔在苏州，"百姓田园号为膏腴者，必竭力攘取"①，以至"田产跨连郡邑，岁收租课十余万石，甲第名园几遍吴郡"②；明代严嵩"广市良田，遍于江西数郡"，又"广置良田美宅于南京、扬州"③；清代高士奇依靠贪污成为暴发户后也"于本乡平湖县置田产千顷"④。

贪污资财除了用于购买土地外，有的官僚还用它来经商或放高利贷。如前述高士奇就与其亲家陈元师等合谋开设缎号，寄顿各处贿银，资本约至40余万⑤；"徐树声、徐树本等将伊银米自六月放出于十月交起，息银每两五六钱，米每石五六斗"⑥；和珅则开有当铺75座，银号42座。经济类投资是贪污资财的另一重要流向。

第三，官僚们以贪污所得为满足穷奢极欲生活而恣意挥霍。

由于贪污在封建社会也是不合法的，官僚在贪污以后始终存在一种犯罪感、恐惧感，怕一旦被国家追究会一下子失去一切。因而，在消费时他们带有一种及时行乐的病态心理，疯狂地进行挥霍。西晋的大官僚何曾每天饭费达一万钱，竟然还说"无下箸处"，隋代杨素"贪冒财货，营求产业，东西两京居宅侈丽，朝毁夕复，营缮无已"⑦；清代湖南布政司郑源鹴"外养戏班两班，争奇斗巧，昼夜不息"⑧。此类例子举不胜举。这就是贪污资财的第三个重要流向。

总之，贪污在中国封建社会的经济运动中，正像一个巨大的集散器，它把社会的财富飞速地集中起来，转移出去，在这种资财的高速流动中，整个社会都感

---

① 《宋史》卷四七〇。
② 王明清：《玉照新志》卷三。
③ 《明史》卷二一〇。
④ 《东华录》卷十五。
⑤ 《东华录》卷十五。
⑥ 《东华录》卷十五。
⑦ 《册府元龟》。
⑧ 《竹叶亭杂记》卷二。

受到了它的巨大影响。

(二) 贪污的影响

贪污对国家财政,以至公共工程等事业都带来危害。由于官员们的贪污,往往造成财政的亏空。如清代康熙年间湖北沔阳州积欠田赋达 8 万两之多,而其中"民欠仅十之二"[1],其余则为官僚缙绅所侵吞;康熙六十一年(1722 年)户部存银 800 万两,而堂司官员侵渔就达 250 万两之巨[2]。贪污正是造成封建国家财政失控的一个重要因素。再如历代的治河工程,由于治河官员的贪污,结果是"国家岁糜巨帑以治河,而囊者频年河决"[3]。但是,贪污的影响还不止于此,实际上它给当时整个社会的稳定与均衡都带来了巨大的危害。

在封建社会,封建制度的基本经济规律是以保证封建主经济的存在和正常运转为核心的,没有它也就没有封建制度;然而,封建主经济的存在,又以农民经济的存在为条件。因而要保证封建主经济再生产过程的顺利进行,首先就不能把农民经济的再生产过程打断。因此虽然封建国家政权也想尽可能多地压榨盘剥百姓大众,但客观经济规律却要求它把剥削限制在一定的界限内,最起码要使农民简单再生产过程能够延续,以保证封建主经济的稳定。可是,官僚的贪污却往往使社会的这种稳定状态遭到破坏。

官僚贪污虽有种种不同的方法与途径,但最终还是攫取于老百姓。贪官们在搜刮时从不顾忌农民经济能否稳定,而是能多捞就不少捞,完全是杀鸡取卵式的疯狂掠夺。小农经济一般说是比较脆弱的,"只要死一头母牛,他就不能按原有的规模来重新开始他的再生产"[4]。官僚这种额外的掠夺加上本来已很沉重的封建国家所征赋税,势必打断小农们的再生产过程。明朝人梁廷栋曾说:"今日民穷之

---

[1] 《雍正上谕内阁》七年十二月。
[2] 《雍正上谕内阁》二年十一月。
[3] 《庸盦笔记》卷三。
[4] 马克思:《资本论》(卷 3),人民出版社,1975,第 678 页。

故，惟在官贪。使贪风不除，即不加派，民愁苦自若；使贪风一息，即再加派，民欢忻亦自若。"① 赵南星亦谓："贪则多酷，即朘其脂膏，又加之毒痛，民安得不乱？！"②

历史上因官僚贪污引起民众反抗的事例很多：如清代康熙年间，"河南宜阳知县张育征加征火耗虐民"，导致亢珽起义，阌乡王更一"亦藉知县白澄豫征钱粮，啸聚县城"，以致巡抚派兵镇压都不能平③。甚至于以推翻封建王朝为目的的农民大起义，官僚贪污也往往是导致其起义的重要原因之一。如宋代方腊在其动员民众起义时就曾以"当轴者，皆腥腆邪佞之徒……在外监司牧守，亦皆贪鄙成风"作为理由，指出如不起义将"徒死于贪吏耳"，起义时亦以"诛朱勔为名"④。由此可见，官僚贪污确是招致农民造反的一个重要因素。

纵观中国封建社会的历史，一次次周期性政治危机的爆发，一顶顶王冠的落地，无不与官僚机构的贪污腐化有关。当然，我们并不是说官僚的贪污问题一定就是这种危机的根本原因；但不容否认的是，它确实激化了社会结构中阶级间的矛盾，破坏了社会的整合状态，从而使社会的稳定与均衡成为不可能，实际上起了导致王朝毁灭的"催化剂"作用。这一点正是贪污给古代中国经济社会运动带来的最重要的影响。

四、古代中国贪污猖獗的原因

贪污不利于封建统治的长治久安，因而历代的统治者曾绞尽脑汁，想出各种各样的办法试图消灭它。然而自周秦迄明清，贪污现象从来不曾杜绝过。所谓"掌钱谷者盗钱谷，掌刑名者出入刑名"。官僚们宁愿被抓去剥皮实草，也不肯打消贪污的念头。在古代中国的政治社会，贪污成了一种难以治愈的痼疾。究其原

---

① 《明史》卷二五七。
② 《明经世文编》卷四五九。
③ 参见《清史稿·张廷枢传》。
④ 参见方勺《青溪寇轨》。

因，可能是多方面的。

例如，在财政方面，古代中国没有独立的、不为长官左右的会计制度。中国的长官既管行政，又管财政，公费开支用于什么项目，需用多少钱，既没有独立的审计部门加以考察，又无超然主计机构负责，全凭当官的一句话。这就给为官者贪污提供了机会。比如，明清地方官所私征的耗羡及常例，其中确有部分用于衙门办公费用；但是，就整个私征的耗羡而言，则既无花册报部题销，也无由单载明份数，完全是一笔糊涂账。何谓重耗？何谓轻耗？其中到底有多少是办公开支，多少入了自己的腰包，全凭州县父母官扪心自问，这为官僚的贪污提供了可能的条件。

"上梁不正下梁歪"也是贪污猖獗的原因之一。明朝崇祯年间给事中韩一良曾给皇帝上奏折谓："今言者俱咎守令不廉。然守令亦安得廉？俸薪几何，上司督取，过客有书仪，考满、朝觐之费，无虑数千金。此金非从天降，非从地出，而欲守令之廉，得乎？"①可见在上级官员索贿受贿的情况下，地方官不能不贪。

大大小小的官僚中间关系网密布，亦是贪污屡禁不止的一个原因。中国封建社会的官场宦海中通关节、走后门之风盛行。据明代左副都御史邱橓讲，那时御史只要巡按地方，总有人来托关系打招呼，还未离开京都，递来的条子就已装满口袋。及至考察官员政绩时，便"彼此结纳"，互相包庇。被他们所弹劾的官员大都是政治场上比较单寒软弱的人，至于有背景、有内援的，即所谓"百足之虫，傅翼之虎"，即使是"赃秽狼藉"，依然可被推荐升官。就是贪污被人告发从而受到追查，由于大家都不干净，所谓"豺狼见遗，狐狸是问"，问案者生怕"拔起萝卜带起泥"，便"或阴纵之使去，或累逮而不行，或批驳以相延，或朦胧以幸免"。实在躲不过，也会重罪轻判，"苟且或累千金，而赃止坐之铢黍；草菅或数十命，而罚不伤其毫厘"，草草了事。这种情况之下，自然"无惑于清白之吏不概见于天

---

① 《明史》卷二五八。

下也"①。

以上这些无疑都与贪污猖獗有密切关系。但是，贪污之所以猖獗且屡禁不止，还有更深刻的社会原因。

贪污就其实质而言，是一种利用政治权力攫取经济利益的行为。为什么财富的获取不是直接通过经济手段，而一定要转通过政治权力来得到呢？我们认为其原因是：生产力水平比较低下，产品匮乏，商品交换不发达，在这种情况下，权力便走到了分配领域。荀子很早就认识到了这一点，他说："欲恶同，物欲多而物寡，寡则必争矣。"②又说："人生而有欲，欲而不得则不能无求，求而无度量分界，则不能不争。"③在有限产品的分配中既然得"争"，那么在"争"的过程中，强权、武装暴力更为有力。权力这个东西虽然不能直接满足人们的生物要求，但它却可以支配满足人们需求的物质资料，权力在当时可以和一切有价值的东西挂起钩来，简直可以被看成一种最一般的等价物。一个人只要大权在握，就可随意去"生之、任之、富之、贪之、贵之、贱之"④，权力就是上帝，有了权就有了一切。正因如此，"争权夺利"才成了形影不离的伙伴，人们在谋求经济利益的时候，首先去追逐权力。读书人说"书中自有黄金屋"，是说读书做了官，有了权，通过权力就可以得到"黄金屋"。明代人赵南星说"夫天下之行私最便而得利最厚者，莫过于吏部"⑤，邹缉说"朝廷每遣一人（指御史出巡），即是其人养活之计"⑥。这并不是因为他们的工作能够创造什么经济价值，而是因为他们有权，通过权他们就能得到丰厚的利益，人事之权是权中之权，故能更肥。官僚所以能够通过贪污而致富，原因也就在这里。

---

① 《明史》卷二二六。
② 《荀子·富国篇》。
③ 《荀子·礼论篇》。
④ 《荀子·任法篇》。
⑤ 《明经世文编》卷四五九。
⑥ 《明史》卷一六四。

然而需要指出的是，在中国封建社会中，官僚们的权力虽然很大，但毕竟是协助君主统治人民的一种工具。官僚完全依附于君主，即使贵如宰相，居一人之下、万人之上，也只能是"臣"，是君主的奴才，毫无独立性而言。如果用申不害的话来说，即所谓："明君如身，臣如手；君若号，臣如响；君设其本，臣操其末；君治其要，臣事其详；君操其柄，臣事其常。"① 这种依附性决定了官僚的政治经济地位是极不稳定的。

因此，官僚手中的政治权力可能很大，但这种巨大的权力优势随时都可能化为乌有。官僚的这种政治经济地位，就使其处于一种很微妙的境地：一方面他们的权力和经济地位随时可能失去，处于一种极不保险的境地；另一方面，他们手中暂时拥有的权力又可像聚宝盆一样把财富迅速积聚起来。所以，"有权不用，过期作废"，只要条件允许，他们必然乘还拥有权力时疯狂贪占，积累财富，以备身后之用。在专制主义中央集权政体下的封建社会，最高统治者利用政治权力攫取经济利益，为其服务的各级官吏也同样要分一调羹。从实质上讲，他们是一样的，区别只不过一个是大盗，一个是小盗，一个是合法，一个是非法的而已。只要君主还要利用最高权力"以天下恭养"，他就还得利用官僚，那就一定会有贪污。这是个不可克服的矛盾，这也正是中国封建社会所以贪污猖獗、屡禁不止的根本原因所在。

（原载《天津社会科学》1988 年第 1 期）

---

① 《群书治要·大体篇》。

论儒家文化中的"人"

以儒家文化为主体的中国传统文化表现出一种"人本主义"倾向，特别是对于理想人格的虔诚修养和执着追求，在长达两千年的封建社会中曾成为汉族文化——心理结构的重要组成部分。新儒学倡导个性独立，人格尊严，并且还是民主政治的基础。然而，有一个巨大的历史现象令人困惑：为什么这样富于"人本"精神的学说却长期被封建统治者尊为"经典"，奉为圭臬，与儒学"人本主义"相伴行的、相为表里的不是民主政治，而是君主专制。为了弄清这个问题，有必要对传统儒家思想文化中有关"人"的认识做一番考察，以便更确切把握儒家"人本主义"的内涵。

一、人的本质——伦理道德性

人类的真正觉醒严格地说是从人把自我作为独立的认识对象开始的。

幼年时期的人类崇拜自然，自然力有着无限的权威，在意识中，自然力又表现为人格神。原始神秘主义束缚人们的思维和整个精神世界，人不是自我的主人，而是神的附属物。人类的觉醒首先要摆脱原始神秘主义的桎梏。

就中国历史来看，殷商时期基本是神的世界。然而，正当殷商帝王们虔诚地"率民以事神"[①]的时候，一股人文主义思潮伴随着殷周之际的社会动荡悄然萌发。继殷而起的周朝统治者从现实社会的政治动乱中觉察到人自身蕴聚着巨大的力量，人间事务不能仅仅求助于神的庇护。周公悟出了一个新道理："敬天保民""天听自我民听，天视自我民视"，以民情知天命。这不只是一条重要的统治经验，同时也是认识上的一大进步，意味着人和神灵世界某种程度的分离。人从神的附庸地

---

① 《礼记·表记》。

位逐渐提升，人神之间形成了某种程度的相向制约关系。周初统治者对民的重视逐渐汇集成一股强大的社会政治思潮，有力地震撼和动摇了原始神秘主义的束缚，人们的认识从崇拜天神转向人自身，迈出了有力的一步。

春秋战国时期的历史激变为人们认识的飞跃创造了新的条件。先进人们的目光进一步转向人自身。子产说："天道远，人道迩。"① 孔子说："未知生，焉知死。"② 他们显然没有否定神秘世界，但他们把它放在了遥远的地方，摆在他们认识日程上的是现实的人自身及其生活环境。

如果说理性认识的深化是古代文明赖以形成的内驱力之一，那么人类自我认识的演进程度则是衡量一个民族理性发展的标志。老子把人还给了自然，孔子把人还给了社会，这种从认识上的成就使他们二人成为中国历史上文化转型的开拓者和巨擘。其后，思想家们对于人自身的价值、人存在的地位及其意义进行了普遍反思，促进了人们理性的觉醒。

把人还给自然无疑是认识上的一大进步。然而，与之俱来的并不都是人的自信和自主的喜悦，有时反而唤起灵魂深处的原始恐惧和无限的苦恼。面对着无限广袤的自然天地和人自身极其渺小的强烈对比，老子，特别是庄子被这一对比猛烈地震动了。庄子感慨万分说："吾在天地之间，犹小石小木之在大山也。"③ 他为人的卑微而惶惑，人根本无从摆脱对自然的依赖："夫大块载我以形，劳我以生，佚我以老，息我以死。"④ 说到底，"吾身非吾有也"⑤，人不过是自然的某种存在形式。人的生命注定要由自然摆布，"生之来不却，其去不能止"⑥。人根本不能把握自我，不能主宰自我的人生注定是一大悲剧。人的存在还有什么意义！庄子一下

---

① 《左传》昭公十八年。
② 《论语·先进》。
③ 《庄子·秋水》。
④ 《庄子·大宗师》。
⑤ 《庄子·知北游》。
⑥ 《庄子·大宗师》。

子丧失了对人生的信念，由此走向消极遁世，幻想用一个永远没有开始的永恒来抵消对人生悲剧的恐惧。于是他"同物我""齐生死"，一头转回大自然的怀抱，在观念上否定人自身的存在。

与老庄相反，以孔子为代表的儒家文化却表示了对人的极度重视，他们从不同角度和各个层次寻求"人是什么"的答案，企图发现人的价值和人存在的意义。其中以荀子的概括最为精练。他说："水火有气而无生，草木有生而无知，禽兽有知而无义，人有气有生有知亦且有义，故最为天下贵也。"[1] 在儒家看来人与动物的区分可归纳为如下三方面。

其一，人、兽虽然都有知觉，但人的知觉具有审美意义。《礼运》说，人是"食味别声被色而生者也"。孟子、荀子都认为"食"与"色"是人之本性。宋儒邵雍也说："人之所以能灵于万物者，谓其目能收万物之色，耳能收万物之声，鼻能收万物之气，口能收万物之味"[2]。这就直接把人置于认识客观世界的主体地位。这种知觉加审美认识的形成从观念上自觉地把人和自然世界区分开来，推动了人的自我认识。

其二，人能通过劳动改造和驾驭自然物。董仲舒说，人能"生五谷以食之桑麻以衣之，六畜以养之，服牛乘马，圈豹槛虎，是其得天之灵，贵于物也"[3]。《易传》也提出，人类社会的物质文明和精神文明都是由人类中的杰出人物创造出来的[4]。进行对象性活动是人所特有的本质。

其三，区别人兽的根本标志是人有伦理道德，董仲舒说："物疢疾莫能为仁义，唯人独能为仁义。"[5] 人"人有父子兄弟之亲，出有君臣上下之谊，会聚相遇，

---

[1] 《荀子·王制》。
[2] 《皇极经世·观物内篇》。
[3] 《汉书·董仲舒传》。
[4] 参见《易传·系辞下》。
[5] 《春秋繁露·人副天数》。

则有耆老长幼之施,粲然有文以相接,欢然有恩以相爱,此人之所以贵也"①。人有伦理道德是区别人和动物的主要界限,也是决定人之价值的基本标准。这个认识贯穿整个儒家文化,成为人们试图把握自身存在意义的根本立足点。

儒家在人类自我反思过程中概括出人具有感知功能、能创造独特的道德的本质。人不仅能建立一个不同于自然本质的物质世界,而且能构筑一个主观理性世界。这就充分表明他们已经明确地认识到人是宇宙唯一不同于任何其他事物的特殊的类存在物。于是,一股巨大的喜悦和自豪之感便油然而生,充溢于整个儒家文化之中。"人者,其天地之德,阴阳之交,鬼神之会,五行之秀气也。"② 人是天地的造物,却又不同凡俗,他是天地秀气日月精华的结晶。"天地之性人为贵,明于天性,知贵于物"③,儒家对于人在宇宙间地位之高贵有着充分和清醒的察觉。

但是,我们必须看到,儒家关于人之赞歌的主旋律是"凡人之所以为人者,礼义也"④,人的最本质的规定是道德,人不外乎是"有道德的动物"。这个认识既有不可低估的积极意义,又暴露了儒家关于人的自我认识的根本弊端。

伦理道德是人的社会性表现之一,是人类文明理性的重要组成部分。伦理道德规范调节着人类社会的群体关系和内在秩序,是人类能够作为社会群体而存在的必要条件和保障。儒家强调伦理道德与人之社会存在的内在联系,为人们自觉地协调社会群体秩序奠定了认识基础。儒家把伦理道德视为人之本质固然有一定道理,但它把复杂的人简单化了。人作为社会存在物,他的活动遍及经济、政治、文化、家庭等各个层次和领域,并在这些活动中相互结成了各种社会关系。其中,人对外部自然世界的改造亦即生产活动是最基本的活动,人们在生产活动中结成的经济关系是人们最基本的社会关系。人类"正是通过对对象世界的改造,人才

---

① 《汉书·董仲舒传》。
② 《礼记·礼运》。
③ 《汉书·董仲舒传》。
④ 《礼记·冠义》。

实际上确证自己是类的存在物"①，人的主体性首先要在改造征服自然世界过程中得到确立和体现。人类的理性文明在很大程度上也是伴随着人对自然世界的改造征服才得以发展，并不断丰富和完善自身。可是，儒家却用伦理道德概括了人的最基本本质，以伦理关系取代人的其他社会关系。在他们看来，人存在的价值和意义就在于人对自身道德本质的体认、修养和践行。因而，他们关于人的反思视野基本局限于人自身道德的完善。"人之所以为人者，礼义也"的命题，与其说是揭示了人的本质，不如说是宣布了一个限制人自身的根本律令。虽有益于维护人类社会的秩序性和整体性，却又在一定程度上阻碍了人们向着解放和自由迈进。

儒家关于人的自我认识的积极意义是有限度的。

二、"人道"原则与对个体人的压抑

当人的理性觉醒使之第一次认识到人和宇宙间其他物种的根本区别的时候，他们就从把自己同一于自然界的野蛮人即本能的人，进化到自觉的人。他们的生命很大本身成了自己的意志和意识的对象。这种将自身区别于动物亦即整个自然界的人的自觉，就是人的类主体意识。也就是说，人们在观念上把外部世界视为可以认识的，不同于自身的客体存在，人自身是认识的主体。人的类主体意识的形成和发展有助于人的主体性的发挥，使之能自觉地作为一股巨大的能动的主体力量，在不懈地对外部世界的认识、改造、征服过程中，创建出人类时候理性文明。

迄今为止，人类发展史向我们表明，人的全面发展包括不可分割的两方面，即人的社会化和人的个体化。前者是说，任何个人的发展必然要通过社会化途径，通过人我之间的社会联系和交往；后者指的是，人的社会化须以作为独立个性存在的个体人为基点，即以人的个体化为条件。因之，人的个体性发展与人的社会化一样，同是人全面发展的必要条件。人的个性形成的一个重要前提是，人们须

---

① 马克思：《1844年经济学哲学手稿》，人民出版社，1979，第49页。

在观念上将自己与人群整体区分开来,个人须在意识上把自身视作既不能与人类群体分割,又有其独立意义的一种客体存在,认识到自己本身是一个不同于其他一切人的,与任何人不相重复的独特的个性存在。这种相对于人群整体的个人意识即是个人主体意识。

人的类主体意识和人的个人主体意识是人类自我认识发展必然经过的、依次相连的两个发展阶段。一般说来,在人类社会初期,人与自然的矛盾占据主导地位,与之相应,人的类主体意识是人类自我认识的主流。这是人类自我认识发展的初级阶段。随着人类社会物质文明的发展,人的社会化不断加深,个人与人群整体,即"个体与类"日趋丰富。在社会发展的高级阶段将实现以"每个人的自由发展"为条件的"一切人的自由发展"的联合体,当然,也只有此时,才可以实现"人和自然界之间"及"个体和类之间的抗争的真正解决"。①

现在我们回头检核儒家关于人的自我认识,我们会发现,儒家仅仅是人的类主体意识的理性觉醒。他们关于人之本质的抽象不是基于对个人与群体整体关系的考察,不是从社会关系的总和上把握人,而是基于人和动物的比较。《礼记》说:"无别无义,禽兽之道也。"②荀子则说:"人道莫不有辨。"③这里的"人道"相对"禽兽之道"而言,概括了人的道德本质,它的核心是"礼义"。《逸周书》说:"人道曰礼。"④《礼记》说:"亲亲、尊尊、长长、男女之有别,人道之大者也。"⑤不言而喻,儒家关于人的类主体意识的觉醒实际上只限于伦理道德。儒家这一觉醒应该说在一定意义上误解到人之为人的价值。可是,接踵而来的并非人的个性的自由发展,相反却最终导致了人的个性的泯灭。关于这一点我们从两个层次进行分析。

---

① 马克思:《1844年经济学哲学手稿》,人民出版社,1979,第73页。
② 《礼记·郊特性》。
③ 《荀子·非相》。
④ 《逸周书·武顺解》。
⑤ 《礼记·丧服小记》。

首先，从总体上看，"人道"体现着儒家关于人的社会性的基本认识。他们理解的"人道"的核心是血缘人伦关系。《礼运》说："何谓人义？父慈、子孝、兄良、弟悌夫义、妇听、长惠、幼顺、君仁、臣忠十者，谓之人义。"在儒家看来，人类社会不外乎是一个以血缘家庭为基本连接点的多层次人伦关系网络，人在社会生活中的其他关系都不过是血缘人伦关系的外化和延伸。譬如，君臣关系是人伦关系的延伸，"夫妇之道，不可不正也，君臣父子之本也"①。社会的其他关系，如邻居、朋友，也必须向伦理关系认同。如孔子说："里仁为美，择不处仁，焉得知。"②《中庸》说："信乎朋友有道，不顺乎亲，不信乎朋友矣。"儒家所理解的社会性，就其根本不过是人的"家庭性"或"家族性"。

人作为社会群体中的一员，他的社会性不只体现在血缘人伦关系之中，同时也体现在经济关系、政治关系、文化活动等种种社会联系交往之中。一般说来，人们结成的社会关系和社会交往越广泛、越普遍，个人的社会化程度就越高，他的道德义务感就越开阔，人的主体延伸就越强。也就是说，当人们不仅作为血缘社会的成员，同时也作为社会经济和政治生活中的成员而有意识地活动着的时候，他的道德义务感就会超出血缘家庭（族）的范围，扩大到面向整个社会。他将逐渐摆脱对血缘家庭（族）的依附，在繁杂、多变和丰富的社会交往和联系中，体味他的个体价值和相对独立的个人尊严，他的个人主体意识就越发清晰和自觉。儒家的局限是用血缘人伦关系作为人的全部社会关系的枢纽，人们的自我认识被血缘人伦观念层层缠绕，致使本来应当享受丰富多彩的全部社会生活的人陷溺在人伦关系网络中。人们不是以相对独立的个人身份出现在社会舞台上，更不是作为社会整体中相对独立一员展现他的个性。儒家文化中没有相对独立的个人，只有形形色色的角色，只不过随着时间的推移和种种具体条件的变化，人们在人伦个性网络中所处的具体地位不同而扮演不同的角色罢了。在"人道"观念约束下，

---

① 《荀子·大略》。
② 《论语·里仁》。

人的价值取决于对"亲亲、尊尊"等伦理道德的认同，干扰只有在遍布整个社会的人伦关系网络中才能找到自己的为位置。而且人们越是要证明自己是人，就越要沿着"人道"的轨迹，紧紧相互攀扶在人伦关系网络上，使自身融合于社会群体之中，反之，如果有谁敢于背离儒家所规定的"人道"，他就失去了人的资格。正如孟子批评墨子所说，亵渎人伦关系就是禽兽。因而儒家文化中的人并不涵指独立个体的人，而是指依照人伦关系网络组织起来的人类群体。他们苦苦思索试图揭示人自身的奥秘，不过是在追寻人群整体和谐与人的价值。"人道"本身就表现出一种内在秩序与整体和谐之美，"礼者，贵贱有等，长幼有差，贫富轻重皆有称者也"①。儒家从血缘人伦关系中概括出几对关系，通过"礼"的规定使之规范化。"君臣、上下、父子、兄弟，非礼不定"②，每一对关系中都内涵着严格的隶属性，如"妻者夫之合，子者父之合，臣者君之合"③。人们遵循儒家的"人道"就被无情地固定在各自的等级地位上，无条件服从上下隶属关系。人们的衣着服饰、言谈举止，思想感情，无一不被等级格式化。所谓"非礼勿视，非礼勿听，非礼勿言，非礼勿动"④，"君子思不出其位"⑤。任何个人只能在适应"人道"规定中寻找或实现自我。"人道"的基本精神是个人向着人群整体的认同和皈依。因之，以"人道"为核心的儒家文化没有促使个人主体意识生长的土壤，儒家对人的赞誉充其量不过是肯定了类存在的人，体现了人的类主体意识的理性觉醒，却抑制了个人主体意识的形成。

其次，从"人道"的具体内容来看，几乎每一项原则规定都是对人的个性的否定。

"人道"的具体内容很多，要之，即"三纲五常"。"三纲五常"最基本的精神

---

① 《荀子·富国》。
② 《礼记·曲礼上》。
③ 《春秋繁露·基义》。
④ 《论语·颜渊》。
⑤ 《论语·宪问》。

是绝对尊崇父家长的权威。儒家认为，相对臣、子、妻而言，君、父、夫都具有父家长的身份。其中，君主是全社会最大的父家长。"天子者，天下之父母也"①；夫权则是父家长权威的另一种表现形式。各级父家长在其各自统辖范围内拥有独一无二的至上权威，如荀子说："君者，国之隆也；父者，家之隆也。隆一而治，二而乱。"②《礼记》中的《坊记》《丧服四制》等篇也都强调了"天无二日，民无二主，国无二君，家无二尊，以一治之也"。这个认识被统治阶级奉为法典，《唐会要》中就有相同的记述。儒家在理论上赋予父家长的权威具有专制特质，父家长对其辖制下的家庭成员拥有绝对的控制统属能力。"凡诸卑幼事无大小，必咨禀于家长"③；父家长还直接主宰着家庭成员的肉体和命运。譬如，他有权对子女施以暴力制裁。早在《吕氏春秋》里就讲过，"家无怒笞，则竖子婴儿之有过也立见"④。《颜氏家训》里也有相同的记载。父家长有权依自己的意志处置子女，直至买卖挞杀。父家长的意志则受到法律的保护。《清律例》规定"父母控子，即照所控办理，不必审讯"⑤，在父家长的绝对权威之下，哪里还有什么个人的自主性和独立性。

"三纲五常"在观念上强调"孝"。儒家认为，"孝，德之本也"⑥。子女对父要孝，臣对君要忠，忠是孝的政治表现形式；妻对夫要顺，顺是孝的内在规定性之一。此外，五常之首是仁，"仁之实，事亲是也"⑦，"孝悌也者，其为仁之本与"⑧！"孝道"就成为人们行为的根本规定。依照孝的规定，第一，个人没有意志自由

---

① 《盐铁论·备胡》。
② 《荀子·致士》。
③ 《书仪·四·居家杂议》。
④ 《吕氏春秋·荡兵》。
⑤ 《清律例》卷二十八。
⑥ 《孝经·开宗明义章》。
⑦ 《孟子·离娄上》。
⑧ 《论语·学而》。

权，其爱憎要以父母的意志为转移。"父母之所爱亦爱之，父母之所敬亦敬之"①。第二，个人没有行为自主权，《礼记》的记述十分详细："凡为人子之礼，冬而夏清，昏定而晨省；……见父之执，不谓之进，不敢进；不谓之退，不敢退；不问，不敢对""出必告，反必面，所游必有常"②。第三，个人没有婚姻自主权，儒家认为男婚女嫁是做人的根本义务，"上以事宗庙，下以继后世"③，也是传延后代的手段，"不孝有三，无后为大"④，"父母之命"具有绝对的权威。第四，个人没有任何私有财产权，"父母在，不敢有其身，不敢私其财"⑤。人们在没有成为家长之前，经济上从属于整个血缘家庭。第五，在孝道的规定下，人们连自己的身体也属父母所有，"身体发肤，受之父母，不敢毁伤"⑥。人们保护自身就是遵行孝道，"父母全而生之，自全而归之，可谓孝矣。不亏其体，不辱其身，可谓全矣"⑦。于是儒家把任何有可能伤害自己身体的活动、言行都纳入禁止之列，计有"不登高、不临深、不苟訾、不苟笑""不服暗，不登危"⑧等，还特地说明，这样并非怯懦，而是"惧辱亲也"⑨。就这样，在孝道的规范下，人们连最起码的人权都没有，只剩下服从的义务。用温情的血缘关系剥夺人的基本权利，这是儒家思想的一大特点。

那么，父家长是否有其个人的意志和行为自主权呢？相对家庭传延而言，各级父家长拥有绝对的辖制权力，然而其本身也要受到孝道约束。在中国传统社会中，孝道被扩大到社会政治生活的各个角落，具有普遍原则的意义。儒家规定孝

---

① 《礼记·内则》。
② 《礼记·曲礼上》。
③ 《礼记·昏义》。
④ 《孟子·离娄上》。
⑤ 《礼记·坊记》。
⑥ 《孝经·开宗明义章》。
⑦ 《礼记·祭义》。
⑧ 《礼记·曲礼上》。
⑨ 《礼记·曲礼上》。

的公式是:"夫孝始于事亲,中于事君,终于立身。"① 孝无所不包,无处不在。曾子曰:"居处不庄,非孝也;事君不忠,非孝也;莅官不敬,非孝也;朋友不信,非孝也;战阵无勇,非孝也。"② 父家长也要以孝道为守则,无条件服从全社会的大家长——君主。

倘若生之为女人,就更可悲。女人的地位更低了一等,"女子者,顺男子之教而长其礼者也,是故无专制之义,有三从之道"③,即"幼从父兄,嫁从夫,夫死从子"④,服从更是女人的天职,"妇将有事,大小必请于舅姑"⑤,妇女只能充当劳动和生育的工具。《清律例》就明载"盖夫为妻纲,妻当从夫"⑥,对于女人来说独立意志和人格等更无从谈起。

儒家的精神世界是一个群体的世界,其中没有个人的位置,不存在现代意义上的人权因素。

三、圣人崇拜和封建专制

儒家文化不倡导个人主体价值,是不是意味着根本否定伟大人格的存在呢?事情并不这么简单。我们看到历史上有许多思想家反复吟咏着伟大人格的理想之歌,有些思想家还身体力行,以追求人格自我完整作为人生目标。当前,一些国内学者也反复论证儒家文化的真谛是倡导人格平等、人格独立,认为孔孟仁学"把个体独立人格,推衍到空前的高度"⑦。"孔子的'仁'在内在方面突出了个体人

---

① 《孝经·开宗明义章》。
② 《礼记·祭义》。
③ 《孔子家语·本命论》。
④ 《礼记·内则》。
⑤ 《礼记·内则》。
⑥ 《清律例·妻妾殴夫条后总论》。
⑦ 周继旨:《论孔子和先秦儒家思想中的独立人格觉醒问题——兼论"仁""礼"关系与人性善恶问题》,《孔子研究》1986年创刊号。

格的主动性和独立性"①，等等。儒家著作中有些文字确有类似含义。归纳起来大致可分为几个方面。

其一，尊重个人的志气或志向。孔子曾允许他的门徒"各言其志"②，他还说："三军可夺帅也，匹夫不可夺志也。"③

其二，在某些外在的社会压力和政治权威面前，表现出某种独立性倾向。如孟子说："富贵不能淫，贫贱不能移，威武不能屈，此之谓大丈夫。"④荀子也说："是故权力不能倾也，群众不能移也，天下不能荡也……夫是之谓成人。"⑤

其三，在人生道路选择上，允许有一定的灵活性，譬如"通则一天下，穷则独立贵名"⑥"穷则独善其身，达则兼善天下"⑦，等等。

其四，表现为一种宏大的人生抱负，肯于为了理想的实现而献身。如孟子立志"居天下之广居，立天下之正位，行天下之大道"⑧；如胡宏"立身行道"，向往着"杰然自立，志气充塞乎天地，……身虽死亦，而凛凛然长有生气如在人间者"⑨。

无可否认，以上这些表述确乎塑造出一种顶天立地人格形象。他们志高而行洁，"夫贤人君子，以天下为己任者也"⑩，有着强烈的社会责任心。在儒家文化的人格力量感召之下，也确实培养出一些仁人志士。其中不乏感天动地的壮举和悲剧式的英雄人物。他们的业绩流为口碑，传布民间，在一定程度上充实了我们的民族自尊心。

---

① 李泽厚:《中国古代思想史论》，人民出版社，1985，第 25 页。
② 《论语·先进》。
③ 《论语·子罕》。
④ 《孟子·滕文公下》。
⑤ 《荀子·劝学》。
⑥ 《荀子·儒效》。
⑦ 《孟子·尽心上》。
⑧ 《孟子·滕文公下》。
⑨ 《五峰集》卷二。
⑩ 《盐铁论·散（聚）不足》。

可是我们更应该看到，儒家崇尚的人格从其体系看又无可挽回地否定了人的个性和独立性。

儒家关于人格的全部表述显示了一个共同的倾向：他们崇尚的人格并不包含对个人的地位、尊严和基本权利的维护，而是体现着个人对儒家道德理想的强烈追求与献身精神。一般说来，对于人的地位平等，个人的尊严和基本权利的自觉是形成独立人格的基本条件。"大丈夫"们表现出来的"独立性"倾向，并非由于社会政治等外在压力而深感人的尊严和自身权力受到凌辱，激起其人格的自觉，而是在践行儒家道德理想中，与社会现实种种障碍相矛盾而形成的道德皈依精神。"大丈夫"体现的人格不是以追求人的个体价值、个人尊严、人的个性自由和人的全面自由发展为内涵的个体独立人格，而是以维护人群整体价值为基本内涵的理想化共性人格。"大丈夫"所表现的宏大抱负和强烈的社会责任感及使命感在心理上超越了个体自我，跃升为人群整体道德理想的代言人。就这一点而言，儒学大师们曾经争为表率。例如，孔子曾自诩"天生德于予"①，"文王既没，文不在兹乎"②。孟子以拯万民于水火的替天行道者自居。他借伊尹之口说："予，天民之先觉者也，予将以斯道觉斯民也。非予觉之，而谁也？"③张载也自命要"为天地立心，为生民立命，为往圣继绝学，为万世开太平"④。他们追求道德理想的意志之坚决，抱负之宏大，精神之崇高，使他们远远高于芸芸世间的凡夫俗子和庸碌之辈，成为先知和当世的精神领袖。他们俨然将自己比作理想化共性人格的最高象征——圣人君子。

在儒家文化中，圣人君子是理想化抽象了的人，是人的类主体意识的集中表现。荀子说："君子者，天地之参也，万物之总也，民之父母也。无君子则天地不

---

① 《论语·述而》。
② 《论语·子罕》。
③ 《孟子·万章上》。
④ 张载：《进思录拾遗》卷三。

理，礼义无统。"①《礼运》说："圣人参于天地，并于鬼神，以致政也。"圣人君子代表人类与天地相参，体现着人群整体价值，维护了人群整体尊严，他们是人群整体的总代表。虽然儒家承认凡人和圣人有着共同的起点，"人皆可以为尧舜"②，但是，真正能达到光辉顶点的毕竟只是圣人。因为"圣人者，人之至者也"③。圣人身上汇聚着人类的全部智慧和美德，是人们修身养性的道德样板和做人的楷模。他规划着凡人的精神生活，通过"化性起伪"，"以矫饰人之惰性而正之，以扰化人之惰性而导之，使皆出于治、合于道也"④。既然儒家把圣人推到人类道德的至高点，"人皆可以为尧舜"，又向所有人洞开圣人宝殿的大门，那么，通过修身之道向圣人皈依遂成为一切不甘沦为凡人的有识之士毕生的宏愿。然而，另一方面，圣人崇拜又极大地桎梏着人的才能向着多样化、多方面发展，凡人在圣人面前，没有任何个性和独立性可言，只有心悦诚服地崇拜和追随圣人，才能使自己的道德得以提升。人的个性自由被圣人的光华窒息了，人的个体独立人格在圣人博大的共性人格面前消失殆尽。因之，儒家的圣人崇拜本身即意味着对人的个性和独立性的剥夺。而且，这种崇拜越虔诚，越神圣，对人的个性和独立性的剥夺就越彻底。正因为如此，封建专制统治者才欣然举起儒家的旗帜，招摇近两千年。

圣人崇拜在儒家思想中虽不完全是神秘主义的绝对，但它确实是支配人类的一种力量和本体，而儒家所主张的人伦道德等原则正是以天作为本原的。所谓"法象莫大乎天地"⑤，"故圣人法天而立道"⑥。在儒家看来，人间道德法规不是人类社会自身的产物，而是宇宙法则在人间的再现。结果是，一方面，道德法规的内

---

① 《荀子·王制》。
② 《孟子·告子下》。
③ 邵雍：《皇极经世·观物内篇》。
④ 《荀子·性恶》。
⑤ 《易·系辞上·礼器》。
⑥ 《汉书·董仲舒传》。

涵无限扩张，"礼者，天地之序也"①，它"合于天时，设于地财，顺于鬼神，合于人心"②，涵盖了整个自然与社会，具有无限的适用性和最高权威。另一方面，自然世界的阴晴圆缺、四时流转也具有了道德意义，宇宙有了道德属性。这是一种宇宙法则社会化和道德法规宇宙本体化的互换过程。既然儒家认为道德性是人的本质，那么，在宇宙本体与道德法规的互换过程中，人的本质就被无限地升华，以至等同于宇宙本体。人们对自我本质体认的同时就是对宇宙本体的认知；反之，对于宇宙本体的认同便意味着人们寻找自我本质的最后完成。孟子就此归纳出一个公式，他说："尽其心者，知其性也，知其性，则知天矣。"③意思是，人只要尽力挖掘自身固有之德，就能体察自身本质，就能进而悟解宇宙的真谛。

宋儒对于孟子之说做了详尽地阐发，特别强调天和人本质上的内在同一。他们认为，人的本质与天道不是并列的相似，而是同一事物的不同表现。张载说："所谓诚明者，性与天道不见乎小大之别也。"④程颐说："道未始有天人之别，但在天则为天道，在地则为地道，在人则为人道。"⑤朱熹也说："合天地万物而言，只是一个理。"⑥人对于宇宙的认识不在于孜孜以求地探索天地自然本身的奥秘，而是在于对人自身的扪心检索。程颐说："只心便是天，尽之便知性，知性便知天，当处便认取，更不可外求。"⑦朱子的"格物致知"，也不是要人们"存心于草木器用之间"，而是要"穷天理，明人伦"，所以他说"如今说格物，只晨起开目时，便有四件在这里，不用外寻，仁义礼智是也"⑧。因而，儒家把人看作一个微型宇宙，

---

① 《礼记·乐记》。
② 《礼记·礼器》。
③ 《孟子·尽心上》。
④ 张载：《张子正蒙·诚明》。
⑤ 程颢、程颐：《二程语类·卷二上》。
⑥ 朱熹：《朱子语类·卷一》。
⑦ 程颢、程颐：《二程语录·卷二上》。
⑧ 朱熹：《朱子语录·十五》。

"万物皆备于我"①,"大则君臣父子,小则事物细微,其当然之理,无一不具于性分之内也"②。天道的永恒法则就根植于人的内心深处。这便是儒家"天人合一"论的要旨之所在。

"天人合一"的运动形式是天与人之间的相向互换,人的道德本质外化为宇宙本质,反之宇宙本质内化为人的本质。正如陆象山所言,"宇宙便是吾心,吾心便是宇宙"③,人们就在这天人之间的双向运动中,通过"尽心、知性、知天"的程式,完成其向着道德化宇宙的精神回归,这也就是完成了自身道德本质和个人存在价值的实现。

同时,由于"圣人与理为一"④,所以,"惟圣人既生而知之,又学以审之,尽人之性,尽物之性,德合天地,心统万物,故与造化相参"⑤。当人们沿着"尽心知性知天"的阶梯实现了自我道德本质的时候,同时也就是向着圣人皈依的完成。

儒家强调天和人的内在同一,表明儒家对于人之主体性的认识是含混不清的,人兼具主、客体双重性质。一个既是主体,又是客体的人,其视向必然是内化的。于是人自身成为儒家文化的认识焦点。《中庸》说:"君子不可以不修身,思修身不可以不事亲,思事亲不可以不知人,思知人不可以不知天。"《大学》说:"古之欲明明德于天下者,先正其国;欲正其国者,先齐其家;欲齐其家者,先修其身。"改造自我成了人们认识外部世界和人的所有社会政治行为及活动的起点与归结点。其结果是整个儒家文化缺乏追求宇宙起源和探究自然法则的高层次思辨传统,难以形成科学的理性。

"天人合一"的最高境界是"合外内之道"⑥,使人在观念上与天地万物融为一

---

① 《孟子·尽心上》。
② 朱熹:《孟子集注·尽心上》。
③ 陆九渊:《象山全集·年谱》。
④ 程颢、程颐:《二程语录·二十三》。
⑤ 胡宏:《知言》。
⑥ 《礼记·中庸》。

体，达到"人与天地一物也"①。既然天人无二，"物我一理"②，人们在认识上便"视天下无一物非我"③，我是万物，万物是我。程颐所说："大而化，则己与理为一，一则无己。"④人们也只有将自我融化在天地万物之中，才有可能将自身道德本质升华到最高层次，如张载所言："无我而后大，大成性而后圣。"⑤"天人合一"否定了人的独立和个体存在，"圣人崇拜"桎梏着人们的精神世界。人们要么是儒家式的"君子"，要么是无知无识的"小人"。不论是"小人"还是"君子"，在他们的意识里都没有对自身价值的觉醒，因而难以现代化对自身权利的自觉追求，也就无所谓"人的尊严"。在儒家文化的规范之下，人们生来就是君父的子民，实则成为封建专制治下的驯民。

圣人崇拜作为一种特有的文化机制，恰恰适应了君主专制主义的政治需要。

纵观全部儒家文化，我们看到儒家关于人的认识表现为一种理论上的二律背反。

一方面是关于人类的赞美诗，儒家自豪地宣告了人之为人的价值所在，肯定了人的类存在，他们推崇圣人，对于理想化共性人格给予高度的称颂。他们注重人的群体价值，对于推进人类社会向着高度理想化的道德社会迈进抱有强烈社会责任心。

另一方面，儒家又从各个方面对于人的个性和独立性进行了无情的剥夺，用一种普遍道德规范否定了人的个体存在。

人的个体化是人之全面发展的不可或缺的一个方面。儒家文化中的人却只有社会群体化单向发展途径，人们的精神归属道德化宇宙，他的血肉之躯归属父母所有，他的意志和行为被父家长和君权紧紧束缚住。人们越是要成为儒家文化称道的人，就越要泯灭个性，否定自我。沿着儒家的道路不可能导向个人尊严、个

---

① 程颢、程颐：《二程语录·十一》。
② 程颢、程颐：《二程语录·十八》。
③ 张载：《张子正蒙·大心》。
④ 程颢、程颐：《二程语录·十五》。
⑤ 张载：《张子正蒙·神化》。

性解放、自由意志和独立人格，儒家文化造就了一个顺民社会，从而成为君主专制主义生存的最好的文化土壤。我们弄清了儒家文化中"人"的真实面目，所有关于儒家文化的"人道""民主""自由""个人尊严"等判断，只能是海市蜃楼。

（原载《社会科学战线》1988年第1期）

论帝王尊号的政治文化意义①

作为文化的一部分，中国古代的名号是很突出的，它不仅有悠久的历史，且有很深刻的文化意蕴，其中最有规律性的是帝王的谥号和尊号。近代以来研究历史的人只是把它们作为既成事实加以罗列，很少研究其文化环境和内涵。帝王谥号和尊号不但在格式和内容上形成完整的体系，而且在政治生活中占有重要的位置，具有广泛的政治影响，是中国传统政治文化的重要组成部分。

一、谥号尊号的历史发展

谥号是后人根据死者的生平事迹而给予的一种价值评定。"谥者行之迹也，累积平生所行事善恶而定其名也。"②谥法是其评定的标准，严格地说，谥号包括谥和号，即所谓"谥者行之迹，号者功之表"③，但它的主体是谥，谥即是用含有特定含义的字表示对死者一生的总结性评价，谥号主要适用于帝王、后妃和重要大臣。

尊号（又称徽号）是对古代帝王或后妃的尊称，它与谥号的区别，主要适用于活着的帝妃或神、圣之人。

关于谥法的起源，自古至今尚无定论，有黄帝制谥和周公制谥之说，多数人同意后说。周人尊天敬祖，按照尊尊亲亲的原则，在隆重祭祀祖先时为尊者、亲者、贤者讳，称扬其德而另起美称，即为谥。"以讳事神者周道也。周人卒，哭而讳，将葬而有谥"④，这反映了周人尊祖的宗法观念，并使周礼得到贯彻。春秋战国时期，诸侯争霸，周室衰微，随着诸侯卿大夫势力的增强带来的礼崩乐坏局面，

---

① 本文与侯东阳合作。
② 《太平御览·谥》。
③ 张守节：《史记正义·谥法解》。
④ 郑樵：《通志·谥略》。

谥法有了新的发展，首先是受谥的范围扩大到一般诸侯、卿大夫、贵夫人，其次是谥法本身内容的发展，强调美恶之分，"大行受大名，细行受细名，行生于己，名生于人"①，故评谥一般比较符合事实，"春秋纪实事而褒贬之说行"②。先秦君主之谥比较俭朴，只有一二字，内容多是论及品行和政绩的，即主要是对统治者的政治行为做出某种评价。不过它的内容是提倡周礼规定的道德品质，抨击礼崩乐坏的现象。秦统一六国后，建立了中央集权制和极端的君主专制制度。为了维护皇帝的神圣不可侵犯性，防止"子议父，臣议君"③的非圣无尊行为，秦始皇废除谥法，以毫无评价色彩的数序计算世代。皇帝成了认识的禁区，只能服从而不能进行评论。汉代虽恢复谥法，但在皇权专制制度下，帝王的至尊形象不可损害，况且随着儒家孝道的提倡和君统的连贯性，嗣位皇帝对于祖先自然是极为推崇，谥成了"尊名"的工具。臣子也慑于皇权的威力，同时本着君臣荣辱共体的观念，"臣子之义，莫不欲褒称其君、掩恶扬美者"④。唐代以后，随着封建社会经济文化的发展、君主专制主义的加强，对帝王的崇拜也加强了，帝王的谥号也越来越长，不像以往那样有严格的字义规定。但字数在不同的朝代有不同的规律性，唐帝谥号基本上是五字或七字，宋代的是十六字，明帝谥以十七字为准，清代的则加至二十四字。这种规律性使得各个朝代的帝王谥号整齐划一，并在内容上对比排列，越到封建社会后期越呈现僵化的趋势。

同时恶谥遭到非议，基本上以美谥为主。美谥和恶谥在十分重视青史留名的古帝王心中占有重要位置，"惟美恶之谥一定，则荣辱之名不朽矣"⑤；故谥的美恶使帝王们耿耿于怀，随着专制王权的加强，恶谥之说渐寝而不行。唐以后，即使亡国之君和遭到废弑的帝王也只是用表示哀闵的中性谥，而不是恶谥。唐代苏楷

---

① 张守节：《史记正义·谥法解》。
② 郑樵：《通志·谥略》。
③ 《史记·秦始皇本纪》。
④ 班固：《白虎通义·谥》。
⑤ 王圻：《续文献通考·谥法考》。

驳昭宗谥号，认为昭宗谥为"圣穆景文孝皇帝"与他身遭杀害和当政时的政治昏暗情况不符，要求改谥。继位皇帝和大臣都无可辩驳，只好改谥为"恭灵庄闵孝皇帝"。这虽不是恶谥，但足以使昭宗的子孙心怀怨恨，即使篡唐的朱全忠也很鄙视苏楷的行为，把他斥逐出朝廷。纵观历史，有恶谥的君主只是极少数，一旦成为帝王，就为权杖的光辉所笼罩，作为与他本身相异化的形象而存在，即使平庸无能和暴戾昏君（除个别外），也冠以诸多美名，以此掩盖其真实面目。秦汉以后谥号起到了美化帝王的作用，观谥而知其行的意义不复存在。

尊号在先秦表现为号，是对当权者的称呼，"若夫五帝三王之世，所谓号也；文武昭景成宣戴桓，所谓谥也"①。号早于谥，是人们等级地位的标志，故先秦诸子均十分重视名号对维持等级秩序所起的作用，号，"所以表功明德，号令臣下者也"②。秦始皇统一天下后，为了"称成功，传后世"，议定国君尊号为"皇帝"③，其后"皇帝"之称遂成为定号并普遍运用。独一无二的"皇帝"之称仍不能满足帝王们的自我尊崇之心，于是在"皇帝"的基础上又加以润色，堆上一大串形容词，这就是本文所指的尊号。从这个意义上说，最早上尊号的是汉哀帝号称"陈圣刘太平皇帝"，故宋代孙甫说："秦不顾德之所称，但自务尊极，故称皇帝，然亦未有尊号也。至汉哀帝始有圣刘太平之号。"④此后有北周宣帝自称"天元皇帝"等，均是在特定政治环境下所采取的改制措施，并没形成定制。至唐代尊号始盛行起来，并为后代皇帝所沿袭，同时尊号也施用于死去的皇帝，使在位皇帝和死去的皇帝同乘浮词虚海之舟，更加一层神圣的荣光。

尊号流行于唐至清初。无论是典礼的盛大程度，还是尊号的酝酿过程，都对当时的政治生活有很大影响，直接体现了臣民和君主的政治心态。尊号的兴起与

---

① 王符：《潜夫论·志氏姓》。
② 班固：《白虎通义·号》。
③ 《史记·秦始皇本纪》。
④ 《唐诗论断》卷中，玄宗。

对先帝追加尊号，也打乱了谥号的严格性。尊号适用于先帝称"尊谥"，尊号与谥号在后期也就混合使用。

谥号、尊号是政治观念中继体嗣统的体现，并由此而形成一个连绵不断的君主系统，这个系统没有朝代之分、敌我之别，新的朝代总是给前代的亡国之君以谥，并且越到封建社会后期，越失去了谥法初期的原则和是非观念，亡国、昏暴的君主也多冠以美谥。

谥号既是君主制下政治生活的重要内容，被人们所重视。历代学者、君主对其理论有许多著述。因为谥法对每个字都有特殊的规定，而这些字义大多由圣上钦定或积俗而成，因此，谥法理论也是政治思想、文化的缩影。较早的谥法有托名周公所做的汲冢周书之谥法，杜预释例之春秋谥法、广谥等，此外流传的有蔡邕、沈约、贺琛、扈蒙、苏洵、郑樵等奉旨刊定的谥法。明清时撰写谥法的学者最多，并且可以发表一些自由言论，如郭良翰、练恕、王士禛、鲍康、沈炳震等都有专论，至于论及谥号的书还有许多。由于时代的不同特色，不断地出现新的谥条和谥义。尧、舜、禹等先王名字作为谥法的称谓条例，是儒家大力提倡的结果。苏洵《谥法》丰富了文、武等谥的含义，并受宋代理学风气的影响，增加了新的谥义，如"穷理尽性曰圣"。同时随着君主专制的加强，在理论上出现了对恶谥的非议，以图建立新的谥法精神，如郑樵在《通志·谥略》中公开宣布论谥唯美的观点。元代以后帝王没有恶谥，这对昏庸的帝王来说，显然是不合情理的。私下著书的学者对此发出疑问："古之用谥，美恶并也；今专美而无恶，岂人皆善而恶谥无所于加，抑亦恶不复谥、而谥者专以掠美也？"[①] 然而这只是私论，且主要不是针对皇帝的。

二、帝王谥号尊号的文化符号意义

语言是思想的载体和表达手段，是文化的基因。人们直观看到的谥号和尊号

---

① 张志淳：《南园漫录》。

是一种语言符号，而它们排列在一起并被赋予意义，则是一种政治文化的储存和凝固。它们既是经过大臣们慎重的取舍、皇帝最后的裁定，当然是统治思想的结晶。把它们作为皇帝的形象，并通过仪式传播给臣民，得到认同，是统治阶级所期待的。

谥号的内容在其发展中逐渐形成一定的范式，首先是"孝"字成为汉帝的共同谥称。唐朝帝王谥号（终谥）定型为七字谥，即"××大圣大×孝"皇帝，在其中分别填以不同的形容词。明代以"×天×道×××××文×武×××孝×"皇帝为格式，清代以"×天×运×中×正×文×武×孝……"为基本模式。这些模式的主体大致不变，且都是统治思想的高度概括。从其内容上可以看出各代统治思想的继续和完善过程，孝、文武、圣、天、道等主题是陆续提出并为各代所认同的。帝王承载了这些最高原则，从而成为"道"的集散中心。

透过谥、尊号所弥漫的神圣光环，我们可以从其规律性的模式和发展过程中了解到传统政治思想的传递和完善的信息。约略而言，有如下几个特点：

其一，治道从文、武相分到兼备文武之道。"文"正如其字义一样，谥义是一种平和、温宁的政治文化概念，"经纬天地曰文""道德博闻曰文""慈惠爱民曰文"等，后来又增加了"勤学好问曰文"等内容。"武"则是武功显赫、扩展疆土的标志，"威强敌德曰武""克定祸乱曰武""刑民克服曰武"。周文王以德服远、笼络民心，周武王起兵克商、平定天下，二王以不同的策略取得天下，成为后王典范。文、武之道经过儒家的大力宣扬，为历代帝王所仿效，文治武功都是帝王们刻意猎取的美名。但在唐以前，文与武于一个君主来说是相对的，"言文则不称武，言武则不称文"①。自唐高宗追尊太宗为"文武圣"皇帝以后，"文""武"才在帝王谥号中连为一体。作为文化符码，文、武比圣、孝等抽象名词具有更实际的意义，从历史的经验看文、武是统治网中的经纬线。"武为救世砭剂，文其膏粱

---

① 《全唐文》卷三三六，《请复七圣谥号状》。

软？乱已定，必以文治之……故曰武创业、文守成，百世不易之道也。"① 随着谥号的模式化，文武作为对帝王的素质要求已失去了作用。

其二，品性评价楷模化。中国历来注重个人道德品质的修养，因此在谥、尊号中有关品质方面的词语占很大比例，如穆、昭、章、德、仁、敬、勤、信毅、端敏等。由于皇帝们不同的性格和修养，所以对他们的描述用语也不相同。不过，有几个词是多数皇帝都用的，如德、孝等。其中"孝"最突出，是继体守文的一种表现，"孝子善述父之志，故汉家之谥，自惠帝以下皆称孝也"②。"孝"的公式化使它本身已失去意义，以提倡孝道著称的司马氏政权正是亲族相残的年代，而唐太宗的逼父退位、诛杀兄弟也并不影响他死后谥中有"孝"。对于他们来说，正常的孝是不可能的，他们的孝是超越个人伦理的。"天子之孝，贵于安宗庙、定万人。"③ 只有在不触动帝位的情况下，他们才做出孝敬的样子，为天下作表率。孝必须为权力让路。帝王们的道德尽管每况愈下，而谥号评价都成了楷模。

其三，圣化意识的加强。"扬善赋简曰圣"，"敬宾厚礼曰圣"。圣成为一种公开正式确认的尊君形式是在唐代以后，在此之前臣民们虽然不断地圣化皇帝，称皇帝为圣上、圣主，诏书是圣旨等，但直到唐代，圣才正式成为帝王名号之一，把对君主的崇拜推到顶峰。圣与君的结合更有利于统治。同时，圣是指应时而变、无所不能的模糊性概念，最能出神入化地描述帝王神龙不见首的特性，也使臣民可以随意想象，把最理想的幻物都附加在帝王身上，从而美化了帝王，"由不太精确的政治名字无意识地激发起的情感联想可以持续更长的时间"④，这对麻痹人们是极有用的。

其四，法天行道。天命观和道统观是古人的终极追求和理想境界。帝王是

---

① 《新唐书·儒学列传上》。
② 《汉书·惠帝本纪》颜师古注。
③ 《旧唐书·王琚传》。
④ 沃拉斯:《政治中的人性》，浙江人民出版社，1988，第50页。

承天命和治道的主角,所以他们对法天行道观特别重视。"天"是对帝王政治的哲学提高,宣称君权神授、天君合一,把皇帝及其政权加以神化;行"道"表明帝王政治的合理性和正确性。天作为符号出现在谥、尊号中是后周闵帝称天王以后。一方面,宋代灾异较多,政局不稳,对君权神授的强调更加突出,加上唐中后期以来天道观哲学思潮的推动,"天"在谥号中有"统天""法天""仪天""感天""体天"等。另一方面,又紧紧抱着"道",以证明自己合理而正统,有"继道""体道""明道""契道"等。封建社会中后期,法天体道观在谥、尊号中特别突出,这是传统的天人关系论、道德观发展成熟的反映,表现了统治阶级政治哲学浓厚的宿命论色彩和对道统的继承。

谥、尊号虽然只是语言符号的不同组合,却正是几千年来传统政治思维的凝聚。"圣"作为帝王品性的理论提升,"文武"作为实际的治国之策,"孝"作为政治伦理化的旗帜,再加上"天"的神化、"道"的延续性,以及神、德、仁等符号,成为一种政治口号和纲领,一方面起到潜移默化的作用,使这些思想渗入人们的意识深处;另一方面又给帝王罩上层层耀眼的光环,使得幻想与现实混淆。"词语是如此逼真、如此易于人格化、如此易于与情感和偏见发生联系。"[①] 随着对君主崇拜的加强,这些语言的巫术功能超过了表意功能。对此还有一系列问题有待深入研究。

三、从唐代尊号析君尊臣卑意识

在谥号和尊号的发展史上,唐代是个关键性的转变时期。尊号正式实行并盛行于唐代,它不仅引起了谥号的质文之变,而且在后期与谥号混合使用,消淡了谥号的美恶之分,因此,这里着重谈谈唐代尊号的情况。

唐代尊号肇始于唐高宗和武则天,咸亨五年(674年)八月高宗称天皇,武则天称天后,时人并称二圣,"尊号之兴盖本于此"[②]。武则天秉政后,为了抬高自

---

① 沃拉斯:《政治中的人性》,浙江人民出版社,1988,第42页。
② 《唐鉴》卷五。

己,首次把尊号之风推向高潮,从垂拱四年(688年)至证圣元年(695年),七年间六上尊号。玄宗时又一次达到高潮,开元二十七年(739年)至天宝十二载(753年)五上尊号,从此尊号仪式成为定制,成为唐代非常隆重的国典。生前没有尊号的皇帝只有睿宗、文宗、哀帝。

尊号在实行中逐渐形成礼仪制度,"尊号之典,唐始载于史官"[①]。虽然流传的唐史中没有详细记载尊号仪式,但我们从唐代君臣的诏奏和实际施行,并参诸宋代尊号仪,可以想见当时的"盛仪"场面和程序。首先是臣民借祥瑞或军功、吉日上表恳请加尊号,皇帝一方面非常惬意于大家的推尊,另一方面又要表示谦让的美德,再三推辞,不敢虚美,但经过臣民多次恳请(宋代明确规定为三次),为了不辜负百官恳请、万民拥戴,"勉从所请",不过仍"深愧于怀"。皇帝允准后就择吉日举行大典,"撰吉日,修礼容,设九宾,觐群后,昭告列圣清庙,展黄琮之仪,有事昊穹、圜丘,陈苍璧之礼"[②]。宰相率文武百官奉上尊号,皇帝御正殿(多在宣政殿、含元殿)受册,并且祭祀天地、祖庙。礼毕,大赦天下,同时还常伴随有改元之举。臣民欢欣鼓舞,纷纷上表朝贺。尊号成为在神灵的祝福中升腾的一面旗帜,它不仅是人主自我尊崇的表象,也伴随着盛大的典礼和赦书实现了统治阶级宣传政教的目的。随着频繁地上尊号,其仪式也逐渐机械化,人们对它的内容只是机械地接受,并不追究它的真实性,但对人们政治心态有重要作用。"这样不变、统一、单调地重复同一仪式最能够麻醉人的积极力量和判断、批判的洞察力,更会消解我们个性的情感和个人责任心。"[③]

为更深入地解释谥、尊号所蕴含的政治文化意义,还必须从社会生活中找到它的踪迹。谥号的拟定过程大多已不可考,而尊号初兴时所体现的政治思维和意识还保存在诏奏中。唐代关于尊号的诏奏是历代中最多的。在《全唐文》中保留

---

① 《宋史·上尊号仪》。
② 《全唐文》卷三三七,《上尊号表》。
③ 恩斯特·卡西尔:《国家的神话》,浙江人民出版社,1988,第319页。

的一百多篇，有臣民请上尊号表、贺上尊号表和君主的答诏及敕书、册文等，从一方面反映了当时的政治心态。

随着唐代社会经济的繁荣和社会的安定，君臣骄奢虚荣之心有所增长，要求象征帝王的名号也相应地变化，"至道已迈于胥庭，鸿名尚袭于汉代"①，于是臣民们劝皇帝"守谦而为恭，不如立中而垂法；表朴而礼略，不如光明而化光"②，而君主也认为"质文之变，盖取随时"③，要求去质朴而取文华。尊号在君臣的对扬之下得到了一致首肯，并表现了各自的政治心态。

尧舜和皋陶等上古贤君良臣是儒家树立的榜样，也是历代所仿效的对象。"致君尧舜"本是臣民对皇帝的角色期待和政治目标，"朕方以皋夔之务委卿，卿宜以尧舜之事教我"④。但是唐代臣民把上尊号也作为致君的一种手段，从而为上尊号提供了堂皇的借口。他们对其主子的吹捧达到高潮时，甚至可以凌驾于尧舜之上，"固可使尧舜拥篲、禹汤扶毂"⑤。他们对君主冠以圣贤的美称，仿佛就表明君主达到了所期望的水平，"卿等思致君尧舜，欲加号'圣文'"⑥。这种务虚的方法自然来源于由对皇权的畏惧而产生的颂赞心理。

作为封建君主制度下的臣民，历来是皇帝的家奴和子民，生死荣辱系于君主，"身体发肤尽归于圣育，衣服饮食悉自于皇恩"⑦。沐浴皇风、游泳皇泽的臣民对君主既畏惧又感恩戴德，以上尊号作为对帝王功德颂扬的机会，无不争先恐后、累上表章。"忠于其君则望美终日，盖性本于内、义激于中。"⑧对皇帝的阿谀颂扬

---

① 《全唐文》卷二一七，《代宰相上尊号表》。
② 《为文武百官请复尊号第五表》。
③ 《加天地大宝尊号大赦文》。
④ 《批宰臣请上尊号第二表》。
⑤ 《为杭州崔使君贺加尊号表》。
⑥ 《答侍中裴光庭等上尊号表批》。
⑦ 《为京兆府耆老请复尊号表》。
⑧ 《请加尊号表》。

是臣子们的存在条件之一，否则就会寝食难安，惶恐不已。"陛下赏功与能，举贤出滞，小言不废，片善是褒，岂可使臣子之效虽微而必旌，君父之德尽美而无称？"① 同时这也是臣子没有尽到劝进和辅佐的职责，"功成而礼不崇，德广而名未称，臣子之罪也"②。一旦出现灾异或政治危机，君主罪己降名，群臣更是胆战心惊。"倘陛下以自咎责之心尚或未弥，则群臣不能匡辅之罪是亦未除，将何以蒙陛下之恩私，将何以受陛下之爵赏？"③ 这种恐惧感是君主专制下百官对自身命运的不可把握所产生的，害怕因不赞美皇上而使官运受到损害。

面对尊号，有一个矛盾时刻萦绕着君主，一方面要满足群臣的尊崇愿望和自己的夸饰心理，另一方面又害怕过于虚美。这种矛盾表现在实际操作中，就是对臣子忠诚的肯定和对尊号的多次推辞，"朕辞益固，情益坚，诚献可之不移，奈虚美而难处"④。对于处在封建社会权力宝塔顶峰的帝王来说，无论是贤君或是庸主，总要表白自己居安思危、朝乾夕惕的警戒心理。盛朝之主固然因"超驾前王，弥增夕惕"⑤，罹难之君更是"惕然南面，常惧君难"⑥，所以他们在上尊号时多次推辞，以致上了尊号，还表示"感惧交集"等。而一旦出现政治失调或自然灾异，他们就认为是上天对虚美尚功的谴责，马上引咎降名，如武则天以明堂火灾去"慈氏越古"之号，肃宗、德宗等去尊号以答谢上苍、收买民心。同时他们要求臣子"强我懿号，不若使我为有道之君；加我虚尊，不若使我居无过之地"⑦，敦促臣民从实政上辅佐君主，使尊号的内容得以实现。

为了克服君主的心理障碍，臣民们就为尊号寻找合理的外衣，使君主穿着放心。

---

① 《礼部为百官上尊号第一表》。
② 《元和圣文神武法天应道皇帝册文》。
③ 《为文武百官请复尊号第六表》。
④ 《答请上尊号第三表》。
⑤ 《答再请上尊号表批》。
⑥ 《答郭子仪表请改元立号第二手诏》。
⑦ 《批宰臣请上尊号第三表》。

第一，尊号是古代传下来的国典，实为"上仪"，所以"臣下请之之谓礼，帝王承之之谓孝"①。

第二，用尊号来齐圣，"自增神器之重"②。

第三，尊号是宣扬圣德、风化四海的工具，"惟有尊名，用光圣理"③。

以上三个方面都是从提高皇帝权威以利于统治入手的，是君臣共同关心的问题，所以他们把上尊号说成是"至公"之事而非皇帝的私欲，而皇帝迫于祖法、至公之请，再加上自己"好誉之心内致，自矜之色外形"④，对尊号也就半推而就了。

然而随着社会的动荡不安，盛礼与虚美的矛盾更加突出，臣民们也难以无视现状而恭维皇上，对尊号的批判之声时而出现，特别是德宗逃难到奉天后，陆贽反对增美称的理论也主要是针对以上三个方面。首先尊号之兴本非古制，古代的皇帝、王、天子就是至尊、极美之名号；其次人主轻重不在名称；再次皇帝应去尊号以答天谴、颁罪己诏以收揽民心。⑤ 陆贽的批评在表面上得到了德宗的赞同。陆贽反对虚名，无独有偶，其前有颜真卿反对追加先帝尊谥，其后有韦温等对尊号隐晦的批评。

只要君主专制体制还在运行，对帝王拍马屁的事就不会绝迹，于是又有一批巧言者对尊号做出了新的解释，即以尊号来表示他们的政治理想和期待，"欲以徽称、懿号诱掖劝慕之（指皇帝）"，"将使循名而勉其实，力实而应其名"。⑥ 皇帝明白了臣民的心思，也就表示要把尊号当作箴诰，以其实际内容来自勉，"名实未副，朕当不敢荒宁，始终相成"⑦。于是尊号在风雨飘摇中又有了新的作用，它可

---

① 《礼部为百官上尊号第一表》。
② 《册尊号册文》。
③ 《为京兆府耆老请复尊号表》。
④ 《答再请上尊号表批》。
⑤ 以上参见《奉天论尊号加字状》《重论尊号状》。
⑥ 《受尊号赦文》。
⑦ 《答宰臣曹确等请加尊号第四表诏》。

以激励君主在危难之机树立信心，"慕陶尧虞舜之行以自勉，思文武宪章之道以自勤"①，又可宣示海内外，以尊号内容作为迷人的目标。

帝王的谥号和尊号是封建君主专制主义的产物，为维护帝王的权威形象服务。它不同于礼仪的是，用词语堆砌所构造的象征意义产生了两个主要的社会效应：其一，它本身是统治思想的浓缩，带有宣传政教的作用；其二，以名当实的唯心论阻碍了臣民正确地认识君主。谥号、尊号通过语言符号的物化和君臣的大力宣扬，形成了一种思维前提和集体潜意识，使人们在山呼蹈舞中失去了自我辨别能力和独立人格，故"在政治这一意识形态领域内，语言的拜物教和宗教一样危险"②。这对于君主来说却正是好事。从唐代围绕尊号所表现出来的政治心态可以看出，颂君是臣民的政治义务和以卑求荣之术；尊号的内容是君主应具的政治品格。在这里，君、臣表现出的都不是本我，而是君主政治运行中的角色。驱使他们扮演这种角色的动力是君尊臣卑的制度和观念所塑造的帝王崇拜。无论是最初的因赞颂政绩和君主品德而上尊号，或是后来的先树立尊号再去求实，都使帝王高高在上，神圣而耀目。帝王崇拜在君主专制时代普遍存在，只不过在不同时期有不同的方式和程度，但上尊号却更加直接和露骨。

（原载《学术月刊》1993 年第 11 期）

---

① 《长庆元年册尊号赦》。
② 埃里希·弗洛姆：《在幻想锁链的彼岸》，湖南人民出版社，1986，第 167 页。

王、道相对二分与合二为一

"道"是中国传统思想文化的核心范畴之一,是理性的最高抽象,又是整个思想文化的命脉。

"王"是最高权力者的称谓,同时又代表着以专制权力为中心的社会秩序,以及与这种秩序相对应的观念体系。

道与王是什么关系?就我拜读过的论著,特别是新儒家,十分强调儒家的道与王是二分的,道是社会的独立的理性系统,对王起着规范、牵制和制约的作用。就一隅而论,足以成理;然全面考察,则多偏颇。我认为道与王的关系,如本文题目所示,是相对二分与合二而一的有机组合关系,分中有合,合中有分,分合相辅,以合为主。这不限于儒家,而是整个传统思想文化中的主干。

这个问题关系到整个传统思想文化的历史、价值定位问题。试论一二。

一、道、王相对二分

从历史考察,作为思想文化概念的道从一开始就与王胶着在一起,很难真正进行二分。不过又诚如一些学者所指出的,两者在一些地方的确又分为二。学者多论儒家的道、王二分,应该说这是不全面的。就先秦诸子而论,这是共同的议题,问题的提出又早于诸子。

早在政治理念萌发之时已蕴含王、道二分。历史给我们留下的第一篇政治文诰《盘庚》,已有政治理念的端倪。盘庚虽然以"天"化身来发号施令,但同时也还讲"德""重民"等。盘庚反复强调他自己一切遵奉"德"、事事"积德","不敢动用非德"。显然,德已经悄悄站在王之旁成为一个政治理念准则。殷周之变,大大促进了政治理念的发展。周武王、周公等用"以德配天"和"天以德择主"的认识方式,解释了夏、商、周的历史之变,德与王的二分更为明朗化。在后来的发展中，为什么在"德"之旁生出来了一个"道"，而且又后来居上？依我看，主要原因是，德是一个附属于天神的人事性观念，在春秋战国思想文化转型中，要突破天神的束缚，张扬理性的形而上学，"德"显然是不能适应的，需要创立新的观念，"道"正是适应这一思潮的要求而被张扬起来。（"道"并没有取代"德"，而是与"德"并存，容纳了"德"，并赋予"德"以新的内容。道与德联袂，于是又创造了"道德"这一概念。这个问题另述。）从最抽象的意义上说，"道"是有关宇宙（天、地、人）理论体系的一字性凝结和概括，同时又是真、善、美和智慧的最高体现。道的理论体系一旦形成，它就会成为超越任何具体事物和个人的一种存在，即使是权力无限的君主也难以驾驭。西周时期的天子大致还能驾驭"德"，并给予界定。随着"道"的发展，君王们也一直在设法占有它、支配它，或让它适应自己，这点下面再论。不过"道"作为一种观念系统，也是无法改变的、无可奈何的事实。这不仅表现在道、王相对二分，而且"道"对于王还具有某种超越性。大致而言，有如下几点：

其一，道、王二系。道所表达的是知识、道理和价值合理性系统；王所代表的是秩序、制度和权力系统。道、王二分在诸子之前已经有相当明朗、清晰的认识。"先王之道""先王之制""王道"等观念出现及其超现实君主的性格已经表达了道、王二系这层意思。晋国丕郑论"义"高于君，把认识推向一个新的高度。晋献公得丽姬，生奚齐，欲废太子申生。大臣荀息唯命是从，并讲了如下的道理："吾闻事君者，竭力以役事，不闻违命。君立臣从，何二之有？"丕郑对此提出异议，他认为："吾闻事君者，从其义，不从其惑。惑则误民，民误失德，是弃民也。民之有君，以治义也。"[①] 丕郑把义与君分为二系，义高于君，从义不从君。诸子之兴，创造了新的思维方式和新的知识体系，在道、王二系问题上又增加了新的内容，把认识提高到一个新的阶段。由于各家各派理论体系不同，论述的方式和侧

---

① 《国语·晋语》。

重点也有差异。

儒家主要是把宗法道德理性与王权分为二系。所谓宗法道德理性，是指崇尚亲亲、尊尊，把亲亲、尊尊为中心的人伦道德体系视为道的体现，并以人伦道德为中心整合、治理社会。王所表示的主要是社会权利系统。前贤、时贤对儒家的道、王之分论述详备，此不赘言。我这里只说几句儒家"道"的主旨究竟是什么。时下，很多人著文，称儒家学的核心是"人学"，或"成人之学"。依我之见，这种说法太宽泛了，还应接着往下说。"下"，就是具体化、历史化。如果说儒家的核心是"人学"，其"人"并不是独立、自主、自由的人，而是以君臣、父子、夫妇为中心网络化、社会化的"等级人"。这种"等级人"的关系是由"三纲五常"维系的。我所说的宗法道德理性，其中心内容就是"三纲五常"。在儒家的理论中，"三纲五常"既被天命化，又被本体化，同时还是天人统一秩序的具体体现。儒学是"人学"，还是"等级人学"，这是一个大问题，容另文讨论。

法家主要是把法制（或"法治"）理性与王权分为二系。所谓法制理性，指法是道的体现，是人类的"公"，因此要尚法，依法治国。法家在哲学上受道家影响最为直接，慎到是把法与道结合起来的最早代表人物，其后《管子》中的法家著作、韩非等都把道视为法的本体，法原于道。所有的法家都认为，法理（法哲学）及体现法理的法、律、令等，都具有规律性和一般性。法要顺天道、随时变、因人性、遵事理、量可能，因此常常用"道""常""则""节""度""数""理""时""序"等概念来表达天道、历史、人情、事理与法的内在的统一和规律。这种统一和规律体现了自然、国家和社会的统一。因此法制理性超越王本身。法家对王的定义则主要是从权势着眼，谁有最高权势谁就是王。"贤不足以服不肖，而势位足以屈贤矣。"[①]"君所以尊者，

---

① 《慎子·威德》。

令。"① "势者，胜众之资。"② "人臣之于其君，非有骨肉之亲也，缚于势而不得不事也。"③ "凡人君之所以为君者，势也。"④ 法家是主君主专制最有力的一派，同时也是最富政治理性的一派。现实的君主同法制理性分为二系是法家的一个重要命题。

道家主要是把自然理性与王分为二系。所谓自然理性，是指以自然为本，凡属自然的均是合理的，自然而然，崇尚自然。它与王的关系，大体又分为两派：一派以庄子为代表，另一是黄老派。庄子一派认为道与王是对立的，道虽然没有完全否定王，但王在道面前是等而下之的卑物。这种思想在老子那里已经有经典性的表述："失道而后德，失德而后仁，失仁而后义，失义而后礼。"⑤ 其中已包含对王权的鄙视。庄子沿着这一路线对君王们进行了猛烈的鞭挞（有些篇例外），指斥君主们是一批盗贼，"窃国者为诸侯"；君主又以名利挑动人欲，破坏了人们的自然生活，是搅乱人心的祸首。人们都称颂尧舜，在庄子看来，恰恰是尧舜把天下引向万丈深渊。体现自然理性的是那些"真人""至人""体道者""圣人""神人"等；帝王系列的人物，如黄帝、尧、舜等，大抵是离道者。黄老派与庄学相反，是积极主张的一派。有的学者称黄老派为"道法家"，是很贴切的。"道生法"⑥ 把问题说得十分清楚。道、法一系，法本于道。君主之所以为君主，则主要是有权势。"衔命者，君之尊也。"⑦ "人主者，天地之［稽］也，号令之所出也，［为民］之命也。"⑧ "主上执六分（按：指君臣在权力结构中不同地位的六种情况）以生杀，以赏［信］，以必伐（罚）。"⑨ 庄学与黄老派对政治的态度上尽管有很大差

---

① 《北堂书钞》卷四十五引《申子》。
② 《韩非子·八经》。
③ 《韩非子·奸劫弑臣》。
④ 《管子·法法》。
⑤ 《老子·第三十八章》。
⑥ 《法经·道法》。
⑦ 《管子·形势》。
⑧ 《经法·论》。
⑨ 《经法·六分》。

异，但都崇尚自然理性。自然理性与君王是二分的。

墨家主要是把社会公正理性与王分为二系。所谓社会公正理性，指的是以社会为本位，倡导"兼相爱，交相利"，以此作为社会的公"义"。公义与"一人一义"的私义是对立的，公义高于私义。公义原于天，出于圣。天是有意志的天神；圣人是天意的体现。这种社会的公正理性高于王，规范王。王作为"政长"系统的首脑应实行公义；如果违反公义、不败则亡。

阴阳家主要表现在五德终始的历史理性与王的二分。阴阳家的学说很庞杂，这里只谈邹衍的五德终始历史理性问题。五德终始说主要包含两方面的内容，一是历史按五德依次循环，二是相应地把政治分为五种类型（或五种模式）。在五德终始的历史理论中虽然混杂着神秘色彩，但在当时又是最富于理性的历史理论。它向人们揭示，没有不亡的朝代，没有不变的政治格局。历史之变是不可抗拒的，只有善于适应历史者才能获得胜利。在这个历史理性面前，一个朝代是有限的，具体的王更是短暂的。

道、王二系是诸子的共同话题，也是整个思想文化中的一个基本命题。道作为政治理性，源于认识；王则源于社会政治运动。道、王二系在理论上完成了政治理性与王的二分。由此引申出，政治理性不是王的私有品，也不是王所能垄断的；它是人类认识范畴中的一个问题，是一个社会价值问题。从认识意义上说，任何一个人都可以参加到认识行列中来。先秦诸子"横议"政治，以及其后士人关切、评品政治，甚至平民、布衣上书议政，应该说都是以道、王二系为依据的。

其二，道高于君。这一理论概括最早是荀子提出的，但这层意思在"道"的理论化过程一开始就萌发了。道高于君不是儒家所独有，各家各派大抵都有类似的主张，是时代的通识，连极力鼓吹君主专制主义的法家也在其中。《管子》中的法家派著作一方面提出君主是"生法者"；另一方面又提出，法一旦制定出来就成为超越君主的一般，要高悬在君主的头上，也必须遵守。这如同工匠能成规矩而不能成方圆那样，方圆高于工匠；法一旦制定出来也高于君主。韩非在《韩非子·解老》中说:"凡道之情,不制不形,柔弱随时,与理相应。万物得之以死,得之以生;万事得之以败,得之以成。"对君主也是一样,道是胜败存亡的依据,所以他一再告诫君主要"因道"。道高于君主要包含以下两方面的内容:一方面表现在"君道"的抽象超越了具体的君王。社会角色的规范和抽象是人类自我完善、自我制约、自我提高必不可少的一环,也是人类理性发展的一个重要标志。商、西周时期虽然政治理性在君主之旁已悄然兴起,但人们还不能对神秘的"天子"做出更多的规范,因为他是崇拜的对象。随着周天子的式微、疑天思潮的泛滥和以"道"为中心的理性的兴起,"王"无疑还受到人们的膜拜,但已从神坛请下来变成认识对象。诸子百家有关"先王之道""王道""圣王之道""君道"等理论,集中体现了对君主认识和抽象的成果。它具有提高君主的作用,又是一种政治理想。在这种一般和理想面前,一个个的君主都变成等而下之的具体存在。一般高于具体,这是人类创造的通则,是社会完善的必由之路。君道超越君主是政治理性发展的重要标志之一。

另一方面表现在道的形而上内容远远超越了君主。道的形而上学内容有不同层次,具体而论,有"天道""地道""人道",这些都已远远超越了具体的君主;统而言之,道是有关天地人的统一性(又可称之为宇宙体系或宇宙秩序),以及天地万物本源和规律性的形而上学论,其超越君主的意义更不待言。在这些形而上的理论体系中,君主只不过是其中的一个网结。《老子》说:"道生一,一生二,二生三,三生万物。"其中还没有明确给君主留下位置,当然在另外的论述中,又把道、天、地、王并称为四"大"。《易传》说"一阴一阳之谓道"[1],天为阳,地为阴,"有天地然后有万物。有万物然后有男女。有男女然后有夫妇。有夫妇然后有父子。有父子然后有君臣。有君臣然后有上下。有上下然后礼义有所措"[2]。显然,君主只是整个宇宙生成系统的一环。这类宇宙理论体系的道,无疑是高于君主的。

---

[1]《易传·系辞上》。

[2]《易传·序卦》。

道高于君是中国传统政治理性的一个核心命题，同时又凝结为政治文化而成为中华民族的一种政治精神和价值准则。在这个大纛下演出了一幕又一幕政治戏剧。

其三，以道事君、从道不从君。君臣之间本来是主奴、主仆关系，在春秋以前盛行的是绝对、盲目服从，诸如"君命无二"①，"君命，天也"②，"委质为臣，无有二心"③等观念，在君臣关系中占主导地位（此后也一直流行）。"道"的凸起，道高于君，引起了君臣关系的变化。高扬"道"的人认为，要把"道"视为君臣关系的第一纽带。在这股思潮中，孔子进一步提出"以道事君"④这一具有划时代意义的命题。以道事君表示，臣是道义的承担者，为道义而仕；在道义面前，臣与君平等。如果道与君之间发生矛盾，则要以道为上。孔子温和地提出了："邦有道则仕，邦无道则可卷而怀之。"⑤孟子增加了刚烈的大丈夫精神："天下有道，以道殉身；天下无道，以身殉道；未闻以道殉乎人者也。"⑥荀子更明确地提出"从道不从君"⑦。"志意修则骄富贵，道义重则轻王公。"⑧刘劭说："违上顺道，谓之忠臣。"⑨为实现道，在是非和道义问题上，臣要有"格君心之非"的责任和勇气；在行动上要敢于进行争、谏、辅、拂；还要有为道舍身的精神。黄宗羲说："吾以天下万民起见，非其道，即君以形声强我，未之敢从也，况于无形无声乎！非其道，即立于朝，未之敢许也，况于杀其身乎！"⑩如果王实在不可救药，儒家还主张实

---

① 《左传》僖公二十四年。
② 《左传》定公四年。
③ 《国语·晋语》。
④ 《论语·先进》。
⑤ 《论语·卫灵公》。
⑥ 《孟子·尽心上》。
⑦ 《荀子·子道》。
⑧ 《荀子·修身》。
⑨ 《申鉴·杂言》。
⑩ 《明夷待访录·原臣》。

行革命，取而代之，但这只有圣人才可以做。

墨子同样主张以道义事君。墨子说："道不行不受其赏，义不听不处其朝。"[①]墨子主张言行一致，下边两个故事说明在行动上是以道义为重的。墨子派弟子高石子去事卫君，卫君待之甚厚，设之以卿位，致之以厚禄。高石子上朝堂上尽言墨家一套主张，卫君听而不行。高石子愤然离去，见到墨子说："卫君以夫子之故，致禄甚厚，设我于卿。石三朝必尽言，而言无行者，是以去之也。卫君无乃以石为狂乎？"墨子回答说："去之苟道，受狂何伤？"[②]宁为狂而不失道，何等豪迈！越王通过墨子的弟子公尚过转请墨子到越共商国是，还以五百里地预封墨子。墨子听后说道："子观越王之志何若？意越王将听吾言，用吾道，则翟将往，量腹而食，度身而衣，自比于群臣，奚能以封为哉？抑越王不听吾言，不用吾道，而吾往焉，则是我以义粜也。钧之粜，亦于中国耳，何必于越哉？"[③]墨子把道义看得比权势、禄位更重，虽然许多诸侯争相聘请，大多因政见不合而拒仕，宁肯过清贫的生活，也不折道义。

法家对问题的看法与儒、墨家有别。他们在君尊臣卑这个问题上无疑比其他派别更为突出，更强调主令臣从，但同时又主张君臣在法面前应平等以待，对法要"共立""共操""共守""公执"，要以法为公，尚公而抑私。所谓"私"，内容很多，这里不去讨论，其中有一点对君臣是共同的，法之外都是"私"。君主在法之外行惠，与施暴一样，都是对法的破坏，都属于"私"。法是既成的规定，面对法，更强调执行，而不主张法之外的能动性和创造性。因此，对臣下进谏持分析和慎重的态度，不像其他家那么张扬。不过法家还是有限提倡进谏的，但要以法、以公、以功业为准则。所谓忠臣、谏臣，对上要"说人主使之明法术度数之理以

---

① 《墨子·贵义》。
② 《墨子·耕柱》。
③ 《墨子·鲁问》。

避祸难之患",对下能"领御其众以安其国"①。"忠言拂于耳,而明主听之,知其可以致功也。"②"能上尽言于主,下致力于民,而足以修义从令者,忠臣也。"③如果在法和功业问题上与君发生矛盾,同样不能盲从。"能据法而不阿,上以匡主之过,下以振民之病者,忠臣之所为也。"④"为人臣者,君有过则谏,谏不听,则轻爵禄以待之。"⑤法家以对法的态度和执行情况,对君臣进行了品分,《管子·七臣七主》便把君臣分成七类。法家也是主张以道事君的。

道家对这个问题的态度较为特殊。庄学一派尊道而排斥君,出世而鄙视君,甚至走到无君的地步。黄老派则积极主治,在思想上兼收法、儒,主张以道事君。《经法》中黄帝和大臣力黑之间的论治突出的是道。《淮南子》对臣以道事君、君以道纳谏进行了充分的肯定。西汉时期著名的主黄老的大臣汲黯面折汉武帝,这个例子说明黄老派是坚持以道事君的。

在理论上诸子的主流应该说都是主张以道事君的,对从道不从君观点也都或多或少进行了论述。至于具体人在实践上如何,则另当别论。

其四,以道品分君主,明君要以道为上,在道面前应有勇气低下高贵的头。春秋以前,君王主要是崇拜的对象,不能自由认识。此后,随着理性的发展,自由认识范围的扩大,君主逐渐变成认识对象。对君主的认识包括许多内容,其中重要的一项是以道为标准品分君主。各家各派品分标准尽管不一样,大致说来分为"好""中""坏"三种。所谓好,就是"圣王""明主""有道之君"等;坏,即"乱主""暴君""不肖之主""亡国之君""无道之君"等。好、坏之间还有多品,可通称为"庸主"。按韩非的说法,好的和坏的都是千年不一出的,绝大多数是庸主。孟子也说五百年才出一个合格的王。当时的思想家把现实的君主放在道

---

① 《韩非子·奸劫弑臣》。
② 《韩非子·外储说左上》。
③ 《管子·君臣上》。
④ 《管子·君臣上》。
⑤ 《韩非子·难一》。

面前衡量时，几乎得出了一个大体相同的结论，一句话概括——"都不合格"。孟子与梁惠王对话后，指斥梁惠王"不仁哉"①，又说"不似人君"②。荀子也认为没有一个合格的，都是"乱其教，繁其刑"③之辈，又说："今君人者，急逐乐而缓治国，岂不过甚矣哉。"④即使像法家这样的君主专制的讴歌者，对当时的君主也颇有微词。"今乱世之君臣，区区然皆欲擅一国之利，而管一官之重，以便其私，此国之所以危也。"⑤道高于君和以道品分君主在当时形成一股强大的社会思潮，并凝成一种稳定的政治文化，即形成了社会的普遍观念和政治价值准则。在这股劲风面前，许多君王战战兢兢，不能自已，在理性面前能低下高贵的头，程度不同地矫正自己的决策和行为。《淮南子·修务训》记述魏文侯故事，魏文侯便深明道义重于权势，他说："段干木光于德，寡人光于势；段干木富于义，寡人富于财。势不若德尊，财不若义高。"齐威王以虚心纳谏著称，他曾下令："群臣吏民，能面刺寡人之过者，受上赏；上书谏寡人者，受中赏；能谤议于市朝，闻寡人之耳者，受下赏。"⑥战国时期形成一种礼贤下士的政治风气，这同士人张扬道有很大关系，君主们因重道而尊士，甚至与士人"分庭抗礼"。君主屈权而重道成为一种美德，即使在以后君主专制极度膨胀时期也时时有之，《申鉴·杂言上》说："在上有屈乎？曰：在上以义屈，以义申。高祖虽能申威于秦项，而屈于商山四公；光武能申于莽，而屈于强项令。"这一类例子说明有些清醒的君主是尊重政治理性的。

道、王二分是相对的，道对王起着整合作用，同时又为王提供了一个新的武器，得道即能王天下。

---

① 《孟子·尽心下》。
② 《孟子·梁惠王上》。
③ 《荀子·在宥》。
④ 《荀子·王霸》。
⑤ 《商君书·修权》。
⑥ 《战国策·齐策一》。

二、得道而得天下

人类思想发展史向我们展现了一个极为重要的事实，凡属社会存在的重要现象，人们都要设法为它编织相应的合理与合法的理论，从而获得人们的认同，也使人们的心理得到平衡。君主是社会生活中一种最重要的存在，所以关于君主合理与合法的问题，是人类思维最古老的、最重要的课题之一。在中国古代，任何社会现象的合理性总是莫如君主合理性问题最为重要和突出；在诸多现象的合理性理论中，君主合理性理论又居于主导地位。商以前史料阙如，难以论说。就殷周时期而言，那些最早的文献有关君主合理与合法的论述最为突出。当时君主合理与合法性的观念与理论，是以天命为中心而展开的，简言之，即君权神授。随着春秋战国思想文化与社会观念的转型，君主合理与合法性问题也发生了重要的变化。当时关于这个问题有多种看法，但影响最大的、逐渐占据主流地位的，是"有道而王"。

先秦诸子以道论王的合理性最力者应属道家，尽管在道家那里，与淳朴的自然相比，王是等而下之者，不过在理论上用道论述王的合理性是由道家开其先河的。老子最早提出并论述了这个问题，他说："知常容，容乃公，公乃王，王乃天，天乃道，道乃久，没身不殆。"① 庄子对君主的合理性问题进一步从道的角度进行了论述，在他看来，人们俗说的君主，甚至包括唐尧虞舜，都属盗贼之类。只有真正体悟了"道"的人才配作君主。"君原于天而成于德。故曰：玄古之君天下，无谓也，天德而已矣。"② "唯无以天下为者，可以托天下也。"③

儒家在这个问题上相对落后，他们在不同程度上保留着君权神授观念，不过当面对实际时，也突出了道。孔子没有直接提出这个问题，但他提出不仕无道之君，已经包含了以道作为认同君主与否的内容。孟子在一些地方大讲君权神

---

① 《老子·第十六章》。
② 《庄子·天地》。
③ 《庄子·让王》。

授,在另一些地方又把道的意义向前推进了一步,他说:"得道者多助,失道者寡助……助之至,天下顺之。"① "非其道,则一箪食不可受于人;如其道,则尧受舜之天下,不以为泰。"② 其标志是民的背向。"桀纣之失天下也,失其民也;失民者,失其心也。得天下有道:得其民,斯得天下矣。"③ 又说:"得乎丘民而为天子。"④ 荀子对道更加张扬,他说:"威有三:有道德之威者,有暴察之威者,有狂妄之威者……"⑤ 三种威有三种不同的结果,前者王,中者危,后者亡。儒家以道义为标准对君主进行品分,最理想的是圣王,最坏的是暴主,如桀纣之主失去了合理性,可以对他进行"革命"。《逸周书》各篇的创作时代前后不一,其中《殷祝》篇就其文气而言应属战国之作。文中有一段商汤灭夏之后所说的话,完全是以"道"作为合理性的依据。"此天子之位,有道者可以处之。天下非一家之有也,有道者之有也;故天下者,唯有道者理之,唯有道者纪之,唯有道者宜久处之。"贾谊在《新书·修政语下》引述了这段话,安在姜太公头上。接着还有一段话论述了道与兴亡的关系:"故天下者,难得而易失也,难常而易亡也。故守天下者,非以道行弗得而长也。故与道者,万世之宝也。"

　　法家对君主合理性问题的认识,究其原,也归结为道。慎到说过这样的名言:"古者立天子而贵之者,非以利一人也。曰:天下无一贵,则理无由通,通理以为天下也。""立天子以为天下,非立天下以为天子也。立国君以为国,非立国以为君也。"⑥ "为天下""为国"是天子、国君合理性的前提;如果为自己,把天下、国家变成囊中物,那就违反了立天子、国君的初衷。《管子》中法家派的著作论述王的合法性十分注重"道""德"的意义和作用。《管子·君臣上》说:"明君重道德

---

① 《孟子·公孙丑下》。
② 《孟子·滕文公下》。
③ 《孟子·离娄上》。
④ 《孟子·尽心下》。
⑤ 《荀子·强国》。
⑥ 《慎子·威德》。

而轻其国也,故君国者,其道君之也。王天下者,其道王之也。"王天下不是王的个人行为,不是以王为主体,而是道高于王,王是道的肩荷者和执行者。有道是有国的前提。又说:"君失其道,无以有其国。"《管子·君臣下》说:"德之以怀也,威之以畏也,则天下归之也。""德""威"是合法性的两大支柱。又说:"神圣者王,仁义者君,武勇者长,此天之道,人之情也。"《管子·重令》认为威、兵、德、令四者兼具才能王天下。这四者可简化为德、威两项。《管子·霸言》说:"得天下之众者王,得其半者霸。"《管子·版法解》:"与天下同利者,天下持久。"《管子·君臣上》还提出君民一体:"与民一体则是以国守国,以民守民也。"这同儒家的看法如出一辙。连韩非这样极端的君主专制主义者也把道视为合理性的依据。"母者,道也;道也者,生于所以有国之术;所以有国之术,故谓之'有国之母'。"① 秦始皇是法家的崇尚者,他对自己的合理性有一系列的论述,其中重要一项就是"体道行德""诛戮无道"②。可见法家也非常注重用"道"作为合理性的依据。

《吕氏春秋》中许多篇对君主的合法性进行了论述。合法性的支点是君主要顺民、惠民,得到民的拥护。"人主有能以民为务者,则天下归之矣。"③ "凡王也者,穷苦之救也。"④ "天下,非一人之天下也,天下之天下也。"⑤ "置君非以阿君也,置天子非以阿天子也"⑥,为民而置君、而置天子。"先王先顺民心,故功名长。夫以德得民心以立大功者,上世多有之矣。失民心而立功名者,未之曾有也。"⑦ 顺民、惠民是道的体现。各家各派都主张圣人为王,这与得道而为王是一个问题的两种

---

① 《韩非子·解老》。
② 《史记·秦始皇本纪》。
③ 《吕氏春秋·爱类》。
④ 《吕氏春秋·慎势》。
⑤ 《吕氏春秋·贵公》。
⑥ 《吕氏春秋·恃君》。
⑦ 《吕氏春秋·顺民》。

说法，因为圣人是道的人格化。

天命而王与得道而王，有路线的不同，前者崇神性，是从神那里寻求合理与合法性；后者崇理性，是以人的自我完善、功业、德政作为合理与合法的依据。崇尚神性更多地表现为依赖，崇尚理性更多表现为主观能动的创造。春秋战国时代，是竞争和角力的时代，更需要从社会现实中寻求力量，应该说这是"得道而王"思潮大兴的历史条件。"国将亡，听于神；将兴，听于民。"①这句话可谓两条不同路线最早和最简洁的表述。就实而论，中国历史上从来没有割断神的脐带，即使在春秋战国理性大发扬的时期，道也没有与天命一刀两断，但侧重点是大不一样的。

道是理性的抽象，不能用感官直接感觉，对此老子已有论述，韩非在《解老》中更明确地指出，道是"不可闻见"的。但是道并不是不可知的，只要仔细观察它的功能，用抽象的思维方法是完全可以认识和把握的，也是可以论说的。下面一些各派交叉使用的词组："闻道""通于大道""知道""安道""得道""守道""体道""因道"等，即是证明。

道要通过学习才能获得，这是时代的共识，君主们也不例外。君主有明、暗之分，其区别的重要标志就是能否知道和遵道。"道者，诚人之姓也，非在人也。圣王明君善知而道之也。"②君主如何知"道"，除自己体悟外，还要通过尊师、用贤、纳谏等方式来获得。

为政之要在行道。只有行道才能把握住政治的总体。春秋战国以降，只要稍稍有点头脑的人都明白，政治不只是一个社会权力问题，还需要从形而上学的高度，即从"道"的高度来把握，这就是所谓的君子要"坐而论道"。圣君、明主要通天道、地道、人道，并付诸实践，简而言之，即"法天地""天人合一"。天人合一对中国传统政治功能的影响至深，一方面，它赋予政治以视野广阔、登高望

---

① 《左传》庄公三十二年。
② 《管子·君臣上》。

远、居高临下的长处；另一方面，也使政治具有全能的性质，而王权则是全能的核心。

得道而王，一方面表明道具有超越王的意义，王要向道靠拢，要体认道；另一方面，道又是王的合理性依据，道、王之间没有不可逾越的界线，王可以得道，这为王占有道开了通途。

三、王对道的占有

道就其本始意义而言，在一定意义上是与王的权威并立的一种社会性的精神权威，然而中国由来已久的君主专制制度是不能容许这种精神权威无限发展和扩充的，不容许"道"在王之外超然独立。王能支配社会，无疑也要设法支配"道"；另一方面，当时思想家们创立的这个道在很大程度上是为了重新塑造政治和改造政治，然而政治的主角是君主，于是思想家们又纷纷把实现"道"的使命交给了君主。上述两种趋势的结合，"道"即使没有完全被王吃掉，也大体被王占有。大致表现在如下几个方面：

其一，先王之道的构建和神化。先王这个词最早见于《盘庚》篇，它一出现就具有神圣和权威的意义。从西周以降，先王或先王之道已成为一个十分重要的、内容丰富的政治范畴。先王既是一个具体的概念，又是一个抽象概念。所谓具体，是说在位之王称其先祖为先王。所谓抽象，是说"先王"这个概念已超越具体的王，成为一个泛称。

在春秋以前，"先王"这个概念主要是作为行为主体来使用的，当然在先王的行为中同时也凝结了丰富的政治原则和政治哲理。到春秋时期这些政治原则和政治哲理被抽象为"先王之道"，这个词最早见于《论语》。先王和先王之道，就其内容而言没有太大的区分，细致考究，先王更多指主体及其行为，先王之道则指先王所创立的政治制度、政治原则和政治哲理。与先王之道相类的要领还有许多，诸如"先王之法""先王之训""先王之命""先王遗训""先王之教""先王之令""先王之法制"等。

在历史的滚动中,人们赋予先王和先王之道无限的神圣性和权威性,这表现在以下几点:

先王与上帝是对应、互通关系。有关上帝选立先王,先王配上帝、祀上帝的记载多多,无须征引。还有另一类资料,把事情倒过来,上帝是由先王创立的,《国语·周语》说:"古者,先王既有天下,又崇立上帝,明神而敬之。"显然,先王的地位比上帝还要显赫。众多的史料表明,祭祀上帝与祭祀先王的规格大体是相同的,尊先王如同尊上帝。

先王还有"成百物"的作用,《国语·郑语》说:"先王以土与金木水火杂,以成百物。"先王与造物主同列。

先王之道既包括制度,更深藏着精神。其精神是什么,这要依各家各派的学说而定。大致说来,先王之道就是自己所倡导的道或学说,正如韩非所指出的:"先王有郢书,而后世多燕说。"① 先王注我。

儒、墨等以先王为旗帜,事事以先王为法。儒家的巨子荀子虽曾提出"法后王",其实他所说的后王就是三代之王,与孔、孟提倡的"法先王"没有原则的区别。他们把自己的主张还原为先王之道,同时又把先王神圣化,使先王变成一种绝对的权威,并凌驾于现实的政治权威之上。由法先王而提出的复古,在理论上有迂腐的一面;但另一方面又树立了一个超越现实君主的历史权威和精神权威,人们可以举起先王的旗帜对现实的君王进行某种程度的制约和批判。

法家对先王与儒、墨有所不同。儒、墨把先王当旗帜,法家把先王视为工具,有时作为自己理论的注脚,有时又视如敝屣。为了给自己的法治理论寻求历史依据,他们把先王变成实行法治的楷模。"先王明赏以劝之,严刑以威之。""先王尽力于亲民,加事于明法。""公私不可不明,法禁不可不审,先王知之矣。""先

---

① 《韩非子·外储说左上》。

王以道为常，以法为本。"①"先王所期者利也，所用者力也。"②"先王以三者（按：指目、耳、虑）为不足，故舍己能而因法数，审赏罚。先王之所守要，故法省而不侵。""法审，则上尊而不侵；上尊而不侵，则主强而守要。故先王贵之而传之。"③"先王寄理于竹帛，其道顺，故后世服。"④先王俨然是自己的祖师爷。当讲到历史之变和变法时，先王都成为过去。"先王当时而立法，度务而制事。法宜其时则治，事适其务故有功。"⑤"今欲以先王之政治当世之民，皆守株之类也。"⑥这些话是温文尔雅的婉词，更为激烈的则是"不法古""废先王之教""无先王之书"等之类的摈弃之言！在与儒、墨争辩时，批评儒、墨借先王张扬自己，是拉大旗作虎皮。他们认为先王不复生，死无对证，虚构而不实，是一种文字游戏。"为人臣常誉先王之德厚而愿之，是诽谤其君者也。"⑦在法家看来，先王只能为现实的君主所用，决不允许先王变为高于现实君主的权威，不能成为批评和制约现实君主的口实。

其二，王道的构建和神化。王道比先王之道更为抽象，更具有普遍意义。在这个要领中，道是依附于王的，是王之道。王道这个概念最早出现在《尚书·洪范》篇。洪范九畴的第五畴为"皇极"。皇，就是君主；极，就是法则。文中关于王道的论述常常被后人引用。这段文字极为重要，摘录如下：

无偏无陂，遵王之义，无有作好，遵王之道；无有作恶，遵王之路。无偏无党，王道荡荡；无党无偏，王道平平；无反无侧，王道正直。会其有极，

---

① 《韩非子·饰邪》。
② 《韩非子·外储说左上》。
③ 《韩非子·有度》。
④ 《韩非子·安危》。
⑤ 《商君书·六法》。
⑥ 《韩非子·五蠹》。
⑦ 《韩非子·忠孝》。

归其有极。①

"皇极"这一"畴"专论王道,在另外八"畴"中也有涉及。诸如王道的原自问题、王道内容、王道的作用、王道的意义等,均有论述。庞朴先生在《原道》一文"王道"一节中已有精彩的分析。为了本文的需要,吸取庞朴的高见,另外也略有修正和补充,条析如下:

首先,说王道的原自问题。从《洪范》整篇看,王道源于天而成于王。箕子对话之始就告诉武王,"洪范九畴"是上帝赐予夏禹的。然而在具体的叙述中又说:"皇建其有极。"意思是说,王要建立为王的最高法则。王道源于天,又成于王,表明王是天的化身,王道是王的护身符。

其次,王道的政治内容简要而极高,第一项是要赐给臣民"五福"。何谓五福?文中没有交代,不过《洪范》的第九畴所讲的"五福"指:"一曰寿,二曰富,三曰康宁,四曰攸好德,五曰考终命。"一些注家认为前后的"五福"是一个内容。毋庸多说,这是极高度的要求,也是极其伟大的事业。第二项是讲王要以身作则,才能使臣民心服。第三项讲刑罚要有度。第四项讲要用"有能有为"之人,尊敬"高明"之人。

再次,王道"荡荡""平平""正直",是整个社会的道德准则和行为准则,所谓"会其有极,归其有极",王与臣民要共同遵守。《墨子·兼爱下》引这段文字说明文王、武王之德;晋国大臣祁奚"称其仇,不为谄;立其子,不为比;举其偏,不为党"②。也引这段文字表彰其公而无私的精神。把社会道德准则附在王道名义下,王道与社会道德一体化了。

最后,王道还规定,王既是绝对的权威,又是民之父母。"惟辟(君主)作福,惟辟作威,惟辟玉食。臣无有作福、作威、玉食。臣之有作福、作威、玉食,

---

① 《尚书·洪范》。
② 《左传》襄公三年。

其害于而家,凶于而国。"上下、贵贱截然相分。然而这个作威作福的君王又恰恰是民之父母。"天子作民父母,以为天下王。"臣民对君王的指令在行动上必须绝对遵从,"是训是行";在情感上还要完全投入君王的怀抱,"以近天子之光"。君王对臣民的权力支配和情感支配结合在一起,这对中国传统社会生活的各个方面都有深刻的影响。

王道是上承天,下理民的通则;既有超越具体王的一面,又有王占有道的一面,可以说是王与道的混合体。以至同一段文字中,王道与王是不分的,混而为一。

这里附带说一下"王道"这一概念发生的时间问题。有几位学者著文论证《尚书·洪范》是殷周之际的作品,如果可信的话,那么,王最先与道结缘,"王道"要先于"天道""人道"等概念。然而现存的西周、春秋文献及金文,除《尚书·洪范》外,直到《左传》和《墨子》再引用这段文字,没有第二处使用"王道"这一概念。难道它像桂林的独秀山,一兀突起?这显然与社会思想发展不相宜,颇有可疑之处。这里暂存疑。但有一点可以断定,"王道"不是继"天道"之后的衍生物。

战国时期,"天道"虽然是一个通用词,不过使用频率并不高。随着王、霸之争,王道大抵为儒家所倡导,或成为儒家的代称。赵烈侯改革,儒法并用,儒者牛畜"侍烈侯以仁义,约以王道"[①]。商鞅以"帝道""王道"进说秦孝公,秦孝公昏昏欲睡;说之以"霸道",虚心聆听,数日不倦。王道、霸道之分,即是儒、法之分。

对王道在理论上做出更深论述的要数董仲舒。他在《春秋繁露·王道通三》中有一段极著名的话:

---

① 《史记·赵世家》。

> 古之造文者，三画而连其中，谓之王。三画者，天地与人也，而连其中者，通其道也。取天地与人之中以为贯而参通之，非王者孰能当是？事故王者唯天之施，施其时而成之，法其命而循之诸人，法其数而以起事，治其道而以出法，治其志而归之于仁。仁之美者在于天。天，仁也。①

在董仲舒之前，有关道贯通天、地、人和王通天、地、人的论述虽然很多，但概括为"王道通三"，仍不失为一个创造。其中有以下几点值得注意。

董仲舒在前人的基础上做了综合。在他以前，王、王道、天道、地道、人道虽然已经常常混通，但还没有达到一体的程度。董仲舒通过对"王"字形的解析巧妙地把几者"混通"为一体，真可谓聪明之极。

把天德性化，君主的德性要随天，这种思想很早就有了，但把两者一体化，以至连帝王的喜怒哀乐都源于天之四时，是董仲舒的又一发明。"天常以爱利天下为意，以养长为事，春秋冬夏皆其用也。王者亦常以爱利天下为意，以安乐一世为事，好恶喜怒而备用也。然而主之好恶喜怒，乃天之春夏秋冬也，其俱暖清寒暑而以变化成功也。"

以往虽然也讲天与王的功能是相通的，但认为天的功能更为重要，天制约王。董仲舒进而突出了王的功能："人主立于生杀者位，与天共持变化之势，物莫不应天化。"王与天"共持变化之势"，这种提法是前所未有的，是董仲舒的新创造。

以往是以王对应天地、比拟天地，董仲舒则把天地、人主一体化，"天地人主一也"，天与王合二而一。

董仲舒对"王"是一种哲学释义。许慎的《说文解字》完全采用了董仲舒的说法，其后两千年没有人提出异议。这里附带说一句，把一种思想变为字书或辞书的解词，说明这种思想已成为社会的共识，甚至成为整个民族的体认标准。董

---

① 《春秋繁露·王道通三》。

仲舒的著作在汉代以后逐渐被冷落,《说文解字》却一直是小学中的权威之作。董仲舒的著作对王的神圣化的理论通过《说文解字》普及到整个社会。由此想到,小学、训诂之作是研究思想史,特别是研究思想社会化、定型化不可忽视的资料。

在董仲舒这里,王道不仅仅是通常所说的王之道,它几乎把整个的"道"纳入了王道。王道内容的扩张,同时也标志着王的功能的进一步的扩张。

儒家一直高扬王道的大旗。王道作为一种观念,无疑同具体的王是有别的。人们不仅希望王实行王道,还常常用王道作为批判某些具体王的理论武器,宋代理学家甚至以王道为准则对三代以后的所有帝王持批判和否定的态度,乍然看去,确有大丈夫浩然之气和无所畏惧的批判精神。然而稍稍留意,有两点颇耐人寻味:一是对三代君王的歌颂备至;二是对宋朝的君主们寄予了深情的希望和期盼,不只比隆尧舜,甚至抑尧舜而扬宋君。从理论上看,他们把三代以下、宋朝以前的历史都否定、抛弃,唯独认为宋是继三代之后的"圣朝",对此,并没有讲出任何道理;明明知道宋朝积历代之弊,还作如是说,显然违背他们的思想逻辑。这种批判历史、屈从现实的现象,如果是为了"生存",后人应予以理解,然而这也恰恰说明传统士人学理的非一贯性和人格的双重性。另外,还有一个更为重要的事实不容忽视,那就是,理学家在张扬王道的同时,又以最精巧的理论、从更高的意义上肯定了君王制度。天理、王道、三纲一体化就是明证。这里不是苛求理学家,而是要同当代新儒家辩明一个事实,即宋代的理学家是不是君主制度的最忠贞的维护者。如果这是理学家理论的大前提(理论的和事实的),那么,在估价理学家的所谓"人格独立"之类的问题时,就应该有分寸。严格地说,君主专制制度与人格独立在理论上是不相容的。

我们不能忽视王道论的某些批判意义,但同时也要看到,越是张扬王道,就越被王制所限;越是把王道作为一种理论追求,那么所谓的"道"就越依附于王。

其三,圣王之道的构建和神化。关于圣与王的关系问题,另文详述,这里只简单叙述与本题有关的几个问题。圣与王本来不同,圣是在王之旁生出来的一个代表知识和道德体系的人。然而,一方面有无限权力的王是不能容忍圣的无限扩展的,另一方面,祈求把圣人所代表的知识和道德付诸实现的思想家们又不得不把希望寄托在君王身上。这样一来,王与圣的结合成为必然之势。两者的结合最先体现在"圣王"这个词上。"圣王"一词在《左传》中仅一见,载于文公六年(前621年)。《老子》《论语》中未见,而《墨子》中则连篇皆是。其后几乎无人不谈圣王。圣王是贯通客体、主体、认识、实践的枢纽;是一个超级的主体,主宰着一切;是真、善、美的化身;是权力最合理的握有者。圣王是一个极大的概念,在很大程度上关系着中国文化的特点和特性。我们固然可以说它是对王的提高,但也可以说是王对圣的占有。圣王之道成为绝对的真理,只能遵循、崇拜,不可置疑。

其四,王、道一体,道出于王。先秦诸子把圣人、君子视为道之原,同时又认为先王、圣王也是道之原。这在理论上为现实的王与道一体化,以及道源于现实的王铺平了道路。秦始皇是历史上第一位把自己视为与道同体、自己生道的君主。秦始皇宣布自己"体道行德",实现了王、道一体化。"体道"这个词最早见于《庄子·知北游》。荀子说:"知道察,知道行,体道者也。"[1]韩非提出"体道"是君主有国、保身之本。[2]秦始皇的"体道"便是由此而来。秦始皇不仅体道,又是圣王,他颁布的制度、命令是"圣制""圣意""圣志",永垂万世。先秦诸子创造的巍巍高尚的"道"一下子变成了秦始皇的囊中之物。秦朝虽然很快垮台了,秦始皇的思想却流传给后世。其后,贾谊提出"君也者,道之所出也"[3]。董仲舒在《春秋繁露·王道》中说:"道,王道也。王者,人之始也。"道、王道、王混为一体。李觏竟说出这样的话:"无王道可也;不可无天子。"[4]李觏的看法虽不是理

---

[1] 《荀子·解蔽》。
[2] 参见《韩非子·解老》。
[3] 《新书·大政下》。
[4] 《李觏集·佚文》。

论的主流,不过在许多时候是事实。对王来说,既要搞"朕即国家",又要搞"朕即道"。

宋、明理学家高扬道统的大旗,道统俨然独立于王之外。然而恰恰在把道统说得神乎其神的同时,却又把这个神圣的道敬献给帝王,这一点在谥号中表现得尤为突出,诸如"应道""法道""继道""合道""同道""循道""备道""建道""行道""章道""弘道""体道""崇道""立道""凝道""明道""达道""履道""隆道""契道""阐道""守道"等词,在谥号中居于前列。汉语词汇实在太丰富了,在这里,都说明一个问题:帝王是道的体现者。

这里再说几句作为观念的"王"。作为观念的"王",其中已包含着"道",先王、圣王、王道等在某些地方都可以简化为一个"王"字。孟子所说的"五百年必有王者兴",就是有道之王。王成为道的化身,此时希冀王就是希冀道,维护王就是维护道。王对道的占有,或者说道依附于王,是整个传统思想文化的一个基本命题,几乎所有的思想家,甚至包括一些具有异端性质的人,都没有从"王道"等大框框中走出来。只要还崇拜"王道"等,那么不仅在理论上被王制和王的观念所锢,而且所说的道也是为王服务的。

四、道的王权主义精神

王对道的占有只是问题的一面,另一面更应注意道本身的王权主义精神。在思想史中有一个重要的事实,即人们在阐发、高扬"道"的观念过程中,一直向"道"注入王权主义精神。进而言之,道的主旨是王权主义。这一点被我们的许多学者,特别是被新儒学所忽视。只要稍稍留意观察,这一事实应该说是昭然的。这里我只谈三点:

其一,道对王的定位及其王权主义精神。中国传统思想文化中的道无所不在,千姿百态,但影响最大、最具有普遍性的,要属有关宇宙结构、本体、规律方面的含义了。正是在这种形而上学的意义中给予王以特殊的定位。

宇宙结构说有多种多样，但都遵循天人合一这一总思路。《易传·系辞上》说，"一阴一阳之谓道"，阴阳相交而生万物，而君臣尊卑之位便是宇宙结构和秩序的一环，"天尊地卑，君臣定矣；卑高以陈，贵贱位矣"。前边已经讨论过，天人合一的重心是天王合一。中国古代的宇宙结构理论无疑有其历史认识意义，然而这个恢宏结构真正能把握的部分是其下层的社会结构。社会结构的主体就是贵贱等级制度。王则是等级之纽。

道是宇宙万物的本体，同时又是宇宙万物之用，即所谓的体用不二。细致分析，在不同的语境中，道、天道、地道、人道、天理、心性、礼仪、刑法、道德等无疑是有区别的，但从更抽象的意义说又混为一体。无论是"体"或"用"，表现在社会关系上，其主旨都是为君主体制服务的。有人会说，这未免把深奥的哲学问题简单化了，其实，如果把深奥的哲学问题还原为社会历史问题，有时就是相当"简单"的。把"简单"的社会历史问题深奥化，固然是认识不可缺少的；反过来，把深奥的哲学问题还原为"简单"的社会历史问题，同样也是不可或缺的。"体用"问题如果落实在社会历史中，难道不是为君主制度辩护吗？

道所蕴含的规律性思维方式及其揭示的规律，在中国的思想文化中有说不尽的话题，然而其中最主要的、影响最大的、在社会生活中最实际的，应该说是社会等级制度，以及以等级制度为基础的王权至上论。

其二，道的纲常化及其王权主义精神。中国是一个宗法—王权社会，从有文献记载开始，有关伦理纲常的内容就十分突出。伦理纲常向来与政治就是一体的。伦理纲常是儒家的主题自不待言，墨家及法家在不同程度上也是倡导的。在道家中，庄学对纲常投以鄙视的眼光，其他派别，特别是黄老派对纲常是十分重视的。

把伦理纲常形而上学化很早就开始了。春秋以前是神化，随着道的兴起，又开始道化（依然保留着神性）。伦理纲常的细目很多，其中最核心的是"三纲"。董仲舒做了一件影响千古的大事，这就是把伦理纲常概括为"三纲五常"，并把它形而上学化，即道化和神化。理学家们的思维具有极强的形而上学性，内部的分歧也很多，不过其中有一点是高度统一的，那就是条条认识道路都通向三纲五常，都把三纲五常形而上学化，并与形而上学中最高范畴一体化，构成一而二、二而一的关系。张载说："人伦，天理也。"① 程颐说："天地人只一道也。才通其一，则余皆通。""道之大本如何求？某告之以君臣、父子、夫妇、兄弟、朋友，于此五者上行乐处便是。"② 朱熹说："三纲五常，天理民彝之大节，而治道之本根也。"③ 又说："道之在天下，其实原于天命之性，而行于君臣、父子、兄弟、夫妇、朋友之间。"④ 陆九渊说："吾儒之道乃天下之常道，岂是别有妙道？谓之典常，谓之彝伦，盖天下之所共由，斯民之所日用，此道一而已矣，不可改头换面。"⑤ 在理学家那里，人伦与道可以说是同实异名。人伦法则也就是宇宙法则，三纲五常"自是亘古亘今常在之物，虽千五百年被人作坏，终殄灭他不得耳"⑥。"此理在宇宙间，固不以人之明不明、行不行而加损。"⑦

儒家所论的伦理纲常无疑比具体的君主更有普遍意义，甚至经常高举纲常的大旗批判某些君主，有时还走到"革命"的地步。然而这丝毫不意味着对君主制度的否定，恰恰相反，而是从更高的层次肯定了君主专制制度，用形而上学论证了君主制度是永恒的。我们不能忽视儒家的纲常对王的规范和批判意义，同时也不宜忽视这种规范和批判的归结点是对王权制度的肯定。我们的新儒家朋友对此实在有点漠视，或视而不见，真不知其可也！

其三，道施化万物的中介是圣王。道化万物，主宰万物，又是万物之所以为万物的依据。道的作用，其大无外，其小无内，无所不在。然而道并不是在任何

---

① 《张子语录下》。
② 《二程集·河南程氏遗书》卷一八。
③ 《朱文公文集·戊申延和奏札》。
④ 《朱文公集·徽州婺源县学藏书阁记》。
⑤ 《陆九渊集·与王顺伯》。
⑥ 《朱文公集·与陈同甫》。
⑦ 《陆九渊集·与朱元晦三》。

情况下都独立自主地施化，在许多情况下，圣王、圣人是道施化万物，特别是施化人类的不可缺少的助手，甚至没有圣王、圣人，道也就失去了它应有的作用。从另一方面讲，圣王、圣人之所以为圣王、圣人，就在于体道。圣王、圣人是道的人格化。此处只强调一点，把圣王、圣人作为道施化万物的中介，圣王之制也因此而被神圣化。只要翻开我们老祖宗的著述，有一点是普遍的共同的认识，那就是对圣王之体的崇拜，只要圣王出世或实行圣王之制，就会把人类带入极乐太平世界。圣王无疑不同于一般的王，但只有王才有可能成为圣王，这也是没有疑问的。在理学家眼里，三代以下无圣王，也无圣制，可是有一个极为有趣的现象，他们对大宋的万岁爷几乎都颂扬为圣或期待成圣。应该说这同他们的理想曲不大合拍；如果按他们的逻辑推下去，宋朝的万岁爷都应该靠边站。可是他们没有按逻辑往下走，这中间除了现实问题外（我绝没有意思让理学家都上断头台），在理论上有一个基本点，那就是道需要通过王来实现，现实的王有可能成为圣王。儒者角色是帝王之师，要设法格君心之非，帮助王成为圣王。这种精神固然有其珍贵的地方，然而他们的思维方式和价值选择不仅没有离开王制，而是以肯定王制为前提的，毫无疑问也肯定了王权主义。

以往学者对道的论述，特别是新儒家，大抵多强调道的理性规范和批判意义、强调其理性的独立性及其与王的二元关系，对道的王权王义精神很少论及。就历史实际而言，我认为这类看法有极大的片面性，甚至可以说忽略了主要的历史事实。其实，无论怎样抽象的思想，它都有一定的历史内容；抛开历史内容，只能是灰色的：无生命的东西，或者是文字游戏而已。

道、王相对二分与合二而一是有机组合关系，同时也形成一种思维范式，历史上最伟大的思想家都没有从这种范式中走出来。这种思维范式的影响比具体内容的影响更为广泛和深远，不可不察！

（原载《东方文化》1998年2月）

论中国古代的亦主亦奴社会人格

社会人格，是指一定社会群体共同的人格特质。它是由社会环境铸模而成的，是一定社会群体共同生活方式和基本经验的产物，是人们将社会的文化的规范与要求内化于心的结果，埋藏在个体人格的深蕴处。由于社会人格之中包含着许多为社会所公认的精神品格、行为规范和道德信条，因此，它属于典型的"文化的主观方面"。社会人格既是社会形态和文化体系的产物，又是社会形态的一种存在形式和文化体系的一种载体，因而在维护公共秩序、调节人际互动方面发挥着重要的作用。本文所说的亦主亦奴人格是中国古代社会人格中最重要且最具普遍意义的一种。

一、"官僚"的主奴综合性格

一般说来，帝王、官僚、庶民构成中国古代三大社会政治等级。官僚介于帝王与庶民之间，是主与奴、贵与贱统于一体的典型。相对于君，他们是下，是奴，是臣子；相对于民，他们是上，是主，是"父母"。他们出则舆马，入则高堂，一呼百诺，权势炙手，但在君主和长官面前则必须俯首帖耳，唯命是从。其实"官僚"称谓本身就生动刻画出这种政治角色的双重地位。

在中国古代，官僚既有官、管之称，又有僚、宦之称。"官"，本义为官府、官衙，引申为官吏，是权力者、管理者的称谓。《广雅·释诂》："官，君也。"官，是一种君主称谓。官又多用为天子以下一切国家公职人员的泛称。如《礼记正义·王制疏》说："其诸侯以下，及三公至士，总而言之，皆谓之官。官者，管也。"官是权贵，是主子。而作为君之从属的官又被称为"僚""宦"。如为官称"为宦"，官场称"宦海"，仕途称"宦途"。称官为僚、君僚、僚属的例子则更为常见。故官又称"官宦""官僚"。然而推其本义，宦与僚原本皆为奴仆之称。

"宦"即家奴。甲骨文中的"宦"字是房屋下臣隶仆妾的象形。"僚"又作"寮",最初也是仆隶、属下之称。《诗经·大东》"百僚是试"之"僚"是指操劳杂务的奴仆。《左传》将人分为十等,其中"隶臣僚,僚臣仆",僚的地位极其卑贱。《说文》:"官,吏事君者也……犹众也。"官形同君之众仆、属下,故僚亦可用于称呼官、官署。如毛公鼎、令彝等有"卿事寮""大史寮"等,指君主属下的大官。从历史过程看,将官与僚结合在一起,是君主制度的产物。在中央集权政体形成过程中,君主将家相、群僚提升为官,大量使用身份卑贱者为公卿将相,又将诸侯、卿大夫贬抑为僚属,使之成为官僚制度中的臣。这就造就了官僚,造就了亦主亦奴、亦贵亦贱的群体。"官"与"僚"从此粘连一体,成为这一群体的文化标识。

作为文化符号,"官僚"一词既形象,又贴切。它准确地揭示着官僚群体的实际地位和人格特征。官,本为君之称,后来一直用于称呼拥有政治权势的支配者;僚,本是奴之称,后来一直用于称呼处于从属地位的被支配者。官与僚连缀在一起,就使官长与僚属、支配者与被支配者这两类文化意义复合于一体。这一称谓的内涵是:亦君亦臣、亦上亦下、亦主亦奴。

官僚的地位、角色、规范、称谓共同铸模着这一群体的精神世界,亦主亦奴成为官僚群体普遍的人格模式。这里着重看一看宰相意识和宦官意识的主要特点。宰相与宦官处于等级式职官体系的最高层和最低层,因而最具典型性。

宦官的主奴综合意识可以概括为八个字"身为下贱,口含天宪"。宦官是地地道道的皇室家奴。大多数宦官终身从事贱役,无权无势,任凭驱使责罚。然而权力塔尖上的奴仆毕竟有与众不同之处。内宦多有官职品阶,他们肩扛着官的头衔,故称为"宦官"。这一群体历来不乏位高权重者,有的甚至出将入相、封侯。宦官的奴才意识显而易见,大凡贱奴、劣奴的种种心态多可以在这个群体中找到。这里着重揭示这一群体的主子意识。

宦官既是帝王的贱奴,又是帝王的鹰犬。他们一旦获得帝王的宠幸,便"窃持国柄,手握王爵,口含天宪"①。其权势重者竟能使宰相公卿、封疆大吏敬之畏之,歌之颂之,甚至拜倒在他们脚下,自称门生、义子,尊之为"九千九百岁"。专权的宦官以一种极端的形式展示着骄横、酷虐、野蛮的主子意识。他们弄权朝堂,仗势欺人,巧取豪夺,骄奢淫逸,"举动回山海,呼吸变霜露。阿旨曲求,则光宠三族;直情忤意,则参夷五宗"②。这类角色许多朝代都曾大批涌现,明代的魏忠贤最为典型。"口含天宪"的宦官与仗势欺人的豪奴属于同一类,而其主子是帝王,故为害尤为酷烈。

帝王是主子的极致,而权阉主子意识的极致却表现为凌驾于帝王之上。他们竟然奴恶欺主,玩弄帝王于股掌之中。齐国的竖刁幽闭齐桓公,使一代霸主饿死宫中。秦朝的赵高公然在朝堂之上"指鹿为马",愚弄皇帝,欺压公卿,终将秦二世置于死地。汉唐一批权阉擅废立,弑君王,作威作福。李辅国拥立唐代宗,竟欲代行君权,对代宗说:"大家但内里坐,外事听老奴处置。"③鱼朝恩公然威逼皇帝,政令不合己意便大怒称:"天下事有不由我者邪!"④欲以家奴、宠臣之身凌驾于天下之心溢于言表。杨复恭拥立昭宗,以"定策国老"自居,把天子视为"门生"⑤。明代群阉更为嚣张,魏忠贤号称"九千岁",其甚者竟有谋夺帝位之心。

宦而为官,官而为宦。宦官角色主与奴双兼,甚至以家奴之身而行无冕君王之实,令至尊的皇帝自叹受制于家奴。这就集至卑与至尊于一体。"宦官"意识与"官宦"意识相通、相同。

宰相的主奴综合意识也可以概括为八个字,即"一人之下,万人之上"。宰相号称"百官之长"。"宰相门子七品官"的俗语,以及历代权相专横跋扈的故事,集中体现着这批人的主子地位、主子权势和主子气焰。然而"一人之下"又注定

---

① 《后汉书·朱穆传》。
② 《后汉书·宦者列传》。
③ 《旧唐书·宦官传》。
④ 《资治通鉴》卷二二四。
⑤ 《新唐书·杨复恭传》。

他们在帝王面前可怜得很。这里着重揭示宰相群体的奴才意识。

古代文献诠释"宰相",谓之"燮理阴阳""辅相君王""宰制万端"。然而"宰"与"相"最初都是卑职。《说文》:"宰,罪人在屋下执事者。"这本是家奴或家奴总管的称谓。后来,宰相又被称为"司徒""司空""司马"等,而它们本也是为主人服役的卑微家臣的头衔。后来又称"尚书""侍中""仆射"等,寻根溯源,当初也都是卑微小臣的称谓。即使作为最高文官头衔的太师、太傅、太保,最初也只是王者或储君的保姆的称谓。宰相仍属臣的范畴。君之相犹如家之宰,国之百官总长犹如家之奴仆总管。宰相之所以权势炙手,是因为其主子非同寻常,乃普天之下的至上君王。"百官之长"其实不过是幕僚长。就连这些位居人上的权贵们也必须头顶着卑微的冠冕,匍匐在帝王脚下,俯首称"臣",甚至自称"奴仆""奴才"。这就以极端的形式展示着古代官僚尊与卑、主与奴双涵的角色、规范和人格。

或许许多人忘记了"宰相"等称谓的本义。然而他们直面这类权贵时,仍能准确无误地指出:贵为宰相亦不过是君之奴耳!《太平广记》卷四一九收录了《续玄怪录》中的一则故事。这则故事的主人公是唐卫国公李靖。据说他年轻时曾帮助过一位神龙夫人。为了答谢李靖,神龙夫人召来两个家奴,"一奴从东廊出,仪貌和悦,怡怡然。一奴从西廊出,愤气勃然,拗怒而立"。她对李靖说:"山居无物,有二奴奉赠。总取亦可,取一亦可,唯意所择。"李靖选取了"拗怒而立"者。后来李靖"竟以兵权静寇难,功盖天下而终不及于相"。故事记述者认为:两奴分别象征相与将。将相虽位极人臣,而毕竟仍属臣仆范畴,"所以言奴者,亦下之象"。其实在古代政论中,以"臣""下""仆"界定宰相确属常见。人们普遍认同这一政治定位和文化定位,宰相们亦不例外。宰相们的臣属意识是奴才意识的一种表现形式。

奴才意识在"奸相"们的身上以一种极其丑恶的形式外显。依据传统观念,奸相属于"小人得志"。他们有的颇有几分智略,善于先意逢君,献媚取宠,秦相赵高、唐相李林甫属此类典型；有的平庸卑劣，"无他才略，唯一意媚上"①，宋相蔡京、明相严嵩属于此类典型；有的更为卑劣，专以阿比权臣，谄谀宦官为能事，甚至认权阉为父祖师长，甘作奴才的奴才，明代首辅顾秉谦是此类典型。这类奸相与"佞幸"无异，道德人格无足称道，政治品质极其恶劣，且集主子意识之恶与奴才意识之恶于一身。

奴才意识在多数宰相身上以一种卑顺、平庸、苟且的形式外显。汉武帝的丞相石庆最为典型。这个人靠着恭谨卑顺的世传家风而位极人臣。在任太仆时，一次他为武帝驾车出行，武帝问：车上套了几匹马？御驾六马，一目了然，可是石庆还要"一、二、三、四……"地数一遍，才敢报告皇帝，可谓恭谨有加。位居丞相之后，他在政治上毫无建树，"在位九岁，无能有所匡言"，故"君子讥之，为其近于佞也"②。多数宰相有类似的意识和行为。《明史》卷二一八记载了一批首辅、阁老的言与行，史家对他们的评价是："外畏清议，内固恩宠，依阿自守，掩饰取名，弭谐无闻，循默避事。"这类史评在历代宰相传记中实属常见。人们为这类"太平宰相"起的绰号也很说明问题：唐代的杨再思人称"两脚狐"、苏味道人称"摸棱手"；宋代的毛珏人称"三旨宰相"、李邦彦人称"浪子宰相"；明代的夏言等人称"青词宰相"；清代的曹振镛人称"琉璃球"。这类绰号勾画出宰相们一幅幅猥琐的图像，他们实为奴在心者。

奴才意识在贤相身上多以忠臣的形式外显。贤相上忧其君，下忧其民，有所匡助，有所建树，其人格与功业都有令人称道之处。然而他们都是将臣道规范内化于心中的人。他们认同君尊臣卑、君主臣从，自我归属于下僚、贱类，在君主面前自称"待罪宰相"③，任凭帝王驱使责罚。他们认同名分观念和忠孝规范，尽心所事，忠诚不贰，愿为君之"耳目""股肱"，甚至自比为"犬马""爪牙"。这种

---

① 《明史·严嵩传》。
② 《明史·万石张叔列传》。
③ 《史记·陈丞相世家》。

依附性政治意识只能归属于奴才意识。

宰相的奴才意识是专制主义政治法则和文化观念共同铸模而成的。这种法则与文化注定就连"一人之下"的权贵也必须恪守臣道。他们必须有奴性，才能安稳地待在这尊荣者的领地；他们必须有奴性，才能从帝王那里分享权与利，而对他人颐指气使；他们必须有奴性，才能辅佐君王而建功立业。在这一点上，宰相与宦官的境遇并没有太大的差别。不能始终顺应这种法则与文化的人，很难循着权利的阶梯上行。志为忠臣良相的却极易从权力的高塔上跌落。因此，跻身高官显贵的臣子们，尽管其中不乏贤良才能之士，却又不能不自居卑贱，自甘平庸，自称罪过，不能不认作奴才。一旦无才无德或有才无德的人靠着奴才之身与奴才之心登上高位，一位兼备奴才之恶与主子之恶的奸佞、恩幸便应运而生了。这就是专制主义秩序与文化为包括宰相在内的官僚群体所注定的宿命。

类似的地位与心态在官僚群体的各个层次中都可以发现。如地方官中普遍存在"为一人分忧，为万民做主"的心态。前者是一种臣属意识，后者是一种主宰意识，两种地位与意识共时性地寓于一体。小小县令，称其卑则云"七品芝麻官"，道其尊则说"灭门县令"。"拜迎官长心欲碎，鞭挞黎庶令人悲。"唐代著名诗人高适《封丘作》中的这两句诗，揭示了八品县尉的卑与尊及由此而产生的矛盾心态和精神苦闷。

官僚、官宦的本质是奴仆，故主奴意识的根本是奴性。这一点体现在官僚称谓上就是这批权贵统称为"臣"。《说文》："臣……象屈服之形。"以仆役之"臣"，界定君、臣、民之"臣"，这是对官僚地位、角色、规范、人格的最具根本意义的文化界定。有权有势，又位居属僚，扮饰奴才，恪守臣道，这就是官僚。

二、主奴综合意识的社会根源和文化根源

如果把视野进一步拓展开来，就会发现以奴为本、亦主亦奴的地位与人格特征具有更为普遍的意义，它并不局限于官僚群体内。尽人皆奴的社会结构和泛化

的绝对权威崇拜是亦主亦奴人格的社会根源和文化根源。

中国古代社会结构属于"权力—依附"型结构。这种结构广泛存在于社会生活的各个层面。在生产关系上，生产资料占有者与生产者之间有绝对的（主人与奴隶）或较强的（主人与部曲，主户与客户）隶属关系。人与人之间的经济关系是主奴或近乎主奴的关系。在政治关系上，帝王、官僚、庶民之间等级分明，君支配臣，臣支配民。官僚队伍内部也等级分明，形成上对下的支配、下对上的依附。在宗法关系上，大宗与小宗、父家长与其他家庭成员以及长辈与晚辈、兄与弟、夫与妻、嫡与庶，都属于支配与被支配关系。其中父与子的隶属关系更具绝对性。在其他各种社会关系中，类似的"权力—依附"关系普遍存在。如师与徒之间犹如君与臣、父与子。总之，几乎一切人与人之间的纵向关系都有明确的序位，并依序位构成"权力—依附"式的等级关系。这就使除帝王以外的一切社会角色都在不同程度上具有"奴"的属性。"尽人皆奴"是生产关系、社会关系、政治关系及相应的文化观念所共同构建的社会现实。

与普遍化的"权力—依附"型社会结构相适应的是普遍化的绝对权威崇拜。中国古代社会权威崇拜的特点是：几乎一切社会权威，无论是虚拟的还是实在的，都被视为绝对权威，即具有较强的支配性、强制性和不可违逆性；每一种权威总是由一个未经民主程序认定的个体来体现，并尊之为绝对主宰；为了维护这类权威，总是力图剥夺服从者的人格独立乃至一切权利和自由；权威者与服从者的关系实质是人身依附关系，即主奴关系。这类权威又大多染以神圣的油彩，以致成为全社会的信仰。

例如"天地君亲师"，这是中国古代五种最重要的社会权威。分而言之，它们分别代表不同体系、不同关系中的绝对权威。天地是天人体系中的绝对权威。无论将其视为天神、地祇，还是将其视为义理、自然，人们总是奉"天经地义"为一切事物的终极依据，甚至认为普天之下、万类万物，皆为天地之子女、臣民，就连人世间至尊、至贵、至圣、至明的帝王也必须对天地称臣。君是政治体系中的绝对权威。人们大多认同"君命无贰""君要臣死，臣不敢不死"的道德律条。许多仁人志士主张"以道事君""格君心之非"，主张做诤谏辅拂之臣，甚至主张对无道之君实行"革命"。这一切虽为统治思想和主流文化所认可，然而"君臣之义"又是凛然不可犯的。"君有不明，臣不可以不忠。岂有君可叛者乎？"① 亲是家族体系中的绝对权威。在观念上，父母对子女的支配最具绝对性。孔孟大儒以"无违"概括孝道。他们虽然也倡导子谏父，然而必须谏而"不暴父恶"，必须"谏而不听，号泣而随之"，"父要子死，子不敢不死"，小杖则必须受之，充其量允许"大杖走之"。总之，"事亲有隐而无犯"。② 师是学术体系的绝对权威。"师长，君臣之纪也。"③ 师的权威属性类同于君臣、父子。天地君亲师的绝对权威还受到法律的保护。据说孔夫子有言："五刑之属三千，而罪莫大于不孝。要君者无上，非圣人者无法，非孝者无亲，此大乱道也。"④ 总而言之，天地君亲师都是"君"，五者之间是互拟、互类、互证关系，它们集中代表着各种绝对权威的基本属性和特点。

天地君亲师崇拜实质是一种泛化的君崇拜。在古代文献中不乏"天，君也""父，君也""师，君也"之类的说法与注疏。此外，在三纲、五伦、六纪中还有许多类似的"君"。如三纲中的夫与妇、五伦中的兄与弟、六纪中的长与幼，都被认为具有君臣、父子属性。对此，《白虎通义》等有详细的论述，其基本思路为历代大儒所继承，并获得全社会的广泛认同。这就是说，一切居尊居长者都是"君"，一切居卑居幼者都是"臣"。因此，在宗教中，天是百神之大君，"天道"亦可称"帝"。在政治上，天子为君宗、大君，诸侯为邦君、国君，卿大夫为封君，某些长官为使君、郡君、府君。在家庭中，子女称父母为严君、君父，媳妇

---

① 《朱子语类》卷七十九。
② 《礼记·檀弓上》。
③ 《白虎通·三纲六纪》。
④ 《孝经·五刑章》。

称公婆为君，妻妾称丈夫为君子、夫君、君父，偏妾称嫡妇为君。在学校中，学生事师长如君父。在观念上，位高德重堪为治者则称为"君子"。一切权力者都被赋予君的属性，这就形成了一种泛化的君崇拜。天地君亲师及其他形形色色的绝对权威，分而言之，各有其分野、领域；总而言之，又互相比附，连为一体。这就织就了一张遍布天人体系、政治体系、宗法体系、学术体系的绝对权威支配之网。无论人们处在哪一个体系中，都将面临一个似曾相识的无上权威。这个权威大网又有梯级配置。人们在学尊师，在家尊亲，在国尊君，在天下尊天地。天至高无上，然而毕竟是虚拟的。因此，这张绝对权威大网的核心和真正支配者是政治之君。人们称君主为"天子""帝王""君父""君师"，将各种权威属性奉献给他。政治之君在观念上是至上的，但在实际上却难真正支配一切，因而必须借重天地、神圣、父母、师长及其他各种类君角色。君主居于社会政治体系之巅，兼握天地君亲师，而其他各种权威崇拜的最终导向是君权崇拜。因此，君主才是名副其实的至上权威。

泛化的君崇拜为一切等级的上下关系都注入了支配与被支配的属性，使人与人之间的关系大多类似于主子与奴仆的关系。

应当指出的是：在中国古代文化观念中，君臣、父子、夫妇、师徒等都有"义交"的成分，即"道义之交""朋友之道"。于是又有相对性的要求，如君礼臣忠、父慈子孝等。这又为在下者提供了人际互动中的某些变通，如君臣相正，诤谏君父。这类观念不是对绝对权威的否定，而是为维护绝对权威而设；它包含着能动的调整成分，具有现实性、合理性，却从不具有彻底否定君、父、夫、师的支配权的意义。

尽人皆奴的社会结构和泛化的绝对权威崇拜，把各种社会角色明确分为两大类：主子与奴仆。前者有男、夫、父、兄、主、上、君等；后者有女、妇、子、弟、奴、下、臣等。古代人又分别将两大类角色概括为阳与阴。阳又称乾，属天道；阴又称坤，属地道。阳尊阴卑、阳主阴从、阳刚阴柔、阳完善阴缺损……总之，居阳者永远支配居阴者，居阴者永远是被动者。阴居阳上，不能待倡而和，则属反常，属悖戾。

尽人皆奴和泛君崇拜铸就了遍布社会的奴性，同时也就铸就了遍布社会的主性。道理很简单：层层为奴必定层层为主，其分别只在上下之间，即凡相对居上者皆为主，相对居下者皆为奴。上与下皆相对而言，凡是处于等级金字塔中间的人必然亦上亦下，亦主亦奴。当一个人既做他人的奴仆，又做另外一批人的主子时，他就必然兼备主奴两种角色与相应的精神。由主奴双重地位、规范铸模成的人格特质，就是主奴综合意识，亦可称为亦主亦奴人格。

三、主奴意识的泛化

庶民百姓、部曲奴婢是否有主子意识？皇帝老子是否有奴才意识？答案是：一般说来，在中国古代社会，主奴综合意识寄寓在每一个成年社会个体的灵魂深处，上至帝王，下至奴婢，概莫能外。

在中国古代社会，几乎一切社会个体都会历时性或共时性兼备主奴双重角色。主要原因有以下几点：

其一，金字塔式的社会政治等级结构注定除位于塔尖的帝王和塔底的奴婢、贱民以外，绝大多数人处于中间阶层，他们往往身兼上与下、尊与卑、主与奴双重角色。这一事实显而易见，故不拟赘述。

其二，角色转换注定大多数社会个体，包括帝王与奴婢在内，都可能历时性地兼备主奴两角色。

"多年大道熬成河，多年媳妇熬成婆。"生命历程和社会经历总会使许多人发生角色转换，或化主为奴，或化奴为主。中国古代等级制度的多元性和成员的流动性，更使角色转换，特别是政治角色的转换，成为一种很常见的现象。在家庭中，子孙变成父祖，媳妇熬成婆婆，卑幼跻身尊长，偏妾扶为正室等；在社会中，徒弟熬成师傅，佃户变成东家等；在政治上，庶民变成官僚，僚属升迁官长，大官贬为小官，权贵沦为刑徒等，这些都属正常的转化或常见的现象。俗语说"十年财东轮流坐""朝为田舍郎，暮登天子堂""皇帝轮流做，何时到我家？"总之，"一朝权在手，便把令来行"，除夭折者外，一生不发生角色转变的几乎找不到。

其三，角色丛使社会中的很多人同时兼备主奴两种角色。在日常生活中，他们一会儿遵行主子规范，一会儿恪守奴才规范，两种角色与意识共时性兼备于一身。角色丛，是指一个个体同时所承担的角色的总和。在实际生活中，大多数个体都是各种社会身份复合于一体，兼具主奴。如既是父，又是子；既是上，又是下。

还有这样一种情况：某些个体身为奴才却得以行主子之威。如许多权势者的"豪奴"倚仗主子的权势欺压良善，甚至在某些官员面前也趾高气扬、专横跋扈。这种现象表明：亦主亦奴人格的形成是整个社会环境培育的结果。学习做奴才，也就习得了如何像主子一样行事；反之亦然。因此在相当频繁的角色转换中，大部分人相当顺畅自然，亦不需要修习新角色的规范，其原因就在于此。当然两种角色兼备具有强化主奴综合意识的作用，因为这会使人们对两种角色与规范都有切身的体验。

上述几种情况综合在一起，必然使亦主亦奴具有普遍意义。

或问：帝王有主奴综合意识吗？我们的回答是肯定的。从历史材料看，除少数夭亡的童稚皇帝外，所有的帝王都有奴才意识，其来源大体有三个途经：一是角色转换与角色丛，二是文化体系对帝王的特殊要求，三是权力法则对帝王的支配作用。

首先，一切帝王都经历过由臣而君的过程，他们曾经为子为臣并遵守忠孝规范。开国之君都有长期为臣为民的经历。世及之君也要经历为子为臣的阶段。他们与先皇是父子、君臣双重关系。储君的启蒙教育是学习臣子规范，所谓"知为臣，然后可以为君；知为子，然后可以为父也"①。父皇对他们的教诲是："为臣贵于尽忠，亏之者有罚；为子在于行孝，违之者必诛。"② 许多嗣君在即位前所蒙受的苦难和屈辱并不比普通臣民少。

其次，传统思想文化专门为帝王设置了一套特殊的臣子规范，主要有三条：其一曰事天如君，其二曰天子之孝，其三曰以师臣为父。在观念上，天帝至上，主宰一切。君为天子，必须父天母地，对天俯首称臣。天子不仅要孝敬天地、祖宗、父母，而且要"父事三老，兄事五更"③，如此才能感天动地、垂范臣民，"以孝治天下"。帝王还要尊崇师臣，"事师之犹事父"④。在现实中，许多帝王未必认真遵守这些规范，然而这些规范写入君道，又获得公众赞同，它们对帝王的人格还是有一定影响的。

最后，权力法则常常迫使一些帝王面对强权而卑躬屈膝，身心形同臣仆。如汉代一批傀儡皇帝受制于母后、外戚、权臣。他们在称尊享御时，更像一个摆设，在受制于人时，无异于臣仆。许多大权在握的皇帝也有类似的境遇。唐文宗哀叹受制于家奴，后晋高祖愿为儿皇帝，宋高宗甘为大金之臣，都是典型事例。这类帝王的政治意识中不可能只有唯我独尊，而无卑微心态。

上述事实表明，帝王也有主奴综合意识。至尊尚且有奴性，等而下之者还能例外吗？

在任何一种社会形态中，一种广泛适用的规范必然被视为理所当然，一种普遍具备的人格必然被理想化。这种规范和人格又必将被抽象为一般法则和最高典范。在中国古代，最能体现文化的一般性的是"圣人"。圣人能够超然于社会的、文化的、人格的亦主亦奴的罗网之外吗？当然不可能。

---

① 《抱朴子·崇教》。
② 《旧唐书·李泰传》。
③ 《汉书·礼乐志》。
④ 《吕氏春秋·劝学》。

四、圣人：理想化的亦主亦奴人格

何谓圣人？诸子异说，而异中有同：圣人人格是理想人格，这种人格具有原生性、自然性、完善性、彻底性。

儒家所说的圣人大体有两大类：一类是历史上的人格典范，如周文王和孔子；另一类是文化体系的人格理想。人格理想是人格典范的抽象，人格典范是人格理想的范例。现实中的"圣人"与文化化的"圣人"是一种互证关系，有时很难将其分开。圣人无论被描述得如何神妙，毕竟植根于那个时代、那个社会，并凝集着生活于那个社会结构和文化环境的群体的理想。作为尽人皆奴社会结构所需要的人格典范，中国古代主流文化体系，特别是儒家文化体系中的圣人，正是亦主亦奴社会人格的最高抽象。

被儒家奉为圣人的历史人物依据其政治身份可分为圣王与圣臣。

最为儒家推崇的圣王当数尧、舜、周文王。他们都被奉为最理想的王，自然也是为主者的人格典范。然而妙就妙在圣王之所以为圣，是由于他们又是奴才人格的最优载体。孟子说："圣人，人伦之至也。欲为君，尽君道，欲为臣，尽臣道，二者皆法尧舜而已矣。"① 他又说："尧舜之道，孝弟而已矣。"② 这就是说，孝悌为人伦之本、圣道之至，圣王之为圣，首先是因为他们是为子为臣的模范。儒家编造的尧舜故事也堪为这一认识的注脚。在他们看来，舜兼备民的模范、臣的模范、子的模范、兄的模范、夫的模范、君的模范、父的模范于一身。

周文王最受孔孟之徒赞美，其最优之处就在于"三分天下有其二，以服事殷，周之德，其可谓至德也已矣"③。文王以王者之资而恪尽臣道，既是为君之典范，又是事君的样板，故为"圣德"之人。

商汤与周武王也是获得广泛认同的圣王。人们在论说革命论时常以"汤武

---

① 《孟子·离娄上》。
② 《孟子·告子下》。
③ 《论语·泰伯》。

革命"为样板。然而无论人们如何为"奉天伐暴",诛"独夫民贼"的汤与武修饰、开脱,实行"革命"毕竟是以臣犯君。因此,自孔子以来,许多人就对这两位圣王颇有微词。孔子盛赞文王为"至德",武王则"未尽善"。朱熹对此的解释是:"汤、武是吊民伐罪,为天下除残贼底道理。"尽管恪守君臣之义与诛伐独夫民贼二者"道并行而不相悖","但其间不无些子高下",因为,"君臣大义"更根本、更重要,"毕竟人之大伦,圣人且要守得这个"①。泰州学派创始人王艮非议"汤武革命"的依据就是:"君臣大伦,岂一日可忘!"②纣可伐,而天下不可取,武王应迎立商王族中的贤人为君,自己老老实实地继续做臣子。这就是说,汤武虽圣,而臣道未尽,毕竟算不得圣中之圣。唯有圣王与圣臣都做得尽善尽美方为"尽伦"。

最为儒者所推崇的圣臣当数伊尹、周公和孔子,其中"孔子之谓集大成"③。圣而为臣,其圣质主要显现于对臣道的契合。"上则能尊君,下则能爱民,政令教化,刑下如影……是圣臣也。"④ 这与官僚"为一人分忧,为万民做主"的心态正好合辙。圣臣必须兼备臣属与治者双重品格,这不正是亦主亦奴人格吗?据说,伊尹、周公和孔子均堪为王者。孔子为后儒奉为"素王"。儒家推崇这三位圣人的主要理由是:他们既是圣臣,又堪为圣王,集最优秀的君与最优秀的臣这双重品格于一身。

在儒家的政治道德论中,圣贤都是最优秀的治者、最理想的王者,因为他们与道同体,具备理想治者的一切人格素质,可以"赞天地之化育"。然而亦主亦奴社会人格是以奴性为核心人格的特质,圣人作为这种社会人格的最高抽象和文化典范又恰恰是以奴性为核心人格特质的。圣人之道,概言之,孝悌而已。孝悌本

---

① 《朱子语类》卷三十五。
② 《王心斋全集·答尚宗思》。
③ 《孟子·万章下》。
④ 《荀子·臣道》。

是专为在下者设置的道德义务，却又用来概括一般道德信条。这种思维方式本身就内蕴着意味深长的文化意义：如果"奴"的规范得到普遍的认同与全面的贯彻，那么亦主亦奴的社会结构就会稳如泰山。圣中之圣的孔夫子不也正是恪守奴规范的典范吗？孔子的道德论中的确有许多人格尊严的思想，如"三军可夺帅也，匹夫不可夺志也"①。这类思想在人的自我完善中曾经充当过善良的导师，造就过许多古代的仁人志士，其中也的确包含着民族文化的精华。然而作为旧时代的人格典范，奴性仍是孔子人格的主流与本质。请看《论语·乡党》的一段描述："孔子于乡党，恂恂如也，似不能言者。其在宗庙、朝廷，便便言，唯谨尔。朝，与下大夫言，侃侃如也；与上大夫言，訚訚如也。君在，踧踖如也，与与如也。"又："入公门，鞠躬如也，如不容。立不中门，行不履阈。过位，色勃如也，足躩如也，其言似不足者。摄齐升堂，鞠躬如也，屏气似不息者。"这种身份感、分寸感极强的言与行，在等级制度、君主制度下，只能出在一位奴在心者的身上。儒家所谓的圣贤正是这样的人格典范：一切言与行都从礼的角度认真对待，使其与自己的等级、角色、身份完全相符，尽善尽美而无可挑剔。在那个时代，这种道德论、圣贤观只能造就亦主亦奴、以奴为本的人格。

儒家之圣集圣王与圣臣于一体，其本质特征是"不勉而中，不思而得，从容中道"②。做主子是最好的主子，做奴才是最好的奴才。"道者，天下万世之公理，而斯人之所共由者也。君有君道，臣有臣道，父有父道，子有子道，莫不有道。惟圣人惟能备道，故为君尽君道，为臣尽臣道，为父尽父道，为子尽子道，无所处而不尽其道。常人固不能备道，亦岂能尽亡其道！"③在旧时代的现实生活中，理想化的圣人绝无仅有，兼备主奴意识的角色却尽人皆是。所谓圣人，正是这种社会人格的文化化、理想化。"圣人"是专制主义社会精神的最高抽象。

---

① 《论语·子罕》。
② 《礼记·中庸》。
③ 《陆九渊集·论语说》。

以圣为信仰的人必然是奴在心者,因为他们认同臣道、子道、妇道、仆道。以圣为信仰的人必然是主在心者,因为他们认同君道、父道、夫道、主道。这种人为人下人时,必定卑身自贱,奴颜婢膝,而一旦为人上人,便会自命为他人之天,摆出一副至尊的架势。绝对权威总是造就绝对服从,绝对服从总是造就绝对权威,因为二者犹如一枚硬币的两面,相互依存,彼此相通。

奴性与主性都是不平等、不民主的产物。主奴根性归根结底是等级制度和等级观念在人格上的反映。君主专制制度既需要主性,也需要奴性,更需要主奴根性的综合。这种制度铸模着这种人格,这种人格也最适合这种制度。主奴综合意识是专制主义秩序得以维系的社会心理基础。

(原载《南开学报》1999 年第 5 期)

传统政治思维的阴阳组合结构

中国古代思想的一个重要现象是"混沌",吕思勉先生在《文史通义评》中曾有论述。张岱年先生在《中国文化的基本精神》文中指出,中国几千年来文化传统的基本精神其缺陷之一就是"浑沌思维"。"混沌",就是思想概念、范畴的界定与运用,没有严密的区分。对这种现象中外学者都有过论述。

说混沌,其实也不是混沌一片,细分还是有其理路的,至少在政治思想中是如此。其理路就是阴阳组合结构。多年以前我曾说过:"我认为中国传统政治思想在其学理上是很难找出理论元点的,各种理论命题是交织在一起的,以往我们有时称之为'混沌性',有时称之为'阴阳结构',有时称之为'主辅组合命题'等。"也就是说,在我看来,说"混沌"还只是表征,尚待更深入分析。于是提出了"阴阳结构","阴阳组合命题"或"主辅组合命题"。[①]

在传统政治思想中,我们的先哲几乎都不从一个理论元点来推导自己的理论,而是在"阴阳组合结构"中进行思维和阐明道理。这里不妨先开列一些具体的阴阳组合命题,诸如:天人合一与天王合一;圣人与圣王;道高于君与君主体道;天下为公与王有天下;尊君与罪君;正统与革命;民本与君本;人为贵与贵贱有序;等级与均平;纳谏(听众)与独断;思想一统与人各有志;教化与愚民;王遵礼法与王制礼法;民为衣食父母与皇恩浩荡、仰上而生……我开列了这一大串,为了说明这种组合命题的普遍性。这里用了"阴阳组合结构",而不用对立统一,是有用意的。在上述组合关系中有对立统一的因素,但与对立统一又有原则的不同,对立统一包含着对立面的转化,但阴阳之间不能转化,特别是在政治与政治

---

① 关于"阴阳组合"的认知最早发表于1987年,当时使用的概念是"刚柔结构",参见《王权主义的刚柔结构与政治意识》一文,载于《论中国传统政治文化》,吉林大学出版社,1987。

观念领域，居于阳位的君、父、夫与居于阴位的臣、子、妇，其间相对而不能转化，否则便是错位。因此阴阳组合结构只是对立统一的一种形式和状态，两者不是等同的。我上边罗列的各个命题，都是阴阳组合关系，主辅不能错位。比如在民本与君本这对阴阳组合命题中，民本与君本互相依存，谈到君本一定要说民本，同样，谈到民本也离不开君本，但君本的主体位置是不能变动的。下边就两个组合命题稍做说明，以示其概。

先说"道高于君与君主体道"的组合。"道"是中国传统思想文化的核心范畴之一，是理性（也包含程度不同的神性）的最高抽象，又是整个思想文化的命脉。"王"是最高权力者的称谓，同时又代表着以专制权力为中心的社会秩序以及与这种秩序相对应的观念体系。

道与王是什么关系？就我拜读过的论著，特别是新儒家，十分强调儒家的道与王是二分的，常常把"道高于君""从道不从君"作为理论元点来进行推理，认定道是社会的独立的理性系统，由儒生操握，对王起着规范、牵制和制约作用。就一隅而论，足以成理，然全面考察，则多偏颇。在我看来，道与王的关系是相对二分与合二而一的有机组合关系，分中有合，合中有分，分合相辅，以合为主。这不限于儒家，而是整个传统思想文化中的主干。

"道高于君""从道不从君"只是组合命题一面，还有更重要的一面，这就是"君主体道""王、道同体""道出于王"。

先秦诸子把圣人、君子视为道之原，同时又认为先王、圣王也是道之原。在这一点上先秦诸子没有分歧，可以说是共识。这一理论为王与道一体化，以及道源于王铺平了道路。秦始皇是历史上第一位把自己视为与道同体、自己生道的君主。秦始皇宣布自己是"体道行德"，实现了王、道一体化。"体道"这个词最早见于《庄子·知北游》。其后荀子说："知道察，知道行，体道者也。"韩非进一步提出"体道"是君主有国、保身之本。秦始皇的"体道"便是由此而来。秦始皇不仅体道，又是圣王，他颁布的制度、命令是"圣制""圣意""圣志"，永垂万世。先秦诸子创造的巍巍高尚的"道"一下子变成了秦始皇的囊中之物。秦朝虽然很快垮台了，秦始皇的思想却流传给后世。其后，贾谊提出"君也者，道之所出也。"董仲舒在《春秋繁露·王道》中说："道，王道也。王者，人之始也。"他还有人所熟悉的"王道通三"之说。道、王道、王混为一体，道由王出。于是李觏竟说出这样的话："无王道可也，不可无天子。"在中国的历史上，人们尽管可以把道捧上天，但一遇到"圣旨"，它就得乖乖让路。在漫长的年代里，帝王既要搞朕即国家，又要搞朕即道。

宋、明理学家高扬道统的大旗，道统俨然独立于王之外。然而恰恰在把道统说得神乎其神的同时，却又把这个神圣的道敬献给帝王，这一点在谥号中表现得尤为突出，诸如"应道""法道""继道""合道""同道""循道""备道""建道""行道""章道""弘道""体道""崇道""立道""凝道""明道""达道""履道""隆道""契道""阐道""守道"等词。汉语词汇实在太丰富了，在这里，都说明一个问题：帝王是道的体现者。

王对道的占有，或者说道依附于王，是整个传统思想文化的一个基本命题，几乎所有的思想家，甚至包括一些具有异端性质的人，都没有从"王道"等大框框中走出来。只要还崇拜"王道"等，那么不仅在理论上被王制和王的观念所锢，而且所说的道也是为王服务的。

其实，王对道的占有只是问题的一面，另一面更应注意道本身的王权主义精神。在思想史中有一个重要的事实，即人们在阐发、高扬"道"的观念过程中，一直向"道"注入王权主义精神。进而言之，道的主旨是王权主义。这一点被我们的许多学者，特别是被新儒学所忽视。只要稍稍留意观察，这一事实应该说是昭然的。

中国传统思想文化中的道无所不在，千姿百态，但影响最大、最具有普遍性的，要属有关宇宙结构、本体、规律方面的含义了。正是在这种形而上学的意义中给予王以特殊的定位。《易传·系辞上》说："一阴一阳之谓道。"阴阳相交而生万物，而君臣尊卑之位便是宇宙结构和秩序的一环。被形而上学化的伦理纲常的首位就是君主关系。程颐说："天地人只一道也。才通其一，则余皆通。""道之大本如何求？某告之以君臣、父子、夫妇、兄弟、朋友，于此五者上行乐处便是。"朱熹说："三纲五常，天理民彝之大节，而治道之本根也。"又说："道之在天下，其实原于天命之性，而行于君臣、父子、兄弟、夫妇、朋友之间。"儒家所论的伦理纲常无疑比具体的君主更有普遍意义，甚至经常高举纲常的大旗批判某些君主，有时还走到"革命"的地步。然而这丝毫不意味着对君主制度的否定，恰恰相反，而是从更高的层次肯定了君主专制制度，用形而上学论证了君主制度是永恒的。我们不能忽视儒家的纲常对王的规范和批判意义，同时也不宜忽视这种规范和批判的归结点是对王权制度的肯定。张扬儒学的朋友对此实在有点漠视，或视而不见，真不知其可也！

道、王相对二分与合二而一是有机组合关系，同时也形成一种思维范式，历史上最伟大的思想家都没有从这种范式中走出来。这种思维范式的影响比具体内容的影响更为广泛和深远。

再说"民本与君本"的组合。"民本"与"君本"是中国古代政治思维的两大基点。历代思想家、清醒的帝王和政治家都把"君为民主"与"民为国本"两大命题相提并论，并在理论上形成稳定的"阴阳组合结构"。

"君为民主"把君奉为政治的最高主宰，这是讲君权的绝对性；"民为国本"承认民之向背对政治兴败具有最终决定作用，这是讲君权的相对性。依照逻辑推理，这两者是不能共容的。如果把"民为国本"视为最高的理论元点，就应否定"君为民主"的思路，进而赋予民众政治权利，以民主方式选举国家元首并设计必要的政治程序以制衡其权力。可惜，中国古代一切民本论者都没能从君为民主、治权在君、君为政本的思路中走出来，从而跃入民主主义范畴。这就注定了"民为国本"命题是"君为民主"命题的附庸，重民的主体是君主，民众只是政治的客体，民是君主施治、教化的对象，其中并没有"民治"的思想。这种"民本论"所导出的仅仅是统治者的得民之道、保民之道、治民之道。民本的最终归宿是实现君本。

"民为邦本"与"君为政本","民贵君轻"与"君尊民卑","君以民为本"与"民以君为主",从平面上看是相对的。如果置入"阴阳组合结构"中,两者各得其位,中国古代政治思维巧妙地将二者圆融在同一理论体系之中。这种思维方式和理论结构注定了民本论同时具有尊君、罪君双重功能。在这个结构中,罪君不是要改革君主制度,而是乞求清明的君主降临人世。

"阴阳组合结构"无疑是我们的概括,但其内容则是古代政治思维的普遍事实,这种结构性的思维应该说是极其高明的,它反映了事务的对立与统一的一个基本面。也可以说是"中庸""执两用中"思想的具体化。这种结构的思维方式和认知路线对把握事务非常有用,也非常聪慧,正是所谓的"极高明而道中庸"。20世纪80年代初,我在《先秦政治思想史》一书中曾用"边际平衡"来分析和说明孔子的"中庸"思想,应该说"阴阳组合结构"把"边际平衡"更具体地揭示出来了。就思想来说,这种结构的容量很大,说东有东,说西有西,既可以把君主之尊和伟大捧得比天高,又可以进谏批评,乃至对桀纣之君进行革命。由于有极大的容量,以致人们无法从这种结构中跳出来,至少在政治思想史范围内,直到西方新政治思想传入以前,先哲们没有人能突破这种"阴阳组合结构"。最杰出的思想家黄宗羲虽有过超乎前人的试跳,但终归没有跳过去。

在政治实践上,这种"阴阳组合结构"的政治理念具有广泛的和切实的应用性。以古代的君主专制体制为例,一方面它是那样的稳固,不管有多少波澜起伏、多少次改朝换代,这种体制横竖岿然不动;另一方面,它有相当宽的自我调整空间和适应性。我想这些应该说在很大程度上得力于政治思维的阴阳结构及其相应的政治调整。

这种思维定式影响至深,在我们现实生活中还广泛流行,依然笼罩着许多人的思维。如果我们不从这种"阴阳组合结构"中走出来,我们就不可能登上历史的新台阶。

鸣　谢

感谢我最尊敬的师长宁宗一先生将选编这部文集的任务交给了我，诚谢宁先生和同门学友对我的信任，感谢师母阎老师和刘琰师妹对我的信任！

2019年，天津人民出版社出版了十二卷本的《刘泽华全集》，收录先生著述可谓齐全，从中选出代表作，难度不小。感谢杨阳、林存阳、孙晓春、何平、萧延中诸位学兄，在选篇和书名定夺方面给予的指点。感谢贾景峰、贾乾初二位贤棣在文章订正和注释方面付出的辛劳！

在这里，要特别感谢天津人民出版社郑玥女士，为文集选篇提供了最佳文本！

最后，诚挚感谢河北教育出版社领导和编辑们为本书问世所做的一切！

葛荃
2023年3月4日